고마움과 미안한 마음을 담아
평생을 나와 함께 할 한 사람 정희에게
이 책을 바칩니다.

근역학술총서 3

조선 후기 근기 남인 시맥의 형성과 전개

초판1쇄 발행 | 2012년 10월 30일

지은이 | 윤재환   **펴낸이** | 홍종화

디자인 | 정춘경
편집 | 오경희·조정화·오성현·신나래·정고은·이주연·김정하
관리 | 박정대·최기엽

펴낸곳 | 문예원   **출판등록** | 제317-2007-55호
주소 | 서울 마포구 대흥동 337-25
전화 | 02) 804-3320, 805-3320, 806-3320(代)
팩스 | 02) 802-3346

ISBN | 978-89-97916-20-7
       978-89-963231-3-6   94810(세트)

ⓒ 윤재환, 2012
ⓒ 문예원, 2012

※ 책 값은 뒤표지에 있습니다.
※ 잘못된 책은 바꾸어 드립니다.
※ 저자와의 협의하에 인지는 생략합니다.

근역학술총서 3

조선 후기 근기 남인 시맥의 형성과 전개

윤재환

문예원

근역학술총서 발간사

　돌이켜보면 한국 한문학은 어떤 학문 분과보다도 파란만장한 과정을 거쳐 왔다. 한문은 우리 민족의 삶과 정서를 대변하는 가장 중요한 도구였다. 그러나 식민지배와 남북 분단의 경험에서 비롯한 과잉된 민족주의에 의해 청산되어야 할 낡은 유물로 취급되기도 했고, 부분적 복권이 이루어진 뒤에도 여전히 부정적 시선들과 맞서야 하는 상황이 한동안 계속되었다. 지난날 한문이 누려온 독점적 지위를 생각한다면 이러한 시선들을 무조건 부당하다고 치부할 일만도 아닐 터다. 70년대 후반부터 하나둘씩 설립된 한국 한문학 관련 학술단체들은 이러한 위기감과 문제의식을 바탕으로 과거의 知的 遺産들을 집적하고 창조적으로 재해석하여 현재적 가치를 지닌 학문으로 자리매김하게 하고자 하는 뜻을 담은 것이라 할 수 있다.

　근역한문학회는 前身인 단국한문학회까지 헤아리면 30년에 가까운 연륜을 지닌, 대표적인 한국 한문학 학술단체 가운데 하나이다. 우리 학회는 1983년 11월 3일 呱呱의 聲을 울리며 창립하였다. 그리고 『漢文學論集』 창간사에서 다음과 같이 다짐하였다.

　　"퇴락한 宗家의 이끼 낀 기왓장과 처마의 좀먹은 서까래와 기둥, 먼지 쌓인
　방과 마루, 잡초 무성한 뜰과 정원수 등 구석구석을 샅샅이 살피면서 쉬지 않고
　매만지는 宗孫의 겸허한 자세를 배워 민족의 유산인 한문학을 하나하나 左顧右檢
　하면서 연구해 나갈 것이다. 愚公의 신념으로 결코 서두르거나 조급하지 않고 지

속적인 연구를 진행할 것이다."

우리 학회는 이 약속을 지켜왔고 앞으로도 지킬 것이다. 외형을 키우기보다는 내실을 다지는데 충실하며, 냉철하고 비판적인 자세로 한문학 자료들을 탐구하고 소개하는 역할을 해왔다. 특히 최근 몇 년 동안은 신진 학자들의 논쟁적 연구 성과를 집중 게재함으로써 한문학 연구의 지평을 확장하는데 힘을 쏟고 있다.

이제 우리 학회와 함께 성장한 학자들이 일구어낸 결실을 '근역학술총서'라는 이름 아래 하나의 단행본으로 선보이고자 하는 이유도 이와 다르지 않다. 특정한 담론이나 시각을 고집하지 않을 것이며, 어떠한 고답적인 태도나 작위적인 행태도 배격할 것이다. 학문의 자율성과 다양성을 존중하여 한국 한문학 연구를 활성화하고 인문학적 가치를 재발견하는 데 기여하는 것, 그것이 총서 발간의 유일한 목적이다. 강호제현의 관심과 질정을 부탁한다.

근역한문학회

회장 김상홍

책을 펴내면서

　이 책은 조선 후기 근기近畿 남인계열南人系列 시맥詩脈의 형성과 전개에 대해 살펴본 것이다. 근기 남인계열이나 시맥이라는 용어의 생소함은 물론이고 이와 같은 용어를 사용해도 되는 것인지에 대한 합의조차 아직까지 이루어지지 않았지만, 이 용어에 대한 대안이 제시되기 전까지는 일단 이 용어를 사용하기로 한다.
　이 책은 조선 후기 근기 남인계열 시맥을 조금 더 구체적으로 살펴보고자 하는 의도에 따라 크게 세 부분으로 구성되었다. 첫 번째 부분에서는 조선 후기 근기 남인계열 시맥에 대해 논의하기 위한 기본 전제들에 대해 살펴보았다. 17~18세기 조선의 정치적 상황과 근기 남인계열 시맥을 대응시켜 살펴보면서, 그 동안 일반적으로 알려져 있었던 조선 후기 근기 남인계열의 학맥 논의와 시맥 논의에 대해 정리해 보았다. 이 작업을 통해 조선 후기 근기 남인계열에 대해 알고 있었던 일반적인 논의들이 얼마나 많은 오류를 지니고 있는 것인지 또는 다시 생각해 보아야 하는 것인지에 대해 가능한 한 구체화해 보고자 했다.
　두 번째 부분에서는 첫 번째 부분을 통해 구체화 된 문제의식을 가지고 조선 후기 당대 근기 남인계열 시문단의 작가들을 직접 살펴보았다. 조선 후기 근기 남인계열 시맥이 왜 생기게 되었는지, 그렇다면 그 시맥의 형성 과정은 어떤 것인지에 대해 알아보고자 했다. 이 과정에서 부딪힌 가장 큰 어려움은 이전까지 알고 있었던 사실들의 개입이었다. 새로운 내용에 대한 서술의 과정에 기존의 지식이 지속적으로 개입하고 있다는 것은 기존 지식의 견고함을 말해주는 것이면서 또 다른 한 편으로 새로운 내용에 대한 이해나 인지가 그만큼 불완전한 것이어서가 아닐까 하는 생각 때문에 계속 스스로를 되돌아보게 되었다.

마지막 세 번째 부분에서는 두 번째 부분에서 살펴본 근기 남인계열 시맥의 형성 과정에 대한 검토를 바탕으로 조선 후기 근기 남인계열 시맥의 문학 경향과 그들이 지니고 있는 문학사적 의미를 살펴보고자 했다. 두 번째 부분에서 확인한 사실의 구체적 검토와 증명의 과정이라고 할 수 있는 부분으로 이 책에서 가장 많은 분량을 차지한다.

개별 작가들의 문학 경향을 가능한 한 그 작가의 주장을 통해 살펴보고자 했기 때문에 자신의 문학 경향에 대해 어떤 언급도 할 수 없었던 인물이거나 그 주장이 남아있지 않는 작가는 상대적으로 배제되거나 소략하게 거론될 수밖에 없었다.

조선 후기 근기 남인계열이라는 정치적·학문적·문학적 유파의 존립 시기는 불과 이백 여년 정도에 불과할 뿐이다. 그렇지만, 그들은 그 기간 동안 다양한 방면에서 최선을 다한 치열한 삶을 살았고, 그 치열한 삶의 흔적을 문학을 통해 남겨 놓으려고 했다. 조선 후기라는 시대의 상황이 그들의 치열한 삶을 받아들일 수 없었고, 그래서 그 흔적이 온전하게 남아 있지 않다는 것이 가슴 아플 뿐이다.

이 책은 지금까지 개략적으로, 혹은 부분적으로 이야기되고 있었던 조선 후기 근기 남인계열이라는 하나의 집단에 대해 전체적이고 통합적인 관점에서 살펴보고자 했다는 점에서 의미를 지닌다고 할 수 있다. 하지만, 그 접근의 방향과 논의의 전개가 완벽하지 못하다는 점에서 또, 대상 작가의 선별과 사용된 논거의 편향성과 불충분으로 인해 적지 않은 한계를 지닌다. 이 한계에 대해서는 앞으로 하나하나씩 보완해 나갈 생각이다.

  시간이 지날수록 해야 할 무엇인가가 자꾸 쌓여가고 있다는 느낌이 든다. 능력의 부족을 절감切感하면서도 피해가지 못하는 필자의 모습을 바라보면 스스로 한숨이 저절로 나온다. 이 책을 쓰면서도 필자는 많은 것을 느꼈고, 또 감사했다. 느낀 첫 번째가 부족한 학식과 넘치는 욕심이었다. 학식은 채우고 욕심은 버리도록 노력할 것이다. 두 번째는 외우畏友들의 존재였다. 옆에서 던져 준 한 마디 말이 필자에는 큰 힘이 되었다. 특히 이 글의 방향 설정과 작성에는 이들의 도움이 결정적이었다. 3년쯤 전에 있었던 학술대회의 발표에서 토론을 맡아 준 이화여자대학교의 김동준 교수와 명지대학교의 남재철 교수가 토론회에서 필자에게 해 준 이야기는 그 이전까지 필자가 생각하고 있었던 이 글의 전체적인 구성을 완전히 허물게 한 것이었다. 새로운 방향의 설정을 가능하게 해 준 두 사람에게 이 자리를 빌려 고마움을 전한다. 또, 지금은 고려대학교에 가 있는 부유섭 선생 역시 이 글에 앞서 「17~18세기 중반 근기남인 문단 연구」라는 논문을 제출하여 필자를 몹시 곤혹스럽게 만들었지만, 다른 한 편으로 이 글은 부유섭 선생의 선행 연구에 너무나 많은 부분을 빚지게 되었다. 역시 이 자리를 빌려 큰 고마움을 전한다.

첫 번째 책을 출간하고 이제 2년 조금 더 지났지만, 그 사이 많은 변화가 있었고, 또 많은 일들을 한 것 같다. 그 순간에는 그때를 넘기는 것이 가장 어렵다고 생각했었는데, 지금 와보니 언제나 과거는 향수어린 추억의 시간임을 느끼게 된다.

누군가가 급한 일보다 중요한 일을 먼저 하라고 했다. 급한 일이 중요한 일이 아니라는 말이다. 지금까지 지나왔던 시간을 뒤돌아보면 필자는 급한 일 중요한 일을 구분해 본 적이 없었던 것 같다. 그냥 앞에 닥친 일이고 해야 하는 일이기 때문에 했던 것이지, 구분하거나 선택하여 일했던 적은 없었던 것 같다. 아직까지도 급한 일과 중요한 일을 구분하기 어렵다. 언젠가는 구분할 수 있는 시간이 오겠지만, 그때는 구분할 수 있는 능력도, 의미도 없어질 것 같아 두렵다.

마냥 애기였던 아이들이 훌쩍 커버렸다. 큰 관심을 가져주지도 못했고, 옆에 있어주지도 못했는데 사고 없이 건강하게 자라 자기 몫을 하는 것을 보니 고맙고 또 미안하다. 이 아이들이 자라는 동안 가장의 노릇을 감당하며 자신을 희생해 준 아내에게는 이제 미안하다는 말을 하는 것이 더 미안하게 느껴진다.

부족한 책이지만 마다않고 선뜻 출간해 준 문예원의 홍종화 사장님께도 감사드린다. 학위를 받고 혼자 공부하게 된지 채 10년도 안 된 시간에 두 번째 책을 내게 되었다. 그만큼 미숙한 점이 많은 성급한 책이다. 하지만, 앞으로 필자가 가고자 하는 방향을 보여주는 책이라는 점에서 필자에게는 적지 않은 의미가 있다. 이 의미를 좋게 보아주셨으면 한다.

    이 자리에서는 언급하지 않았지만, 이 책이 필자의 마음속에 담겨 있는 모든 이들에 대한 미안함과 죄송함, 그리고 안타까움을 조금이라도 지우고 고마움과 감사함을 표현하는 것이 되었으면 한다.

2012년 10월
죽전 연구실에서
저자

근역학술총서 발간사 5
책을 펴내면서 7

서설_14

제1부 조선朝鮮 후기後期 근기近畿 남인南人 시맥詩脈 논의論議의 전제前提

1. 근기近畿 남인계열南人系列의 성립成立과 발전發展 ················ 23
2. 근기近畿 남인계열南人系列 학맥學脈 형성形成 과정過程 재고再考 ····· 41
3. 근기近畿 남인계열南人系列 시맥론詩脈論의 실상實狀 ················ 75

제2부 조선朝鮮 후기後期 근기近畿 남인南人 시맥詩脈의 형성形成

1. 조선朝鮮 후기後期 근기近畿 남인계열南人系列 시맥詩脈의 흐름 ····· 131
2. 문학文學 계보系譜의 형성形成 과정過程 검토檢討 ···················· 169

제3부 조선朝鮮 후기後期 근기近畿 남인南人 시맥詩脈의
문학文學 경향傾向과 문학사적文學史的 의미意味

1. 조선朝鮮 후기後期 근기近畿 남인南人 시맥詩脈의
   문학文學 경향傾向 ·· 213
2. 조선朝鮮 후기後期 근기近畿 남인南人 시맥詩脈의
   문학사적文學史的 의미意味 ······································ 349

참고문헌   361
찾아보기   375

서설

　이 책은 조선 후기 근기近畿 남인계열南人系列 시맥詩脈의 형성形成과 전개展開의 과정에 대해 훑어보고자 하는 목적으로 저술되었다. 이 책의 제목으로 "근기 남인계열 시맥"이라는 용어를 사용하였는데, 이 제목 속에 필자의 고민이 모두 담겨 있다고 할 수 있다.
　이 책을 집필하는 마지막 순간까지 고민한 것은 두 가지이다. 첫 번째가 "근기 남인계열"의 실체와 이 집단의 문학적 해명에 대한 가능성과 필요성이다. 근기 남인계열이라는 집단을 실증해 낼 수 있을까 하는 고민은 최초 이 책을 기획할 때부터 가졌던 것이지만, 공부를 계속 할수록 그 실체에 대한 의혹과 확신이 반복되었다. 이 책을 마무리한 아직까지도 반복되는 의혹과 확신을 완전히 지우기 어렵다.
　근기 남인계열이라는 집단의 문학적 해명에서도 이 의혹과 확신은 계속되었다. 본질적으로 근기 남인계열은 정치 집단을 의미한다. 이 정치적 집단을 그대로 문학적 집단이라고 규정하는 것이 타당한가에 대해서는 여러 논의가 있을 것이다. 필자가 생각하기에 이 정치 집단에 확고한 문학적 동질성을 부여해 줄 수 있는 시기는 필자가 구분한 근기 남인계열 시맥의 세 시기 중 정립기라고 할 수 있는 30여 년 정도에 불과해 보인다.
　두 번째 고민은 "시맥詩脈"이라는 용어의 사용이다. 문학적 계보의 지속을 "시맥"이라고 하는 것이 타당한 것인가에 대해 아직까지 정확하게 답하기 어렵다. 그런 점에서 이 책에서 "시맥"이라는 용어를 사용한 것은 본문에서도 언급한 것이지만, 임시방편에 해당하는 것이다. "시맥"보다는 "시단詩壇"이라고 하는 것이 적절하지 않는가라는 고민을 수도 없이 했다. 이 책이 최종 인쇄에 들어갈 때까지 두 단어는 하루에도 몇 번씩 바뀌었다.

여러 가지 많은 고민을 가지고 기획했고, 큰 결과를 만들 수 있을 것이라고 생각했지만, 기획 의도나 기대를 충족시키지 못했다. 오히려 이 책을 집필하면서 더 큰 고민을 가지게 되었다.

이 책은 크게 세 부분으로 구성되어 있다. 제1부는 "조선 후기 근기 남인 시맥 논의의 전제"라는 제목으로 기술된 부분인데, 알려진 사실에 대한 충실한 정리와 함께 그 사실들이 지니고 있는 의문점에 대해 서술하고자 한 것이다.

순차적 기술을 위해 세 부분으로 나누었는데, 첫 번째 부분은 조선 후기 근기 남인계열의 성립과 발전 과정에 대해 정리해 놓은 것이다. 조선 후기를 시대적 배경으로 공부하겠다고 마음먹은 사람들의 경우 가장 먼저 부딪히는 문제가 복잡한 조선 후기의 정치적 역학 구도이다. 수많은 사건과 인물들이 계속해서 등장하고, 여러 가지 복잡한 이야기들이 얽히고설키면서 진행되는데, 이를 한 눈에 볼 수 있도록 정리해주는 자료를 찾기 어렵다는 점에서 기술한 것이다. 가능한 한 많은 이야기들을 정리하여 최소한 남인南人이라는 하나의 계보에 대해서만큼은 정리해보고 싶었다.

두 번째 부분은 남인계열 중 근기 남인계열의 학맥론學脈論에 대해 정리한 것이다. 남인계열이라는 계보가 정치적 동질성을 지니는 정파政派를 의미한다고 하지만, 실질적으로 이 계보는 정치적 의미보다 학문적 동질성에 더 크게 근원하고 있다고 생각된다. 하지만, 이 학문적 동질성이 후대로 내려오면서 정치적 상황에 의해 상당부분 왜곡되었고, 왜곡되었다는 사실에 대한 인지에도 불구하고 자기 정체성의 고수를 위해, 또는 현실적 이해관계에 의해 그 다음 세대까지 그대로 전해 내려왔다고 생각된다. 두 번째 부분은 그간 보편적으로 알려져 왔던 근기 남인계열 학맥론의 문제점을 정리한 것이다.

세 번째 부분은 근기 남인계열 안에 존재하고 있다는 시맥론詩脈論의 실상實狀에 대해 정리한 것이다. 심경호·박무영 등 이미 많은 선학先學들에 의해 이야기되었고 거론된 내용이지만, 이를 다시 한 번 정리하여 전체적인 흐름을 되새겨보고자 했다. 이렇게 본다면 이 글의 제1부는 지금까지 근기 남인계열에 대해 거론되었던 문제들을 충실히 정리하여 종합한 부분이라고 규정할 수 있다.

제2부는 조선 후기 근기 남인계열 시맥詩脈의 형성에 관해 기술한 부분이다. 조선 후기 근기 남인계열을 문학적 계파로 정리할 수 있는가 하는 문제에서 시작하여, 정리할 수 있다면 그 계파는 어떤 과정을 거치면서 형성되었다고 설명할 수 있는가 하는 부분에 대해 정리한 것이다.

지금까지 많은 선학들에 의해 번암樊巖 채제공蔡濟恭(1720~1799)이 이야기 한 근기 남인 시맥론이 정치적 의도를 함유한 것이라고 거론되어 왔다. 그렇다면 근기 남인계열 안에 시맥이라고 할 수 있는 진정한 문학적 흐름이 존재하는가 하는 의문이 남는다. 이 글의 제2부는 이 의문에 대해 고민한 결과를 담고 있다.

논의의 편의를 위해 두 부분으로 나누었는데, 첫 번째는 조선 후기 근기 남인계열 시맥의 흐름이고, 두 번째는 문학 계보系譜의 형성 과정 검토이다. 두 부분으로 나누어 기술한 것은, 물론 중요 문인들을 중심으로 한 것이기는 하지만, 필자가 검토한 결과 근기 남인계열 안에 문학적 계보가 존재하고 있다고 생각해도 무방하다는 결론을 얻었고, 그 문학적 계보가 앞서 이야기 한 번암 채제공의 시맥과 일치하지 않기 때문이다.

문학적 계보의 정립이 가능한가 하는 것에는 많은 논란의 여지가 있다. 그것은 문학적 계보가 창작 결과물의 동질성을 보장해 줄 수 있는 것이 아니기 때문이다. 문학적으로 동일한 계보 속에 놓여 있다는 것이 동일한 문학관의 보유나 창작 경향의 일치를 의미한다고 보아서는 곤란하다. 또, 이 문학적 계보는 누구에 의해 어떤 영향을 받았는가 하는 것을 보장해 주지도 않는다.

그런 점에서 문학적 계보의 정립이 어떤 의미를 지니는가 하는 것에는 적지 않은 의문이 있다. 하지만, 어떤 인물이 하나의 문학적 계보 속에 편입된다면, 그 인물은 기본적으로 그 문학 계보의 문학관에 대해 동의하고, 창작 방법의 학습을 공유하며 창작 경향의 유사성을 유지하려고 하였다고 보아도 좋다는 점에서 문학적 계보의 정립이 가지는 의미는 적지 않다고 생각된다.

문학적 계보의 정립에서 가장 중요한 것은 영향관계의 수수대상授受對象이 가지는 상호 인식의 층위이다. 문학적 계보가 정립되기 위해서는 영향을 준 인물과 받은 인물이 모두 서로의 관계를 동일하게 인식하고 있어야 한다. 영향을 준 쪽에서 스승이라고 하지만 받은 쪽에서 아니라고 한다든가, 받은 쪽에서 제자라고 하지만 준 쪽에서 아니라고 한다면 이 영향관계의 수수授受는 영향관계로 끝나는 것이지 이 영향관계에 의한 계보系譜는 성립되지 않는다.

계보系譜 설정이 엄정성을 잃을 때, 계보는 계보로 가치하거나 기능할 수 없다는 점에서 가능한 한 증명 가능한 근거에 따라 계보를 설정하고 이를 증명하고자 노력했다. 그 과정에서 개입된 추론이 있다면 그것은 필자의 능력 부족으로 인해 근거를 확보하지 못했기 때문이다. 이 부분에 대해서는 앞으로 더 많은 보완이 필요하리라 생각된다.

제3부는 조선 후기 근기 남인계열 시맥의 문학 경향과 문학사적 의미에 관해 기술한 부분이다. 문학 집단이 형성되고, 그 집단이 하나의 계보를 갖는다는 것은 문학 집단이 연속성을 지닌다는 의미이다. 아주 쉬운 것 같지만, 해명하기 어려운 문제가 나온다. 연속성이 무엇을 의미하는가 하는 점에서이다. 문학 집단이라는 점에서 당연히 문학의 연속성이라고 할 수 있겠지만, 문학 작품을 창작 혹은 창조의 결과물이라고 한다면 연속성의 해명은 쉽지 않다.

창조 행위가 연속된다면 다음 세대의 창조 행위는 완전한 창조가 될 수 없다. 같은 시기 같은 계보 속에 놓여 있는 인물들이 같은 결과물들을 만들어낸다면 창조적 결과물이라고 할 수 있을까도 의문이지만, 다른 결과물을 만들어낸다면 같은 계보 속에 넣을 수 있는 것일까 하는 것도 의문이다.

이 부분에서는 조선 후기 근기 남인계열 문인들의 문학 경향을 공시적으로, 또 통시적으로 살펴보고 이를 정리하여 문학사적인 의미를 찾아보고자 했다. 가장 많은 분량을 할애했고, 최대한 객관적으로 접근해 보려고 했지만 이 글 안에서 가장 만족스럽지는 않은 부분이다. 특히 마지막 시기인 발전기의 경우 주요 작가 몇 사람만을 대상으로 할 수밖에 없어 부족한 부분이 많다. 이 역시 앞으로 보완해 나가야 할 것이다.

이 글은 지금까지 근기 남인계열 문인들에 대해 언급되었던 많은 의문들을 최대한 거론하여 근기 남인계열 문인들에 대한 기존의 의문을 해결하고 대안을 제시하기 위해 기획되었다. 그렇지만, 이와 같은 기획 의도가 이 글을 통해 충분히 달성되었다고는 보이지 않는다. 그러나 이 글을 통해 지금까지 근기 남인계열 문인들에 대해 언급되었던 다양한 의문들이 정리되어 공론公論의 장場으로 나올 수 있게 되었다고 생각한다. 이제부터 만들어질 공론의 장에서 여러 학인學人들의 다양하고 의미 있는 논의가 지속된다면 이 글의 의미가 적지 않다고 생각한다. 앞으로 전개될 여러 학인들의 다양한 논의를 기대한다.

제1부

조선朝鮮 후기後期 근기近畿 남인南人 시맥詩脈 논의論議의 전제前提

1. 근기近畿 남인계열南人系列의 성립成立과 발전發展
2. 근기近畿 남인계열南人系列 학맥學脈의 형성形成 과정過程 재고再考
3. 근기近畿 남인계열南人系列 시맥론詩脈論의 실상實狀

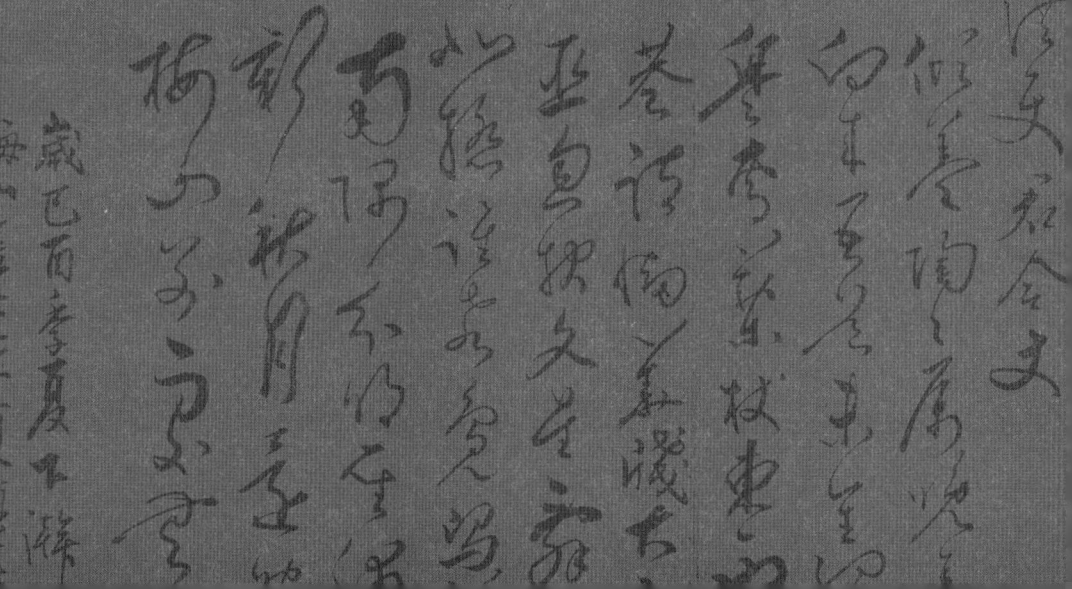

제1부 조선 후기 근기 남인 시맥 논의의 전제

1. 근기近畿 남인계열南人系列의 성립成立과 발전發展

조선 후기 근기 남인계열의 형성에 관한 논의는 조선의 제14대 왕인 선조宣祖(1552~1608)의 재위在位 시기까지 거슬러 올라간다. 선조는 선왕인 명종明宗이 재위 23년 만에 서거하자 16세의 어린 나이로 왕위에 오르게 되었다. 선조는 명종의 장남 순회세자順懷世子가 13세의 나이로 후사後嗣 없이 요절하자 명종의 사후 명종의 제 7남이었던 덕흥대원군德興大院君 초岹의 제3남으로 왕위에 즉위한 인물이다.

명종 20년 문정왕후文定王后의 사망과 윤원형尹元衡(?~1565)의 축출 이후 계속된 사림士林 세력의 입각入閣, 그리고 선조의 즉위 과정이 지니고 있었던 특성으로 인해 선조의 즉위에는 척신戚臣 세력이나 공신功臣 세력이 개입할 수 없었다. 이에 따라 선조 즉위 초년 사림 세력은 이전까지 재야에서 갈고 닦은 실력을 바탕으로 중앙 정계에 대거 진출하여 척신의 출현을 억제하면서 조정朝廷을 장악하게 되었다. 조정을 장악하여 안정적인 세력을 확보하게 된 선조 초기의 사림 세력은 이전 시기인 명종대까지 권력을 장악하고 있었던 척신 세력의 구축驅逐에 몰두하였다. 하지만 척신을 중심으로 권력을 장악하여 사림 세력을 핍박했던 구세력의 척결剔抉 과정에서 사림 세력은 내적 분열을 일으키게 되었다.

사림 세력의 분열은 전배前輩와 후배後輩의 대립으로 정리할 수 있다. 전배는 주로 노성한 인물들로 구세력에 대해 온건한 입장을 보였지만, 후배들은 전배들에 비해 훨씬 강경한 입장을 지니고 있었으며 적극적인 개혁을 주장하였다. 전배와 후배의 대립은 문정왕후의 동생인 윤원형이 정권을 장악하고 있을 때 사림의 출사出仕를 도왔던 손암巽菴 심의겸沈義謙(1535~1587)에 대한 인식의 차이에서 극명하게 드러났다. 전배들은 대부분 윤원형을 중심으로 한 소윤小尹 세력이 권력을 장악하고 있었을 때 손암 심의겸의 도움으로 관직에 진출했던 인물들이었기 때문에 손암 심의겸이 명종의 비妃인 인순왕후仁順王后의 동생으로 대표적인 척신이라 할 수 있지만 사림 세력의 동조자로 받아들였던 것과 달리, 소윤 세력이 몰락한 선조 이후 정계에 진출한 후배들은 손암 심의겸 역시 구세력의 하나로 보아 축출할 것을 주장하였다.

전배와 후배의 대립은 이조전랑직吏曹銓郎職을 둘러싼 손암 심의겸과 성암省庵 김효원金孝元(1542~1590)의 갈등으로 표면화되었다. 이조전랑직은 정5품에 해당하는 직책으로 고위 관직이라 할 수는 없지만 인사권을 관장하는 직위로, 전임자의 추천에 의해 후임자를 선출하였기 때문에 이조전랑직이 전배와 후배 사이 대립의 초점이 되었다. 선조 5년 당시 이조전랑이었던 덕계德溪 오건吳健(1521~1574)이 후임으로 성암 김효원을 추천하자 평소 그에 대해 좋지 않게 생각하고 있었던 손암 심의겸이 이에 대해 반대하면서부터 성암 김효원과 손암 심의겸의 사이가 벌어지기 시작하였다. 그러나 손암 심의겸의 반대에도 불구하고 선조 7년 성암 김효원이 이조전랑이 되어 후배들의 관직 진출에 중요한 역할을 수행하였다. 성암 김효원이 이조전랑직을 수행하고 있을 때 성암 김효원의 후임으로 손암 심의겸의 아우 사양당四養堂 심충겸沈忠謙(1545~1594)이 거론되자 이번에는 성암 김효원이 사양당 심충겸을 반대하여 후임으로 동암東巖 이발李潑(1544~1589)을 추천하였고, 동암 이발이 이조전랑으로 임명된 뒤 선배와 후배의 대립은 날로 격화되어 마침내 분당分黨에 이르게 되었다.

선배와 후배의 대립은 손암 심의겸을 중심으로 한 전배가 대부분 서인西人이, 성암 김효원을 중심으로 한 후배가 동인東人이 되면서 동서분당東西分黨을 형성하게 되었다. 이들을 동인과 서인이라 명명하게 된 것은 일반적으로 손암 심의겸의 집이 서울 서편 정동貞洞에 있었기 때문에 이들을 서인이라 하였고, 성암 김효원의 집이 서울 동편 낙산駱山 밑 건천동乾川洞에 있었기 때문에 이들을 동인이라 하였다고 한다.

이 시기 서인계열의 주요 인물로는 사암思菴 박순朴淳(1523~1589) · 오음梧陰 윤두수尹斗壽(1533~1601) · 송강松江 정철鄭澈(1536~1593) 등을 들 수 있고, 동인계열의 주요 인물로는 초당草堂 허엽許曄(1517~1580) · 아계鵝溪 이산해李山海(1539~1609) · 서애西厓 유성룡柳成龍(1542~1607) 등을 들 수 있다. 당시 손암 심의겸을 비롯한 동인계열은 화담花潭 서경덕徐敬德(1489~1546) · 퇴계退溪 이황李滉(1501~1570)과 남명南冥 조식曺植(1501~1572)의 문인들을 중심으로 형성되었으며, 서인계열은 우계牛溪 성혼成渾(1535~1598)과 율곡栗谷 이이李珥(1536~1584)를 중심으로 하여 학연성學緣性을 확고히 지니게 되었다. 이에 따라 동인계열과 서인계열의 대립은 정치적 색채 위에 학풍과 학연을 기반으로 하여 세력을 형성하고 유지하게 되었다. 동인계열 가운데 학봉鶴峰 김성일金誠一(1538~1593) · 서애 유성룡 · 추연秋淵 우성전禹性傳(1542~1593) 등은 퇴계 이황의 문인이고, 약포藥圃 정탁鄭琢(1526~1605) · 수우당守愚堂 최영경崔永慶(1529~1590)・내암萊菴 정인홍鄭仁弘(1535~1623)・동강東岡 김우옹金宇顒(1540~1603)・성암 김효원・망우당忘憂堂 곽재우郭再祐(1552~1617)・등은 남명 조식의 문인이었으며, 한강寒岡 정구鄭逑(1543~1620) 등은 퇴계 이황과 남명 조식의 문하에 모두 걸쳐있었다. 서인계열 중 사암 박순・황강黃岡 김계휘金繼輝(1526~1582)・오음 윤두수・구봉龜峯 송익필宋翼弼(1534~1599)・손암 심의겸・송강 정철・월정月汀 윤근수尹根壽(1537~1616) 등은 율곡 이이와 우계 성혼의 교우로서 서인계열의 중심인물이었고, 초당草塘 구성具宬(1558~1618)・조흡趙洽(?~1661) 등은 우계 성혼의 문인이며, 중봉重峯 조헌趙憲(1544~1592)・묵재默齋 이귀李貴(1557~1633)・추포秋浦 황신黃愼(1560~1617)・수몽守夢 정엽鄭曄(1563~1625)・은봉隱峰 안방준安邦俊(1573~1654) 등은 율곡 이이와 우계 성혼의 문하에 함께 출입했었던 인물들이다. 초당 허엽과 사암 박순은 화담 서경덕의 문인이었으나 초당 허엽은 동인, 사암 박순은 서인이 되었다. 동인계열 가운데 곤재困齋 정개청鄭介淸(1529~1590)・수우당 최영경・죽도竹島 정여립鄭汝立(1546~1589)・어우당於于堂 유몽인柳夢寅(1559~1623) 등은 처음에는 율곡 이이와 우계 성혼을 따랐으나 이후 동인으로 돌아선 인물이었다.

 동인계열은 주리철학적主理哲學的 도학道學을 중시하는 영남학파에 해당하였으므로 동인계열에 속하는 인물들은 대부분 퇴계 이황과 남명 조식의 제자들이었다. 이들은 심성心性을 강조하면서 훈척 정치勳戚政治와의 투쟁에서 구체제에 대한 비판 의식이 강렬하였고 구세력의 인물과 체제를 급격히 청산하려는 입장을 보였다.

 이 시기 손암 심의겸과 성암 김효원의 대립에서 성암 김효원이 우위를 점하고 있었다는 것에서도 알 수 있듯이 동인계열과 서인계열의 대립에서 동인계열이 서인계열에 비해 상대적인 우위를 점하고 있었다.

그러나 선조 22년(1589) 일어난 동인 죽도 정여립의 모반 사건과 이로 인해 발생한 기축옥사己丑獄事로 인해 동인계열은 서인계열에게 정국의 주도권을 넘겨주게 되었다. 이 시기 기축옥사의 처리를 담당한 서인 송강 정철은 동인계열 인사들을 가혹하게 다루었고, 이로 인해 동인계열에서는 송강 정철을 비롯한 서인계열을 미워하게 되었다.

이 후 옥사를 확대하는 과정에서 서인계열의 세력 강화를 꺼린 선조는 동인인 아계 이산해로 하여금 제재를 가하게 하였고, 수우당 최영경·곤재 정개청·동암 이발·남계南溪 이길李吉(1547~1589) 등의 죽음이 서인계열에 의한 억울한 죽음으로 인식되면서 명분상 약점을 가지게 된 서인계열은, 송강 정철이 세자 책봉을 건의했다가 선조에 의해 축출되자 정계에서 수세에 몰리게 되었다.

이 시기 동인계열은 옥사의 수습 과정에서 서인계열에 대한 태도의 차이로 '편척서인便斥西人'을 주장하는 북인北人계열과 '참용피차參用彼此'를 내세우는 남인南人계열로 나누어질 조짐을 보이다가, 임진왜란 말기 북인계열이 남인인 서애 유성룡을 탄핵하면서 확연하게 나누어졌다. 동인계열 인물들 중 퇴계 이황의 제자들이 주로 남인계열을 이루었는데, 이들은 기본적으로 다른 붕당의 존재에 대해서 긍정적이었고, 붕당 간의 시비是非와 정사正邪의 분별을 엄하게 하기보다는 '동인협공同寅協恭'을 강조하여 정국의 안정을 도모하려고 하였다. 이와 달리 북인계열은 대부분 남명 조식의 제자들로 구성되었는데, 그들은 내암 정인홍을 제외하고는 재지 기반在地基盤이 미약했으며, 학문적인 전통도 약했다. 다른 계열과 비교하여 상대적으로 세력 기반이 약했던 북인계열은 권력구조면에서 왕권을 정점으로 하는 획일적인 통치 체제의 확립을 지향하였고, 다른 붕당의 존재에 대해서도 부정적이었다. 남인계열은 추연 우성전·서애 유성룡 등이 중심이 되었고, 북인계열은 아계 이산해·동암 이발 등이 중심이 되었다.

기축옥사에서 서인계열을 견제하려는 선조의 정치적 의도로 인해 아계 이산해가 영의정이 되어 이 시기 정국을 주도했으나, 임진왜란 도중 아계 이산해와 서애 유성룡이 전란 초래의 책임을 지고 퇴진하자 유배 중이던 송강 정철과 오음 윤두수 등 서인계열이 다시 중앙 정계에 진출하게 되었다. 그러나 서인계열이 북상하는 왜군을 저지하지 못했던 반면에 남인계열의 주은酒隱 김명원金命元(1534~1602)·서애 유성룡·한음漢陰 이덕형李德馨(1561~1613) 등이 명나라의 군대를 이용하여 전세를 역전시키자, 선조 26년(1593) 10월 서애 유성룡이 영의정으로 복귀하여 다시 남인 정권이 성립되었다.

처음 남인계열은 서인계열과의 공존 체제를 추구하였으나, 전란이 소강상태로 접어들어 세력 관계의 재조정이 필요해지자 송강 정철에게 수우당 최영경 옥사의 책임을 추궁하여 서인계열의 정치적 명분을 약화시켰다. 그 해 송강 정철이 사망하고 오음 윤두수가 외직으로 나가자 서인계열은 구심점을 잃었고 이후의 정국에서 주도권을 상실했다. 서인계열의 핵심을 정계에서 배제한 남인계열은 서인계열 가운데 비교적 지지 기반이 약하고 중도적인 입장에 서 있었던 사양당 심충겸·백사白沙 이항복李恒福(1556~1618) 등을 수용하고, 북인계열 중 내암 정인홍·아계 이산해 등을 배제한 나머지 인물들을 등용하여 서인·북인계열과의 공존을 추구하였다.

이후 남인계열은 화의和議를 통해서라도 전란을 종식시키려고 했으나 오히려 전란의 장기화와 정유재란을 초래하게 되었고, 남인계열의 재지 기반인 경상도 지역이 전란으로 심한 피해를 입어 세력 기반이 약화되었다. 임진왜란 이후 남인계열의 서애 유성룡이 화의和議를 주장하였다는 이유로 북인계열에 의해 실각하게 되자 북인 설사雪簑 남이공南以恭(1565~1640)이 정권을 장악하여 남인계열은 몰락하게 되었다. 남인계열과 북인계열로의 분리 이후로는 '동인'이라는 단일 붕당으로서의 동질성同質性이 사라졌고 '동인'이라는 명칭도 의미를 잃었다.

이 시기의 남인계열은 주로 동인계열 중 영남인 또는 남산 밑에 거주하던 사람을 가리키는 말이라고 하는데, 때로는 동인계열 중에서 서인계열에 대한 온건파가 남인이고, 강경파가 북인이라고도 알려져 있다. 따라서 이 시기 남인계열은 서인계열과 혼인 관계를 맺거나 가문간의 친교를 유지하기도 하였으므로 서인계열에 대해 그다지 대립적이지 않았다. 이러한 점에서 이 시기의 남인계열을 당쟁사상의 남인이라고 보기는 어렵다.

선조 31년(1598) 11월 왜군을 완전히 몰아낸 후 척화斥和를 견지한 북인계열이 대거 정국에 진출했다. 그러나 북인계열은 구성원간의 정치적인 지위의 차이와 전란 이후의 정국에 대한 인식의 차이로 인해 대북大北과 소북小北계열로 분열되었다. 서애 유성룡을 옹호한 남인 오리梧里 이원익李元翼(1547~1634)에 대한 처리 방안을 놓고 기성세력인 아계 이산해·홍여순洪汝諄(1547~1609)과 신진 세력의 지지를 확보한 설사 남이공·후추後瘳 김신국金藎國(1572~1657)이 대립했는데, 전자의 지지 세력을 대북, 후자의 지지 세력을 소북이라고 했다고 한다. 대북계열과 소북계열은 다시 선조宣祖의 후사 문제後嗣問題로 대립하다가, 대북계열에서 옹립한 광해군이 왕위에 오르자 대북계열이 정권을 완전히 장악하게 되었다.

광해군이 즉위하자 내암 정인홍과 관송觀松 이이첨李爾瞻(1560~1623)을 중심으로 대북 정권이 성립되었다. 대북 정권은 임진왜란에서의 활약과 광해군 즉위 과정에서 자신들이 결정적인 역할을 수행했다는 것에 바탕을 두고 자신들만을 군자당君子黨이라고 하였다. 이 시기에 남인계열의 종사인 회재晦齋 이언적李彦迪(1491~1553)과 퇴계 이황을 문묘文廟에 종사한 것에 대해 불만을 품은 내암 정인홍은 회재 이언적과 퇴계 이황에 대한 격하를 시도했으며, 동시에 남명 조식에 대한 존숭을 강조하여 대북계열의 학통과 도통道統을 강화하려고 시도했다. 내암 정인홍의 행위에 대한 사림들의 격렬한 반발 속에서 대북계열은 다시 '폐모살제廢母殺弟'를 통해 중앙 정계를 확고하게 장악하려고 했으나, 남인계열과 서인계열은 '강상윤리綱常倫理'를 내세워 반대했다. 이와 함께 대북계열은 소북계열을 일소하기 위하여 영창대군永昌大君을 모함하여 살해하는 한편, 외척인 김제남金悌男(1562~1613)과 그 일족을 처형하였다.

광해군과 대북계열의 이와 같은 행위는 그동안 대북계열에 눌려 있던 서인계열에게 집권의 기회를 주어 능양군陵陽君[인조仁祖]을 왕으로 옹립하는 인조반정仁祖反正이 일어났다. 인조가 왕위에 오르자 정국은 서인계열의 수중으로 들어갔으며, 내암 정인홍·관송 이이첨 등 대북계열 수십 명이 처형되었고, 수백 명이 유배되었다.

대후금출병對後金出兵 이후 대북계열이 상대적으로 약화된 가운데 '폐모살제'에 대한 처벌과 '존명의리尊明義理'를 내세운 인조반정仁祖反正이 성공하자, 주자학적인 명분론을 내세운 서인계열과 남인계열의 연합 세력이 분열된 지배 세력의 결속을 꾀하며 집권하게 되었다. 서인계열이 권력을 장악하였지만 남인계열의 오리 이원익이 영의정이 되어 남인계열이 제2의 세력으로 자리 잡게 된 것이다. 이 이후 숙종 때까지 100여 년 동안 서인계열과 남인계열의 공존을 바탕으로 한 대립이 계속되었다.

인조반정 이후 남인계열의 오리 이원익이 영의정으로 등용되자 남인계열과 서인계열 사이에는 정치적 연대가 이루어졌다. 인조 시기의 정치권은 서인계열을 중심으로 한 남인계열과의 연합이 주축이 되었고, 북인계열 중 소북계열小北系列의 일부가 겨우 명맥을 유지하고 있는 형국이었다. 인조 때의 남인계열에는 서애 유성룡의 문인 우복愚伏 정경세鄭經世(1563~1633)를 중심으로 당시 영의정 오리 이원익과 해고海皐 이광정李光庭(1552~1627)·여헌旅軒 장현광張顯光(1554~1637)·월간月澗 이준李埈(1560~1635)·동계桐溪 정온鄭蘊(1569~1641)·분사汾沙 이성구李聖求(1584~1644) 등이 있었다. 그러나 이 시기 남인계열과 서인계열 사이의 유대 관계는 점점 이완되어 서인계열과의 알력이 점차 표면화되었다.

인조반정 초기 '이괄李适의 난亂'과 '이인거 작변李仁居作變', 인조 6년(1628)의 '유효립柳孝立 옥사 사건' 등을 이용하여 대북계열을 완전 숙청한 서인계열은 서인·남인·소북계열의 3당 연합을 이어갔으나, 남인계열과 소북계열에 대한 대처 방안을 놓고 묵재默齋 이귀李貴(1557~1633)를 중심으로 하는 공서파功西派[강경파·勳西·義西]와 상촌象村 신흠申欽(1566~1628)을 주축으로 하는 청서파淸西派[온건파]로 갈라졌다. 공서파는 다시 서인·남인계열과의 연합을 주장하는 상촌 신흠·북저北渚 김유金瑬(1571~1648) 등의 노서파老西派와 서인계열 일당 정권의 수립을 주장하는 묵재 이귀·구포鷗浦 나만갑羅萬甲(1592~1642) 등의 소서파小西派로 갈라졌다.

인조대 집권 세력 내부의 가장 근본적인 대립은 사회 개혁과 실리적인 외교론을 주장하는 주화론主和論 계열과, 사회 개혁에 부정적이면서 명분론적인 외교론을 주장하는 척화론斥和論 계열의 대립이었다. 전자는 지천遲川 최명길崔鳴吉(1586~1647)·백헌白軒 이경석李景奭(1595~1671) 등으로, 대부분 소서계열이었으며, 후자는 주전파主戰派의 영수인 청음淸陰 김상헌金尙憲(1570~1652)을 중심으로 한 노서계열이었다. 병자호란 이후 국정을 주도하면서 개혁 정책을 실시하던 지천 최명길이 인조 18년(1640) 재상직에서 물러나면서, 인조 24년(1646) 낙서洛西 김자점金自點(1588~1651)이 권력을 장악하자 주화론은 권력 유지의 한 방편으로 전락했다.

인조 23년(1645) 소현세자昭顯世子가 사망한지 4년 뒤(1649) 효종이 즉위하였다. 효종의 즉위로 인해 친청적親淸的인 주화파 계열은 몰락하였고 반청적인 척화파 계열이 정권을 장악하게 되었으며, 북벌론北伐論의·실질적인 성립이 이루어졌다. 효종은 북벌론에 의한 군비의 강화를 시도하였고, 이를 뒷받침하기 위해 대동법을 확대하는 등 재정 확대 정책을 시행하며 왕권 강화를 도모하였다.

이 후 재위 11년(1649~1659) 만에 효종이 승하하자 서인계열과 남인계열 사이에는 인조의 계비繼妃인 자의대비慈懿大妃 조씨趙氏가 효종의 상에서 얼마 동안 상복을 입어야 하는가 하는 문제를 두고 예송禮訟[기해예송己亥禮訟, 1차 예송] 논쟁이 일어났다. 이 논쟁은 서인계열의 우암 송시열과 남인계열의 하헌夏軒 윤휴尹鑴(1617~1680) 사이의 예학 논의禮學論議로 시작되었지만, 이 논쟁에 미수眉叟 허목許穆(1595~1682)의 예설이 추가되면서 점차 당론으로 전환되었다. 서인계열과 남인계열은 이 논쟁에 정치적 사활을 걸었지만, 서인계열 우암 송시열의 예설이 채택되어 당대 정국에는 별다른 변화가 일어나지 않았다. 우암 송시열·동춘당同春堂 송준길宋浚吉(1606~1672) 등의 서인계열은 효종이 차자次子이므로 대비의 복은 기년朞年[1년]이어야 한다고 주장하며 군주의 지위를 신하들의 지위와 상대화하여 왕권을 제한하려고 했지만, 하헌 윤휴·미수 허목 등의 남인계열은 효종이 왕통을 이었으니 장자長子로 보아야 하며 대비의 복은 참최斬衰[3년]여야 한다고 주장했다. 따라서 이 논쟁은 단순한 복제服制 문제로 그치는 것이 아니라, 학파 사이의 이념 논쟁과 정치 세력 사이의 갈등으로 전개될 수밖에 없었다. 예설에 따른 대립과 갈등 도중 남인계열의 고산孤山 윤선도尹善道(1587~1671)가 우암 송시열을 '이종비주貳宗卑主'로 비판하면서 이 대립은 예설 논쟁에서 정쟁으로 전환되었고, 첫 번째 논쟁에서는 우암 송시열 중심의 서인계열이 승리하였다.

현종 15년(1674) 효종의 비 인선왕후仁宣王后 장씨張氏가 죽자, 역시 조대비의 상복 기간을 둘러싼 논쟁이 다시 일어났다. 이 논쟁이 제2차 예송 논쟁禮訟論爭[갑인예송甲寅禮訟]이다. 이 논쟁 도중 현종이 승하하고 숙종이 즉위하면서 대공大功[8개월]을 주장한 서인계열에 대해 기년복朞年服을 주장한 남인계열이 승리하여 서인 정권이 붕괴되고 남인 정권이 성립되었다. 예송 논쟁에서 남인계열의 주장은 대체로 왕실의 예와 사족의 예가 다르다는 것이었는데, 이는 왕실의 위엄을 높이고 왕권을 강화하는 의미를 지니는 것이기도 했다.

이 당시의 남인계열로는 미수 허목·하헌 윤휴를 중심으로 고산 윤선도·남파南坡 홍우원洪宇遠(1605~1687)·회당悔堂 유세철柳世哲(1627~1681) 등이 있으며, 이들의 뒤를 이은 사람으로는 갈암葛菴 이현일李玄逸(1627~1704)·송곡松谷 이서우李瑞雨(1633~1709)·만퇴晩退 홍만조洪萬朝(1645~1725)·성호星湖 이익李瀷(1681~1763)·약산藥山 오광운吳光運(1689~1745)·국포菊圃 강박姜樸(1690~1742)·번암樊巖 채제공蔡濟恭(1720~1799)·해좌海左 정범조丁範祖(1723~1801)·다산茶山 정약용丁若鏞(1762~1836)·채동술蔡東述(1841~1881) 등을 들 수 있다. 우리가 흔히 말하는 당쟁사상, 혹은 진정한 의미에서 당파의 하나로 볼 수 있는 남인계열은 이 시기부터 시작된다고 할 수 있다.[1]

이후 남인계열은 서인계열을 배제하며 정국을 주도하였으나, 병권의 향방과 서인계열에 대한 대책을 둘러싸고 청남淸南과 탁남濁南으로 분열되었다. 청남淸南계열은 주로 우암 송시열 등에 대한 극형을 주장하는 과격파였고, 탁남濁南계열은 이에 반대하는 온건파로 청남계열은 미수 허목이 중심이 되었고 탁남계열은 묵재默齋 허적許積(1610~1680)이 중심이 되었다.

탁남계열을 중심으로 한 남인 정권은 어느 정도 독자적인 세력을 확보하면서 기반을 다져가고 있었으나 숙종 6년(1680) 복선군福善君과 묵재 허적의 서자인 허견許堅(?~1680) 등이 역모를 했다는 고변으로 인해 남인계열이 축출되고 서인계열이 재집권하는 경신대출척庚申大黜陟[경신환국庚申換局]이 발생했다. 경신대출척으로 정권을 잃은 뒤 서인계열[노론·소론]과 정쟁을 벌이는 과정에서 남인계열 내에서는 탁남계열이 사라지고 청남계열로 일원화되었다.

다시 정권을 잡은 서인계열은 군자유君子儒에 의한 소인유小人儒의 완전한 극복이란 논리 아래 청남계열과 탁남계열을 불문하고 남인계열을 완전히 제거하려고 하였다. 그러나 이 과정에서 서인계열은 우암 송시열 중심의 노론老論계열과 명재明齋 윤증尹拯(1629~1714)·남계南溪 박세채朴世采(1631~1695) 중심의 소론小論계열로 분열되었다. 이 분열은 두 계열 사이의 학문적·사상적 기반 차이에서 발생한 것으로, 주자절대론과 주자상대론 간의 차이에서부터 명분론·의리론과 실리론 간의 갈등에서 비롯된 것이었다.

숙종 13년(1687) 희빈 장씨가 왕자를 낳은 뒤, 숙종 15년(1689) 숙종이

---

1) 姜周鎭, 『李朝黨爭史硏究』(서울大學校 出版部, 1971), 113~116쪽.

희빈 장씨의 소생을 원자로 정하려 하자 당시 집권 세력이었던 서인계열과 숙종 사이에 첨예한 대립이 일어나게 되었다. 이 대립의 와중에서 우암 송시열이 올린 원자반대 상소로 인해 서인계열은 정계에서 물러나고 남인계열이 재집권하게 되는 기사환국己巳換局이 일어났다. 기사환국 이후 정권을 잡은 남인계열은 노·소론의 숙청에 몰두하여, '함이완咸以完 고변사건告變事件'을 일으켰다. 그러나 기사환국 이후 불과 5년만인 숙종 20년(1694) 갑술환국甲戌換局이 일어나 다시 남인 정권은 몰락하고 약천藥泉 남구만南九萬(1629~1711)을 중심으로 하는 소론 정권이 성립되었다.

갑술환국으로 인해 남인계열은 정권에서 완전히 배제되었다. 이 시기 남인계열은 영남과 근기 지역으로 나누어져 각자의 정치적·학문적 결속을 강화하며 존립을 모색하게 되었고, 이에 따라 영남 남인계열과 근기 남인계열의 연계는 점차 약화되었다. 결국 숙종대 이후 남인계열은 영남 남인과 근기 남인으로 나누어져 각각 자체 내의 학문 활동과 학통 계승을 이루어 나가게 되었고,[2] 중앙 정치에서의 활동과 새로운 사상의 탐구에는 근기 남인계열이 중심적인 역할을 하였다.

노·소론계열은 희빈 장씨의 처벌을 둘러싸고 대립하다가, 18세기에 들어서면서 노론 전제화의 방향으로 정국이 전개되었다. 이 시기의 정국은 다음 시기 우암 송시열 계열의 정통 주자학에 근거한 집단과 척신과 결탁한 노론 벌열老論閥閱, 그리고 세도 정권勢道政權의 창출 기반이 되었다.

이 시기 이후 정치권 내의 대립은 노론계열과 소론계열이 중심이

---

2) 유봉학, 「南人 분열과 畿湖南人 學統의 성립」, 『조선 후기 학계와 지식인』(신구문화사, 1998), 35쪽.

되었지만, 얼마 지나지 않아 숙종의 후사문제로 인한 신임사화辛壬士禍가 일어나 노론계열의 몽와夢窩 김창집金昌集(1648~1722)·한포재寒圃齋 이건명李健命(1663~1722) 등이 대역죄로 몰려 죽게 되었고, 노론계열은 정치적으로 큰 타격을 입게 되었다. 이러한 당쟁을 몸소 체험한 뒤 왕위에 오른 영조는 당쟁의 완화와 공평한 인재 등용에 힘쓰는 '탕평책蕩平策'을 내세웠다. 이로 인해 영조의 재위 52년 동안 정쟁은 크게 완화되었다. 그러나 탕평책 속에서도 권력은 주로 노론계열에게 있었다.

근기 남인계열은 탕평책이 추진되는 동안 탕평 정국에 적극적으로 참여한 약산 오광운 등과 같은 인물들과 정국 참여에 소극적인 인물들로 나누어지기도 하였고, 정조 연간 번암 채제공이 영의정에 임명되어 한 때 정국을 주도하기도 하였으나 경종 이후 조선 말기까지 남인계열의 집권기는 다시 도래하지 않았으며, 남인계열은 중앙 정계에서 점점 더 멀어지게 되었다. 중앙 정계에서 밀려난 남인계열은 근기 일부 지역과 영남을 중심으로 향촌의 기반을 유지하면서 학문에 전념할 수밖에 없었다. 이 때문에 조선 후기의 실학자 중에는 남인계열 인사가 많았으며 천주학天主學도 일부 남인계열 인사를 중심으로 수용되었다.

이와 같은 상황에서 영조 38년(1762) 임오사건壬午事件[사도세자사건思悼世子事件]을 둘러싸고, 정치권은 사도세자를 동정하는 익익재翼翼齋 홍봉한洪鳳漢(1713~1778) 중심의 시파時派와 사도세자의 실덕失德을 지적하고 영조의 처사를 옳다고 보는 김구주金龜柱(1740~1786) 중심의 벽파僻派로 나뉘어져 대립하게 되었다. 이 대립 이후 남인계열과 소론계열도 시·벽 두 파로 분파되었다. 시·벽파는 사도세자의 문제를 분쟁의 표면적인 구실로 삼아 대립하였다. 시·벽파의 대립이 구체화된 이후 남인계열의 시·벽파는 다시 당시 전래하기 시작한 천주교를 믿는 신서교파信西敎派와 반서교파反西教派로 분열되었다.

정조 즉위 이후 이 시기까지 정권의 중심에서 소외되었던 남인계열이 정조에 의해 적극적으로 옹호되었고, 금대錦帶 이가환李家煥(1742~1801)·다산 정약용과 같은 남인계열 시파가 다시 정국에 등장하였다. 그러나 순조純祖가 즉위하면서 노론계열 벽파가 대거 진출하여 신유사옥辛酉邪獄을 일으켰다. 사학 일소邪學一掃라는 명목 아래 일어난 신유사옥으로 인해 수많은 시파의 인물들이 변을 당하게 되었다.

시·벽파의 대립으로 인해 일어난 천주교의 박해는 서교도西教徒 또는 실학자實學者의 대부분을 차지하는 남인계열을 정치적으로 말살시키는 결과를 가져왔다. 당대 정계에서 밀려난 남인계열 인사들이 서학이나 실학에 주목하게 된 이유는 숙종 때의 갑술환국甲戌換局 이후 남인계열 대부분의 가문家門들이 폐족廢族이 되어 과거科擧를 위한 유학儒學이 이들에게 무의미하게 되어버렸기 때문이었다. 이들은 강렬한 현실 비판 의식을 바탕으로 광범위한 사회 개혁론을 주장하였으며, 새로운 사상의 수용에도 적극적이었다. 따라서 상대적으로 남인계열 인사들 가운데 실학자나 서교도가 많을 수밖에 없었고, 사학 일소를 명목으로 내세운 정치적 박해의 최대 피해자 역시 남인계열 인사들이 될 수밖에 없었다.

이와 같이 조선 후기 정계의 흐름을 정리해본다면 남인계열의 성립 시기는 선조 22년(1589)의 기축옥사 이후라고 할 수 있지만, 당쟁사상의 남인계열, 즉 진정한 의미에서 남인계열이 성립된 시기는 현종 15년(1674) 제2차 예송논쟁이 시작되면서부터라고 할 수 있고, 근기 남인계열의 정립 시기는 이로부터 다시 20여 년이 지난 숙종 20년(1694) 갑술환국 이후라고 할 수 있다. 또, 남인계열과 근기 남인계열이 정치적으로 의미를 상실하기 시작한 시기는 영조 38년(1762)의 임오사건 이후 정치권이 시·벽파로 나누어지면서부터이고, 정치적 영향력을 완전하게 상실한 시기는 순조 1년(1801)의 신유사옥 이후라고 정리할 수 있다.

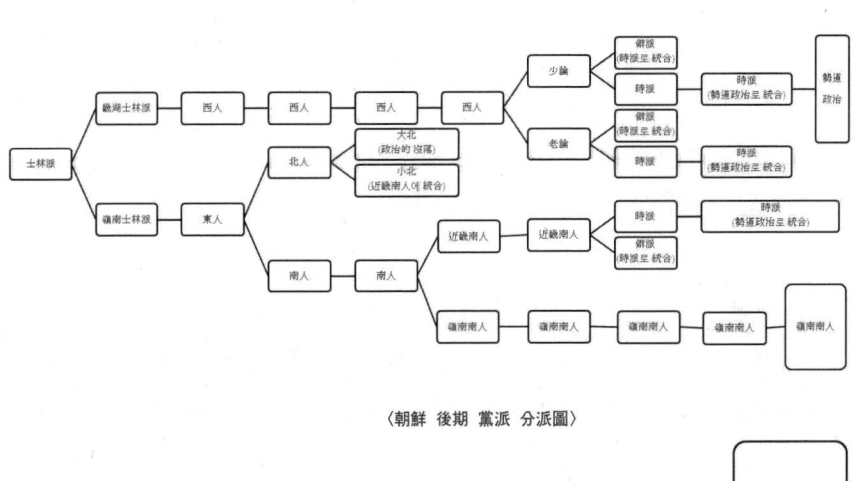

〈朝鮮 後期 黨派 分派圖〉

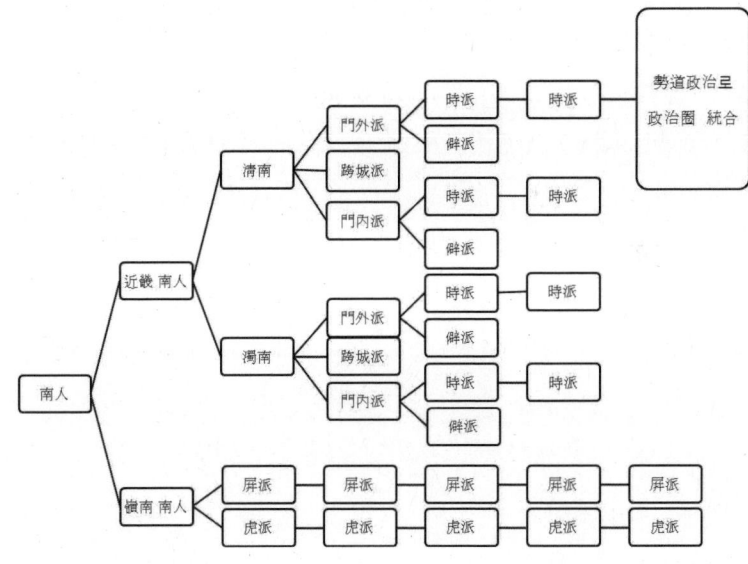

〈朝鮮 後期 南人 分派圖〉

제1부 조선 후기 근기 남인 시맥 논의의 전제

2. 근기近畿 남인계열南人系列 학맥學脈의 형성形成 과정過程 재고再考

앞에서 이미 살펴본 것과 같이 조선 후기 남인계열이 성립된 시기를 선조 22년(1589)의 기축옥사 이후로 설정할 수 있지만, 이 시기 남인계열의 경우 서인계열과 별다른 대립 관계를 형성하지 않고 있었다는 점에서 이 시기를 정치적으로 실질적인 남인계열의 성립 시기로 보기는 어렵다고 할 수 있다. 따라서 흔히 우리들이 말하는 정치권력, 혹은 붕당으로써의 남인계열은 이보다 훨씬 이후 시기인 현종 15년(1674) 제2차 예송논쟁을 거치며 숙종 시기에 확립되었다고 할 수 있다.

숙종 시기 확립된 남인계열은 서인 세력과의 대립 구도 속에서 권력의 향방에 따라 부침을 거듭하다가 경신대출척庚申大黜陟[경신환국庚申換局]과 기사환국己巳換局을 거친 뒤 마침내 갑술환국甲戌換局으로 정권을 완전히 상실하게 되는데, 이 시기에 영남 남인계열과 근기 남인계열의 분리가 이루어지게 되었다고 보인다.

이렇게 본다면 정치적인 남인계열의 정립기가 아니라 형성의 시원기始原期라 한다고 하더라도 역시 아무리 빨리 잡아도 1차 예송논쟁이 일어났던 효종孝宗 10년(1659) 5월 이전으로는 올라 갈 수 없다는 것을 알 수 있다. 즉, 선조 22년(1589)의 기축옥사 이후 형성되기 시작한 남인계열은 정치적 속성을 강하게 지니는 정치집단이라기보다 사적私的인 동류집단同類集團이나 동호인집단同好人集團의 속성을 더 크게 지녔다는 것이다. 이와 같은 점에서 영남 남인계열과 근기 남인계열의 확연한 분기 역시 숙종 20년(1694) 갑술환국甲戌換局이 일어날 무렵에 이루어졌음을 알 수 있다. 남인계열과 근기 남인계열의 성립 시기를 이와 같이 정리했을 때 이들의 계보 형성에 정치적 영향관계와 함께 학문적 사승 관계가 중요하게 작용하고 있음을 짐작할 수 있다.

흔히 조선 후기 남인계열의 학통學統 혹은 학맥學脈은 대체로 "퇴계 이황-한강 정구-미수 허목-성호 이익"의 순으로 전해 내려왔다고 알려져 있다. 이와 같은 학맥의 흐름은 번암樊巖 채제공蔡濟恭(1720~1799)에 의해 확립되어,[1] 후대 근기 남인계열 내에서 대체적으로 인정하고 믿어왔던 학적 계통學的系統이었다고 보인다. 그러나 "이 학맥의 흐름이 반드시 당대 근기 남인계열의 학문 전수 관계와 일치한다고 볼 수 있는 것인가"하는 점에 있어서는 의문의 여지가 적지 않다.

근기 남인계열의 학맥은 퇴계 이황을 시원始原으로 하여 새롭게 시작된다. 그것은 포은圃隱 정몽주鄭夢周(1337~1392)를 연원으로 하여 "포은 정몽주-야은冶隱 길재吉再(1353~1419)-강호江湖 김숙자金叔滋(1389~1456)-점필재佔畢齋 김종직金宗直(1431~1492)-한훤당寒暄堂 김굉필金宏弼(1454~1504)-정암靜庵 조광조趙光祖(1482~1519)"로 전해 내려오던 조선 유학의 학맥이

---

1) 蔡濟恭,「星湖李先生墓碣銘」,「樊巖先生集」卷51, "但念吾道自有統緖, 退溪我東夫子也, 以其道而傳之寒岡, 寒岡以其道而傳之眉叟, 先生私淑於眉叟者, 學眉叟而以接夫退溪之緖, 後之學者, 知斯文之嫡嫡相承有不誣者, 然後庶可以不迷趣向."

기묘사화己卯士禍로 인해 단절되었기 때문이다.

　퇴계 이황의 학문은 가학家學을 바탕으로 한 독서讀書를 통해 이루어졌다. 퇴계 이황은 경상도 예안현禮安縣 온계리溫溪里[경상북도 안동시 도산면 온혜리]에서 좌찬성 이식李埴의 7남 1녀 중 막내아들로 태어났다. 퇴계 이황은 생후 7개월에 아버지의 상喪을 당하여 부친으로부터 직접 학문을 수학할 수 없었다. 이에 따라 퇴계 이황은 12세에 작은아버지 이우李堣로부터 『논어』를 배웠고, 14세경부터 혼자 독서하며 학문을 익혔다. 그는 33세에 성균관에 들어가 하서河西 김인후金麟厚(1510~1560)와 교유하였고, 그 해 귀향 도중 모재慕齋 김안국金安國(1478~1543)을 만나 견문을 넓혔다.

　퇴계 이황의 학문은 그가 46세(1546)가 되던 해 고향인 낙동강 상류 토계兎溪의 동암東巖에 양진암養眞庵을 얽은 뒤 그곳에서 독서에 심취하면서 점차 완숙해졌다. 이때 토계를 퇴계退溪라 개칭하고, 자신의 아호로 삼았다. 퇴계 이황은 60세(1560)에 도산서당陶山書堂을 짓고 아호를 '도옹陶翁'이라 정했는데, 이때부터 7년 간 도산서당에 기거하면서 독서·수양·저술에 전념하는 한편, 많은 제자들을 훈도하였다. 이 후 70세로 운명할 때까지 수차례 관직의 부름이 있었지만 나가지 않았다. 이와 같은 퇴계 이황의 삶을 보면 그가 특별한 스승 없이 스스로 자신의 학문을 완성시켜 나갔다는 것을 알 수 있다.

　퇴계 이황의 학문과 사상은 이후 영남과 근기 지방을 중심으로 후대 학자들에게 계승되어 조선 후기 가장 유력한 하나의 학파를 형성하였다. 퇴계 이황의 학통은 서애 유성룡·학봉 김성일·한강 정구·추연 우성전·아계 이산해·구암龜巖 이정李楨(1512~1571)·금계錦溪 황준량黃俊良(1517~1563)·월천月川 조목趙穆(1524~1606)·일휴당日休堂 금응협琴應夾(1526~1596)

・약포藥圃 정탁鄭琢(1526~1605)・백담栢潭 구봉령具鳳齡(1526~1586)・고봉高峯 기대승奇大升(1527~1572)・고암顧菴 정윤희丁胤禧(1531~1589)・설월당雪月堂 김부륜金富倫(1531~1598)・문봉文峰 정유일鄭惟一(1533~1576)・간재艮齋 이덕홍李德弘(1541~1596)・지산芝山 조호익曺好益(1545~1609)・일송一松 심희수沈喜壽(1548~1622) 등 260여 명의 제자에게 전해져 다음 시기 근기 남인 학파와 영남 남인 학파의 뿌리로 기능하였다.

근기 지방에서는 한강 정구・미수 허목 등을 매개로 반계磻溪 유형원柳馨遠(1622~1673)・성호 이익・다산 정약용 등 남인계열 실학자들에게 연결되어 이들의 학문적 토대로 작용하였고, 영남지방에서는 여헌 장현광・우복 정경세・갈암 이현일・우담愚潭 정시한丁時翰(1625~1707)을 이어 밀암密庵 이재李栽(1657~1730)・대산大山 이상정李象靖(1711~1781)・정재定齋 유치명柳致明(1777~1861)・화서華西 이항로李恒老(1792~1868)・노사蘆沙 기정진奇正鎭(1798~1879)・한주寒洲 이진상李震相(1818~1886)・성재省齋 유중교柳重教(1832~1893)・방산舫山 허훈許薰(1836~1907)・면우俛宇 곽종석郭鍾錫(1846~1919) 등에게 전해져 한말까지 이어졌다.

근기 남인계열 학맥의 학문적 연원, 혹은 시원始原을 퇴계 이황으로 설정하는 것에 대해서는 그 당대부터 현재까지 별다른 이론이 없어 보인다. 또, 퇴계 이황의 적통嫡統을 이은 인물로 한강 정구를 설정하는 것에 대해서도 별다른 이론이 제기되지 않고 있다.

한강 정구의 경우 17세가 되던 명종 14년(1559) 덕계德溪 오건吳健(1521~1574)을 찾아가 『주역周易』을 배웠고, 21세가 되던 명종 18년(1563) 처음으로 퇴계 이황을 찾아 스승으로 모시게 되었다. 이후 한강 정구는 24세가 되던 명종 21년(1566)에 남명 조식을 배알하였다. 이렇게 본다면 한강 정구는 세 사람의 스승을 섬겼다고 할 수 있는데, 이 세 사람의 스승 중 덕계 오건은 남명 조식의 제자였다. 이렇게 본다면 한강 정구는 남명 조식의 문하에서 학문을 시작했다고 할 수 있지만, 한강 정구에게 보다 큰 영향을 미친 인물은 퇴계 이황이었다고 생각된다. 그래서인지 퇴계 이황의 적통으로 한강 정구를 설정하는 것은 남계南溪 박세채朴世采(1631~1695)의 『동유사우록東儒師友錄』에서부터 위암韋庵 장지연張志淵(1864~1921)의 『조선유교연원朝鮮儒敎淵源』에 이르기까지 동일하다.

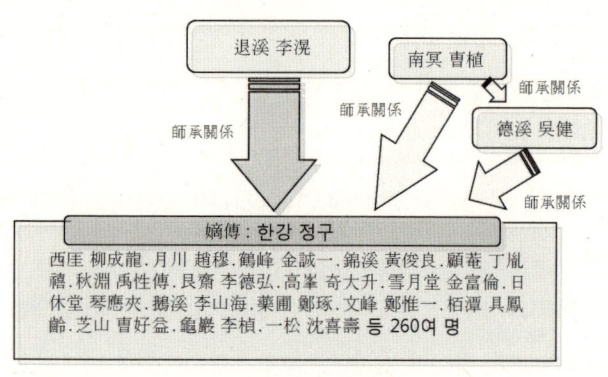

〈寒岡 鄭逑 學脈 系統圖〉

번암 채제공이 언급한 조선 후기 근기 남인계열의 학맥 전개에서 첫 번째로 문제가 되는 것은 한강 정구의 적통을 누가 이었는가 하는 것이다. 일반적으로 한강 정구의 적통을 미수 허목이 이었다고 알려져 있는데, 이와 같은 근기 남인계열 학맥의 전개 과정에 대해 유봉학은 그의 글에서 "한강 정구의 적전嫡傳으로 미수 허목을 놓는 것은 숙종 초년 허목이 정승을 지낸 이후의 일로써, 여기에는 국왕이 개입하는 등 상당한 우여곡절이 따랐던 것을 보게 된다. 즉 한강 정구의 문인록門人錄인 「회연급문록檜淵及門錄」의 범례凡例에 의하면, 숙종의 명령에 의해 태학太學에서 작성된 문인록에 애초에는 장현광張顯光이 수제자首弟子로 실렸다가 그것이 숙종에 의해 거부당하게 되자 결국에는 허목을 수제자로서 첫머리에 두고 장현광은 년차年次에 따라 제칠위第七位에 놓는 것으로 낙착되었다는 것이다.[2]"라고 했다.

유봉학의 언급과 같이 「회연급문제현록檜淵及門諸賢錄」의 범례 제8조는 '한려시비寒旅是非'로 구성되어 있다. 이 시비의 주된 내용은 여헌 장현광이 한강 정구의 제자로 자처하고 인식하였는가에 관한 것이다. 한강 정구의 사후 한강 정구의 문인들과 여헌 장현광의 후손 사이에서 벌어진 문인門人 여부에 관한 시비는 현재 그 문제의 근원이 어디에서 시작된 것인지 분명하게 밝히기 어렵지만, 여헌 장현광이 쓴 한강 정구의 제문祭文을 살펴보면 그 스스로 한강 정구의 제자라고 분명하게 드러내어 밝히지 않고 있다. 여헌 장현광은 한강 정구의 형 죽파竹坡 정괄鄭适(?~?)의 사위였는데, 한강 정구의 제문을 쓰면서 한강 정구와 자신과의 관계에 대해 '참으로 자질과 같이 보아주셨다[視實幷於子姪]'라고만 하여 문인으로 자처하지 않는 듯 한 인상을 남겼고,[3] 이에 따라 한강 정구와 여헌 장현광의 후손 사이에 분쟁이 일어나게 되었다.

이와 달리 여헌 장현광을 한강 정구의 문인이라고 보는 주장은 매산梅山 홍직필洪直弼(1776~1852)의 「제한강속집후題寒岡續集後」와 『조선왕조실록朝鮮王朝實錄』의 기사에 근거를 둔다. 매산 홍직필의 「제한강속집후」는 여헌 장현광이 한강 정구의 문인이었음을 밝히는 '9조 문목九條 問目'이 후손들에 의해 무흘산武屹山 장서藏書에서 발견되어 속집續集에 실리게

---

2) 유봉학, 「南人 분열과 畿湖南人 學統의 성립」, 『조선후기 학계와 지식인』(신구문화사, 1998), 37쪽.
3) 張顯光, 「祭寒岡鄭先生文」, 『旅軒先生文集』 卷11, "顧惟愚庸, 早承贄托之義, 視實幷於子姪, 疾患頹靡, 縱不得執經於函丈, 涵濡滋益之恩, 何可量以斗斛斤鎰. 嗚呼哀哉."

되었음을 강조하는 글⁴⁾이고, 『조선왕조실록』에는 구체적으로 여헌 장현광이 한강 정구의 제자임을 밝히고 있다.⁵⁾

「회연급문제현록」의 범례는 여헌 장현광이 한강 정구의 문인이었는가에 관한 실상을 밝혀주기보다 미수 허목의 한강 정구 적전설嫡傳說 수립에 숙종의 개입이 상당했었다는 것을 보여주는 중요한 근거 자료라고 생각된다. 숙종은 미수 허목을 우의정으로 임명한 뒤 미수 허목의 학문 연원을 천양하기 위해 성균관에 한강 정구의 문인록을 수정하도록 하였다. 이에 성균관에서 여헌 장현광을 수제자로 하여 70여 명을 기록하여 올렸지만 숙종은 별다른 이유 없이 퇴각하였고, 이에 성균관에서는 당시 영의정이었던 묵재 허적의 조언에 따라 미수 허목을 수제자로 하여 나이순으로 다시 기술하여 올리자 숙종이 이를 받아들였다⁶⁾고 한다.

여헌 장현광과 달리 미수 허목이 한강 정구의 문인이었던 것은 분명

---

4) 洪直弼,「題寒岡續集後」,『梅山先生文集』卷30, "古今書籍, 固多名眞而實僞者, 亦有喚賓而作主者. 惟在愼辨之如何. 辨有三道, 味其辭以觀其世之先後, 正其名以求其事之是非, 挨諸義以索其旨之深淺, 則何眞僞名實之可眩哉. 嘗閱寒岡續集, 有所云旅軒九條問目, 而七條名理, 咸出於沙溪先生經書辨疑及答或人書中, 屢回參繹, 疑惑滋甚. 故有所論辨矣. 寒岡後孫冑錫・允錫・浩永三人者, 抱傳家文獻而至, 出而示之曰; 先祖文穆公文集草藁, 藏在檜淵書院, 而近又搜得古本於此屹山莊藏書之所, 卽先祖在世時, 子弟之隨得隨錄者, 而參以手筆. 九條答問, 亦在其中, 與院本若合符契, 非所致疑於其然豈然者也. 余取檢原本則其紙斷爛, 而墨渝字刓, 往往不可辨. 若是者豈可曰; 後人杜撰乎. 其不從手分現化也審矣. 者者旅軒擧於沙溪名論, 就質於寒岡, 而特不著誰某以致耳. 以首條所問或問答曰之云, 而可知其援引. 餘皆蒙上文, 非欲出於混賓主之別也. 易眩者形跡, 難欺者心目, 豈容此理外之擧哉. 向者之疑其爲贗者, 在草本未見之前, 今日之斷其爲實者, 在草本旣見之後, 余何所遁莫於其間哉. 惟分其眞妄已矣. 昔內經稱黃帝, 本草稱炎帝, 汲冢稱周書者, 是猶幹者懸破鏡於空中, 而欲自比於日月, 其誰信之哉. 若兹編者, 卽隨聞見所及而就正者, 詎容後承之矯飾哉. 摩挲其古紙破卷, 聲徹不沫, 爲之興感, 滿腔疑障, 於是焉洞豁, 更題一語於草本之尾, 不嫌前後立論之差殊云爾."

5) 『朝鮮王朝實錄』, 仁祖 1年 7月 28日(丙辰) 2번 째 기사, "司業張顯光不赴召, 陳疏辭職, 上諭以勿辭調理上來, 顯光仁同人也, 性質寬厚, 器識弘遠, 受學於寒岡 鄭逑, 潛心力行, 尤精於『易』理, 爲世名儒. 平生未嘗言人是非, 望之德氣醉然, 學者稱爲旅軒先生. 反正後, 上備禮徵召, 不至. 至是, 又辭是職.

『朝鮮王朝實錄』, 孝宗 8年 10月 19日(戊子) 2번 째 기사, 浚吉曰; "張顯光旣已贈謚, 則鄭逑不可不追贈耳." 上曰; "鄭逑何如人." 浚吉曰; "逑卽顯光之師, 寒岡其號也. 先朝已贈判書矣." 上曰; "旣贈判書, 則今贈議政, 未爲不可. 其令該曹擧行."

6) 「凡例」, 「寒岡全書」, 「檜淵及門錄」, "肅宗以眉叟許穆爲右議政, 欲闡揚其淵源之正, 遂下敎太學曰; 卽日修正鄭寒岡門人錄以來. 太學草草略記七十餘賢, 以旅軒爲首題奉敎, 肅宗無指摘可否而退却, 又精寫奉敎, 又退却, 太學惶恐, 問于時領相, 許積曰; 吾意以眉叟相公爲首題, 則可合上意. 太學更以首題眉叟, 次書旅軒於第七位以進, 上曰; 可."

하다고 생각된다. 그러나 미수 허목이 한강 정구에게 어느 정도의 영향을 받았고, 한강 정구가 미수 허목을, 또는 미수 허목이 한강 정구를 어떻게 인식하고 있었는가에 대해서는 의문의 여지가 적지 않다. 미수 허목의 연보를 살펴보면 그가 23세 되던 해 한강 정구를 찾아가 스승으로 모셨다는 내용이 있지만,[7] 스스로 쓴「한강정선생만사寒岡鄭先生挽詞」를 보면 그가 한강 정구에게서 받은 영향이 그리 크지 않았던 것[8]이 아니었나 생각된다.

미수 허목의 한강 정구 적전 논란이 한강 정구의 문하에서만 있었던 것은 아니다. 이 문제는 미수 허목의 문인들 사이에서도 논란이 되었다. 미수 허목의 문인인 식산息山 이만부李萬敷(1664~1732)의 글에 따르면 미수 허목이 한강 정구의 적통을 이었다고 보기는 어렵다. 식산 이만부는 미수 허목이 한강 정구에게서 적지 않은 영향을 받았고 한강 정구를 몹시 존경한 것은 사실이지만, 한강 정구의 적전嫡傳이라 보기는 쉽지 않다고 주장했다.[9] 이와 같은 논란은 후대 남인계열 학자들 사이에서 또 다시 거론되었다. 이재頤齋 황윤석黃胤錫(1729~1791)은 미수 허목의 학

---

7) 「眉叟許先生年譜」,『記言年譜』卷1,"丁巳. 先生二十三歲. 從議政公于居昌任所, 縣有文茅溪緯先生, 數就見尊敬之, 茅溪亦甚重先生, 不敢以年少待之. 趙龍洲絅, 亦寓居縣境, 從遊甚相樂焉. ○ 與從兄觀雪先生, 往謁寒岡鄭先生于星州, 師事之."
8) 許穆,「寒岡鄭先生挽詞」,『記言別集』卷13, "嗟星岳之降祥, 乃賢哲之誕生, 含元精之昧, 應羌純懿而淑靈, 諒金精而玉潤, 是德宇之天成, 夙好學而厲志, 究聖賢之蘊奧, 克精思而沈潛, 玆實學而實踐, 明誠進而敬義, 日乾乾而自強, 旣眞積而力久, 宜仁熟而義精, 窮神化而自得, 致廣大於精徵, 接退陶之正脈, 亦有見而知之, 繼先脩之遺跡, 聊輯述而發揮, 實追配於古人, 前與後其一致, 嗟從政其詎幾, 曾不可以小試, 世與我而相違, 終未展夫素志, 樂天命而安義, 雖道否而心亨, 何皇天之不愁, 伊哲人之云亡, 念徽言之圮絶, 固此懷之悻悻, 陶山鬱其幽幽, 汾水淡其無波, 想英靈其有托, 從先哲而靡他, 哀小子之無類, 憫昏惑而昧方, 幸承恩於下風, 慕盛德之輝光, 痛儀形之永隔, 悲此路之茫茫, 情鬱鬱其何極, 聊陳辭而永傷."
9) 李萬敷,「答上雪軒從大父」3 別紙,『息山先生文集』卷3, "丁巳. 謁寒岡先生云云, 謹按, 先生觀其先考縣監公任所, 歷謁寒岡, 其後更無所質問之事, 有不可以師弟言者, 先生之於寒岡, 一見契合, 雖與他人酬酢不同. 然若謂先生之學, 盡出於寒岡, 則恐致後人之疑, 似非據實之論, 未知如何."
    李萬敷,「答上雪軒從大父」5,『息山先生文集』卷3, "眉叟之學於寒岡, 擧世所傳之說也, 然旣無問業質疑之事, 豈以其學爲盡出岡門乎. 竊觀兩先生之學, 頗不同, 玆來信傳者之言耳. 眉叟於先輩, 最奪寒岡, 撰其遺事, 極其稱道. 且凡言語, 必擧以爲重云, 學之之說, 由此而稱之乎. 未可知矣."

문적 성향이 한강 정구와 다르다는 점에서 미수 허목의 한강 정구 계승에 대해 이의를 제기하기도 하였다.[10] 그에 따르면 퇴계 이황과 한강 정구가 주자학에 경도되어 있었다면, 미수 허목은 육경六經으로 소급하여 선진 유학先秦儒學의 본지를 탐구하고자 하였기 때문에 학문적 연속성을 찾기 어렵다는 것이다.

이와 같은 상황에 대해 유봉학은 앞의 글에서 다시 "실상 허목(1595~1682)은 장현광(1554~1637)보다 41세 연하로 장현광에게 사사한 일이 있으므로 장현광의 제자벌이 된다. 더구나 허목은 생장 및 생활 근거지가 정구나 장현광과 달리 서울과 근기近畿 지방이었으며, 정구에 입문하여 수학한 것도 정구 말년의 불과 몇 개월에 지나지 않는다는 점이 정구의 수제자로 오르기에 부족한 것도 사실이었다. 그럼에도 숙종대 이후 남인의 영수로 현달하고 국왕의 종용과 정구 후손들의 용인에 의해 급기야 숙종 34년(1708) 한강 정구의 회연서원檜淵書院에 배향되어서 한강寒岡의 적전嫡傳으로서의 지위가 공인되고 이에 기호남인의 학문적 구심점이라는 지위를 굳히게 되었던 것[11]"이라고 했다.

다양한 논란에도 불구하고 조선 후기에 와서 번암 채제공에 의해 한강 정구의 학통을 미수 허목이 이었다는 근기 남인계열의 학맥 계승 관계가 확립되었지만, 이 학맥의 계승 관계를 정립하는 과정에서 '한려시비寒旅是非'와 '허목적전론許穆嫡傳論'이 등장하게 된 것이다. 여헌 장현광이 스스로를 한강 정구의 문인으로 인식하고 있었느냐의 여부, 혹은

---

10) 黃胤錫,「頤齋亂稿」卷28. "余戱語姜上舍曰; '如拿南人一邊, 當此老論無多之會, 何不以許相及寒岡旅軒請從享文廟乎.' 姜曰; '寒岡則當矣, 而許眉叟, 理學中異人而已, 何得從享.' 余笑曰; '然則許相, 何以得諡文正耶, 無乃其時南人, 不知其爲異人而非純儒耶.'"
11) 유봉학,「南人 분열과 畿湖南人 學統의 성립」,『조선후기 학계와 지식인』(신구문화사, 1998), 37쪽.

그가 진실로 한강 정구의 수제자였지만 당대의 정치적 상황에 의해 수제자의 자리를 빼앗기고 밀려나게 되었는가의 여부, 그리고 미수 허목이 당대 한강 정구의 적전이 될 수 있는가의 여부에 대해서는 현재 이 책에서 분명하게 밝히기는 어렵다. 그러나 번암 채제공에 의해 미수 허목이 한강 정구의 적전으로 공인된 이후, 근기 남인계열 내에서는 미수 허목의 위치에 대해 많은 논란과 의혹의 여지가 있음에도 불구하고 공식적으로 이론이나 반론이 제기되지 않은 채 후대까지 이 학맥의 계승 과정이 인정되었다.

이와 같은 현상에는 미수 허목이 지니고 있었던 그 당대의 정치적 위상과 근기 남인계열의 학통을 정립한 번암 채제공의 정치적 영향력이 상당한 작용을 하였으리라 생각된다. 즉, 한강 정구에게서 미수 허목으로 이어지는 근기 남인계열 학맥의 전개 과정은 숙종의 정치적 판단에 의해 시작되었지만, 이와 같은 숙종의 판단이 당대 미수 허목의 정치적 위상과 다음 시기 번암 채제공의 정치적 의도에 부합하면서 점차 남인계열 내에서 정설화定說化·보편화普遍化되었다고 할 수 있다.

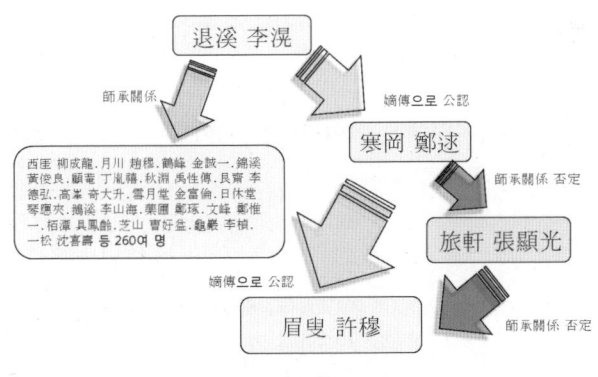

〈眉叟 許穆 學脈 系統圖〉

퇴계 이황-한강 정구-미수 허목으로 내려오던 근기 남인계열의 학맥은 번암 채제공에 의해 성호 이익이 첨가되면서 완성되었다.[12] 번암 채제공은 「성호이선생묘갈명星湖李先生墓碣銘」을 통해 성호 이익의 미수 허목 사숙私淑을 학맥의 계승 관계로 전환하여 공론화하고자 상당한 힘을 기울였다고 생각된다. 번암 채제공이 퇴계 이황-한강 정구-미수 허목-성호 이익으로 이어지는 근기 남인계열의 학맥을 정론화하고자 했던 것은 무엇보다 미수 허목과 성호 이익이 지니고 있었던 당대 근기 남인계열 내에서의 정치적·학문적 위상 때문이었다고 할 수 있지만, 이와 함께 번암 채제공이 이 정치적·학문적 위상을 자신의 계보 속으로 이끌어 오기 위하여 이와 같은 학맥의 흐름을 구축한 것이라는 생각도 지우기 어렵다.

미수 허목의 학문을 성호 이익이 이었다는 근기 남인계열의 학맥 계승 과정은 미수 허목이 21세가 되던 광해군 7년(1615) 총산蔥山 정언옹 鄭彦顒에게 『예기禮記』의 「단궁편檀弓篇」을 익혔는데,[13] 이때 성호 이익의 조부 지평공持平公 이지안李志安 형제들과 교분을 맺었다[14]는 것에서 시작된다. 성호 이익의 글을 보면 당시 지평공 이지안은 미수 허목보다 6살이 어렸으나 미수 허목과 상당한 친분을 맺었다고 생각되는데, 조부 대에서 맺은 미수 허목과의 인연이 부친인 매산梅山 이하진李夏鎭(1628~1682)을 거쳐 성호 이익에게 이어졌다는 것이다.

---

12) 蔡濟恭, 「星湖李先生墓碣銘」, 『樊巖先生集』 卷51, "但念吾道自有統緖, 退溪我東夫子也, 以其道而傳之寒岡, 寒岡以其道而傳之眉叟, 先生私淑於眉叟者, 學眉叟而以接夫退溪之緖, 後之學者, 知斯文之嫡嫡相承有不誣矣, 然後庶可以不迷趣向."
13) 「眉叟 年譜」, 『記言』 卷1, "乙卯. 先生二十一歲, 學檀弓於蔥山鄭彦顒 先生."
14) 李瀷, 「先考司憲府持平 贈吏曹參判府君行狀」, 『星湖先生全集』 卷67, "旣而登鄭蔥山彦顒 之門, 同學與眉叟 許公穆之倫, 咸推重焉."

물론 성호 이익의 부친 매산 이하진의 경우 미수 허목과 상당히 깊은 관계를 맺고 있었다. 매산 이하진은 남인이 정국의 중심에 들어선 숙종 즉위 초부터 남인계열의 중진으로 활동했다. 이 시기 매산 이하진은 중앙부처의 요직을 두루 거치면서 미수 허목과 하헌夏軒 윤휴尹鑴 (1617~1680)의 출사를 강력하게 건의하여 실행시켰고, 이들의 정국 운영에 동조했다. 당시 매산 이하진은 남인계열의 중진으로 병권兵權의 향배와 서인계열에 대한 대책을 둘러싸고 분열된 청남淸南과 탁남濁南 사이에서 남인계열의 융화를 위해 노력했지만,15) 묵재 허적의 정치적 행적을 못마땅하게 여겨 점차 미수 허목의 청남계열에 가까워졌다. 이에 따라 성호 이익이 미수 허목과 상당한 친분 관계를 유지하고 있었을 것이라는 점이나16) 성호 이익이 미수 허목을 근기 남인계열의 수장으로 인식하고 있었을 것17)이라는 점에는 이론異論의 여지가 없다.

그렇다면 성호 이익이 자신의 학문 연원으로 미수 허목을 인정하고 있었는가에 대한 확인이 필요하다. 미수 허목의 한강 정구 적전설과 함께 성호 이익의 미수 허목 계승 문제에 대한 확인은 지금까지 알려져 있는 근기 남인계열의 학맥 계승 과정이 지니는 사실성과 학맥 설정 과정의 정치적 의도성에 대한 파악이라는 점에서 중요한 시사점이 되기

---

15) 『朝鮮王朝實錄』肅宗 1년 6월 4일(辛酉) 1번째 기사, "穆老而巧密, 或左或右, 積尤老於涉世, 伸縮有術, 內扶大運等, 而外若中立. 宇遠初黨於鑴·穆, 後歸大運之黨. 如夏鎭·沃·威明·聘命等, 首鼠兩間, 而諂事穆·鑴尤甚."
16) 李瀷, 「答吳永伯 光運○丙辰」, 『星湖先生全集』 卷15, "當時眉老先生主張淸論, 先人實左右唯諾, 矢心扶護, 畢竟燎原雖烈, 而不至於淪胥者, 未必非其力也. 然彼旣名敗落石而加膏, 亦士大夫之羞辱. 今不欲——追言之也."
17) 李瀷, 「遯溪集序」, 『星湖先生全集』 卷50, "我聖朝聲明丕闡, 若退溪李先生出, 而其道彬彬, 餘韻不替, 私淑者各得其一體. 如近世許先生從父昆弟者, 卽又裒然理藪矣. 晜曰: 遯溪先生, 弟曰: 眉叟先生. 眉叟之事遯溪, 如侍講之於宗丞也. 遯溪始隱居而求志, 言言語語, 步趨繩尺, 講業愈盈門, 如置樽中衢, 羣飲滿腹. 至時論尚賢, 少試百里而民化. 後眉叟位躋上公, 提聖憲而論邦禮, 於是四方士推許氏爲大宗師, 瀷生也後, 未及乎鼓篋孫志, 亦嘗與聞士大夫餘論當時及眉叟之門者, 莫不僉然若歷絳帳而覿仙君, 愛而不敢慢, 人獨曰; 獨不見遯溪之爲楷範乎. 兩先生道相若年相近, 眉叟未嘗不敬憚如嚴師也. 眉叟要非阿好者, 其言曰: 知徵知彰, 先事見幾, 學而未能, 直而寬嚴而有儀泰而能恭, 學而未能也. 君子一言以爲知, 斯足以盡之矣."

때문이다.

성호 이익은 자신의 학문 세계가 형성된 과정에 대해 분명하게 밝히지 않았다. 따라서 그 자신 스스로가 밝히고 있는 학문 연원에 대해서는 현재 구체적으로 확인할 수 있는 방법이 없다. 그러나 성호 이익의 가장家狀과 행장行狀, 묘갈명墓碣銘을 살펴보면 성호 이익의 학문이 부친인 매산 이하진에게서 그의 형제들에게 이어진 가학家學을 연원으로 하고 있음을 분명히 알 수 있다.

> 선생은 일찍이 아버지를 잃었고, 또 마르고 여위어 병이 많았다. 권대부인(성호의 모부인 - 필자 주)께서 늘 몸에 약주머니를 지니고 있으며 (약을) 먹이셨다. 이 때문에 일찍 글공부를 하지 못했다. 그렇지만 나면서부터 남다른 자질을 가지고 있었고, 총명이 남달랐다. 조금 자라서 중형 剡溪公을 따라 학문을 익혔는데, 스스로 분발하여 독서에 뜻을 두었다. 여럿이 모여 학문을 익힐 때 남들은 모두 떠들고 웃으며 장난쳤으나 홀로 조용히 책을 쥐고 앉아서 종일 그만두지 않았다. …… 다음해 병술년에 중형이 화를 당하자 이로부터 세상에 뜻을 버리고 마침내 과거를 포기했다. 다시 셋째형 玉洞先生과 종형 素隱公을 따라 노닐며 개연히 구도의 뜻을 두었다.[18]

병술년에 중형이 세상의 화에 걸리자 연좌될까 두려워 숨어살며 세상의 일에 뜻을 두지 않아 마침내 과거의 뜻을 버렸다. 셋째형 玉洞先生과 종형 素隱先生의

---

18) 李秉休,「星湖 家狀」,『星湖先生全集』, 附錄 卷1, "先生甑早孤, 且淸羸多疾. 權太夫人常身佩藥囊而餌之, 由是未嘗就傳受書, 然生有異質, 穎悟絶人. 稍長從仲兄剡溪公學, 則自奮刻意讀書, 群居講業, 衆皆喧笑嬉戱, 而獨黙坐手卷, 終日不輟. …… 明年丙戌仲兄遭禍, 自是無意於世, 遂棄擧子業, 復從第三兄玉洞先生及從兄素隱先生遊, 慨然有求道之志."

문하에서 따라 노닐며 익숙히 들어 아는 것을 학문의 방법으로 삼았다.[19]

　조금 자라 중형 剡溪公을 따라 배워 마음을 오로지 학문에 힘썼다. 총명이 남보다 뛰어났고 여러 책을 널리 보았다. 중형이 세상의 화에 걸리자 세상에 대한 뜻을 버리고 科擧를 포기하였다. 셋째형 玉洞과 종형 素隱 두 사람을 따라 노닐며 개연히 구도의 뜻을 두었다.[20]

　이 글들은 모두 성호 이익의 후인들이 성호 이익의 수학기 혹은 학문 형성의 기초에 관해 쓴 글들이다. 이 글들을 살펴보면 성호 이익의 학문이 중형 섬계剡溪 이잠李潛(1660~1706)에게서 시작하여 셋째 형 옥동玉洞 이서李漵(1662~1723)와 종형 소은素隱 이진李濃(1654~1727)의 영향을 받아 기초를 형성했다는 것을 알 수 있다. 섬계 이잠은 성호 이익의 둘째 형이지만, 큰 형인 청운靑雲 이해李瀣(1647~1673)가 운명한지 8년 뒤에 태어나 큰 형을 접하지 못한 성호 이익에게는 가장 큰 형이었다. 옥동 이서는 섬계 이잠의 바로 밑 동생으로, 섬계 이잠과 옥동 이서는 모두 성호 이익의 이모형異母兄이었다. 소은 이진은 성호 이익의 중부仲父인 이은진 李殷鑌(1630~1661)의 아들이다.

　유배지에서 태어나 이듬해에 부친을 잃은 성호 이익은 이 세 사람의 형을 따라 배우면서 학문을 시작하였는데, 그 순서는 섬계 이잠을 시작으로 옥동 이서, 소은 이진의 순서로 이어졌다고 보인다. 그런데 섬계

---

19) 尹東奎,「星湖 行狀」,「星湖先生全集」, 附錄 卷1, "丙戌仲兄罹世禍, 畏約屛居, 無意世事, 遂棄擧業, 遊第三兄玉洞先生從兄素隱先生之門, 習聞爲學之方."
20) 蔡濟恭,「星湖 墓碣銘」,「星湖先生全集」, 附錄 卷1, "稍長從仲兄剡溪公學, 專心劬業, 聰穎絶人, 博覽群書, 及仲兄罹世禍, 無意於世, 棄擧子業, 從第三兄玉洞從父兄素隱二公遊, 慨然有求道之志."

이잠이 병술년丙戌年에 화禍를 당하자 성호 이익은 잠시 동안 학문을 포기하고 화에 연좌될까 두려워 몸을 피했다고 했다. 섬계 이잠이 화를 당한 병술년은 숙종 32년(1706)으로 성호 이익의 나이 26세였을 때이다. 이 당시 성호 이익이 얼마나 오랫동안 몸을 피해야 했었는지는 정확히 알 수 없지만 성호 이익은 상당히 곤란한 처지에서 안산의 첨성리瞻星里로 몸을 피했던 것 같다.[21]

성호 이익의 가장家狀에는 성호 이익이 어려서 몸이 약해 일찍부터 글을 배우지 못했다고 했는데, 성호 이익의 글을 살펴보면 대략 10세를 전후할 때까지 성호 이익은 글을 익히지 못한 듯하다.[22] 이 10세를 전후한 어느 시기부터 성호 이익은 섬계 이잠에게 학문을 익혔다고 생각된다. 당시 성호 이익은 타고난 영민한 자질을 바탕으로 독서에 빠져들었는데, '박람군서博覽群書'로 그의 학습 태도를 밝히고 있는 것으로 보아 그의 가문이 지니고 있었던 학문 전통과 같이 성호 이익도 어려서부터 박학博學에 상당한 관심을 보였다고 할 수 있다.

섬계 이잠에게 학문을 익힐 당시 셋째 형 옥동 이서는 성호 이익의 학습에 직접적으로 어떤 영향을 미치지 않았다고 보인다. 옥동 이서는 10세가 되던 해[숙종 12년, 1671]에 숙부 이주진李周鎭(1633~1652)의 후사로 들어가 명례동明禮洞에 나가있으면서 부친인 매산 이하진에게 학문을 익혔다.[23] 숙부 이주진은 효종 3년(1652) 17세의 나이로 요절했는데, 옥

---

21) 李瀷, 「李司成 旌閭記」, 『星湖先生全集』, 卷53, "旣虞祔, 余西邁海上, 咸送我於山之下, 相顧爲之惻然."
    李瀷, 「權上舍遺稿跋」, 『星湖先生全集』, 卷55, "後吾兄弟遭罹世患, 禍不測, 當是時親戚朋舊搖手諱避."
22) 李瀷, 「金執義鶴臯子墓碑銘」, 『星湖先生全集』, 卷65, "幼有奇才, 八歲已能成五字詩. 余年長數歲, 猶未知讀書, 每見之懷默也."
23) 李是鈨, 「玉洞先生 行狀 草」, 『玉洞先生遺稿』, 附錄, "十歲出爲叔父學生公後, 就養於明禮洞, 學生公十九而夭, 配尹夫人年老, 子子無所寓心." 이시홍은 옥동선생 행장에서 학생공 주진이 19세의 나이로 요절하였다고 했지만, 가문의 다른 기록들을 보면 주진이 운명한 시기는 17세 되던 임진년(1652) 7월 20일이다. 이 기록은 이시홍의 착오로 보인다.

동 이서가 후사로 들어갔을 때 숙모 윤씨 부인尹氏夫人은 41세의 나이로 혼자 지내고 있었다. 이주진의 후사로 들어간 옥동 이서는 친부인 매산 이하진이 유배지인 운산雲山에서 운명하자 둘째 형 섬계 이잠과 함께 운산에서 부친 매산 이하진의 시신을 모시고 와 장례를 지냈으나, 윤부인이 연로하여 시묘살이를 하지 못하고 3년의 애도기만 지냈다. 이 3년의 애도기를 마친 뒤 옥동 이서는 과거의 뜻을 버리고 양부養父인 이주진의 묘소가 있는 포천抱川의 청량포淸涼浦에 은거하여 도학道學에 몰두했다.[24] 이 시기 성호 이익은 겨우 4, 5세의 어린아이에 불과했고, 병약한 몸이어서 학문을 시작하지 못하고 있었으며, 옥동 이서도 포천의 은거지를 떠나지 않았다. 따라서 성호 이익이 옥동 이서와 종유하며 학문을 다듬은 것은 섬계 이잠의 화가 있고난 뒤라고 보아야 할 듯하고, 이런 사정은 성호 이익의 학문 수학 과정을 언급할 때 항상 섬계 이잠의 다음으로 옥동 이서와 병기되는 종형 소은 이진과의 관계에서도 마찬가지라 생각된다. 이렇게 본다면 성호 이익 학문의 가장 기본적인 바탕을 형성해 준 사람은 둘째 형 섬계 이잠이고, 섬계 이잠이 만들어 준 바탕을 다듬어 준 사람이 셋째 형인 옥동 이서와 종형인 소은 이진이라고 유추할 수 있다.[25]

섬계 이잠은 47세의 나이로 당시 원자元子를 부지하여야 한다는 상소를 올렸다가 장살杖殺당했다. 섬계 이잠의 장살은 그 개인의 불행으로 그치지 않고 이후 그의 가문 후손들이 지속적으로 정치적 곤경에 빠지

---

24) 李是鉍,「玉洞先生 行狀 草」,「玉洞先生遺稿」, 附錄, "遂隱居講道於抱川之淸涼浦, 卽學生公依履之藏也."
25) 星湖가 剡溪와 玉洞, 素隱의 영향 아래 학문을 익혔다는 것이 梅山과 어떤 관계를 갖느냐하는 것은 剡溪와 玉洞, 素隱이 梅山에게 어떤 영향을 받았는가를 살펴보면 확인할 수 있지만, 현재로서는 이를 살펴볼 수 있는 명확하고 구체적인 자료가 없어 이렇게 유추할 수밖에 없다.

게 하는 가장 큰 원인이 되었다. 이런 이유 때문인지는 모르지만, 현재 섬계 이잠에 관해 구체적으로 살펴볼 수 있는 자료가 거의 남아있지 않다. 그러나 섬계 이잠이 부친인 매산 이하진이 33세 되던 해[현종 1, 1660]에 태어났고, 섬계 이잠의 출생 이후 매산 이하진의 관직 생활이 시작되었다는 점에서 본다면 섬계 이잠은 가족 중 누구보다 부친 매산 이하진과 오랜 시간을 보냈던 아들이었음을 알 수 있다. 또 16세의 어린 나이로 사마시司馬試에 합격한 뒤 대과大科에 응시하려하자 매산 이하진이 "큰 그릇은 일찍 이루어지는 것을 꺼린다"며 이를 저지하였는데,[26] 단편적이기는 하지만 이런 사실로 보아 당시 부친인 매산 이하진이 섬계 이잠에게 상당한 기대를 가졌다는 것을 알 수 있다.

 매산 이하진과 옥동 이서의 학문 전수 과정에 관해서도 구체적으로 확인해 볼 수 있는 자료가 남아있지 않다. 매산 이하진과 옥동 이서의 관계에 관해서는 여섯 살의 어린 나이로 어머니를 잃은 옥동 이서에 대한 매산 이하진의 안쓰러운 마음을 보여주는, 부자간의 인간적인 정에 관한 단편적인 기록[27]을 제외하고는 다른 기록을 살펴볼 수 없다.

 매산 이하진과 섬계 이잠·옥동 이서·소은 이진·성호 이익의 학문 전수 관계를 확인할 수 있는 다른 자료가 없기 때문에 이들의 학문적 유사성은 학문 세계를 직접 살펴보면서 확인할 수밖에 없다. 그러나 이것도 현재 이들의 학문 세계를 구체적으로 확인해볼 수 있는 자료가 온전히 전하지 않아 불가능하다. 단지 이들의 학문에 관한 단편적인 언급만 전하고 있을 뿐이어서, 이를 통해 이들 사이의 학문적 유사성을

---

26) 李孟休, 「剡溪公 家傳」, 『驪江世乘』 卷9, "十六發解, 大憲公戒之曰; 大器忌早成, 遂不赴會試."
27) 李是鈺, 「弘道先生 行狀 草」, 『弘道先生遺稿』 附錄, "六歲喪李夫人, 哀毀骨立, 梅山公晝置膝下, 夜置懷中, 百方撫慰."

짐작해볼 수 있을 뿐이다.

  이와 같은 가학의 영향을 인정한다면 다음으로 확인해 보아야 할 문제는 성호 이익이나 성호 이익의 가계家系 안에서 앞에서 살펴본 가학의 전승 이 외에 성호 이익의 학문 형성에 영향을 미친 다른 인물의 존재를 인정하고 있는가 하는 것이다. 앞서 살펴본 것과 같이 성호 이익의 학문 형성에 관한 후손들의 언급은 모두 가학의 전승에 관한 것뿐이다. 당대 미수 허목이 지니고 있었던 남인계열 내의 위상으로 보았을 때 성호 이익이 미수 허목의 학통을 이었다고 한다고 하더라도, 혹은 번암 채제공이 언급한 근기 남인계열의 학맥 주장에 대해 성호 이익의 가계에서 동조해 준다고 해서 성호가나 성호 이익에게 정치적으로 또는 학문적으로 어떤 불이익이 있었으리라고는 생각되지 않는다. 오히려 그와 반대로 성호 이익이나 성호 이익 가계의 학문적, 혹은 정치적 위상이 근기 남인계열 내에서 더욱 높아질 수 있었으리라고 생각된다. 그러나 이와 같은 현실적 이익이 존재하고 있었음에도 불구하고 성호 이익의 후손들이 밝히고 있는 성호 이익의 학문 형성 과정으로 보았을 때 성호 이익의 가계 내에서는 성호 이익과 미수 허목의 학문적 영향의 수수 관계에 대해 그다지 긍정적이지 않았다는 인상을 가지게 된다.

  미수 허목과 성호 이익의 관계를 정립하기 위해 우선적으로 시도된 것이 앞에서 말한 것과 같은 미수 허목과 성호 이익의 부친 매산 이하진과의 관계 설정이다. 약산 오광운이 쓴 매산 이하진의 문집 서문[28]을 보면 매산 이하진이 미수 허목의 추중을 받았다는 것을 알 수 있다.

---

28) 吳光運,「序文」,『六寓堂遺稿』, "穆陵朝, 所謂東人本起士類, 號稱多人物, 而粹然爲近世所宗者, 眉翁也. 以眉翁後進, 而相與爲激揚, 爲眉翁所倚重者, 梅山也. 眉翁歿, 公亦指逐以歿."

이는 보다 정확하게 말해 학맥의 계승에 관한 언급이라기보다 근기 남인계열 내에 존재하는 미수 허목과 매산 이하진의 위상에 관한 것이라 할 수 있겠지만, 이러한 언급에는 어떤 형태로든 미수 허목과 매산 이하진을 밀접하게 연결시키고자 했던 의도가 반영되어 있음을 부정할 수 없다. 이와 같은 약산 오광운의 인식이 다음 세대 번암 채제공에게 영향을 미쳐 미수 허목에서 성호 이익으로 이어지는 근기 남인계열의 학맥이 형성되었다고 보인다.29) 번암 채제공과 그 다음 세대인 다산 정약용의 글에 언급된 근기 남인계열의 학맥 전수 과정은 다음과 같다.

우리나라의 道統을 생각해보건대 절로 계통이 있다. 退溪는 우리 동방의 부자이시다. 그 도를 寒岡에게 전하셨고, 寒岡은 그 도를 眉叟에게 전하셨고 선생(성호 이익-필자주)께서는 眉叟를 사숙하셨다. 眉叟를 배워서 退溪의 계통을 이으신 것이다.30)

아 우리 星湖夫子는 하늘이 내신 영걸스러우신 인재로서 도가 망하고 교화가 해이해진 뒤에 나셔서 晦齋와 退溪를 사숙하여 심성의 학문으로 날줄을 삼고 경제의 사업으로 씨줄을 삼아 수 백 여 편의 저서로써 후학들에게 아름다운 은혜를 베풀었으므로 학통을 이어받은 집안의 자제들과 문하에서 친히 가르침을 받은 제자들이 모두 원만한 인격을 이루어 스승의 뒤를 이어 후학을 계도하지 않은 이가 없었다.31)

---

29) 김학수, 「星湖 李瀷의 學問淵源」, 『星湖學報』 1(星湖學會, 2005), 69쪽.
30) 蔡濟恭, 「星湖 墓碣銘」, 『星湖先生全集』, 附錄 卷1, "但念吾道, 自有統緖, 退溪我東夫子也. 以其道而傳寒岡, 寒岡以其道而傳眉叟, 先生私淑於眉叟者, 學眉叟而接–退溪之緖."
31) 丁若鏞, 「上木齋書」, 『與猶堂全書』, 卷19, "惟我星湖夫子, 以天挺英豪之才, 生於道喪敎弛之後, 得以私淑於晦退, 經之以心性之學, 緯之以經濟之業, 著書累百餘編, 以嘉惠後學, 其同堂逼傳, 及門高弟, 蓋莫彬彬郁郁, 繼往

이 글을 보면 번암 채제공이나 다산 정약용 모두 성호 이익의 학문이 시작되는 지점으로 퇴계 이황을 설정해 두고 있음을 확인할 수 있다. 성호 이익이 퇴계 이황을 사숙私淑했다는 것은 성호 이익 가문의 정치적 성향이 퇴계 이황의 문인들이 중심이 된 근기 남인계열에 속했기 때문에 당연하다고 할 수 있다. 성호 이익의 글을 살펴보면 성호 이익은 퇴계 이황을 사숙하여 존숭하는 경지에까지 이르게 되었다고 보인다. 성호 이익의「이선생예설유편서李先生禮說類編序」나「서퇴계선생필후書退溪先生筆後」,「도산도맥첩발陶山道脈帖跋」,「이자수어서李子粹語序」와 같은 글을 보면 성호 이익이 퇴계 이황을 존숭하고 흠모한 마음을 충분히 알 수 있다. 그런데 여기서 보다 주목해 보아야 할 것은 성호 이익의 미수 허목 사숙에 대해 다산 정약용이 어떤 언급도 하지 않고 있다는 것이다. 오히려 다산 정약용은 성호 이익이 퇴계 이황만을 사숙한 것이 아니라 회재晦齋 이언적李彦迪(1491~1553)까지 사숙하였다고 하여 학적 계통을 확대하고 있다. 이와 같은 기록은 성호 이익의 족질族姪 정산貞山 이병휴李秉休(1711~1767)의「자서自序」에서도 볼 수 있는 것이다.[32]

성호 이익의 글을 보면 성호 이익이 미수 허목을 상당히 존경하였음을 알 수 있다. 성호 이익이 쓴「미수허선생신도비명眉叟許先生神道碑銘」,「미옹예설眉翁禮論」,「발미수선생전예삼첩跋眉叟先生篆隷三帖」과 같은 글은 성호 이익의 미수 허목 존경을 잘 보여준다.

그러나 이와 같은 성호 이익의 퇴계 이황이나 미수 허목의 사숙私淑을 그대로 학맥의 전승 과정과 일치시키는 것은 상당한 문제를 야기한

開來."
32) 李秉休,「自序」,『貞山雜著』冊 11, "余乃往受學于季父先生, 先生之學, 卽退陶李子之學也, 先生謂我東 惟 退陶李子 得朱子正學之統 步步趨趨 是效是則 亦如退陶之於朱子 而卒承其統焉."

다. 그것은 조선 후기 당대에 벌써 성호 이익의 학문이 미수 허목보다 그와 동시대를 살았던 하헌 윤휴의 영향을 받은 것이라는 주장이 있었을 뿐만 아니라[33] 성호 이익이 퇴계 이황의 경학관과 수양관을 중시하였으면서도, 고질적인 병폐를 지니고 있었던 당대의 현실 문제를 해결하기 위한 시무時務에 있어서는 율곡 이이와 반계 유형원을 추종했기 때문이다.

국조 이래로 시무를 알았던 분을 손꼽아 보면 오직 李栗谷과 柳磻溪 두 분이 있을 뿐이다. 栗谷의 주장은 태반이 시행할 만한 것이고, 磻溪의 주장은 그 근원을 궁구하고 일체를 새롭게 하여 왕정의 시초를 삼으려 했으니 그 뜻이 진실로 컸다. 그러나 밭을 모조리 개간하는 것과 서울에서 벼슬하는 자가 처자를 거느리는 등의 문제는 반드시 구애되는 것이 있어 시행하기 어려울 것이고, 結負의 부세와 번갈아 숙직하는 규칙은 오히려 폐단 없이 시행할 수 있으나 어찌 이같이 할 필요가 있겠는가. 栗谷의 주장에 감사는 임기에 구애하지 말고, 작은 고을은 큰 고을에 합치고, 다 큰 좋은 그 아비를 좇지 못하게 한다는 등의 말은 하나하나 사리에 합당한데 무엇을 꺼려 시행하지 않았던가. 貢案을 개정하는 한 가지 일만은 결국 시행되었으나 오히려 부역은 가볍고 조세는 과중하다는 아쉬움이 있었으니 이는 역량이 부족하고 조치하는 국량이 좁기 때문이었다. 만약 栗谷과 磻溪를 시켜 시행했더라면 반드시 볼만한 것이 있었을 것이다. 오늘날 『磻溪隨錄』 가운데 여러 가지 좋은 의론을 단 한 가지도 시험한 것이 없으니, 예나 지금이나 지사가 마음 쏟은 것을 끝내 세상 사람들이 알아주지

---

33) 丁若鏞,「鹿菴權哲身墓誌銘」,『與猶堂全書』卷15,「附見聞話條」, "公少時慕夏軒, 嘗曰: 退溪之後, 夏軒之學, 有本有末, 夏軒之後, 星翁之學, 繼往開來, 此仲氏所聞."

않으니 어떻게 하겠는가.[34]

　이 글에는 성호 이익이 지니고 있었던 율곡 이이와 반계 유형원에 대한 인식이 잘 드러나 있다. 학문이란 현실적 쓰임을 가져야 한다는 성호 이익의 학문관은 그에게 시대의 폐단에 대해 적극적으로 대응하는 학문을 추구하게 만들었다. 성호 이익은 당대의 정치·경제·사회·문화 제 분야의 여러 가지 모순을 신랄하게 비판하고 그 대안을 찾고자 노력했다. 이렇게 성호 이익은 학문의 효용성이란 경세經世에 있는 것이라 여겼고, 경세의 기준으로 경학經學을 중시했다. 따라서 성호 이익의 학문은 그가 비록 퇴계 이황의 수양관과 학문관을 이었다 하더라도 현실의 제반 문제에 대한 대응이란 측면에서는 현실적 효용을 중시하는 경세적 학문관으로 바뀌어 나타날 수밖에 없었다. 다음 글을 보면 성호 이익의 의식을 보다 분명하게 알 수 있다.

　근세에 李栗谷 같은 이가 更張에 대해 많은 말을 했으나 당시에 논의하는 사람들이 바르게 여기지 않았다. 그러나 지금 살펴보면 명쾌하고 절실하여 팔구 할은 실행할 수 있는 것이었다. 대체로 國朝이래로 시무를 아는 사람의 으뜸이었다. 애석하구나, 지금의 존숭이여. 그 사람은 높이지만 그 실상을 높이지 않는구나. …… 磻溪 柳馨遠에 이르러서는 더욱 큰 것이 있으니, 한 번 (폐습을) 씻어서 古代로 되돌아갔다. 그러나 반드시 토지를 준 뒤에 그만두고자하는 것에 이르러

---

34) 李瀷, 「變法」, 『星湖僿說』 卷11, 「人事門」, "國朝以來, 屈指識務, 惟李栗谷柳磻溪二公. 在栗谷太半可行, 磻溪則究到源本, 一齊刻新, 爲王政之始, 志固大矣. 然如田之盡佃, 京司之率眷之類, 必將有礙阻難擧者, 結負之稅, 遞直之規, 猶可以辨事無虧, 何必如此也. 如栗谷之監司久任, 小郡合, 大奴不從父等說, ──中欵, 何憚而不擧, 惟改貢案一事, 畢竟施行, 猶有賦輕稅重之歎, 自是力量不大, 措置局挾故也. 苟使栗谷磻溪爲之, 必有可觀也. 今磻溪隨錄中, 鍾踵各論, 無一擧以試之, 古今志士之用心, 終無奈世人何耳."

서는 그 뜻이 비록 좋다고는 하지만 끝내 또한 실행하기 어려운 것이다. 하지만 또 한 가지 일을 두고 편안히 경계를 정한다면 자연스럽게 법도에 맞을 것이다. 비록 당세에는 시행되지 않는다 하더라도 뒤에는 반드시 와서 법으로 취할 사람이 있을 것이니 스승 됨이 무궁할 것이다.35)

시무를 위한 실용적 학문을 추구한 성호 이익은 율곡 이이와 반계 유형원의 학문에 주목했다. 성호 이익의 이런 태도는 사단칠정四端七情의 심성론에서 율곡 이이를 비판한 것과는 다른 모습이다.36) 당대 정권을 장악한 서인계열이 대부분 우계牛溪 성혼成渾과 율곡 이이의 계통을 잇고 있었다는 점에서 정치적 고폐固閉로 인해 괴로움을 겪고 있었던 성호 이익이 율곡 이이의 학문을 인정한 것은 그의 객관적 학문 태도를 보여주는 것으로 시사하는 바가 크다.

반계 유형원에 대해서도 성호 이익은 『성호사설星湖僿說』에서 뿐만 아니라 문집 속에서도 여러 편의 글을 남기고 있다. 「반계유선생전磻溪柳先生傳」, 「반계수록서磻溪隨錄序」, 「반계유선생유집서磻溪柳先生遺集序」와 같은 것인데, 성호 이익이 반계 유형원의 학문 세계를 접하고 이에 주목하였던 것 역시 시무를 중시했던 반계 유형원의 학문 경향 때문이라고 할 수 있다.

반계 유형원에 대한 추종과 함께 성호 이익은 지봉芝峯 이수광李睟光의

---

35) 李瀷, 「論更張」, 『星湖先生全集』卷46, "如近世李栗谷, 多言更張, 當時議者不題也. 以今考之, 明快切實, 八九可行. 蓋國朝以來, 識時務之最, 情乎今之擧也. 尙其人, 而不尙其實. …… 至柳磻溪馨遠, 尤有大焉, 一洗而反乎古, 必乎授田而後已, 其意雖善, 卒亦難行, 且置一事, 其佗區劃, 恰恰中窾, 雖未克見施當世, 後必有來取法者存, 而爲師于無窮也."

36) 四七 心性論에 대한 星湖의 태도는 그가 문하 제자들과 주고받은 많은 편지에서 쉽게 발견할 수 있다. 특히 『星湖先生全書』卷23의 愼耳老에게 답한 편지와 卷31의 禹大來에게 답한 편지에서 자세히 볼 수 있다. 金容傑, 『星湖 李瀷의 哲學思想研究』(成均館大學校 大東文化研究院, 1989)에 星湖가 退溪와 栗谷의 理氣·心性論에 대해 가지고 있었던 태도가 잘 설명되어 있다.

박학에 대해서도 인정하였다.37) 지봉 이수광은 성호 이익의 증조부 소릉少陵 이상의李尙毅(1560~1624)가 동궁면복 주청사東宮冕服奏請使로 연경에 갈 때 부사로 소릉 이상의를 수행했다. 당시 지봉 이수광은 소릉 이상의의 시에 감탄했고,38) 이후 소릉 이상의와 지봉 이수광은 지속적으로 친밀한 교분을 이어가39) 그 교분이 후대에까지 영향을 미쳤다고 보인다. 지봉 이수광과 그의 가문이 맺었던 친분은 성호 이익대까지 이어져 성호 이익은 자신의 외동딸을 지봉 이수광의 후손 이극성李克誠에게 시집보냈다.

이와 함께 성호 이익은 식산息山 이만부李萬敷에게도 적지 않은 영향을 받았다. 성호 이익과 식산 이만부의 교유는 성호 이익의 형 섬계 이잠과 옥동 이서를 매개로 하여 이루어졌지만,40) 본격적인 관계의 형성은 한때 식산 이만부가 머물렀던 원주에서 이루어졌다. 이 시기 성호 이익과 식산 이만부의 문답이 식산 이만부의 『식산선생문집息山先生文集』 속 「학성문답鶴城問答」에 남아있다. 문집의 기록을 보면 성호 이익이 식산 이만부를 만난 시점은 셋째 형인 옥동 이서가 운명한 이후로, 성호 이익의 나이가 최소한 40대 중반이었을 것으로 짐작된다. 그런데, 글 속에서 성호 이익은 사우師友의 도움 없이 학문하는 어려움을 말하였고, 이에 대해 식산 이만부는 고인古人을 사숙하는 이로움을 말하였다.41) 이 대화

---

37) 李瀷,「灰酒」,『星湖僿說』卷4,「萬物門」, "李芝峯引魯望詩, 謂中朝人釀酒, 多用灰. 芝峯之博, 亦不及此也." 이 글에서 星湖가 지봉이 한 주장의 오류에 대해 지적하고는 있지만, 그의 박식에 대해서는 인정하고 있었음을 알 수 있다.
38) 李慶休,「少陵公 家狀」,『驪江世乘』卷5, "秋以東宮冕服奏請使, 如京師, 時李芝峯睟光爲副, 芝峯文章士也, 以公居常謙恭, 不以翰墨自居, 故芝峯亦未深知, 至是與之酬唱, 大驚服曰: 少陵文章, 當代罕敵."
39) 少陵公의 文集인 『少陵集』에는 芝峯과 주고받았거나 芝峯의 시에 차운한 少陵公의 시가 많이 나오는데, 家狀의 기록과 문집을 살펴보면 이 시들은 모두 燕行 중 少陵公이 芝峯과 주고받은 것이라 생각된다. 이로 보아 少陵公이 당시 芝峯과 친밀한 관계를 유지하고 있었음을 알 수 있다.
40) 李瀷,「上息山」,『星湖先生全集』卷9, "瀷記昔先生有四郡山水之遊, 與我兩兄交歡於泗上, 其心親義篤, 無與爲比. 則自此以上, 聲聞密邇, 宜莫如先生熟也. 何待乎瀷言之及."

의 내용을 되새겨 보면 이 시기까지 성호 이익은 별다른 스승이 없었고 또 그가 식산 이만부를 스승으로 삼지 않았으며, 식산 이만부도 성호 이익을 문하 제자로 생각하지 않았음을 알 수 있다. 그렇지만 성호 이익은 식산 이만부에게 적지 않은 영향을 받았다고 생각된다. 식산 이만부의 죽음에 쓴 만사에서 성호 이익은 스스로에 대해 구의摳衣라고 표현하였다.[42] 구의는 심의深衣의 앞자락을 걷어쥔다는 뜻으로 스승이나 어른 앞에 나아가 강론을 듣는다는 의미로 사용하는 말이다. 이와 같은 표현의 사용은 반드시 스승으로서는 아니라고 할 수 있겠지만, 성호 이익이 그동안 식산 이만부를 여러 가지 의미에서 어른으로 여겼고 또 그에게서 받은 영향이 적지 않았음을 보여주는 것이다.

그렇지만 성호 이익의 학문 형성에는 가학이나 이와 같은 여러 선배들의 학문적 영향 보다 독서를 통한 자득自得이 훨씬 더 큰 영향을 미쳤다고 할 수 있다. 성호 이익에게는 부친 매산 이하진이 연경燕京에서 사 가지고 온 수천 권의 서적[43]이 가장 큰 자극이 되었다고 생각된다. 성호 이익의 부친 매산 이하진이 연행을 갔던 숙종 4년(1678)은 강희康熙 17년[淸 聖祖]으로, 청나라 안에서 적극적인 학술 부흥책이 실시되고 있었

---

41) 李萬敷, 「鶴城問答」, 『息山先生文集』 卷12, "余行滯鶴城, 李子新適入峽, 聞余行來訪, 子新, 亡友李澄叔之少弟也, 余記其少聰穎安詳, 以弟畜之, 年來聞其力學多聞, 自洛來者, 稱道不已, 然旣與吾友, 不得合幷講討如少日, 而忽隔幽明, 其與子新際接尤難也, 每念之, 愴然感而已, 忽於逆旅相遇, 如見亡友, 悲喜交集. 旣而, 問吾子有遠大之志, 用力旣久, 所得何事, 子新曰; 無師友之益, 只從古人說話揣度, 若迷途而行者, 雖以達大道, 忽然更惑於歧, 而崎嶇反側也, 曰: 今行自商山至中原, 熟路也, 自中原至鶴城, 初行也. 中原以前地顏逸, 然心安氣舒, 泰然無慮, 中原以後路差近, 然不免有疑懼之心, 儘知古人沛然行之之言, 有味也. 且師友資益, 固不可廢, 然旣無其人, 則不可强得而充之, 所謂古人說話, 豈非今日之明師畏友乎, 曰; 雖有師友, 不讀書, 何以爲學, 曰; 讀書多後, 若於吾心, 無總會處, 記誦雖博, 亦徒然讀書耳, 曰; 此誠不易得矣."
42) 李瀷, 「挽詞」, 『息山先生文集』 附錄 下, "敷腴顏色稱癯形, 山澤精神想典刑, 大嶺以南存法度, 眞儒去後歛門庭, 文將天喪三分在, 道與心通一點靈, 百世何人能有眼, 乾坤留卷識如馨. 名德家庭挺碩儒, 文章天與耀南隅. 味無味作眞君子, 居廣居稱大丈夫. 我昔摳衣瞻懿範, 年今垂老困迷途, 平生叩饋因宗願, 捲付哀謳惜道孤, 心亨跡屈到華顚, 神會前絡密付傳. 無可如何天下事, 那能不作道東編, 音徹正閭塵千里, 懷仰方深繾九泉. 數十年來交契盡, 後生無淚灑空阡."
43) 李瀷, 「先考司憲府大司憲府君行狀」, 『星湖先生全集』 卷67, "及將還, 例有饋賜銀段, 乃擧以買古書數千卷以歸."

던 때였다. 고증학을 중심으로 고전에 대한 새로운 연구가 활발하게 진행되고 있었고, 황종희黃宗義・고염무顧炎武・왕부지王夫之 등이 나와 경세치용의 실용적인 학문을 주장하던 시기였다.[44] 당대 청나라에서 유행하던 다양한 학풍과 매산 이하진의 박학 취향에 비추어 볼 때 당시 매산 이하진이 구해 온 서적들은 이전 시기의 문집이나 경전뿐만 아니라 당대 청나라의 새로운 학문 경향을 담고 있는 서적들도 많았을 것이라 추정할 수 있다. 이 서적들이 성호 이익에게 당대 만연해 있었던 주자중심의 성리학적 학풍에 대해 반발하여 실용적이고 시무에 합당한 학문을 추구하도록 자극하였으리라 생각된다. 실제로 이 시기 성호 이익이 보았던 책에는 중국의 서적뿐만 아니라 한역漢譯된 서양의 서적들도 있었다고 유추된다.[45]

성호 이익 주변의 복잡하고 다양한 상황과 여건들은 성호 이익이 학문을 계속해 나갈수록 점차 폭넓은 사고를 갖게 하여, 이후 성호 이익이 하나의 이론이나 학설에 집착하지 않을 수 있게 만들었다고 생각된다. 특히 수학기 성호 이익이 가장家藏 서적에 심취해 있었던 것은 그 스스로도 밝히고 있는 사실이다.

> 세속을 따라 명예를 구하는데 분주하던 중 화난을 당하여 곤궁한 지경에 빠지고 계획이 틀어졌습니다. 그래서 다시 과거공부에는 뜻이 없었으니 그 형세가 문을 닫아걸고 엎드려 있더라도 날마다 세상과 어그러지는 것 같았습니다.

---

44) 金學主, 『中國文學史』(新雅社, 1989), 537~539쪽.
45) 李瀷, 「答鄭玄老 甲戌」, 『星湖先生全集』 卷29, "自先丈棄朋友之後, 尤覺單子, 時有心思, 無處質問, 若遍他國而中道失伴也, 家有一卷外邦書交友論者, 有云友者, 第二我也, 身二而心一." 이 글에서 外邦이라 한 것이 최소한 중국이나 일본, 혹은 동아시아 지역의 다른 국가를 의미한 것은 아니라 보인다. 그것보다는 서방을 의미한다고 보는 것이 타당하다고 생각된다.

집에 장서 수천 권이 있어 때때로 반복해서 읽는 것으로 소일거리를 삼았습니다.[46]

성호 이익의 학문이 독서를 통한 자득에 의해 이룩된 것이라 생각해서인지는 모르겠지만, 성호 이익의 후손들은 성호 이익의 학문 형성에 대해 퇴계 이황의 사숙과 가학의 영향 이외에 다른 어떤 사승관계의 존재에 대해서도 실질적으로 인정하지 않았다. 성호 이익의 고제高弟로 인정받는 그의 후예 정산貞山 이병휴李秉休(1710-1776)의 「자서自序」를 살펴보면 이와 같은 인식을 분명하게 확인할 수 있다.[47]

학문적 영향 관계의 수수授受 여부가 학맥과 학통의 형성 여부를 결정하는 기본적인 요소이다. 그러나 직접적으로 학문적 영향 관계를 주고받았다고 해서 반드시 학맥과 학통을 형성하게 되는 것은 아니다. 실질적으로 어떠한 학문적 영향 관계를 주고받았다고 하더라도, 영향을 준 쪽과 영향을 받은 쪽이 상대를 어떻게 생각하고 있느냐 하는 상대에 대한 인식의 문제에 따라 학맥이나 학통의 계승관계나 사승관계가 달리 형성될 수 있는 것이다. 이와 같은 사실은 실질적인 학문적 영향관계의 수수 여부와는 다른 방향으로 학맥과 학통이 성립될 수도 있다는 뜻으로, 학맥의 설정이 실질적인 학문의 전수 관계와는 다를 가능성이 언제나 존재한다는 말이다. 다만 이 경우 문제가 되는 것은 학맥과 학통의 설정에 작용하는 학문적인 것 이외의 것이 가지는 크기와 의미이다.

---

46) 李瀷,「答息山先生 甲辰」,『星湖先生全集』卷9, "只奔走於應俗求名中, 罹禍難, 隕穫失圖, 便無意於擧業文字, 則其勢將杜門跧伏, 日與世齟齬, 家有藏書數千, 以時繙閱, 爲消遣之資."
47) 李秉休,「自序」,『貞山雜著』册11, "至我叔父玉洞先生及季父星湖先生, 隱居求志, 專務爲己之學, 朝廷徵以官不就, 爲世儒宗. 此余家學之淵源也. …… 十三四歲當壬寅癸卯之際, 余乃往受學于季父先生, 先生之學, 卽退陶李子之學也. 先生謂我東, 惟退陶李子, 得朱子正學之統, 步步趨趨, 是效是則, 亦如退陶之於朱子, 而卒承其統焉."

성호 이익이 스스로의 학문 계통으로 퇴계 이황을 설정한 것은 그의 가문이 지니고 있었던 정치적 성향과 함께 자신의 학문적 기초가 퇴계 이황의 경학관과 수양관에 있었다고 생각했기 때문이라고 할 수 있다. 따라서 성호 이익은 시무를 위해 율곡 이이와 반계 유형원을 추종했지만 자신의 학문 계통으로 퇴계 이황만을 설정한 것이라고 추정된다. 그러나 퇴계 이황과 달리 미수 허목의 경우 성호 이익이 상당히 존경하였고, 식산 이만부의 경우 학문적으로 적지 않은 질정叱正의 대상이 되었다고 보이지만, 성호 이익은 이들에 대해 사승관계나 학맥 계승을 인정하지 않았다. 이와 같은 태도는 성호 이익이 이들에 대해 학문적 동류의식同類意識 지니고 있었으며, 이들을 선배로서 또 학문적 동반자로서 존중한 것이었을 뿐이라는 생각을 가지게 한다.

성호 이익의 후예들이 성호 이익의 학문 형성 과정에 대해 퇴계 이황과 가학家學의 영향, 그리고 독서를 통한 자득만을 인정한 것 역시 이와 같은 연유에 기인한 것이라고 할 수 있다. 물론 여기에는 그의 후예들이 지니고 있었던 성호 이익에 대한 존숭과 학문적 순수성, 그리고 당대 그의 집안이 놓여 있었던 정치적 상황도 일정부분 분명히 작용하였을 것이다. 그러나 이와 같은 성호 이익이나 성호 가계 내의 인식에도 불구하고 성호 이익의 학통은 후대 번암 채제공과 근기 남인계열 문인들에 의해 미수 허목과 이어졌다.

근기 남인계열의 학맥이 퇴계 이황-한강 정구-미수 허목-성호 이익으로 확정된 것은 번암 채제공 시기라 보인다. 번암 채제공은 근기 남인계열의 존립을 위해서는 선명한 정치적 경향과 계보의 확립이 필요하다는 인식 아래 미수 허목을 높이고 하헌 윤휴를 배격하는 입장을 견지하였으며, 자기 계열의 학문적 정통성을 보다 공고鞏固히 하기 위하여 퇴계 이황에서 성호 이익으로 이어지는 근기 남인계열의 학맥을 설정한 것이라고 보인다.[48] 여기에는 당대 그 자신 스스로가 처해 있었던 정치적·학문적 처지 역시 상당한 영향을 미쳤다고 생각된다.

이렇게 본다면 퇴계 이황에서 시작하여 성호 이익에게까지 이어진 번암 채제공의 근기 남인계열의 학맥 계보도에는 학문적 영향 관계의 수수 여부보다 오히려 당대 근기 남인계열이 처해 있었던 정치적 상황과 그 정치적 상황을 극복해 내고자 했던 학문 외적인 의도가 더 강하게 녹아 있다고 할 수 있다. 이 학맥의 흐름에 대해 성호 이익의 가계 내에서 그다지 동의하지는 않았지만, 여헌 장현광의 가계와 달리 큰 이론을 제기하거나 반발하지 않았던 것에는 성호 이익의 가계 내에서도 이와 같은 학맥의 흐름이 그들 스스로에게 그다지 불리하지 않다고 여긴 정치적 판단에 따른 것이라 생각된다.

〈星湖 李瀷 學脈 系統圖〉

---

48) 김학수, 「星湖 李瀷의 學問淵源」, 『星湖學報』 1(星湖學會, 2005), 69쪽.

근기 남인계열 학맥의 흐름에 작용한 정치적 영향은 성호 이익 이후 성호학파의 학맥 전승 과정에서도 확인할 수 있다. 일반적으로 성호 이익의 학맥은 이후 소남邵南 윤동규尹東奎(1695~1773)・순암順庵 안정복安鼎福(1712~1791)・하빈河濱 신후담愼後聃(1702~1761)을 거쳐 하려下廬 황덕길黃德吉(1750~1827), 성재性齋 허전許傳(1797~1886)에게 이어진다고 알려져 있다.[49] 하지만, 이와 같은 성호 이익 학통의 계승에 관한 논의는 성호 이익 학통의 다른 큰 두 부류를 배제한 것이다. 배제된 하나의 계통은 녹암鹿庵 권철신權哲身(1736~1801) 계통이고, 다른 하나는 정산貞山 이병휴李秉休(1711~1767)를 이어 가계 내 후손들에게 전해진 계통이다. 녹암 권철신 계통은 복암伏菴 이기양李基讓(1744~1802)을 거쳐 다산 정약용에게 이어지고, 정산 이병휴 계통은 가계 내적인 전승 과정을 통해 후손들에게 이어지게 된다.

성호 이익의 학통은 소남 윤동규・정산 이병휴・순암 안정복이 생존했을 당시까지는 학통 내의 분화가 이루어지지 않았다. 그러나 소남 윤동규와 정산 이병휴가 사망한 뒤 서학西學의 수용 문제를 놓고 첨예한 대립을 계속 하였고, 순암 안정복이 사망한 후 마침내 분열하게 되었다. 이에 따라 성호 이익의 학맥은 이후 순암 안정복・녹암 권철신・정산 이병휴를 종장으로 하여 각자의 학문적 성향에 따라 나누어지게 된 것이다.

성호 이익의 학맥이 이와 같이 세 부류로 나누어지지만, 그 가운데 후대 적통으로 인정되는 계열은 순암 안정복 계열이다. 세 계열 중 순암

---

49) 강세구, 『성호학통 연구』(혜안, 1999). 이 책에서 저자는 星湖學統의 系譜에 대한 여러 가지 논의들을 자세히 정리하여 설명하고 있는데, 지금까지의 대체적인 논의와 같이 저자도 星湖學統의 嫡孫을 順庵 安鼎福 系列로 보고 있다.

안정복 계열이 적통으로 인정된 것 역시 이전까지 살펴본 것과 같이 당대의 정치적 역학관계에 상당한 영향을 받았다고 보인다. 물론 성재 허전의 증손자로 순암 안정복 계열의 마지막을 이었다고 인정받고 있는 방산舫山 허훈許薰(1836~1907)은 퇴계학을 전승한 한강 정구와 미수 허목의 학통을 성호 이익이 전수하고 이를 순암 안정복 계열의 후학들이 이어 받았다는 점을 중시하였고, 학통이 사승관계로 이어지면서 사승관계의 맥이 끊어지지 않았다는 점을 강조하여 자신들의 학통이 성호 이익의 적전을 이은 것이라고 보았다.[50] 이와 같은 방산 허훈의 주장에도 불구하고 순암 안정복 계열이 성호 이익 학맥의 적전을 이었다고 하는 성호학의 학통론에는 당대의 정치적 상황이 더 큰 영향을 미쳤다고 생각된다. 그것은 녹암 권철신 계열과 정산 이병휴 계열이 모두 후대 서학西學을 수용하여 상당한 정치적 탄압을 받았기 때문이다. 따라서 녹암 권철신 계열과 정산 이병휴 계열에 학맥의 정통성을 부여할 경우 성호 이익의 학맥 전체가, 혹은 근기 남인계열 학맥 전체가 정치적 탄압에 내몰릴 가능성 역시 적지 않았을 것이기 때문이다.

  이상과 같이 근기 남인계열 학맥의 형성 과정을 정리해보면 현재 알려져 있는 근기 남인계열의 학맥 계보는 숙종대 이후 청남계열의 정치적 입지 강화를 위해 시도된 다분히 정치적인 계보의 설정이라고 할 수 있다. 정치적 의도 아래 정립된 이와 같은 근기 남인계열의 학맥 계보가 영·정조대를 거치며 형성된 탕평 정국蕩平政局과 연계되면서 자신들의 정치적·학문적·사상적 정통성을 확정하여 정치적 위상을 견고히 하고자 했던 당대 근기 남인계열 인사들의 의식과 결합하여

---

50) 강세구, 『성호학통 연구』(혜안, 1999), 31쪽.

확정된 것이라 유추된다. 따라서 번암 채제공이 주장한 근기 남인계열의 학맥 계보가 근기 남인계열의 실질적인 학문 전승 과정과 일치한다거나 부합한다고 보기는 어렵다. 하지만, 번암 채제공이 주장한 학맥 계보가 후대 근기 남인계열 내에서 별다른 이론異論 없이 정론화定論化되어 믿어졌다는 점에서나, 학맥 계보의 정립이 당대 사회에서 지니고 있었던 가치와 의미에 주목해 본다면 이와 같은 학맥 계보의 형성은 학문적 유사성이나 연관성의 단서, 그리고 정치적 의도나 목적 뿐 만 아니라 조선 후기 당대 근기 남인계열 내부의 기원과 의지가 함께 작용한 결과라고도 볼 수 있다고 생각된다.

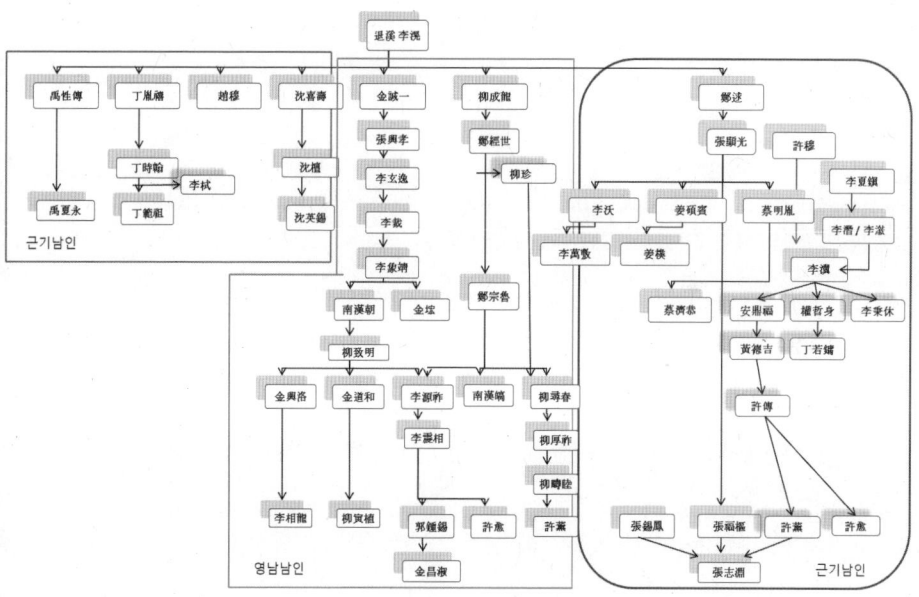

〈朝鮮 後期 近畿 南人系列 學脈 系統圖〉

제1부 조선 후기 근기 남인 시맥 논의의 전제

3. 근기近畿 남인계열南人系列 시맥론詩脈論의 실상實狀

조선 후기 근기 남인계열 시맥詩脈의 전모를 살펴보기 위해 전제前提되어야 할 마지막 논의가 바로 근기 남인계열의 시맥론詩脈論이다. 조선 후기 근기 남인계열 시맥의 설정 과정에 관한 논의에는 학맥의 설정 과정보다 더 많은 논란과 의문의 여지가 존재한다. 그것은 학맥의 설정 과정과 달리 시맥의 설정 과정에는 정치 집단인 근기 남인계열을 문학 집단이라는 전혀 다른 성격의 집단으로 전환하여 논의할 수 있느냐 하는 것과 근기 남인계열이라는 정치 집단이 문학 집단으로 전환 가능하다고 하더라도 하나의 문학 집단 속에서 확인할 수 있는 다양한 창작 경향을 일원화하여 논할 수 있는가 하는 문제, 그리고 문학 집단 속의 문학 경향이 계승 가능한 것인가 즉, 독창적이고 개성적인 문인의 창작 경향이 다음 세대 문인에게 그대로 계승될 수 있는가 하는 근원적인 문제에서부터 조선 후기 근기 남인계열 시맥의 존재 여부나 형성 과정을 분명하게 확인할 수 있는 구체적인 자료가 남아있는가 하는 세부적인 부분에 이르기까지 다양한 논란거리가 존재하기 때문이다.

이와 같은 다양한 논란거리가 존재하고 있음에도 불구하고 조선 후기 근기 남인계열 시맥의 흐름에 대해 번암樊巖 채제공蔡濟恭(1720~1799)은 다음과 같이 언급하였는데, 이 논의는 우리에게 다양한 점에서 상당한 주의를 요한다.

> 우리 당의 시맥은 湖洲 蔡裕後(1599~1660), 東州 李敏求(1589~1670) 이후 오직 松谷 李瑞雨(1633~1709)가 正宗을 얻었지만 정교하고 치밀하기만 할 뿐 원대한 운치가 적다. 燕超齋 吳尙濂(1680~1707)은 송곡 문하의 顏子와 같은 인물이고, 希菴 蔡彭胤(1669~1731)은 송곡 문하의 曾子와 같은 인물이다. 이들을 계승하여 藥山 吳光運(1689~1745)과 菊圃 姜樸(1690~1742)이 그 전통을 얻었다. 나(樊巖 蔡濟恭 - 필자 주) 같은 사람은 艮翁 李獻慶(1719~1791)과 海左 丁範祖(1723~1801)에도 미치지 못하여 후배들이 기댈 만한 사람이 없으니 그대는 힘쓰도록 하라.[1]

번암 채제공의 언급은 근기 남인계열 시맥의 전개에 관한 개략적인 서술에 불과한 것이기는 하지만, 17세기부터 18세기 후반까지 거의 2백여 년에 걸친 근기 남인계열 시맥의 전개에 관한 것이라는 점에서 상당한 의미를 지닌 것이다. 물론 학맥 논의와 같이 번암 채제공의 근기 남인계열 시맥에 관한 언급 역시 당대 근기 남인계열 시인들의 실상을 얼마나 정확하게 설명한 것인지는 단정할 수 없지만, 이와 같은 근기 남인계열 시맥의 전개에 대해서는 다산茶山 정약용丁若鏞(1762~1836)도 『혼돈록餛飩錄』에서 번암 채제공과 같이 이야기한 바 있다.

---

1) 丁若鏞,「跋畵櫻帖」,『與猶堂全書』卷14, "吾黨詩脈, 自湖洲蔡裕後·東州李敏求以來, 唯松谷李瑞雨得其宗, 而松谷之詩工緻少邊致. 燕超齋吳尙濂松門之顏子, 希菴蔡彭胤松門之曾子. 嗣此唯藥山吳光運·菊圃姜樸得其傳. 若吾吾樊翁自道, 有不及夢瑞李艮翁獻慶·法正丁海左然後進無所託, 子其勉之."

樊巖詩脈은 대개 湖洲, 東州로 시작되어 松谷이 계승하였으며, 希菴, 菊圃, 藥山은 그에게서 직접 수업을 받은 분이다. 樊翁도 역시 송곡을 매우 추켜세워 다른 사람들이 미칠 수 없다고 하였다.[2]

　이 두 사람이 근기 남인계열 전체를 대표한다고 확언하기 어렵기 때문에 이들의 이야기만을 근거로 위에서 언급한 시맥의 흐름이 조선 후기 근기 남인계열 시맥의 실상을 완전하게 설명해주는 것이라고 단정하기는 어렵다. 그러나 당대 근기 남인계열 내에서 차지하고 있었던 번암 채제공과 다산 정약용의 위상으로 보아 이들의 이야기가 근기 남인계열 내의 일반적인 인식과 동떨어진 것이라든가 실상과 완전히 어긋난 주관적인 평가라고 치부해 버리기도 쉽지 않다. 그렇다면 이 두 사람의 언급이 비록 당대 근기 남인계열 시맥의 실상과 완벽하게 일치하지 않을 수는 있겠지만 전혀 관계없는 이야기라 보기도 어렵다.

　그런데, 번암 채제공이나 다산 정약용의 언급이 지니는 진실성과 사실성을 따지기 전에 먼저 번암 채제공과 다산 정약용이 모두 '오당吾黨'과 '번암 시맥樊巖詩脈'이라는 말로 이야기를 시작하고 있다는 점에 주목할 필요가 있다. 위에서 번암 채제공이 말한 '오당吾黨'이 근기 남인계열을 말하는 것이라고도 볼 수 있겠지만, 다산 정약용이 번암 채제공이 언급한 시맥을 반복하면서 '번암 시맥樊巖詩脈'이라고 했다는 점에서 번암 채제공의 '오당吾黨'을 근기 남인계열 전체로 보기는 어렵다. 그렇다

---

2)　丁若鏞, 「樊翁詩派」, 「俛齗錄」, 「與猶堂全書補遺」, "樊翁詩脈, 盖自湖洲·東洲, 承以松谷, 而希菴·菊圃·吳藥山其親受者也. 樊翁亦盛推松谷, 爲非諸子所能及."

면 번암 채제공의 '오당吾黨'은 근기 남인계열 전체가 아니라 그 중에서도 자신과 동류同類에 해당하는 인물들의 집합이라 보는 것이 타당할 것이고, 이렇게 본다면 번암 채제공과 다산 정약용이 언급한 시맥은 근기 남인계열 전체의 시맥에 대한 것이 아니라 말 그대로 채당蔡黨, 즉 번암 채제공과 정치적·사상적·학문적 노선을 같이하는 일군의 집단 안에서 존재하는 시맥의 흐름을 이야기하는 것이라 보는 것이 보다 정확할 것이다.

결국 위에서 살펴본 번암 채제공과 다산 정약용의 언급은 번암 채제공의 기준에서 바라본 근기 남인계열의 시맥에 관한 것이 된다. 따라서 번암 채제공의 판단에 따라 그와 정치적·사상적·학문적인 동류가 아니라고 한다면, 그 사람이 비록 근기 남인계열에 속한다고 하더라도 이 시맥 속에 들어갈 수 없는 것이다.

이에 대해 심경호는 "채제공은 하헌夏軒 윤휴尹鑴에서 성호星湖 이익李瀷과 녹암鹿菴 권철신權哲身으로 이어지는 학맥은 언급하지 않았다. …… 채제공은 혜환금대지문惠寰錦帶之文이라 일컬어지는 이용휴李用休·가환家煥 부자를 언급하지 않았고, 자신과 각별한 교분을 지녔던 석북石北 신광수申光洙 형제도 거론하지 않았다. …… 이상에서 보면 채제공이 언급한 오광운吳光運·강박姜樸 이하의 인물과 이용휴李用休·가환家煥 부자 및 정범조의 교유 시인을 추가한다면, 그들이 바로 18세기 중·후엽의 남인 문단을 형성하였다고 말할 수 있다.[3]"고 했다. 심경호의 주장과 같이 번암 채제공이 위에서 언급한 근기 남인계열 시맥은 앞서 살펴본 학맥 계보와 마찬가지로 정치적으로 상당한 편향성을

---

3) 심경호, 「18세기 중·말엽의 남인문단」, 『국문학연구 1997』(태학사, 1997), 147~148쪽.

지녔을 가능성이 있으며, 따라서 그가 논한 시맥이 당대 근기 남인계열 시맥의 전체라고 단언한다거나 실상과 완전하게 일치한다고 단정하기는 어렵다.

번암 채제공의 언급이 지니는 편향의 가능성에 대해 박무영도 "채제공이 거론한 인물들은 영·정조대에 준론탕평竣論蕩平을 주장하며 관계에 진출한 소위 청남淸南들의 시맥이다. 즉 오당 시맥은 남인계열 전반의 시적 성과를 계보화한 것이 아니라, 청남 계열의 출사 남인들을 중심으로 시적 계보를 설정한 다분히 정치적인 설정이다."라고 하여 번암 채제공의 시맥에 대한 언급을 정치적 행위로 간주하였지만, 다시 "그러나 그럼에도 불구하고 이것은 정치적 계보가 아니라 '시맥'으로 설정된 것이라는 사실에는 유의할 필요가 있다.[4]"고 하여 번암 채제공의 언급을 완전한 정치적 행위로 간주하는 것에는 조심스러운 모습을 보였다. 심경호와 박무영의 선행 연구와 같이 번암 채제공과 다산 정약용의 시맥 논의를 근기 남인계열 전체로 확대하는 것에는 상당한 문제점이 있다고 보이지만, 이들의 언급은 근기 남인계열 시맥의 전체적인 실상의 확인을 위한 하나의 단서로 작용할 수 있다고 생각된다. 이 단서를 바탕으로 하여 문제점과 의문점을 해결해 나간다면 근기 남인계열 시맥의 구체적인 실상에 한 발 더 다가설 수 있을 것이다. 따라서 이 글에서는 근기 남인계열 시맥의 전체적인 실상에 대해 알아보기 위해 먼저 번암 채제공과 다산 정약용의 언급이 당대 근기 남인계열 시맥의 실상과 어느 정도 부합하는지를 먼저 살펴보도록 하겠다.

앞에서 살펴본 번암 채제공과 다산 정약용의 이야기를 단서로 하여

---

[4] 박무영, 「菊圃 姜樸의 詩學」, 『韓國漢文學硏究』 29(한국한문학회, 2002), 151~152쪽.

근기 남인계열 시맥의 실상에 대해 확인하고자 하였을 때, 이들의 시맥 논의에 대해 보다 근원적인 다른 많은 의문점이 있을 수 있겠지만, 이들의 논의만을 놓고 보았을 때 무엇보다 우선적으로 가질 수 있는 의문점은 다음 세 가지로 정리할 수 있을 것이다. 첫 번째는 근기 남인계열 시맥의 시작점으로 동주東州 이민구李敏求와 호주湖洲 채유후蔡裕後를 설정하는 것이 타당한 것인가 하는 것이고, 두 번째는 동주 이민구와 호주 채유후의 시문학적 계보를 송곡松谷 이서우李瑞雨가 이었다고 설정하는 것이 옳은 것인가 하는 것이며, 마지막 세 번째는 이 시맥 논의의 가장 본질적인 의문이라고도 할 수 있는 것으로 근기 남인계열 시맥의 전개 속에 포함될 수 있는 인물들이 번암 채제공과 다산 정약용에 의해 거론된 인물들뿐인가, 혹은 위에서 거론된 인물들만으로 근기 남인계열 시맥의 흐름을 전체적으로 설명할 수 있는가 하는 것이다.

따라서 이 글에서는 번암 채제공의 언급 중, 조선 후기 당대의 근기 남인계열 문인들 대부분이 동의하고 있었다고 보이는 근기 남인계열 시맥의 흐름인 동주 이민구·호주 채유후에서부터 약산 오광운·국포 강박에 이르기까지의 근기 남인계열 시맥 계보를 대상으로,[5] 이 계보가 실질적으로 인정할 수 있는 것인지, 또는 당대의 실상과 일치하는 것인지에 대해 앞서 언급한 세 가지 의문을 중심으로 살펴보도록 하겠다. 이를 통해 번암 채제공과 다산 정약용이 언급한 근기 남인계열의 시맥 혹은 시단詩壇 논의에 대한 신뢰성을 확인해보도록 하겠다. 이와 같은 확인 과정은 근기 남인계열이라는 정치적 집단 안에서 시

---

5) 번암 채제공의 조선 후기 근기 남인계열 시맥 계보 중 동주 이민구·호주 채유후에서부터 약산 오광운·국포 강박에 이르기까지는 당대나 후대의 근기 남인계열 문인들 대부분이 동의하고 있었다고 보인다. 이에 대해서는 아래에서 구체적으로 논하도록 한다.

맥 혹은 시단이라고 하는 문학적 영향관계 또는 전승관계의 설정이 가능한가 하는 근원적인 질문에 답하기 위해 무엇보다 우선해야 할 작업이라고 생각된다.

첫 번째 의문인 "근기 남인계열 시맥의 시작점으로 동주東州 이민구李敏求와 호주湖洲 채유후蔡裕後를 설정하는 것이 타당한 것인가" 하는 것은 근기 남인계열의 성립 시점과 동주 이민구, 호주 채유후의 활동 시점을 비교하여 검토해 본 결과 가지게 된 것이다. 앞에서 이미 살펴본 것과 같이 선조 즉위 이후 동서 분당東西分黨으로 시작된 붕당 정치朋黨政治는 광해군대를 거치면서 다양한 분파를 만들게 되었다. 인조반정仁祖反正 이후 서인西人계열이 정권을 장악하였지만, 남인계열의 오리梧里 이원익李元翼(1547~1634)이 영의정으로 등용되었고 우복愚伏 정경세鄭經世(1563~1633)・지봉芝峯 이수광李睟光(1563~1628) 등의 남인계열 관료들이 정치에 참여하여 서인계열을 중심으로 한 남인 및 소북계열 인사들의 연합 정권이 성립되었다. 이 시기는 당파의 대립이 그다지 심각한 것이 아니어서 당파에 관계없이 교유관계나 인척姻戚관계를 맺었다. 이런 점에서 이 시기 당파의 대립은 실질적인 당쟁이라 보기 어렵다. 따라서 당쟁사상黨爭史上의 남인계열이 성립된 시기는 앞에서 이미 언급한 것과 같이 현종 15년(1674) 제2차 예송논쟁이 일어나면서부터이고, 남인계열이 분화하여 근기 남인계열이 성립된 시기는 숙종 20년(1694) 갑술환국甲戌換局이 일어나면서부터였다고 할 수 있다. 이렇게 본다면 엄격하게 말해 근기 남인계열 시맥의 형성 역시 이 이전 시기, 즉 숙종 20년(1694) 경 이전으로 거슬러 올라가기는 어렵다.

그런데, 동주 이민구는 선조 22년(1589)부터 현종 11년(1670)까지 생존한 인물이고, 호주 채유후는 선조 32년(1599)부터 현종 1년(1660)까지 생존한 인물이다. 이 두 사람의 생존 시기로 보았을 때 이들은 남인계열이 영남 남인과 근기 남인으로 나누어져 실질적인 근기 남인계열이 성립되기 이전 문단에서 활동했던 인물들이라고 할 수 있다. 따라서 보다 정치하게 논의하자면 근기 남인계열의 시맥 전개 과정에서 이들은 전 세대의 인물이 되어 배제되는 것이 타당하다고 할 수 있다. 특히 동주 이민구의 경우 사승관계나 교유관계에 있어서 당파나 계열에 관계없이 폭넓은 교분을 맺고 있었다는 점에서 더욱 그러하다고 할 것이다.

그러나 단순히 동주 이민구나 호주 채유후의 생몰 연대만을 근거로 해서 이들을 근기 남인계열 시맥의 전 세대로 단정하고, 이를 바탕으로 이들을 근기 남인계열 시맥의 흐름에서 배제하기는 어렵다. 그것은 근기 남인계열이 비록 갑술환국 이후 명확하게 분화되었다고 하더라도 그 이전 시기 영남과 근기로 남인계열이 분화될 조짐을 보였을 것이기 때문이다. 따라서 근기 남인계열의 성립을 단순히 갑술환국이라는 하나의 정치적 사건만으로 한정짓기는 어렵다. 이와 함께 후대 근기 남인계열에서 선조 이후의 문단, 혹은 근기 남인계열의 문단을 언급할 때 이들이 빠짐없이 등장한다는 것도 이들을 근기 남인계열 시맥에서 쉽게 배제할 수 없는 이유의 하나이다.

조선 후기의 시화서詩話書는 당파에 따라 대상에 대한 평가가 상당히 달라진다. 동일한 작가의 동일한 작품이라고 하더라도 그가 자기와 같은 당파에 속하였을 경우 호평好評을 통해 선양하지만, 당파가 달라질 경우 비판적 견해를 통해 폄하貶下하는 경우가 대부분이다.[6] 동일 인물의 동일 작품에 대해 평가자 모두가 같은 평가를 내릴 수는 없는 것이지

---

6) 안대회, 『조선후기시화사』(소명, 2000), 57~66쪽.

만, 조선 후기 시화서를 살펴보면 대상에 대한 평가자의 객관적 평가보다 정치적 견해에 휩쓸린 주관적 평가들이 주를 이룬다는 것에서 이를 쉽게 확인할 수 있다.

이와 같은 조선 후기 시화서의 보편적인 성격과 함께 조선 후기 근기 남인계열의 문인들이 저술한 시화서가 그리 많지 않다는 점에서 시화서를 통해 이 무렵 근기 남인계열의 시맥에 대해 살펴보기는 쉽지 않다. 그러나 조선 후기에 저술된 시화서 중에 남인계열의 화은花隱 홍중인洪重寅(1677~1752)이 편찬한 『동국시화휘성東國詩話彙成』, 하빈河濱 신후담愼後聃(1702~1761)이 편찬한 『쌍계야화雙溪夜話』, 해암海巖 유경종柳慶種(1714~1784)이 편찬한 『파적破寂』, 교와僑窩 성섭成涉(1718~1788)이 편찬한 『필원산어筆苑散語』, 이극성李克誠(1721~1779)이 편찬한 『형설기문螢雪記聞』, 임하林河 이경유李敬儒(1750~1821)가 편찬한 『창해시안滄海詩眼』, 삼명三溟 강준흠姜浚欽(1768~1833)이 편찬한 『삼명시화三溟詩話』와 소북계열 문인인 염헌恬軒 임상원任相元(1638~1697)이 편찬한 『쇄편瑣編』, 조언림趙彦林(1784~1856)이 편찬한 『이사재기문록二四齋記聞錄』은 이 시기 근기 남인계열 시맥의 재구성에 적지 않은 도움을 준다.[7]

이 시화서들을 살펴보면 이 무렵을 전후한 시기의 인물들 중 공통적으로 주목하고 있는 작가가 대략 옥봉玉峰 백광훈白光勳(1537~1582), 고죽孤竹 최경창崔慶昌(1539~1583), 손곡蓀谷 이달李達(1539~1612), 간이簡易 최립崔岦(1539~1612), 어우당於于堂 유몽인柳夢寅(1559~1623), 지봉芝峯 이수광李睟光

---

[7] 이 시화서에 관해서는 다음 논문들에 자세히 나와 있다. 강민구, 「『창해시안(滄海詩眼)』을 통해 본 18, 9세기 문학(文學) 비평(批評) 연구(研究)」, 『한문학보』 18(2008); 權泰乙, 「滄海詩眼 考察」, 『嶺南語文學』 16(1989); 김영진, 「해암 유경종의 잡록 『破寂』 연구 - 작자 고증과 내용(內容) 제요(提要)를 중심으로」, 『한문학논집』 30(근역한문학회, 2010); 안대회 교감 표점, 「二四齋記聞錄」, 『문헌과해석』 창간호(1997); 이현일, 「『삼명시화(三溟詩話)』로 본 18세기 한시사(漢詩史)」, 『민족문학사연구』 27(2005); 李徹教, 「『筆苑散語』 解題」, 『嶺南語文學』 1(嶺南語文學會, 1980); 장유승, 「李克誠의 『螢雪記聞』 연구」, 『星湖學報』 제4호(2007).

(1563~1628), 석주石洲 권필權韠(1569~1612), 동악東岳 이안눌李安訥(1571~1637), 택당澤堂 이식李植(1584~1647), 계곡谿谷 장유張維(1587~1638), 동주東洲 이민구李敏求(1589~1670), 미수眉叟 허목許穆(1595~1682), 동명東溟 정두경鄭斗卿(1597~1673) 등임을 알 수 있다. 이 시화서들에서 거론된 인물들은 노론계열 호곡壺谷 남용익南龍翼(1628~1692)의 『호곡만필壺谷漫筆』이나 서포西浦 김만중金萬重(1637~1692)의 『서포만필西浦漫筆』에서 언급된 인물들과도 그리 큰 차이를 보이지 않는다.[8]

이와 함께 근기 남인계열 문인들을 계보화하고자 하는 의도에서 창작된 해암海巖 유경종柳慶種(1714~1784)의 「옛 일을 논하다. 섣달 이십구일[評古 臘月二十九日]」 시에서도 위에서 살펴본 이들 대부분이 등장한다. 특히 해암 유경종이 언급한 근기 남인계열 시인들의 흐름은 번암 채제공이나 다산 정약용의 언급과 거의 일치한다. 다만, 번암 채제공이 청남계열의 관료문인들을 중심으로 시맥을 간추렸던 반면 해암 유경종은 약산 오광운과 국포 강박 이후의 시인들에 대해서는 출사出仕의 여부와 상관없이 동주 이민구의 후손과 성호 이익의 문하생 등으로 대신하고 있다는 점에서 차이를 보여줄 뿐이다.[9] 해암 유경종이 언급한 근기 남인계열 시인들과 번암 채제공·다산 정약용의 언급을 비교해본다면 약산 오광운과 국포 강박의 시기까지 근기 남인계열 시인들에 대한 논의는 후대 대부분의 근기 남인계열 문인들이 공감하고 있었다고 할 수 있다. 이와 달리 약산 오광운, 국포 강박 이후, 즉 18세기 중반 이후의 근기 남인계열 시단에 대해서는 조선 후기 당대부터 다양한 논란과 의문의 여지가

---

8) 夫裕燮, 「17~18세기 중반 近畿南人 文壇 硏究」(韓國學中央硏究院 博士學位論文, 2009), 18~19쪽.
9) 金東俊, 「海巖 柳慶種의 論詩詩 硏究」, 『韓國漢詩硏究』 11집(韓國漢詩學會, 2003), 332~333쪽.

존재하고 있었다고 생각된다.

따라서 "근기 남인계열 시맥의 시작점으로 동주 이민구와 호주 채유후를 설정하는 것이 타당한 것인가" 하는 첫 번째 질문에 대해서는 번암 채제공이나 다산 정약용의 언급과 같이 동주 이민구와 호주 채유후를 근기 남인계열 시맥의 시작점으로 삼아도 그리 큰 문제는 없다고 할 수도 있다. 다만, 이 시기에 관한 다양한 여러 자료를 통해 번암 채제공이나 다산 정약용의 언급에서 배제된 이 시기 근기 남인계열 문단의 문인들을 살펴볼 수 있는데, 이들을 포함하여 당대 근기 남인계열 문단을 정리해보면 미수 허목, 동주 이민구, 하헌 윤휴, 호주 채유후, 용주龍洲 조경趙絅(1586~1669), 죽남竹南 오준吳竣(1587~1666), 동명東溟 김세렴金世濂(1593~1646), 개산皆山 유석柳碩(1595~1655), 명고鳴皐 이계李烓(1603~1642), 만랑漫浪 황호黃㦿(1604~1656) 등으로 정리가 가능하다.[10]

이들 가운데 시문학으로 후대 근기 남인계열 문인들에게 지속적인 추앙을 받은 인물은 동주 이민구와 호주 채유후였다. 이런 점에서 번암 채제공의 언급과 같이 동주 이민구와 호주 채유후를 근기 남인계열 시맥의 첫 자리에 두어도 그다지 큰 문제가 없어 보이기는 한다. 하지만, 후대의 평가가 번암 채제공의 언급 이후에 나왔을 수도 있다는 점에서 후대의 평가가 번암 채제공의 정치적인 영향 아래 이루어졌을 가능성을 배제할 수 없다. 또, 이 시기의 문인들 가운데 실질적으로 동주 이민구와 호주 채유후의 시문학적 역량이 가장 뛰어났음을 보장하기 어렵고, 함께 언급되는 동주 이민구와 호주 채유후의 문학적 성취를 동일한 수준으로 인정해 줄 수 있는 것인가에 대해서도 의문의 여지가 없지 않다.

---

10) 夫裕燮, 「17~18세기 중반 近畿南人 文壇 硏究」(韓國學中央硏究院 博士學位論文, 2009), 19~20쪽.

따라서 동주 이민구와 호주 채유후를 근기 남인계열 시맥의 첫 자리에 둔 번암 채제공과 다산 정약용의 언급을 완전히 부정하기도 어렵지만, 그것만을 그대로 받아들이기도 쉽지 않다.

동주 이민구와 호주 채유후는 당색에 관계없이 폭넓은 교유관계를 맺고 있었다. 그것은 전술한 것과 같이 이 시기가 당파의 대립이 본격화되지 않았던 시기이기 때문이다. 이미 부유섭에 의해 밝혀진 것처럼,[11] 동주 이민구의 문학적 계보는 상당히 복잡하다. 이 시기의 분위기가 그랬기 때문인지는 모르겠지만, 동주 이민구는 사제 관계나 교유관계에서 당색에 그다지 구애를 받지 않은 인물이었다. 그는 부친인 지봉 이수광을 중심으로 하여 사계沙溪 김장생金長生(1548~1631), 오봉五峯 이호민李好閔(1553~1634), 도곡陶谷 한술韓述(1541~1616), 상촌象村 신흠申欽(1566~1628)을 사사師事하였다.

이 중 사계 김장생과 동주 이민구의 직접적인 사제 관계는 문집 속에서 확인하기 어렵지만, 동주 이민구는 정묘호란 때 사계 김장생의 부관으로 활동하기도 하였다. 사계 김장생과 동주 이민구와의 관계와 달리 다른 인물들과의 관계는 구체적으로 확인이 가능하다. 동주 이민구는 스스로 이십여 년 간을 오봉 이호민의 문하에 출입하였다고 했으며,[12] 오봉 이호민의 사후에 오봉 이호민의 조카인 이경의李景義의 부탁으로 오봉 이호민의 문집 서문과 시장諡狀을 짓기도 했다. 도곡 한술에게도 출입하면서도 글을 익혔는데, 동주 이민구는 도곡 한술의 제자였을 뿐

---

11) 부유섭, 「東州 李敏求와 南人 詩脈의 전개」, 『韓國漢詩硏究』 8(한국한시학회, 2000). 이 글에서 부유섭은 동주 이민구를 중심으로 근기 남인 시맥의 흐름에 대해 구체적으로 살피고 있어 이 글의 서술에 중요한 도움을 주었다.
12) 李敏求, 「延陵府院君李公好閔諡狀」, 『東州先生文集』 卷6, "敏求出入門下二十年."

만 아니라 그의 아들 율헌栗軒 한명욱韓明勖(1567~1652)과는 과거의 동방同榜 진사進士이기도 하였다. 이 인연으로 인해 동주 이민구는 도곡 한술 형제와 그 부친 청연靑蓮 한지원韓智源(1514~1562) 세 부자의 글을 모은 『삼체집三體集』의 서문을 쓰기도 했다.[13] 동주 이민구의 상촌 신흠 사사[14]는 부친 지봉 이수광과 상촌 신흠과의 관계에 의한 것으로 동주 이민구는 부친대의 교분을 그대로 이어 상촌 신흠의 아들 낙전당樂全堂 신익성申翊聖(1588~1644)과 친밀한 교유관계를 유지하였으며, 자신의 딸을 낙전당 신익성의 아들 춘주산인春州散人 신승申昇(1610~?)에게 시집보내기도 하였다. 이와 같은 당대 문단 일류 명사들과의 폭넓은 사제 관계가 동주 이민구의 문학적인 성장을 촉진시키고 명망을 확대한 것이라고 할 수 있다.

   동주 이민구의 복잡한 교유관계는 사제 관계를 통해서 뿐만 아니라 가계 내의 인척 관계를 통해서도 잘 알 수 있다. 동주 이민구의 형인 분사分沙 이성구李聖求는 인조대에 오리梧里 이원익李元翼(1547~1634)과 함께 남인으로서 영의정을 지냈던 인물인데, 분사 이성구의 6세손이 이극성李克誠으로 성호 이익의 사위였다. 동주 이민구는 이원규李元揆와 이중규李重揆 두 아들을 두었는데, 모두 병자호란 당시 강화도에서 목숨을 잃었다. 그러나 장남 이원규가 동복오씨同福吳氏 가문 죽남竹南 오준吳竣(1587~1666)의 딸과 혼인하여 동주 이민구는 죽남 오준과 사돈간이었다. 죽남

---

13) 李敏求, 「三體集序」, 『東州先生文集』 卷2, "今者陶谷公之胤知樞公明勗, 以大耋之齡, 收錄巾衍中稿本, 合爲一編, 名曰三體集, 要不佞一言敍之, 蓋吾巷公於先子, 爲同年進士, 不佞雅習于陶谷公, 而知樞公與不佞同年及第, 誼不敢以辭."

14) 李敏求, 「西厓柳先生文集序」, 『東州先生文集』 卷2, "不佞幼則習申文貞公."
李敏求, 「東陽尉申公文集序」, 『東州先生文集』 卷2, "不佞與東陽尉樂全申公交最早, 蓋申文貞公於先大夫文簡公, 少長相慕用至驩, 兩家子又生歲相隣, 故邇合自髫齔時已然, 旣先大夫用文章闢堂奧, 迭主夏盟, 兩家子俱治筆硏, 嗣修其家業, 然不佞從博士家爲經生, 童習而白紛, 卒不能踰階級而越之, 厪厪取科名而止, 唯東陽公幼通籍禁掖, …… 一取韓・柳・歐・蘇氏及盛明諸家之軌度繩尺以爲已有, 尤長於長短議論之文."

오준의 4대손이 약산藥山 오광운吳光運이고, 오준의 둘째 동생인 오굉吳竑의 4대손이 연초재燕超齋 오상렴吳尙濂이다. 또, 동주 이민구는 사천목씨가泗川睦氏家・안동권씨가安東權氏家와도 권경權儆과 혼인한 누이에 의해 혼맥으로 이어져 있다.[15]

동주 이민구는 지봉 이수광, 상촌 신흠, 낙전당 신익성, 촌은村隱 유희경劉希慶(1545~1636), 오산五山 차천로車天輅(1556~1615), 창석蒼石 이준李埈(1560~1635), 월사月沙 이정구李廷龜(1564~1635), 소암疎庵 임숙영任叔英(1576~1623), 현곡玄谷 정백창鄭百昌(1588~1635) 등 일련의 문사들로 구성된 '침류대학사枕流臺學士'를 통해 문학적으로 한층 더 성장하였고,[16] 영변寧邊 유배 기간 동안 택당 이식, 낙전당 신익성, 오정梧亭 변삼근卞三近(1579~1648), 협소愜素 한회일韓會一(1580~1642), 유촌柳村 한형길韓亨吉(1582~1644), 분서汾西 박미朴瀰(1592~1645), 기암畸庵 정홍명鄭弘溟(1592~1650), 백주白洲 이명한李明漢(1595~1645), 현주玄洲 이소한李昭漢(1598~1645), 김효건金孝健(1619~?), 기루倚樓 조경진趙景禛(?~?), 이진영李晉英(?~?), 허부許缶(?~?), 이공익李公益(?~?) 등과 교유하였다. 이외에도 동주 이민구와 교류한 인물로는 용주 조경, 청음淸陰 김상헌金尙憲(1570~1652), 죽소竹所 김광욱金光煜(1580~1656), 청선聽蟬 이지정李志定(1588~?), 소은素隱 신천익愼天翊(1592~1661), 청봉晴峰 심동구沈東龜(1594~1660), 백헌白軒 이경석李景奭(1595~1671), 죽당竹堂 신유申濡(1610~1665), 춘소春沼 신최申最(1619~1658), 현묵자玄默子 홍만종洪萬宗(1643~1725), 소한당素閒堂 유정량柳廷亮(?~?) 등을 들 수 있다.[17]

이와 같이 폭넓은 동주 이민구의 교유관계 중 후대 근기 남인계열

---

15) 夫裕燮,「17~18세기 중반 近畿南人 文壇 硏究」(韓國學中央硏究院 博士學位論文, 2009), 26~29쪽.
16) 고영진,「16세기 후반~17세기 전반 서울 枕流臺學士의 활동과 그 의의」,『서울학연구』제3호(1994).
17) 夫裕燮,「17~18세기 중반 近畿南人 文壇 硏究」(韓國學中央硏究院 博士學位論文, 2009), 29쪽.

문인들이 생각하기에 이 시기 동주 이민구에게 있어서 무엇보다 중요한 관계는 호주 채유후·미수 허목과의 관계였다고 할 수 있다. 특히 동주 이민구와 호주 채유후의 관계는 후대 근기 남인계열 문인들이 상당히 주목했던 일이라 생각된다. 인조 16년(1638) 동주 이민구가 철옹鐵甕에 유배되어 있을 때, 과음으로 인해 탄핵을 받고 강서江西로 유배되었다가 해배된 뒤 인근에 있던 자신을 찾아온 호주 채유후와 함께 시를 지은 적이 있는데, 이 시에 대해 훗날 번암 채제공이 쓴 글[18]이나 삼명 강준흠의 『삼명시화』제 27칙則에 수록된 이들의 교유에 관한 글[19]을 보면 번암 채제공 당시 동주 이민구와 호주 채유후의 수창酬唱은 이들의 후손들뿐만 아니라 근기 남인계열 문인들 사이에서도 중요한 일화로 인식되었음을 알 수 있다. 특히 동주 이민구와 호주 채유후의 부친 애려 채충연이 과거의 진사 동방이었다는 점에서 동주 이민구와 호주 채유후는 시작부터 친밀한 관계를 형성하고 있었다고 볼 수 있다. 하지만, 앞서 살펴본 시 외에 이들이 주고받은 다른 시문을 확인하기 어렵다는 점에서 이들의 관계를 확정하기가 쉽지 않다.

동주 이민구와 호주 채유후의 경우 직접적인 관계를 확인해 볼 수 있는 시문이 조금이라도 남아있지만, 이와 달리 동주 이민구와 미수 허목 사이의 직접적인 교류를 확인할 수 있는 자료는 전무한 실정이다. 그것은 무엇보다 우선 동주 이민구가 재야 문인으로 존재했었다면, 미

---

18) 蔡彭胤,「從祖父湖洲先生集後遺事」,『希菴先生集』卷29, "李東州敏求在南郭, 公携酒往訪, 酒酣公口占曰; 郭外靑山已夕陽, 醉不成章, 東州足之曰; 小軒風露坐凄凉, 那無上客能傾盖, 更有高文獨擅場, 晉代淵明堪嘯傲, 漢廷方朔任淸狂, 寧前自恨才情少, 多病新秋廢酒觴. 李侍郞沃每謂彭胤曰; 當二老郭外靑山之會, 相觚尖者我也, 是時二老各數大觥, 氣岸軒輊, 旁若無人者, 而讓不爲卑, 亢不爲驕, 前後輩相須之, 殷蓋如是."
19) 姜浚欽,「三溟詩話」27則, "蔡湖州, 嘗於李東州座, 口占一句曰; 郭外靑山近夕陽, 醉不成章, 東州足成曰; 小軒風露坐凄凉, 那無上客能傾盖, 更有高文獨擅場, 晉代淵明堪嘯傲, 漢庭方朔任淸狂, 寧前自恨才情少, 多病新秋廢酒觴. 李博泉, 嘗謂蔡希庵曰; 郭外靑山之會, 相觚尖者我也. 當時二老, 各數大觥, 氣岸軒輊, 傍若無人者, 而海亢湖讓, 讓不爲卑, 亢不爲驕, 前後輩相須之殷, 蓋如是云."

수 허목은 현실 정치에서 활동하고 있었다는 두 사람 사이에 놓여 있었던 환경의 차이 때문이라 생각된다. 특히 동주 이민구의 말년이 유배 이후의 침체기였던 것과 달리 미수 허목은 산림에서 출사하여 당대 정국에서 지대한 영향력을 행사했던 만큼 애초 같은 길에 놓일 가능성이 적었다고 할 수 있다. 이들의 교유는 광해군 1년(1609) 동주 이민구가 사마시司馬試에 합격한 뒤 갑자甲子를 넘긴 것을 축하하기 위한 잔치가 있었는데, 이 연회에 관한 글을 하헌 윤휴가 「서동주사마회년연시첩후書東州司馬回年宴詩帖後」로, 미수 허목이 「기유사마시회년방회서己酉司馬試回年榜會序」로 남겼고, 미수 허목이 동주 이민구의 문집인 『동주선생문집東州先生文集』의 서문을 썼다는 것에서 찾을 수 있을 뿐이다. 그러나 용주 조경, 환성喚醒 민은회閔應恢(1582~?), 창강滄江 조속趙涑(1595~1668) 등과 이 두 사람의 교유관계가 겹친다는 점에서 이들이 적지 않은 관계를 가졌으리라고 유추할 수는 있다.[20] 하지만, 이와 같은 간접적인 상황이나 부수적인 자료들이 이들의 교유관계를 실증해주는 분명한 근거라 보기 쉽지 않다는 점에서 이들의 교유관계를 확정하는데 적지 않은 문제가 있다.

동주 이민구의 문학적 성취는 사승관계를 통해 다음 세대의 근기 남인계열 문인들에게 계승되었다. 명고鳴皐 이계李烓(1603~1642), 쌍오雙梧 민점閔點(1614~1680), 동사東沙 오정위吳挺緯(1616~1692), 하헌夏軒 윤휴尹鑴(1617~1680), 윤이제尹以濟(1628~1701), 제남濟南 권환權瑍(1636~1716), 박천博泉 이옥李沃(1641~1698), 권적權蹟(?~?), 홍도洪覩(?~?) 등이 모두 동주 이민구의 제자이다.

---

20) 夫裕雯, 「17~18세기 중반 近畿南人 文壇 硏究」(韓國學中央硏究院 博士學位論文, 2009), 22쪽.

호주 채유후의 경우 동주 이민구와 비교해 볼 때 상대적으로 문학적인 성가는 뒤떨어졌다고 생각된다. 하지만 그도 일찍부터 문한文翰에 뛰어났고, 청수淸修한 인물로 소북의 강백년姜栢年과 함께 거론되었다.[21] 그의 시는 당시唐詩의 소리를 지니고 송시의 전아典雅함을 본받았으며, 문장은 육경에 바탕을 두고 양한兩漢을 취하였다고 한다.[22]

호주 채유후는 설봉雪峯 강백년姜栢年(1603~1681)의 종형從兄인 복천復泉 강학년姜鶴年(1585~1647)과 덕신정德信正 이란수李鸞壽(?~?)를 사사하였다. 그 중 덕신정 이란수에게는 주로『주역周易』을 배웠다.[23] 복천 강학년은 호주 채유후의 동생인 채진후蔡振後의 스승이기도 하였으며 부친인 애려愛廬 채충연蔡忠衍과는 진사進士 동방同榜이었고, 용주 조경·관설觀雪 허후許厚(1588~1661)와는 지우였다. 호주 채유후의 부친 애려 채충연은 복천 강학년 뿐만 아니라 동주 이민구와도 진사 동방이었는데, 부친과 동주 이민구와의 관계는 후대 근기 남인계열 안에서 동주 이민구와 호주 채유후를 보다 친밀한 관계로 설정하게 만든 중요한 하나의 계기가 되었다고 생각된다. 이런 인연으로 동주 이민구는 애려 채충연의 묘지명을 지었으며,[24] 호주 채유후의 종손從孫 희암希菴 채팽윤蔡彭胤은 호주

---

21) 『朝鮮王朝實錄』肅宗 1年 閏5月 11日(戊戌) 1번 째 기사, "一時數南北黨文翰淸修之士, 小北則栢年, 南人則蔡裕後. 栢年疎曠不如裕後, 而謹飭則過之. 但無矯矯之節, 一生多疑慮, 處身愼密, 故謹飭不及."
22) 尹趾完,「湖洲先生集序」,『湖洲先生集』, "詩則有唐之音響而體朱之典雅, 文則本諸六經而取則於兩漢."
23) 蔡彭胤,「從祖父湖洲先生集序」,『希菴先生集』卷22, "嘗遊於復泉姜先生之門, 講易於德愼宗正云."
24) 李敏求,「進士蔡公墓碣銘」,『東州先生文集』卷9, "平康蔡公忠衍衍之, 與余同己酉進士, 居泮宮又與同舍, 竊朋公爲人蘭靖潔脩, 金剛而玉潤, 終日靜穆, 不妄言笑, 不可以親疎. 蓋國都三門外舊多名士, 其人嘗推引後來俊秀, 別爲標榜. 公甫弱冠預焉, 其爲士林重如此. 家居孝友盡倫, 杜門自守, 不事交游徵逐, 就通津薄莊, 力田以供母, 萬曆丁巳病卒, 得年僅三十有八, 葬楊州禿晉江上. 娶順興安氏, 縣令士說女, 賢則甚得婦道, 後公十年沒而祔焉. 蔡氏在新羅有百年, 千年, 萬年. 仍祖子孫爲國相, 由俗質故三世襲名云. 麗代平章事松年, 距公十三代, 歷主簿子沈, 護軍仲卿, 至執義蘭宗, 應敎慶先, 是爲公四代. 妣曰驪興閔氏. 惟蔡氏世蒼休聞, 執義守道, 善類是宗, 應敎伉儷, 鵷鸞臺閣, 方亨而閟, 位不稱德, 以公純明積仁, 不克食其報以大, 天道何昧昧也, 然公有子裕後, 妥始妥發, 蔚爲名臣, 見任大司憲, 兩館大學士, 累贈公至資憲大夫吏曹判書. 嗚呼, 涓涓若絶, 有源必達, 炎炎若滅, 有焰必發, 天于蔡氏之祚, 虧盈施報有徹不爽. 公二子, 長公卽大學士, 李振後縣監, 一女適持平南重海, 縣監二子曰進士時龜, 長公子之, 次曰時祥, 二女適洪宇熙, 權玹. 銘曰: 倓篹人子, 暴得以喪, 此惟多積, 受報必償. 溫溫蔡公, 世德是似, 不庸其有,"

채유후의 유사遺事를 편찬하면서 동주 이민구와 호주 채유후가 겨우 10세 차이가 났었지만, 호주 채유후가 동주 이민구를 아버지처럼 모셨다고 했다.[25]

호주 채유후의 문집을 통해 확인할 수 있는 그의 교유관계는 창강 조속, 개산皆山 유석柳碩(1595~1655), 이면易眠 김주우金柱宇(1598~1644), 명고鳴皐 이계李烓(1603~1642), 만랑漫浪 황호黃㦿(1604~1656) 등이다. 이들과 교유하여 음선팔인飮仙八人이라는 호칭을 얻기도 했다.[26] 이 외에도 죽소 김광욱, 죽남 오준, 동명 김세렴, 죽당 신유, 동명 정두경, 권근중權謹中(1586~1650), 규봉圭峰 심연沈演(1587~1646), 고산孤山 윤선도尹善道(1587~1671), 송사松沙 이명웅李命雄(1590~1642), 만사晩沙 이경의李景義(1590~1640), 동암東巖 오단吳端(1592~1640), 태호太湖 이원진李元鎭(1594~1665), 청봉晴峰 심동구沈東龜(1594~1660), 백주白洲 이명한李明漢(1595~1645), 묵공옹默拱翁 정언황丁彦璜(1597~1672), 육은재六隱齋 이시매李時楳(1603~1667), 남간南磵 목행선睦行善(1609~1661), 청호靑湖 이일상李一相(1612~1666), 동사東沙 오정위吳挺緯(1616~1692), 홍우희洪宇熙(?~?) 등과도 교유하였다.[27]

이렇게 살펴보았을 때 동주 이민구와 호주 채유후의 교유관계가 상당 부분 겹치고 있으며, 이들의 교유가 이들 다음 세대보다 훨씬 더 폭넓고 다양하다는 것을 알 수 있다. 이들의 폭넓은 교유관계는 이들만의 특징이라기보다 이 시기의 시대적 특성이라고 보아야 할

貽以孝子, 司文秉憲, 焜燿在廷, 閣視其廟, 贈秩崇崇, 有坎于丘, 漢流在旁, 其源不渴, 奕世彌長."

25) 蔡彭胤, 「從祖祖父湖洲先生集後遺事」, 『希菴先生集』 卷29, "李東州卽我曾王父同年進士也, 長於公十歲, 公以父執事之, 不敢顔恣進, 嘗造東州, 酒半公戲曰: 公前亞天官, 某今忝長矣, 公前爲副學, 某今忝文衡矣, 於年又十歲而差, 第欲云云. 東州笑曰; 己酉榜在, 公瞯然跪曰; 大鑑壯士."

26) 李光庭, 「易眠金公行記」, 『訥隱文集』 卷19, "公旣登五峯之門, 日與洛下諸名勝遊, 刮磨爲文章, 詩酒還往. 如柳皆山碩, 黃漫浪㦿, 蔡湖洲裕後等七人及公, 爲飮仙八人. 皆世所指賢."

27) 夫裕燮, 「17~18세기 중반 近畿南人 文壇 硏究」(韓國學中央硏究院 博士學位論文, 2009), 36~37쪽.

것이다. 또, 이들의 교유가 가지는 다양함만큼 이들 사이의 내적 연대감은 이후 시기와 비교하여 상대적으로 느슨했다고 할 수 있다. 그래서인지 비록 서로의 상황과 위치의 차이에 의한 것이기는 하겠지만, 후대 근기 남인계열 문인들에게 한 시대 시단과 정계의 종장으로 인정받았던 동주 이민구와 호주 채유후, 동주 이민구와 미수 허목의 관계가 긴밀한 유대관계를 형성하고 있었다고 단정하여 말하기 쉽지 않아 보인다.

그런데, 여기서 다시 한 번 생각해 볼 것은 후대 근기 남인계열 문단 안에서가 아니라 당대 문단 내에서 동주 이민구와 호주 채유후가 지니고 있었던 위상이 어떠했던가 하는 것이다. 그것은 후대 문인들의 언급과 당대의 교유 인물, 그리고 남겨 놓은 작품의 질과 양으로 보아 호주 채유후의 문학적 위상을 동주 이민구와 나란히 보기가 쉽지 않다는 생각을 지울 수 없기 때문이다. 분명하게 주장하거나 구체적인 근거를 제시하기는 어렵지만, 어쩌면 조선 후기 근기 남인계열 문인들에게 호주 채유후가 동주 이민구와 함께 나란히 언급된 것은 번암 채제공의 개인적인 의도에 의한 것이 아닐까 하는 생각을 가지게 된다. 그것은 번암 채제공의 종조부가 희암 채팽윤이고, 희암 채팽윤의 종조부가 호주 채유후라는 가계적 상황과 함께 호주 채유후가 우복 정경세·용주 조경을 이어 당대 대제학大提學을 지내며 문형을 담당했었다는 이 시기 호주 채유후의 정치적 위상 때문이다. 즉, 번암 채제공이 자신의 정치적 입지를 강화하기 위해 그의 선대를 추존한 것이고, 당대 번암 채제공의 정치적 위상 때문에 이 논의가 그대로 수용되었을 가능성이 있다는 것이다. 조선 후기 시화집 가운데 번암 채제공 시기 이전에 나온 시화집에 호주 채유후가 거의 거론되지 않고 있다는 것도 이 점에서 시사하는 바가 크다.

　이와 같은 의문점에도 불구하고 후대 조선 후기 근기 남인계열 시맥에 대해 언급할 때 의문의 여지없이 이 두 사람이 모두 빠짐없이 거론되고 있다는 것도 앞서 언급한 것과 같이 근기 남인계열 시맥의 설정이 번암 채제공의 의도적 행위였을 가능성을 보여주는 것이라 할 수 있다.

　동주 이민구와 호주 채유후를 근기 남인계열 시맥의 첫 자리에 두는 번암 채제공과 다산 정약용의 논의에 대한 의문과 함께, 다음으로 생각해 볼 문제는 앞서 언급한 두 번째 의문점인 "송곡松谷 이서우李瑞雨(1633~1709)를 동주 이민구와 호주 채유후의 시문학 경향을 이은 인물로 볼 수 있는가" 하는 것이다. 호주 채유후의 경우 그의 문학 경향을 이었다고 간주되는 특별한 인물들을 확인하기 어렵지만, 동주 이민구의 경우는 앞에서 언급한 것과 같이 명고鳴皐 이계李烓(1603~1642), 쌍오雙梧 민점閔點(1614~1680), 동사東沙 오정위吳挺緯(1616~1692), 하헌夏軒 윤휴尹鑴(1617~1680), 윤이제尹以濟(1628~1701), 제남濟南 권환權瑍(1636~1716), 박천博泉 이옥李沃(1641~1698), 권적權蹟(?~?), 홍도洪覩(?~?) 등 다음 세대 근기 남인계열 문단의 대표적인 인물들에게 그의 문학적 역량을 전하였다.

　다양한 인물들과 사제 관계를 형성하고 있었던 동주 이민구이지만, 그와 송곡 이서우가 사승관계뿐만 아니라 다른 어떤 직접적인 관계를 맺었다는 언급이나 자료를 찾기는 어렵다. 오히려 송곡 이서우의 문집에 따르면 송곡 이서우는 미수 허목의 제자라고 할 수 있다.[28] 송곡

---

28) 李瑞雨,「許文正公眉叟先生自銘序記碑後識」,『松坡集』卷11, "以不佞某亦嘗出入於門下, 俾識其事, 甲申月日, 門下生嘉善大夫前工曹參判兼藝文館提學, 李瑞雨拜手謹識."

이서우의 글에서 그가 스스로 미수 허목의 문하생이라고 했다는 점에서 이는 부정할 수 없는 사실이라고 할 수 있다. 그렇다면 근기 남인 계열의 시맥을 설명하며 번암 채제공이 호주 채유후와 동주 이민구를 이어 다음 시기의 근기 남인계열 시단을 이끈 인물로 송곡 이서우를 설정한 것에는 송곡 이서우의 문학적 역량과 함께 또 다른 정치적 의도가 숨어있는 것이 아닐까 하는 의구심을 가지게 된다. 물론 이와 같은 시맥의 흐름을 설정한 것에 대해 송곡 이서우의 문학적 역량을 가장 기본적인 이유로 들 수 있겠지만, 이것만으로는 설명하기 어려운 부분이 있다.

최근의 여러 시가를 논평하면 마땅히 松谷 李瑞雨(1633~1709)를 詞苑의 大將으로 삼고 吳尙濂(1680~1707), 蔡彭胤(1669~1731)과 金昌協(1651~1708) 등이 역시 장수나 장교가 될 수 있을 것이다. 오상렴의 시는 맑고 그윽하고 깊으며, 드넓고 높다. 아득히 봉래산과 영주산 사이에 있어 세속을 벗어난 듯 한 기미가 있지만 結構가 정미하지 못하여 때로 소략한 데가 있다. 채팽윤의 시는 시원하고 맑아 기러기가 구름 사이로 가볍게 날아가는 듯 하지만 정중한 모양이 부족하다. 김창협의 시 역시 깨끗하여 자못 세속의 먼지를 벗어난 듯 하지만 자연스럽지 못한 것을 억지로 자연스럽게 하려다 사람들에게 그의 기량을 엿보게 하였으니 이는 천박한 술수이다.[29]

---

29) 愼後聃, 「雙溪夜話」, 「河濱先生文集」, "耳老曰; 若論近來諸詩歌, 當推松谷爲詞苑大將, 吳蔡及金昌浹鑿, 亦可備一將將校. 吳詩淸切幽邃, 虛廓廣遠, 杳然有蓬瀛間氣味, 然結搆不密, 時有踈鹵處. 蔡詩飄逸淸秀, 軒翥流轉, 如輕鴻之翔於雲間, 然欠鄭重底模樣. 金詩亦淸談幽潔, 頗脫塵俗. 然不能自然, 而强欲自然, 使人窺其伎倆, 此淺術也."

이 글은 하빈河濱 신후담愼後聃(1702~1761)의 글이다. 하빈 신후담은 17세기에서 18세기 초의 문단을 서술하며 송곡 이서우를 중심으로 논의를 전개하고 있다. 그러나 하빈 신후담의 이와 같은 언급이 당대 모든 이들의 공통된 견해라고 보기는 어렵다.

> 松谷老人은 당시 文苑의 宗匠이었으니 감히 경솔하게 의논할 수는 없습니다. 그러나 그분의 科詩는 고시와 흡사하고 고시는 과시와 흡사하니 진실로 하나의 의문점입니다. 근래에 韓檢詳 어른을 통해 그의 詩稿를 얻었습니다. 그분의 近體詩 여러 작품은 對偶가 情切하여 『尤西堂集』과 흡사했으나 그 瀏亮하고 悠遠한 의미를 찾아보고자 하면 王維·韋應物 등 諸家들의 시처럼 깊고 깊어서 다할 수 없는 뜻을 가지고 있는 것은 대체로 하나도 없었습니다. 그래서 한참 동안 실망하여 한탄했습니다. 우서당의 '論語詩'는 바로 香奩體인데 文人의 교활함은 너무나 심합니다. 그가 經傳을 操弄하고자 하였으니 참으로 斯文의 난적입니다.[30]

위에서 언급된 다산 정약용의 글을 보면 그가 송곡 이서우의 문학적 역량에 대해 상당히 실망하고 있었음을 알 수 있다. 그러나 물론 하빈 신후담과 다른 다산 정약용의 이와 같은 논의가 반드시 옳은 것이라 하기도 어렵다. 그것은 당대나 후대 송곡 이서우에 대한 평가가 대체로 근기 남인계열 시맥의 종장宗匠으로 인식되고 있었기 때문이다. 그렇다면 또 다른 의문을 가지게 된다. 당대 근기 남인계열 문인들 중에서,

---

30) 丁若鏞,「上海左書」,『與猶堂全書』卷18, "松谷老人當時文苑宗匠, 不敢輕議, 然其科詩似古詩, 古詩似科詩, 誠一疑案, 近從韓檢詳得其詩稿, 其近體諸作, 對偶精切, 恰似尤西堂集, 欲求其瀏亮悠遠湣然有不盡之意, 如王韋諸家者, 蓋絕無焉, 爲之惋悵移時也. 尤西堂論語詩, 直是香奩豔體, 甚哉, 文人狡獪, 乃欲操弄經傳, 眞斯文之賊也."

또는 동주 이민구의 문하에서 송곡 이서우와 견줄 수 있는 다른 문인은 없었던가 하는 것이다.

　동주 이민구와 호주 채유후 다음 세대의 근기 남인계열 문단은 이들의 후배나 제자가 중심이 되어 움직였다고 할 수 있다. 이 시기는 경신환국 이후 미수 허목, 하헌 윤휴, 용주 조경, 고산 윤선도, 남파 홍우원 등 근기 남인계열의 정신적 지주가 되었던 인물들이 정계에서 물러난 뒤 기사환국으로 재집권하게 된 근기 남인들이 정치적 영향력을 발휘하던 때였다. 이 시기 정국의 요직에 있었던 근기 남인계열 인물들은 기사남인己巳南人이라고도 불리는데, 석담石潭 권대운權大運(1612~1699), 돈우당遯愚堂 박정설朴廷薛(1612~?), 수옹睡翁 목래선睦來善(1617~1704), 근옹芹翁 이관징李觀徵(1618~1695), 양졸재養拙齋 심재沈梓(1624~1693), 윤이제尹以濟(1628~1701), 백인당百忍堂 유하익兪夏益(1631~1699), 유하겸兪夏謙(1632~?), 민종도閔宗道(1633~?), 퇴당退堂 유명천柳命天(1633~1705), 하곡霞谷 권유權愈(1633~1704), 송곡松谷 이서우李瑞雨(1633~1709), 휴곡休谷 김덕원金德遠(1634~1704), 이우정李宇鼎(1635~1692), 차호叉湖 민암閔黯(1636~1694), 규정葵亭 신후재申厚載(1636~1699), 휴곡休谷 오시복吳始復(1637~?), 졸재拙齋 이현기李玄紀(1647~1714), 박정朴涏(1653~?), 민진형閔震炯(1662~?), 이의징李義徵(?~1695), 이재춘李再春(?~?) 등으로 정리할 수 있다.[31]

　기사 남인들이 활약하던 시기 근기 남인계열 문단의 중심 인물들은 매산梅山 이하진李夏鎭(1628~1682), 퇴당退堂 유명천柳命天(1633~1705), 하계霞溪 권유權愈(1633~1704), 제남濟南 권환權瑍(1636~1716), 규정葵亭 신후재申厚載(1636~1699), 박천博泉 이옥李沃(1641~1698), 손재巽齋 권중경權重經(1642~1728),

---

31) 李樹健, 「嶺南學派의 形成과 展開」(一潮閣, 1995), 406~407쪽.

정재靜齋 유명현柳命賢(1643~1703), 만퇴晩退 홍만조洪萬朝(1645~1725), 죽헌竹軒 신필청申必淸(1647~1710), 하서夏瑞 이현석李玄錫(1647~1703), 화은化隱 민창도閔昌道(1654~1725), 경연당景淵堂 이현조李玄祚(1654~1710), 성재省齋 이진휴李震休(1657~1710), 천일재天一齋 홍중현洪重鉉(1660~1726), 식산息山 이만부李萬敷(1664~1732), 이홍덕李弘悳(1667~1721), 희암希菴 채팽윤蔡彭胤(1669~1731), 추헌楸軒 홍만우洪萬愚(1671~1722), 이만유李萬維(1674~?), 연초재燕超齋 오상렴吳尙濂(1680~1707), 학고鶴皐 김이만金履萬(1683~1758), 오은梧隱(?~?) 홍돈洪墩(?~?), 이만수李萬秀(?~?) 등이었다.[32]

　이들은 대부분 송곡 이서우와 비슷한 시기에 활동한 인물들이었는데, 이 중 규정 신후재, 손재 권중경, 만퇴 홍만조, 죽헌 신필청, 하서 이현석, 화은 민창도, 경연당 이현조, 성재 이진휴, 식산 이만부, 이홍덕, 희암 채팽윤, 이만유, 연초재 오상렴, 학고 김이만, 오은 홍돈, 이만수는 송곡 이서우와 직접적인 교문을 가진 인물이었다. 이와 같은 다양한 인물들이 존재하고 있었음에도 불구하고 이들 가운데 번암 채제공이 송곡 이서우만을 추켜든 것에는 그의 문학적 역량이 무엇보다 우선하는 이유가 되겠지만, 그것과는 또 다른 정치적 의도가 숨어있을 가능성 역시 배제하기 어렵다.

　송곡 이서우는 부친 이경항李慶恒(1601~1643)이 일찍이 소암疎菴 임숙영任叔英(1576~1623)에게 수학하였으며, 이이첨李爾瞻(1560~1623)의 문하에 출입하였다는 비판으로 인해 대북파大北派라는 지목을 받았다. 이 때문에 송곡 이서우는 당대 상당한 정치적 곤경을 겪었다고 보이는데, 그의 정치적 곤경은 미수 허목에 의해 해소되었다.

---

32) 夫裕燮, 「17~18세기 중반 近畿南人 文壇 硏究」(韓國學中央硏究院 博士學位論文, 2009), 42~43쪽.

송곡 이서우는 현종 1년(1660) 증광문과에 갑과로 급제하였지만, 대북파라는 지목으로 받으면서 관직에 진출하지 못하였다. 이 시기 송곡 이서우는 매산 이하진과 함께 북서北署에서 피서避暑를 하며 시를 지었는데, 이때 송곡 이서우와 매산 이하진이 맺은 교유가 다음 세대 성호 이익에게까지 이어졌다고 생각된다. 39세 때인 현종 12년(1671) 겨울, 송곡 이서우는 양천陽川의 구령九嶺에 있는 미수 허목을 찾아가 7일간 머무르며 가르침을 받고 미수 허목에게서 전서篆書 여덟 폭을 받았다.[33] 이 이후로 송곡 이서우는 미수 허목의 정식 제자가 되었는데, 미수 허목과 송곡 이서우 사이의 사제 관계 형성에는 송곡 이서우의 부친과 미수 허목 사이의 교분이 적지 않은 영향을 미쳤으리라 생각된다.[34] 숙종 1년(1675) 미수 허목의 추천으로 관직 생활을 시작한 송곡 이서우는 미수 허목의 편에 서서 우암 송시열과 문곡文谷 김수항金壽恒(1629~1689) 등을 공격하고, 만성晩醒 이수경李壽慶(1627~1680)을 두둔하는 등 미수 허목의 정치적 견해에 동조하며 정국 운영에 적극적으로 가담하였다. 그러나 송곡 이서우는 갑술환국으로 문외출송을 당하였으며, 이후 숙종 23년(1697)에 풀려났지만 다시 당대의 정치권에 자신을 둘 수 없었다.

송곡 이서우의 후손들도 당대의 정치적 상황에서 자유롭지 못했다. 아들 정관正觀·석관碩觀·홍관弘觀과 서자庶子 익관翼觀·순관順觀이 모두 정치적으로 불우한 삶을 살았다. 영조 4년(1728)에 일어난 이인좌李麟

---

33) 李瑞雨,「辛亥仲冬, 拜鹿峯先生于九嶺, 留侍七日, 先生不鄙外之, 以爲可敎也. 貶示文章, 嘉誨欵溫, 將還, 書篆八幅賜之, 不勝欣感, 慕仰之至, 斐然有述, 獻于座下」, 5首,『松坡集』卷2.
34)『朝鮮王朝實錄』肅宗 1年 12月 15日(戊辰) 4번 째 기사,"持平李瑞雨以累違召牌, 引避退待. 瑞雨之父慶相, 昏朝時參凶論, 以此瑞雨雖有文才, 不容於公議, 至是端·穆等, 交冇薦引, 至玷臺選, 擧世莫不爲駭, 許積亦言之, 瑞雨不安, 累疏不出. 穆申白於榻前曰;"臣與其父同里閈, 知其終不染於兇論."積曰;"臣則聞其父爲爾瞻所狎, 今右相之言如此, 臣不過得於傳聞, 右相則目所覩也. 然則右相之言是矣. 右相豈爲一瑞雨, 敢欺殿下乎."蓋其世累彰著, 故積之言, 雖似開釋, 亦不甚快也."

佐의 난亂[무신란戊申亂] 때 순관이 서대문의 괘서掛書를 작성했다는 이유로 익관・순관・홍관이 순관과 함께 죽었고, 이후 외손자 국포菊圃 강박姜 樸(1690~1742) 역시 이 사건에 연좌되어 외직으로 나갔다. 그러나 이와 같은 정치적 곤궁에도 불구하고 외손자 국포 강박과 외증손자 하빈河濱 신후담愼後聃(1702~1761)은 우리나라 학술사에서 중요한 의미를 가지는 인물이다.

송곡 이서우는 매산 이하진, 하계 권유, 퇴당 유명천, 성재 이진휴, 만성晩醒 이수경李壽慶(1627~1680), 조위수趙渭叟(1630~1699), 한영韓瀅(1633~ 1689), 만퇴晩退 홍만조洪萬朝(1645~1725), 조지석趙祉錫(1648~?), 정수현鄭洙賢 (?~?), 김정하金正夏(?~?), 이희채李煕采(?~?), 이상현李象賢(?~?) 등과 친밀한 관계를 유지하였고, 규정 신후재, 손재 권중경, 죽헌 신필청, 하서 이현석, 화은 민창도, 경연당 이현조, 식산 이만부, 이홍덕, 희암 채팽윤, 이만유, 연초재 오상렴, 학고 김이만, 오은 홍돈, 이만수, 송애松崖 이수대李遂大 (1644~1798), 오시유吳始有(?~?), 이구휴李龜休(?~?), 한종석韓宗奭(?~?), 노하적盧 夏績(?~?) 등의 제자를 길렀는데, 이 중 송애 이수대, 희암 채팽윤, 연초재 오상렴, 학고 김이만, 오시유, 이구휴, 한종석, 노하적 등은 송곡 이서우가 갑술환국 이후 과천果川의 청계산淸溪山 아래 은거한 뒤 사사한 제자들이다. 가계 내에서도 직계는 아니지만 외손外孫인 국포 강박과 외증손外 曾孫인 하빈 신후담・신후팽愼後彭・신후은愼後恩 삼형제에게 자신의 학문을 전하였는데, 이들 네 사람 모두 근기 남인계열 내에서 문학적・사상적으로 중요한 위치를 차지한다.

송곡 이서우는 매산 이하진의 가문을 위한 글을 상당히 많이 지었는데, 이것은 매산 이하진과 송곡 이서우와의 친분에 의한 것이었다고 보인다. 성재 이진휴, 섬계剡溪 이잠李潛(1660~1706), 옥동玉洞 이서李漵

(1662~1723)는 부친인 매산 이하진의 묘갈명을 청하기 위해 송곡 이서우가 퇴거해 있던 과천의 청계산을 방문하였으며, 성호 이익도 숙종 26년(1700)에 처음으로 아버지의 지우였던 송곡 이서우를 예방하였다. 이 이후 성호 이익은 독서 과정에 찾아낸 시문詩文의 의심나는 부분을 질정叱正하기 위하여 여러 번 송곡 이서우를 찾았다.[35]

송곡 이서우와 매산 이하진이 맺은 교유관계는 후대로 이어져 성호 이익을 비롯한 매산 이하진 가의 후손들은 송곡 이서우와 상당히 가까운 교분을 유지하였다. 따라서 매산 이하진 가의 후손들이 송곡 이서우에게 일정한 영향을 받았으리라는 것은 인정할 수 있지만, 이를 사제관계로까지 확대하는 것은 지나친 의미 부여라고 할 수 있다.[36] 성호 이익과 그의 형제들이 송곡 이서우를 높게 보았다는 것은 그들의 글을 통해 분명하게 확인할 수 있다.[37] 이들이 송곡 이서우를 높이 인정한 것은 송곡 이서우의 시적 재능과 함께 부친인 매산 이하진과 송곡 이서우가 맺은 교분에 의한 것이라 생각된다. 따라서 송곡 이서우와 성호 이익, 혹은 성호 이익의 형제들 사이에 존재하고 있었던 유대 관계는 정치적 동류同類로 선대先代와 깊은 교분을 지니고 있었던 시문에 능한 선배에 대한 존경 정도로 정리하는 것이 타당할 것이다. 물론, 이 존경으로 인해 이들의 시문 창작에 송곡 이서우의 지도가 어느 정도 있었을 수는 있겠지만, 그 영향이 성호 이익이나 그 형제들의

---

[35] 夫裕燮, 「17~18세기 중반 近畿南人 文壇 硏究」,(韓國學中央硏究院 博士學位論文, 2009), 52쪽.
[36] 松谷 李瑞雨를 星湖 李瀷의 스승으로 보는 논의는 임미정에 의해 제기되었다. 그는 자신의 논문 「松谷 李瑞雨의 詩文學 硏究」에서 "성호가 이서우를 찾아와 시를 보이고 제자의 예를 취했다."고 했고, 특히 '詞伯'이라고 칭했다는 점에서 스승으로 보아야 한다고 했다. 이 논의의 문제점에 대해서는 본문에서 상술할 것이다.
[37] 李瀷, 「書遜齋集後」, 『星湖先生全集』卷55, "吾先大夫業于詩, 有集若干卷, 刊正之役, 託于松谷李詞伯, 松谷沒, 託于鳩庵蔡詞伯, 鳩庵沒, 託于藥山吳詞伯, 此三公專場主盟, 擧一世莫敢頡頏之者. 其取與舍不同, 靑紅錯點, 不知適從. 於是余不以不曉爲恥, 乃反致疑於世之自謂辨別如黑白者也. 而敢下手於作者之用意乎."

시문 창작에 직접적인 혹은 본격적인 영향을 미친 중요한 요소라고 보기는 쉽지 않다.

성호 이익이나 그의 형제들 문집 어디를 살펴보아도 성호 이익이나 그의 형제들이 송곡 이서우를 스승으로 대하고 있음을 확인하거나 유추할만한 부분을 찾을 수 없다.[38] 성호 이익이 그의 글 「서손재집후書遜齋集後」에서 송곡 이서우를 사백詞伯이라 칭하고 있지만, 사백詞伯이란 시문詩文에 능한 문사文士 혹은 시문詩文의 대가大家나 학식學識이 높은 사람을 높여 일컫는 일반적인 용어이다. 그래서 사백詞伯과 비슷한 말로 사종詞宗이라는 말을 사용하기도 한다. 특히 성호 이익의 「서손재집후」에서 사백이라 호칭된 인물은 송곡 이서우 뿐만 아니라 구암鳩庵 채사백蔡詞伯[채팽윤], 약산藥山 오사백吳詞伯[오광운]도 있는데, 사백이라는 용어를 사용했다는 한 가지 사실만으로 송곡 이서우를 성호 이익의 스승으로 단정한다면, 나머지 두 사람 희암 채팽윤과 약산 오광운도 모두 성호 이익의 스승으로 보아야 할 것이다. 또, 『성호사설星湖僿說』속에 모두 9회 송곡 이서우에 관한 내용이 나오지만,[39] 『성호사설』이라는 책의 성격과 이들이 나눈 이야기의 내용을 살펴보면 본격적인 학문 토론이나 수학의 장에서 이루어진 것이 아니라 일반적인 교유의 공간에서 이루어진 것이라 보인다. 이런 점으로 볼 때 성호 이익이나 그의 형제들이 송곡 이서우와 상당한 교분을 맺고 있었음은 분명하지만, 송곡 이서우를 스승으로

---

38) 임미정은 그의 논문 「松谷 李瑞雨의 詩文學 硏究」 24면에서 "이 시기, 이하진이 죽기 한 해 전에 태어난 막내 성호가 관례(冠禮)를 마치자 곧 청계(淸溪)에 있는 이서우를 찾아와 시를 보이고 제자의 예를 갖추었다."고 하며, 송곡 이서우의 문집 『松坡集』卷上에 있는 「李夏卿之季子瀷, 來訪出其詩, 佳甚感歎次贈」을 근거로 제시하였는데, 이 시에서 송곡 이서우와 성호 이익 사이의 사승관계를 찾을 수 있는 내용을 발견할 수 없다.
39) 『星湖僿說』속에 등장하는 송곡 이서우에 관한 부분을 추려보면 다음과 같다. 『星湖僿說』제24권 經史門 「焦竑論揚雄」, 제28권 詩文門 「屈膝屛」, 제28권 詩文門 「松都夢詩」, 제28권 詩文門 「松谷詩」, 제28권 詩文門 「遺響」, 제29권 詩文門 「別歲」, 제29권 詩文門 「柳大將詩」, 제29권 詩文門 「梁家畵閣」, 제30권 詩文門 「一衰」이다.

높인 것은 아니라고 할 수 있다.

송곡 이서우는 근기 남인계열 문단 안에서 미수 허목의 제자로 자처하였으며, 퇴계 이황의 문장과 동주 이민구의 시를 높게 평가하였다.[40] 그는 당대 문단에서 활동할 때부터 시로 명망이 높아서 근기 남인계열 문사들의 추허推許를 받았고, 후대 성호 이익・번암 채제공 등으로부터 당대 근기 남인계열 문단의 종장宗匠으로 인정받았다.[41]

이렇게 보았을 때 동주 이민구와 호주 채유후의 다음 세대 근기 남인계열 시맥의 종장으로 송곡 이서우를 설정한 것은 일견 타당성을 가진 것이라 할 수 있다. 그러나 번암 채제공이 송곡 이서우 만을 두 번째 세대 근기 남인계열 시맥의 종장으로 인정한 것이나, 송곡 이서우가 동주 이민구와 호주 채유후를 이어 다음 세대 시맥의 정종正宗을 얻었다고 한 것에는 문학적 역량과 함께 부수적인 다른 여러 요인들이 같이 작용한 것이라 생각된다. 그것은 비록 시가 아니라 문장을 중심으로 논한 것이기는 하지만, 당대 송곡 이서우와 비견될 수 있는 문학적 역량을 지닌 인물로 하계 권유・퇴당 유명천・박천 이옥・하서 이현석 등 몇몇 인물을 같이 거론할 수 있기 때문이다.[42]

이 몇몇 인물들 중에서 번암 채제공이 송곡 이서우 만을 거론하여 당대 시단의 종장으로 추허推許한 것은 번암 채제공이 호주 채유후를

---

40) 權相一,「肅宗 45년 6월 30일」,『淸臺日記』, "午前聞李察訪潡來姜丈寓所, 往見乃初面也, 從容談話而歸. 李丈故參議夏鎭之子, 以通儒稱, 且善書, 方在抱川鄕庄, 日昨有事入來, 姜丈郞其査頓也. … 且言李松谷瑞雨, 常謂我東文章, 亦退溪爲首, 詩亦杜法最好云矣."

41) 權相一,「肅宗 35년 11월 18일」,『淸臺日記』, "李參判瑞雨潤甫令捐館, 此令有淸操有文章, 詩格高古老健, 爲一世所宗, 近代亦無其比, 年七十七而卒, 甚可痛惜."
　　蔡濟恭,「龜洲集序」,『樊巖先生集』卷32, "李松坡時之宗匠, 而以希翁大家神鑑, 懸斷公詩, 疑其出松坡之手之一言也, 足以定公詩之價矣. 不佞何敢贅焉. 公諱復運, 字某, 鵝溪相公五世孫, 謀剞劂公遺集者, 公之孫前獻納秀夏甫也."

42)『承政院日記』, 肅宗 17년 1월 24일, "大提學圈點, 十點權愈, 九點柳命天, 八點李瑞雨."

동주 이민구와 함께 근기 남인계열 시맥의 첫머리에 둔 것과 같은 정치적 의도에 의한 것이라 생각된다. 물론 무엇보다 우선적인 이유가 송곡 이서우의 시문학적 능력이었을 것이라고는 할 수 있지만, 이와 같은 평가는 하계 권유·퇴당 유명천·박천 이옥·하서 이현석 등의 문학적 역량이 송곡 이서우와 비교하여 우열을 가리기 어려운 것이었다는 점에서 누구나 당연히 생각해볼 수 있는 의구심이라고 할 것이다. 필자가 추정하기에 번암 채제공이 이 시기 근기 남인계열 시맥의 종장으로 송곡 이서우만을 거론한 것은 송곡 이서우가 스스로 미수 허목의 제자를 자처하였다는 정치적인 면과 함께 송곡 이서우의 제자 중 한 사람이 번암 채제공의 종조부인 희암 채팽윤이었다는 가계사적인 면, 그리고 여기에 더하여 번암 채제공이 희암 채팽윤의 제자이자 송곡 이서우의 외손자인 국포菊圃 강박姜樸(1690~1742)을 사사했다는 학맥의 계승 관계가 복잡하게 얽힌 결과라 생각된다.

단언해서 말하기는 어렵지만, 이렇게 본다면 이 시기 근기 남인계열 시단에서 송곡 이서우와 나란히 거론할 수 있는 다른 인물들을 찾을 수 없었던 것은 아니었지만, 번암 채제공이 당대 자신과 자파自派의 정치적 위상을 보다 공고히 하기 위해 학맥과 시맥의 흐름을 일치시켜 보다 명확하게 정리하고자 하였던 것이라 볼 수 있다. 또, 이 과정에서 자신의 가계를 부각시켜보고자 했던 개인적인 의도 역시 내포된 것이라고 유추할 수 있다. 따라서 근기 남인계열 시맥의 전개에서 동주 이민구와 호주 채유후의 다음으로 송곡 이서우가 놓이게 된 것에도 앞에서 살펴본 첫 번째 의문에서와 같이 번암 채제공의 개인적인 의도가 상당히 작용했다고 생각된다.

송곡 이서우 다음 세대의 근기 남인계열 시단에서 송곡 이서우의 문하 제자는 중요한 위상을 지니고 있었다고 보인다. 이 시기 송곡 이서우의 제자로는 희암 채팽윤, 연초재 오상렴, 송애 이수대, 학고 김이만, 오시유, 이구휴, 한종석, 노하적 등을 들 수 있다. 이 중 번암 채제공과 다산 정약용뿐 만 아니라 후대 근기 남인계열 인사들에 의해 중요하게 거론되는 인물은 연초재燕超齋 오상렴吳尙濂(1680~1707)과 희암希菴 채팽윤蔡彭胤(1669~1731)이다.

연초재 오상렴은 당대 문단의 중심이었던 서울에서 떨어져 제천에서 주로 활동하였으며, 28세의 젊은 나이로 운명하였다. 불과 28년을 살았으므로 개인의 삶으로만 본다면 짧다고 할 수 있지만, 시명詩名은 그의 삶과 달리 후대까지 상당한 추앙을 받았다. 연초재 오상렴은 황주판관黃州判官을 지낸 부친 오시적吳始績(1657~1715)과 어머니 윤매尹梅의 딸 사이에서 숙종 6년(1680) 2남 1녀의 둘째로 태어났다. 연초재 오상렴이 태어나던 해 일어난 경신환국과 9년 뒤의 기사환국, 다시 5년 뒤의 갑술환국으로 인해 당시 정치권은 쉴 새 없이 출렁거렸고, 그 와중에서 세상에 대한 뜻을 버린 오시적이 제천으로 낙향하면서 연초재 오상렴의 삶도 제천을 중심으로 하게 된 듯하다.

오상렴은 어려서부터 총기聰氣가 있었으나 병약하였고, 영조 46년(1770) 20세가 되던 해 향시鄕試에 수석으로 합격하였으나 성시省試[국자감시國子監試]에 실패한 이후 칩거하였다. 이때에 고시문古詩文과 성리학을 익혔으며, 장자莊子와 불경佛經에까지 관심의 폭을 넓히며 자신의 문학적 재질을 다졌다.[43] 연초재 오상렴은 제천의 동면東面에 위치한 백묘百畝에

---

43) 李瑞雨,「上舍吳生墓碣銘 幷序」,『松坡集』卷16, "嗚呼, 隕文星於碧落, 帝府韜輝, 埋玉樹於黃壚, 人靈失色, 不辭甚矣, 何慟如之, 上舍吳生名尙濂, 字幼淸, 自號曰燕超齋, 朝鮮湖南路福川縣, 其實也, 洪源荐瀋, 前代四文之易名, 盛烈重光, 近朝三秀之繼蹟, 父始績原任黃州判官, 母尹氏, 某官梅之女, 以康熙庚申之重九生生, 孩而能

거주하면서 친인척, 그리고 부친 오시적의 친구들과 교유하였다. 제천에 거주하고 있던 구계癯溪 정규상鄭奎祥(1652~1699), 창랑滄浪 김봉지金鳳至(1649~1713), 소은疎隱 허규許奎(?~?)와는 상당히 친밀한 관계를 유지하였는데, 구계 정규상은 딸을 연초재 오상렴의 매부 수촌水村 오시수吳始壽(1632~1681)의 아들 오상유吳尙游(1658~?)에게 시집보낸 인물이고, 창랑 김봉지는 묵재 허적의 친족으로 이인좌李麟佐의 난亂[무신란]에 대한 민백효閔百孝의 공초供招에 연루되어[44] 그의 아들 김덕유金德裕와 사위 신필인申弼仁·조덕보趙德普가 다 같이 화를 당한 인물이다. 이들은 제천의 의림지 부근에 별업을 짓고 종유從遊하며 소요逍遙했던 것으로 보이는데, 특히 창랑 김봉지가 경영하고 있었던 모산별업茅山別業 진섭헌振屧軒에서 종유하며 여러 수의 시를 창작하였다. 또, 창랑 김봉지가 만든 창랑정滄浪亭은 제천의 절경으로 유명하였는데, 이곳에서도 자주 시회詩會를 열었다.[45]

이 시기 동년배로 연초재 오상렴과 교유했던 인물로는 창랑 김봉지의 아들이자 차호叉湖 민암閔黯(1636~1694)의 사위였던 김덕유金德裕와 경신대출척庚申大黜陟[경신환국庚申換局]으로 낙향한 김해일金海一의 아들 학고鶴皐 김이만金履萬(1683~1758)을 들 수 있다. 연초재 오상렴은 이들 외에도 금화숙琴和叔, 박성서朴聖瑞, 한숙도韓叔道, 허중강許仲剛 등과 매우 가까운 사이였다. 서울에 있는 종형 오상후吳尙厚, 오상유吳尙游와도 친분을 유지

慧, 弱不好弄, 對家禽於髫齒, 德祖烏能擅奇, 賦田雀於齠齡, 景怡不獨顓美, 家人詑之爲千里駒, 來客見之謂九苞鳳, 總角而已爲人冠, 出門而果然獨步, 發解於鄕, 則揚之而俱占第一, 登試於省, 則屈之而猶能疊雙, 然而弗欣而躍, 弗沮而摧, 益肆力爲古詩文, 尤之誠爲性理學, 重以紛華絶念, 冲曠彌襟, 緇帷晝下, 童氏三年之圖不窺, 綠榻宵披, 杜家萬卷之書盡破, 膽經則破掌於南華, 象敎則硏精於西竺, 方將賦其會通, 核其同異, 輞唐壇而騰鷟, 上薄嬴劉, 舟宋港而泝洄, 直窮洙泗."

44) 『朝鮮王朝實錄』英祖 4年 5月 16日(丙寅) 1~3번 째 기사.
45) 夫裕燮, 「燕超齋 吳尙濂의 생애와 시세계」, 『韓國漢詩硏究』 9(韓國漢詩學會, 2001), 280~284쪽.

하고 있었으나, 제천에 있는 친구들과 달리 종형들과의 교유는 연초재 오상렴이 서울로 가거나 이들이 제천으로 왔을 때 이루어진 것으로 보인다.46)

25세가 되던 숙종 30년(1704) 연초재 오상렴은 학고 김이만과 함께 시고詩稿를 들고 경신대출척 이후 과천果川의 청계산淸溪山 아래에 물러나 있던 송곡 이서우를 찾아가 제자가 되었다. 이 만남이 연초재 오상렴과 송곡 이서우의 첫 만남이었는데, 이 만남에서 연초재 오상렴은 송곡 이서우로부터 신라 최치원과 고려 이색에 비견된다는 평가를 받았으며, 의고악부의 시작詩作에서는 전인의 미발처를 제작했다는 인정을 받았다.47)

이 만남이 연초재 오상렴과 송곡 이서우의 첫 만남이었고, 28세로 운명하였다는 연초재 오상렴의 짧은 생애에 비추어 볼 때 연초재 오상렴의 시 경향이나 창작 방법은 송곡 이서우의 문하에서 그의 시문학 경향을 학습하면서 이룬 것이 아니라 생각된다. 그것보다는 연초재 오상렴의 시문학적 명성이 송곡 이서우의 인정으로 인해 크게 알려진 것일 뿐이라고 보아야 할 듯하다. 연초재 오상렴과 송곡 이서우는 이 이후로 몇 번의 만남을 더 가졌지만, 이 만남 역시 시문학 학습의 과정이었다고 보기는 어렵다.48)

---

46) 夫裕燮, 「17~18세기 중반 近畿南人 文壇 硏究」(韓國學中央硏究院 博士學位論文, 2009), 68~69쪽.
47) 李瀷, 「金執義鶴舉子墓碑銘 幷序」, 『星湖先生全集』 卷65, "澤南吳尙濂, 字幼淸, 大爲松谷詞伯始詡, 至比羅崔·麗牧, 公與之結社, 鼓角對壘, 儼成敵匹."
   姜浚欽, 『三溟詩話』 37則, "吳幼淸天才卓絶. 隣有一友來言; '明日將入京, 欲見松谷,' 幼淸曰; '松谷書寄五律, 欲見近作, 而無可道者.' 燈下抾出唐詩品彙, 列書樂府題三十首, 一夜盡說, 幷次松谷詩二首, 以三十二篇, 封付其人. 松谷覽之, 批云; '穆王車前三十二廐, 無非追風之足. 其中春容週日及, 秋氣動宵行之句, 尤難其精工. 盖日及槿花也, 朝開夕零. 宵行螢火也, 對偶甚工.' 仍贈一律云; 天文奎璧亦吾東, 前有孤雲牧後同. 絲入晚唐推健筆, 鉢傳滄海擅雄風. 天寒歲暮孤吟裏, 水遠山長極目中. 忽聽少年歌古調, 一燈茅屋意無窮."
48) 夫裕燮, 「17~18세기 중반 近畿南人 文壇 硏究」(韓國學中央硏究院 博士學位論文, 2009), 69~70쪽.

연초재 오상렴은 근기 지역과 호서 지역의 남인계열 문인들에게 상당한 인정받았다. 그의 시문학이 근기와 호서 지역 남인계열 문인들에게 인정받은 것은 그의 시가 보여준 경향성 때문이라고 생각된다. 연초재 오상렴은 미수 허목 이후 형성된 근기 남인계열의 학풍인 고학古學에 뜻을 두고 학문 세계를 이루어갔으며 시를 창작했다. 이에 따라 연초재 오상렴은 『춘추좌씨전春秋左氏傳』・『국어國語』와 같은 고경古經을 섭렵하여 주변 인사들에게 인정을 받았던 것으로 보인다.[49] 시 창작에 있어서도 진한秦漢과 두보杜甫로 대표되는 성당盛唐을 지향하였음을 충분히 짐작할 수 있다. 이에 따라 정홍조鄭弘祖, 학고 김이만, 정홍유鄭弘儒와 같은 제천의 문인들뿐만 아니라 원주原州의 해좌海左 정범조丁範祖(1723~1801), 한산韓山의 화은花隱 홍중인洪重寅(1677~1752)과 석북石北 신광수申光洙(1712~1775), 안산安山의 해암海巖 유경종柳慶種(1565~1623) · 성호星湖 이익李瀷(1681~1763)과 이극성李克誠 등이 연초재 오상렴의 시에 대해 호평을 가했다.[50]

단출했던 연초재 오상렴의 삶과 달리 희암 채팽윤은 63세라는 비교적 긴 삶을 살았다. 그는 번암 채제공에 의해 근기 남인계열 시맥의 첫 시기를 이끈 인물로 추앙받았던 호주 채유후의 종손從孫으로, 기사환국 시기에 관직생활을 시작해서 경종부터 영조 초기까지 관직 생활을 이어갔지만, 갑술환국 이후로는 외직을 전전한 인물이었다. 그러나 후대 근기 남인계열 문인들에게 최고의 문인으로 평가받았다.[51] 그의 시 경향은 근기 남인계열 문인들에게 많은 영향을 미쳤고, 후대 문인들이

---

49) 洪重鉉, 「吳進士尙濂哀辭幷序」, 『天一齋遺稿』 卷1, "噫噫君行篤志, 堅粹芳儀, 而植潔心眞称其家兒也, 未舞象已著揚大年之名, 弱冠聲藉藉一時, 逐肆力於先秦西漢之文, 其成孰可量乎哉,"
50) 夫裕燮, 「17~18세기 중반 近畿南人 文壇 硏究」(韓國學中央硏究院 博士學位論文, 2009), 70~71쪽.
51) 『左溪哀談』, "曺夏望, ……嘗曰; '南人僑輩, 只有蔡仲耆, 而詩與文不能偏長, 西人才士, 又有曺夏望一人, 每文能偏長, 豈可讓一頭於蔡仲耆乎.'"

그의 문집을 즐겨 읽었다. 그러나 아직까지 그의 시세계에 대해 분명하게 밝혀진 것은 그리 많지 않다. 다만 그의 시가 기상氣象을 중시하였다[52]는 것은 후대 문인들이 다 같이 인정하는 것이다. 이에 따라 그의 시는 장편 가행長篇歌行에서 뛰어난 성취를 이루었다는 평가를 받았다.[53]

희암 채팽윤은 충청남도 홍성에서 태어났으며, 형인 채성윤蔡成胤(1659~?), 채명윤蔡明胤(1652~?)의 가르침을 받아 일찍부터 문명文名을 날렸다. 염헌恬軒 임상원任相元(1638~1697)과 농암農巖 김창협金昌協(1651~1708)이 이 시기 그의 글을 읽고 칭찬하였다고 할 정도였다. 어려서 눈에 백태가 끼는 병을 앓자, 종조부 호주 채유후의 스승인 복천復泉 강학년姜鶴年(1585~1647)의 후손으로 온양에 살고 있던 삼휴당三休堂 강세구姜世龜(1632~1703)가 중국에서 약재를 구해 치료하게 했다고 한다.[54]

채팽윤은 기사환국이 있던 숙종 15년(1689) 4월 문과에 급제하면서 도성에서 10리 떨어진 빙호氷湖[현재의 동·서빙고동 지역]에 집을 마련하였고, 이해 12월 우헌寓軒 유세명柳世鳴(1636~1690), 김문하金文夏(1652~1698), 화은化隱 민창도閔昌道(1654~?), 경연당景淵堂 이현조李玄祚(1654~1710), 손재巽齋 권중경權重經(1658~1728), 홍숙洪塾(?~?)과 함께 사가독서賜暇讀書에 선발되었다.[55] 이후 세자시강원世子侍講院의 설서說書로 세자에게 경사經史와 도의道義를 가르치면서 나은懶隱 이동표李東標(1644~1700)에게 경서經書에 대해

---

52) 蔡彭胤,「次韻答子羽感遇之什」,『希菴先生集』卷9, "倂坐簡禮數, 爲文觀氣象."
　　蔡彭胤,「關東錄序」,『希菴先生集』卷22, "觀詩必須先觀其氣象."
53) 李敬儒,「滄海詩眼」, "東方歌行長篇, 無踰於鄭東溟, 而及夫希庵出而後, 不放東溟獨步."
54) 夫裕燮,「17~18세기 중반 近畿南人 文壇 硏究」(韓國學中央硏究院 博士學位論文, 2009), 61쪽.
55) 『朝鮮王朝實錄』, 肅宗 15年 12月 19日(辛巳) 1번 째 기사, "選讀書堂七人, 柳世鳴·閔昌道·李玄祚·金文夏·蔡彭胤·洪塾·權重經與焉. 大提學例主選, 而閔黯方典文衡, 昌道其從子也, 嫌不當選, 柳命天白上以爲: "昌道文才拔萃, 不必拘嫌, 宜問大臣而處之." 金德遠曰; "自上特命揀選, 恐無不可." 上遂從之, 親嫌自有定法, 賜暇讀書, 又極巽也. 罷定法而占極選, 惟其意而無所難. 時黯父子兄弟, 把握朝政, 慾憑宰相, 指揮君父, 乃至於此, 人皆側目."

문의하였였는데, 이 때 나은 이동표는 주자朱子의 주소註疏에 불만을 품고 왕양명王陽明의 '첩경설捷徑說'에 빠져 있던 희암 채팽윤에게 경계하는 시를 지어주었다.56)

갑술환국 이후 한동안 희암 채팽윤은 제자를 가르치며 세월을 보냈는데, 이 무렵의 시가 뛰어났다고 한다. 이 시기 희암 채팽윤은 자신의 거처를 빙호氷湖에서 장인이 있는 수촌水村으로 옮겼으며, 남산南山 아래 낙원樂院 서쪽에 집을 구해 영은와詠恩窩를 엮었다.57) 이 영은와에서 집안 조카들과 제자들을 훈도하였다. 숙종 42년(1703)에는 약산 오광운, 권침 權㾾(1685~?), 권신權賮(1689~?) 등과 함께 영은와의 동벽東壁 옆에 시단詩壇을 축성하여 동벽단東壁壇이라 하고 제자들과 시를 수창하였다.

숙종 34년(1708)에 고시관으로 제천에 다녀오면서 연초재 오상렴을 찾아갔으나, 연초재 오상렴이 3일 전에 죽어 희암 채팽윤은 연초재 오상렴을 만나지 못했다고 한다. 이 때 희암 채팽윤의 꿈에서 연초재 오상렴이 희암 채팽윤에게 시를 주었는데, 이 시가 오상렴의 죽음을 알리는 시참詩讖이었다고 했다.58)

50세가 되던 숙종 44년(1718) 희암 채팽윤은 다시 관직생활을 시작하

---

56) 李東標, 「次蔡仲耆彭胤」, 『懶隱集』 卷1, "平生浪讀十年書, 一夜煩君啓鑰魚. 却怕坦途無薈脚, 更從何地逗征車." 각주에 '昨見仲耆書, 猶不滿於朱子註疏, 反覺陽明捷徑之說, 故規之.'라고 되어 있다.

57) 蔡彭胤, 「詠恩窩記」, 『希菴先生集』 卷23, "余年二十一, 國家選文學之士, 擧東湖故事, 蒙陋空踈, 濫吹其間, 前後應賜受賜虎豹之皮, 殆無虛歲, 翰苑時, 家人悉用歸諸市, 得若干金, 并捐釵釧, 買小窩於樂院之西, 凡八九間, 五分之, 以其二爲偃息之所, 其一爲廚, 板以加其上若樓, 其四爲軒, 三分其軒, 一爲藏, 一置書架, 虛其前以容織具, 其餘以通出入, 最前一間, 南牖而東西戶, 以待賓客. 凡窩高可以舒身, 廣可以展膝. 余心樂之, 以告博泉李侍郎, 且請之名, 侍郎曰: 是宜名詠恩. 古得君之賜, 以名堂室者多矣, 有以十詔名者矣, 有以彰賜名者矣, 今子不敢虎君之賜, 藉手而置窩, 歌詠聖恩, 其又可已乎, 且吾聞子之在春坊也, 上以子平生一夢之詩, 有耿耿思君之忱, 別召而觴之, 此尤曠世之恩, 不可忘. 壺總之名詠恩矣."

58) 蔡濟恭, 「書燕超齋吳公尙濂詩讖」, 『樊巖先生集』 卷59, "燕超吳公與從祖父希菴公, 詩名鷹一代, 二公以所居遠, 不得一會面. 燕超一日夢贈希菴公詩曰; 禹穴千年藏竹簡, 仙源三日落桃花. 覺而錄之, 以爲夢語無所屬而置之矣. 希菴公以藍浦宰, 掌左直試, 試訖, 爲見燕超, 迤往堤川縣, 入其洞, 問吳進士家安在, 田父曰: 家不遠, 吳進士喪出已三日矣. 解者曰; 萬宂竹簡之藏, 吳之文章, 閟矣不可復出也, 仙源桃花, 客子之入也三日, 預言其實際也, 詩之有讖不可誣如此."

게 되었다. 이 이후 희암 채팽윤은 서천군수舒川郡守, 양양군수襄陽府使, 무주군수茂朱府使를 지냈고, 57세가 되던 영조 1년(1725) 8월 동궁고관東堂考官으로 과천果川에 갔으며, 겨울에는 홍주洪州의 고산孤山에 매학헌梅鶴軒을 지었다. 이어 우부승지·대사간을 거쳐 도승지·형조참판·예문관제학을 지냈다. 이 기간 중 옥당玉堂으로 있던 신치근申致謹(1694~1738)이 '갑술년 이후로 배척되어 조용調用되지 않았으므로 문을 닫고 조용히 살면서 크게 문장에 힘쓰고 학도를 교육하였는데, 과거에 급제하여 시종侍從에 들어간 자가 네 사람'[59]이라는 건의에 의해 가자加資되기도 하였으나, 영조 5년(1729)에는 기사환국 때 우계 성혼과 율곡 이이의 문묘출향文廟黜享 상소에 이름을 올렸었다는 이유로 논척을 당했고, 이를 구제하려던 집의 이만유李萬維의 상소로 인해 도리어 제주濟州의 대정현大靜縣으로 귀양가기도 하였다.[60] 해배解配된 뒤 병조참판에 서용되었으나, 다음 해인 영조 7년(1731) 운명하였다.

희암 채팽윤은 삼휴당 강세구, 하계 권유, 박천 이옥, 성재 이진휴, 식산 이만부, 이만유, 이만수, 병와甁窩 이형상李衡祥(1653~1733), 창설재蒼雪齋 권두경權斗經(1654~1725), 지와止窩 송정명宋正明(1670~1718), 강좌江左 권만權萬(1688~1749), 두기杜機 최성대崔成大(1691~1762), 송징규宋徵奎(?~?) 등과 교유하였으며, 말년이 되어서야 송곡 이서우를 만났다. 희암 채팽윤은

---

59) 『朝鮮王朝實錄』, 英祖 4年 12月 22日(戊戌) 1번 째 기사, "加承旨蔡彭胤資. 彭胤曾在肅廟朝, 年二十一, 選湖堂, 詩名震一世, 甲戌以後, 斥不用, 三十年社門靜居, 大肆力文章, 敎育學徒, 登科入侍, 從者四人. 至是, 玉堂申致謹白其事, 上特命加資."
60) 『朝鮮王朝實錄』, 英祖 5年 12月 14日(甲寅) 2번 째 기사, "執義李萬維上疏, 略曰; …… 疏入, 敎曰: 今者以蕩平申飭, 而又命付諸先天者, 乃丙申以後起於徵甚, 至於辛壬乙丙者也. 己亥·己巳等事, 元無提論, 乃先朝處分, 明若日星故矣. 歲久年深, 其革舊勵新者, 勿泉枳疏通調用, 乃蕩平之道. 而本事元不混付於先天, 則今李萬維憑藉憲職, 托以所懷, 欲亂幾四十年處分, 已極痛駭, 而況今番下敎之後, 在上者涇渭固當若此, 而使渠, 若有嚴君父之心, 何敢以民彝·倫常等語, 肆進仿君父乎, 且提論從祀邦禮, 欲售蘊蓄, 欲眩處分, 渠若有一分人心, 豈敢若此, 事之痛駭, 莫此爲甚. 一自十八日下敎之後, 凡諸不脫舊習者, 本不欲深治, 助其層激, 而此則關係非細, 其鄰鬪之漸, 不可不嚴加隄防, 濟州牧大靜縣絕島安置."

이들 중 삼휴당 강세구, 하계 권유, 박천 이옥을 존경하며 따랐다고 생각된다. 향저鄕邸인 홍주에 가는 길이면 항상 예산禮山에 살고 있던 하계 권유와 온양에 살고 있던 삼휴당 강세구를 찾았다.[61] 이런 점에서 희암 채팽윤과 송곡 이서우의 관계는 연초재 오상렴과 송곡 이서우의 관계와 같이 사승관계라기보다 오히려 교유관계로 보는 것이 더 타당할 듯하다. 그것은 송곡 이서우와 희암 채팽윤의 관계가 희암 채팽윤이 외직에 나가거나 향저를 오갈 때 송곡 이서우를 찾아가 시를 수창하는 정도의 사이였기 때문이다.

희암 채팽윤은 그의 딸을 성호 이익의 아들 만경萬頃 이맹휴李孟休(1713~1750)에게 시집보냈고, 성호 이익은 채팽윤의 홍성 거주지인 구암鳩庵과 매학헌梅鶴軒에 서문을 쓰기도 했다. 희암 채팽윤은 소론계열의 인물들과도 교유하여 계서溪西 최주악崔柱岳(1651~1735), 운와芸窩 홍중성洪重聖(1668~1735), 서당西堂 이덕수李德壽(1673~1744) 등과도 교유하였다. 번암 채제공이 희암 채팽윤의 문집인 『희암집』의 서문을 쓰면서 서당 이덕수의 말을 인용한 것은 희암 채팽윤의 이와 같은 교유관계 때문이었다.

희암 채팽윤의 문인에는 자제·종질從姪·외손外孫 등 가계 내의 인물들과 근기 남인계열 명문가의 자제들이 두루 포괄된다. 그래서인지 희암 채팽윤의 문인들은 다음 세대 근기 남인계열 문단의 중심이 되었지만, 그만큼 정치적 격변기에 심대한 고난을 겪기도 했다. 그의 문인으로는 약산 오광운, 국포 강박, 채응만蔡膺萬(1677~?), 모헌慕軒 강필신姜必愼

---

61) 蔡彭胤, 「權尙書愈哀辭」, 『希菴先生集』 卷27, "嗚呼, 蘇京國走海陽, 必道於牙, 牙有二道, 右直而左迴遠, 彭胤歲寧父母於海陽之杜陵, 往來必取左, 以吾相公之在方山, 而三休姜公之在西峯也.……彭胤䇲竊名於東湖, 公爲太學士, 公我準也. 爲郞於南宮也, 公爲大宗伯, 公我長也. 泊公之家於謫也, 方山之去杜陵不能七十里, 公我鄕先生也. 從下風而望餘光者首尾十有六年, 蓋䇲能觀而能言之矣."

(1687~1756), 불과헌弗過軒 목성관睦聖觀(1691~1772), 권기언權基彦(1694~?), 권경權頸(?~?), 권세성權世聖(?~?), 권지權贄(?~?), 권천득權天得(?~?), 권침權琛(?~?), 권신權藎(?~?), 목성겸睦聖謙(?~?), 이복희李福喜(?~?), 채응동蔡膺소(?~?), 채응일蔡膺一(?~?), 한덕현韓德玄(?~?) 등을 들 수 있다.[62] 그러나 이들 중 현재 문집을 확인할 수 있는 인물로는 약산 오광운, 국포 강박, 모헌 강필신 등 몇 사람에 불과하다. 이와 같은 현상은 이들의 생존 기간과 당대의 정치 상황에 의한 것이라 생각된다. 하지만, 비록 이들의 개인 문집이 남아있지 않다고 해도 이들이 다음 세대 근기 남인계열 문단의 중심을 형성하였다는 것만큼은 분명한 사실이라고 할 수 있다.

지금까지 살펴본 것을 바탕으로 정리해 본다면 번암 채제공과 다산 정약용, 또 해암 유경종이 언급한 근기 남인계열 시맥의 전개 중에서 동주 이민구와 호주 채유후부터 연초재 오상렴과 희암 채팽윤까지의 흐름은 제시된 인물들 사이의 사승관계나 시문학의 전수, 혹은 시경향의 학습을 의미한다고 보기 곤란하다. 그것은 앞서 살펴본 것과 같이 동주 이민구와 호주 채유후의 후계로 설정된 송곡 이서우가 실질적으로 이들과 직접적인 어떤 관계도 형성하지 않고 있으며, 송곡 이서우의 다음 세대 시단의 중심에 서 있었던 인물로 인정되는 연초재 오상렴과 희암 채팽윤도 비록 표면적으로 송곡 이서우의 제자였다고는 하지만 이들 사이의 관계가 문학 경향의 전수보다 당대의 일반적인 교유관계를 이루고 있었다고 보이기 때문이다.

이와 같은 근기 남인계열 시맥의 전개는 희암 채팽윤의 제자를 중심으로 하고 있다고 보이는 다음 세대 근기 남인계열의 시맥에 와서는

---

62) 夫裕燮,「17~18세기 중반 近畿南人 文壇 研究」(韓國學中央研究院 博士學位論文, 2009), 64~65쪽.

상황이 바뀌게 된다. 희암 채팽윤 이후 근기 남인계열 시맥의 중심인물들 중 상당수가 희암 채팽윤에게 직접 사사한 실질적인 제자로 구성되어 있다는 점에서 이전까지 언급되었던 근기 남인계열 시맥의 전개 양상과는 다른 모습을 보여준다. 희암 채팽윤의 제자 중 후대 근기 남인계열 문인들에 의해 가장 뛰어난 인물로 거론되는 인물은 약산 오광운과 국포 강박이다.

희암 채팽윤 이후 근기 남인계열 시맥의 대표적인 인물로 추앙받았던 국포 강박은 노론계열의 배척으로 인해 문형의 명망이 있었음에도 불구하고 당대 정계에서 배제되었고, 영조英祖 4년(1728) 통정대부에 오른 뒤에는 이인좌의 난戊申亂에 연좌되어 15년 동안 실직實職을 받지 못하고 재야에서 문인들과 교유해야만 했던 정치적으로 불우한 삶을 살았다.[63] 국포 강박이 이인좌의 난戊申亂에서 서대문에 벽서를 붙였다가 처형을 당한 이홍관, 이순관의 인척이라는 이유로 침체되었던 것과 달리, 국포 강박과 함께 당대 근기 남인계열 시맥을 이끌었던 약산 오광운은 이인좌 난戊申亂의 조짐을 파악하여 국청을 설치하고, 궁중 수비를 강화할 것을 건의하여 이후로도 계속 관직에 남아 있을 수 있었다. 이인좌의 난戊申亂 이후 약산 오광운은 영조의 탕평정국에 적극 동조하여 청론淸論계열의 근기 남인계열을 이끄는 지도자가 되었다. 약산 오광운은 만하晩霞 윤유尹游(1674~1737)・학남鶴南 정우량鄭羽良(1692~1754)・호재壺齋 임정任珽(1694~1750) 등과 함께 노론 완론緩論계열의 창하蒼霞 원경하元景夏(1698~1761)가 이끄는 대탕평론大蕩平論에 동조하여 근기 남인계열을 이

---

63) 南夏正, 『桐巢漫錄』, "姜樸, 字子淳 號惠圃, 又改菊圃, 今上元年, 以玉堂力斥閔鎭遠魚有龜以內舅外舅之戚臣, 先負景宗之罪, 又於經筵斥志述爲妖賊, 大爲老黨之所仇. 故早膺文衡之望而抹摋崎嶇, 戊申陞通政後十五年, 終不拜實職而歿."

끝었다.

    약산藥山 오광운吳光運(1689~1745)은 초명을 증철曾鐵, 관명을 중운重運, 자를 흥조興祖라 하였으나 후에 이름을 광운光運, 자를 영백永伯으로 바꿨다.64) 일찍부터 희암 채팽윤에게 학업을 전수받았으며, 희암 채팽윤의 제자 중에서 현달顯達한 대표적인 인물이다. 약산 오광운은 후일 희암 채팽윤의 종손인 번암樊巖 채제공蔡濟恭(1720~1799)을 가르쳐 근기 남인계열과 채씨蔡氏 가문의 정치적·문학적 명망이 지속될 수 있는 기반을 형성하였다. 『조선왕조실록朝鮮王朝實錄』의 약산 오광운 졸기에 따르면 "문장文章은 일세一世에서 추앙받아 국외인局外人으로서 문형권文衡圈에까지 들어 있었으니 그를 소중하게 여김이 이와 같았다.65)"고 했다. 약산 오광운에 대한 이와 같은 평가는 우선적으로 그의 문학적 역량에 의한 것이지만, 영조 4년(1728) 있었던 이인좌의 난戊申亂에 대처한 약산 오광운의 행동에 기인한 바가 크다고 생각된다. 국포 강박과 달리 이인좌의 난戊申亂 이후 약산 오광운의 정치적 입지는 오히려 상당히 견고해졌다.

    약산 오광운은 외직에 나가 있던 시기를 제외하면 줄곧 남대문 밖의 약산藥山에서 살았다. 약산은 선조인 죽남竹南 오준吳竣(1587~1666)이 거처하던 곳이다. 죽남 오준이 자신의 딸을 동주 이민구의 장남 이원규와

---

64) 蔡彭胤, 「吳生僧鐵冠命名重運, 字興祖. 詩以引之, 後改光運字永伯.」, 『希菴先生集』 卷9, "南郭尙書齒德尊, 筆端雙絶照乾坤, 大家晚屬重興運, 秀骨今看四葉孫, 玉樹枝柯初挺出, 丹山毛羽好飛騫, 三加禮就無他祝, 直指依然韶馬門."

65) 『朝鮮王朝實錄』英祖 21年 7月 21日(辛卯) 3번 째 기사, "開城留守吳光運卒. 訃聞, 上嗟惜良久曰: "古人云 '忘人之功易矣', 晉文公亦忘介之推矣. 吳光運·洪景輔皆有功於國家, 而予之所侍者相繼作故, 安得不愴悼也." 備堂元景夏曰: "光運非獨才學可惜, 平日爲國之誠亦至矣. 向在戊申, 如非光運陳達設鞫, 國家之保有今日, 未可知也." 上曰: "功存社稷, 當勳而不動, 吳光運·洪景輔幷特贈正卿, 喪需·葬需例賻外別爲顧助, 以示予意." 光運自在春坊, 結知於上. 戊申變初, 上憂然不以爲慮, 光運請對指陳禍機甚急, 其夜始設鞫, 鉤得賊情, 命屠衛宮城, 蓋光運力也. 亂定, 上欲封勳, 力辭乃已. 官至亞卿·兩館提學, 知無不言, 前後章奏, 凡屢萬言. 文章爲一世所推, 以局外人, 至入文衡圈, 其見重如此."

혼인시켜 죽남 오준의 가문과 동주 이민구의 가문은 사돈간이었는데, 약산 오광운은 죽남 오준의 4대손이었다. 또 죽남 오준의 둘째 동생 오굉吳竑의 4대손이 연초재燕超齋 오상렴吳尙濂이다. 이와 같은 가계로 보아 약산 오광운의 집안은 일찍부터 문명文名을 지녔던 가문이었음을 알 수 있다.

약산 오광운 가계의 내력으로 보아 약산 오광운의 학문이 가학家學을 바탕으로 하고 있었다는 것은 충분히 유추할 수 있지만, 가학 이외에 약산 오광운의 학문에 가장 큰 영향을 미친 인물은 희암 채팽윤이라 생각된다. 약산 오광운이 희암 채팽윤을 만난 것이 언제인지는 분명하지 않지만, 희암 채팽윤은 갑술환국 이후 한동안 제자를 가르치며 세월을 보냈는데, 이 무렵 거처를 빙호氷湖에서 수촌水村으로 옮겼고, 남산南山 아래 낙원樂院 서쪽에 집을 구해 영은와詠恩窩를 엮어 이곳에서 제자들을 훈도하였다는 것, 그리고 숙종 42년(1703) 이루어진 동벽단東壁壇 시사詩社에 약산 오광운이 참여하였다는 점에서 볼 때 약산 오광운과 희암 채팽윤의 만남은 약산 오광운이 10대 무렵부터 시작되었던 듯하다. 약산 오광운은 희암 채팽윤이 외직으로 나가면서 직접 대면할 기회가 줄어들었지만, 늘 시를 써 서로에 대한 그리움을 풀고 안부를 물었다.

약산 오광운은 31세가 되던 숙종 45년(1719) 구일제九日製에서 수석을 하여 증광 전시增廣殿試에 직부直赴하여 입격入格하였으며, 이 해 승문원에 예속되어 관직생활을 시작하였다. 영조 2년(1726)에는 국포 강박 등과 상소하여 경종景宗을 무함한 서재西齋 임징하任徵夏(1687~1730)를 탄핵하였으나, 이 일로 수와睡窩 조도빈趙道彬(1665~1729)의 배척을 받았다. 그러나 영조 4년(1728) 이인좌의 난戊申亂이 일어날 조짐이 보였을 때 국청의 설치와 궁성의 호위를 주청하여 이후 영조의 신임을 얻었다.

약산 오광운은 영조 16년(1740) 7월, 청남계열 근기 남인 준론峻論의 영수로 탕평책蕩平策을 실시할 것을 강력하게 주장하며 남인·소론·노론계열에 모두 역적이 있었다고 논하고, 경종에게 불충한 자는 영조에게도 불충한 것이라는 논리를 세웠는데, 이 상소로 인해 정언正言 이규채李奎宋(1703~?)의 탄핵을 받았다. 다음해에는 대탕평大蕩平을 주장하는 창하蒼霞 원경하元景夏(1698~1761)의 논의에 동조하여 목호룡睦虎龍의 임인옥안壬寅獄案 중 영조와 관련된 부분을 없애고 역모와 의리를 천명하는 대훈大訓을 지어 국시國是를 밝히기를 청하는 상소를 올렸다. 이 상소로 인해 영조가 대고大誥를 지어 종묘에 고하고 전국에 간포하여 국론을 정했다.[66] 그러나 이 일은 근기 남인계열 내부의 반발을 불러와 동소桐巢 남하정南夏正(1678~1751)이 대탕평론에 부정적인 견해를 피력하였으며, 퇴성헌退省軒 정희보鄭熙普(1683~1763) 역시 대탕평론이 허위임을 주장하다 창하 원경하와 분쟁을 일으켰고 약산 오광운도 탄핵을 받았지만 퇴성헌 정희보가 자신의 상소로 인해 체직되는 것으로 논란이 마무리되었다.[67] 이 이후로도 약산 오광운은 크고 작은 직책을 수행하며 관직생활을 이어나가다가 영조 21년(1745) 57세를 일기로 약현藥峴의 옛 집에서 운명하였다.

---

66) 南夏正, 『桐巢漫錄』, "今上辛酉秋, 吳光運疏陳大蕩平論略曰 '朝討大朝之逆, 夕當討東宮之逆而, 不徒不討凶案尙在云云'. 上納之, 親製大訓告廟, 頒示願集輩俱復諡, 辛壬獄案, 一竝燒火, 猶天紀龍澤喜之尙吉四五逆仍存, 或稱光運爲元景夏所使, 景夏始相斗杓之曾孫也. 當排烈宋, 又當上前每斥老黨之過, 陽貳於老黨, 又請追獎, 故大諫李東標畔敍復其子濟秉以沽公直之名, 辛喞光運倡大蕩平之論, 易四凶爲四忠, 幷爻周逆案, 而不親犯, 手勢其術數權謀, 殆亦貴澤輩一流云."

67) 『朝鮮王朝實錄』英祖 17年 7月 14日(丙子) 1번 째 기사, "特遞司諫鄭熙普職. 熙普上疏, 略曰: …… 上曰: "景夏未第, 而洪景輔已擢用, 何藉乎景夏. 君子可欺以方, 其可以無理之言, 欺予乎." 通洙曰: "熙普疏論, 非欺上也, 然其藏頭爲說, 非矣." 上始下熙普疏批, 責以黨習浮囂而遞其職. 仍命內移元景夏職, 時景夏以泣救匡誼, 爲其儕流所擯棄, 不自安力求外, 爲淸風府使, 纔數日, 上以熙普疏, 故特命銓曹內移."

약산 오광운은 청남계열 근기 남인 준론의 정치적・문학적 계보를 이었지만, 탁남계열 인물들과도 적지 않은 관계를 맺었다. 약산 오광운과 교유한 인물로는 권호權護(1655~?), 송벽당松蘗堂 이정신李正臣(1660~1727), 정운주鄭雲柱(1669~?), 죽호竹湖 이정제李廷濟(1670~1737), 송석松石 송성명宋成明(1674~?), 윤휘정尹彙貞(1676~?), 허욱許煜(1681~?), 권부權扶(1688~?), 이원환李元煥(1688~?), 두기杜機 최성대崔成大(1691~1761), 호재㬠齋 임정任珽(1694~1750), 농와聾窩 허채許采(1696~?), 이익정李益炡(1699~1782), 조명경曹命敬(1699~?), 안재악安載岳(?~?), 조하망曺夏望(?~?) 등을 들 수 있다. 약산 오광운은 탕평정국에서 청남계열 근기 남인이 세력을 유지할 수 있도록 힘쓰면서 다른 당파의 인물들과도 다양하게 교유하였는데, 약산 오광운의 문하 제자로는 번암 채제공과 이세익李世翼(?~?), 황사술黃思述(?~?) 등을 들 수 있다.68)

국포菊圃 강박姜樸(1690-1742) 역시 미수 허목 이래 청남계열 근기 남인 인사들의 정치적・문학적 계보를 이은 인물로, 근기 남인계열 문단 안에서 정치적으로, 또 문학적으로 높은 위상을 지녔다. 국포 강박은 미수 허목의 제자였던 송곡 이서우의 외손자로, 당대 근기 남인 청남계열의 시단을 대표하는 위치에 놓여 있었다. 특히 국포 강박은 다음 세대의 대표적인 근기 남인계열 문인들을 훈도하여 정치적・문학적 노선을 이어나갔다. 그러나 이와 같은 근기 남인계열 내에서의 역할과 달리 국포 강박 스스로는 이인좌의 난戊申亂 이후 정치적 실의 속에서 살아야

---

68) 李用休,「挽李典簿 世翼」,『𢽳𢽳集』, "公學於藥山, 藥山出希老. 歷歷詞家譜, 宗派從可考."
　蔡濟恭,「淸暉子詩稿序」,『樊巖先生集』卷32, "余嘗候藥山翁, 翁眉際隱隱有喜色, 笑謂余曰; 今日吾得士矣, 其人姓黃, 思述其名, 貌如玉, 兩眸如秋水, 袖中出詩若干篇, 皆時調也, 而其才絶可賞. 請業於余, 余肯之, 君其與之遊, 余心識之."

만 했다.

국포 강박의 가계는 계자로 이어지는 경우가 많았는데, 국포 강박의 조부 강진姜璡과 부친인 강석번姜碩蕃, 그리고 강박 역시 계자로 입양된 인물이었다. 생가生家의 증조부는 도촌道村 강홍중姜弘重(1577~1642)인데, 강홍중의 장인이 소론계열의 석문石門 이경직李景稷(1577~1640)이었다. 이로 인해 국포 강박은 석문 이경직의 후손인 강화학파의 인물들과 교유관계를 가졌다. 이 인연으로 인해 석문 이경직의 후손인 서천西泉 이진급李眞伋(1675~?)과 이광찬李匡贊(1702~?), 항재恒齋 이광신李匡臣(1700~1744) 등이 서천시사西泉詩社를 결성하고 시회詩會를 열었을 때 국포 강박이 이 시사에 참여하였고, 서천 이진급·서주西州 조하망曺夏望(1682~1747)과 함께 매화시사梅花詩社를 결성하기도 하였다. 이 시사에는 항재 이광신과 이광신의 종형제, 국포 강박의 자제, 그리고 운와芸窩 홍중성洪重聖(1668~1735)도 참여하였다.

국포 강박의 조부 강진의 장인이 수촌水村 임방任埅(1640~1724)의 부친인 금시당今是堂 임의백任義伯(1605~1667)이었다는 점에서 생가의 가계로만 본다면, 국포 강박은 가문 내 선대의 인척관계를 통해 소론계열 인물들과 인연을 맺고 있었다고 할 수 있다. 금시당 임의백의 아들 임좌任座(1624~?)의 장인이 회곡晦谷 조한영曺漢英(1608~1670)으로 서주 조하망의 조부였고, 국포 강박의 생부 강석훈姜碩勛(1664~?)은 송곡 이서우의 사위로 금시당 임의백이 그의 외조부였다.[69]

국포 강박이 소론계열 인물들과 교유하게 된 것은 이와 같이 그의 가계가 맺고 있었던 인척관계에 의한 것이었을 뿐만 아니라 당대 정국

---

69) 夫裕燮, 「17~18세기 중반 近畿南人 文壇 硏究」(韓國學中央硏究院 博士學位論文, 2009), 79~80쪽.

이 소론계열을 중심으로 움직이고 있었으며, 이인좌의 난戊申亂 이후 소론계열이 실각한 뒤로는 국포 강박을 비롯한 근기 남인계열의 인물들이 소론계열 인물들과 정치적 좌절감을 공유하였기 때문이라고 할 수 있다.

이와 함께 국포 강박의 장인인 거재遽齋 이만선李萬選(1654~1735)은 소북계열 인물로, 송곡 이서우와 절친했던 오시겸吳始謙의 사위이면서 묵재默齋 허적許積(1610~1680)의 계자인 허거許鏮(?~?)와는 동서간이었다. 오시겸의 장인이 소북계열의 시인으로 알려져 있는 죽당竹堂 신유申濡(1610~?)라는 점에서, 국포 강박은 그 자신의 인척 관계를 통해 소북계열 문인들과도 이어져 있음을 알 수 있다. 국포 강박은 서대문 밖 신교 부근에 거주하면서 강필경姜必慶(1680~?)·모헌慕軒 강필신姜必愼(1687~1756)과 교유하였다.

국포 강박의 교유 인물은 복잡한 가계와 인척 관계만큼이나 다양한 양상을 지니고 있다. 가계 내 혈연관계와 인척 관계, 그리고 정치적 협력관계 등으로 얽혀있어 하나의 유형으로 정리하기가 쉽지 않다. 국포 강박의 이와 같은 복잡한 교유관계는 이전 시기와 다른 이 시기 문단의 중요한 특성이라고 할 수 있다.

국포 강박은 약산 오광운, 춘절재 이인복, 남근명南近明(1673~?), 김정윤金廷潤(1676~?), 기헌寄軒 강해姜楷(1680~?), 이동환李東煥(1682~?), 오천梧泉 홍중징洪重徵(1682~1761), 조하망曺夏望(1682~?), 학고鶴皐 김이만金履萬(1683~1758), 선주仙舟 남태응南泰膺(1687~1740), 이계伊溪 목시경睦時敬(1694~1739), 농와聾窩 허채許采(1696~?), 홍성洪晟(1702~1778), 시암是庵 이재후李載厚(?~?), 춘파春坡 남태보南泰普(?~?), 윤광조尹光朝(?~?), 쌍호雙湖 최도명崔道鳴(?~?), 신연申莚(?~?), 윤송尹松(?~?), 조윤덕曺潤德(?~?) 등과 교유하였다.

국포 강박은 경종 1년(1721) 서울 백련봉白蓮峯 아래 정토사淨土寺[서울시 서대문구 홍은3동 321번지]에서 강필신, 이인복, 이중환, 오광운 등과 진晉나라 혜원법사慧遠法師의 백련사白蓮社를 본떠 백련사白蓮社를 결성하여 시를 수창하였고,[70] 이듬해인 경종 2년(1722)에는 영양군수로 나가 있으면서 안동安東의 사록司祿으로 와 있던 이인복·단양군수 홍상인洪尙寅과 은사隱社를 결성하였다.[71]

이 시절 국포 강박의 교유 인물 중 주목할 만한 사람으로는 창설재蒼雪齋 권두경權斗經(1654~1725)과 권만權萬(1688~1749), 모산茅山 이동완李棟完(1651~1726) 등이 있다. 이들은 당대 영남 최고의 문인이었으므로 짧은 시간이었지만, 영남과 근기 최고의 남인계열 문사들이 직접 교유하였다는 점에서 큰 의미가 있다.[72]

영조英祖 8년(1732) 경에는 강필경姜必慶(1680~?), 신귀중愼龜重(1682~?), 모헌慕軒 강필신姜必愼(1687~1756), 권기언權基彦(1694~?) 그리고 인척들과 백사白社를 열었다.[73] 이들은 서대문 밖의 가까운 거리에 거처하고 있어서 시간이 나면 모여 시회를 가졌다. 강필경은 팔각정八角亭, 강박은 신문新門 근처, 신구중은 수렛골[車洞]에서 거처하였다.[74]

---

70) 姜樸,「白蓮錄」,「菊圃集」, "辛丑閏月, 約諸君上淨土寺, 結社, 集其謳唱而命之曰; 白蓮錄, 盖爲寺在白蓮峯下, 而亦取古人蓮社之義也. 諸君詩在別錄."
　　姜必愼의 『慕軒集』 卷1에 있는 「和奉蓮社諸君子」의 주에 이 시사에 참여한 인물들이 기록되어 있다. '族叔子淳惠圃, 李來初愼節齋, 李輝祖淸潭, 吳永伯藥山.'이라 하였다.
71) 박영민은 『한국 한시와 여성 인식의 구도』(소명출판, 2003)에서 이때 지어진 염체를 자세히 논하였다.
72) 夫裕燮,「17~18세기 중반 近畿南人 文壇 硏究」(韓國學中央硏究院 博士學位論文, 2009), 80~81쪽.
73) 姜必愼,「菊下飮酒, 贈社中諸君子」,『慕軒集』. 이 시회에 대해서는 구체적인 명칭이 학계에 알려지지 않은데, 강필신의 아들 강세진이 이 시절의 시회를 회상하며 白社라고 불렀다.
　　姜世晉, "淸之抵書, 要修白社故事, 余感其言, 詩以答之,",『警弦齋集』 卷1, "吾門富文學, 白下開詩社. 先君時主盟, 菊翁又分伯. 城巷卽相聯, 臺省跡已謝. 琴壺頵靜好, 翰墨亦蕭灑. 芹老興竹叟, 同聲衒先價. 時余傍旗鼓, 喜見詩令下. 迭唱聯成軸, 瓊玖光相射." 조선 후기에 서대문 밖에서 가진 詩會가 번성하여 거의 보통명사처럼 白社라 부르는 경우가 많았다.
74) 夫裕燮,「17~18세기 중반 近畿南人 文壇 硏究」(韓國學中央硏究院 博士學位論文, 2009), 84쪽.

이인좌의 난戊申亂에 외조부 송곡 이서우의 아들이 연루되면서 벼슬길이 끊긴 국포 강박은 서천 이진급의 주재로 열린 서천매화사西泉梅花社 등에도 참여하였다.75) 이 시회詩會에는 강필경·서주西州 조하망曺夏望(1682~1747)·강필연姜必淵(1683~?)·금화자金華子 이원휴李元休(1696~1724)·항재恒齋 이광신李匡臣(1700~1744)·난재蘭齋 조명채曺命采(1700~1764)·중옹仲甕 이광찬李匡贊(1702~?)·이광언李匡彦(?~?)·이광현李匡顯(?~?)·이광민李匡敏(?~?)·조윤덕曺潤德(?~?) 등이 참여하였다.

영조 4년(1728) 이인좌의 난戊申亂이 일어난 뒤 국포 강박은 정치권에서 배제되어 낙척한 삶을 살아야 했지만, 이 시간 이후 제자들의 교육에 힘을 쏟아 다음 세대 근기 남인계열 문단의 중심을 형성하였다.76)

국포 강박의 활동 시기에 근기 남인계열 문인들은 시회詩會를 통해 문학적 교유를 이어갔으며, 특히 바로 앞 시기와 달리 당색을 넘어선 교유를 통해 교유의 범위를 넓혀갔다. 이 시기의 주요 문인으로는 약산 오광운과 국포 강박을 비롯하여 춘절재春節齋 이인복李仁復(1683~1730)·모헌慕軒 강필신姜必愼(1687~1756)·청담淸潭 이중환李重煥(1690~1752)·하정下亭 이덕주李德冑(1695~1751)·하빈河濱 신후담愼後聃(1702~1761)·신후팽愼後彭(1708~?) 등을 들 수 있다.77)

약산 오광운과 국포 강박 이후의 근기 남인계열 시맥은 대체로 이들의 제자들로 구성되었다. 약산 오광운과 국포 강박의 다음 세대 근기 남인계열 문단을 이끈 인물들은 약산 오광운과 국포 강박의 인정을

---

75) 심경호, 「恒齋李匡臣論」, 『진단학보』 84(1997), 246~250쪽; 심경호, 「姜樸과 南人文壇의 형성」, 『한국한시의 이해』(태학사, 2000), 427쪽.
76) 심경호, 「18세기 중·말엽의 남인문단」, 『국문학연구 1997』(서울대 국문학연구회, 1997), 153~156쪽.
77) 심경호, 「18세기 중·말엽의 남인문단」, 『국문학연구 1997』(서울대 국문학연구회, 1997), 148~149쪽.

바탕으로 시문학적인 명성을 얻게 된 경우가 많았는데, 그 대표적인 인물로 행은杏隱 정석유鄭錫儒(1689~1756) · 우곡愚谷 강백姜栢(1690~1777) · 하빈河濱 신후담愼後聃(1702~1761) · 당계棠溪 김광우金光遇(1707~1781) · 혜환惠寰 이용휴李用休(1708~1782) · 석북石北 신광수申光洙(1712~1775) · 간옹艮翁 이헌경李獻慶(1719~1791) · 번암樊巖 채제공蔡濟恭(1720~1799) · 강재剛齋 이승연李承延(1720~1806) · 해좌海左 정범조丁範祖(1723~1801) · 반롱재半聾齋 이병연李秉延(1726~1762) · 여와餘窩 목만중睦萬中(1727~?) · 복암茯庵 이기양李基讓(1744~1802) 등을 들 수 있다. 이들은 영 · 정조대 탕평정국기蕩平政局期에 등용登用되어 시회詩會와 시사詩社를 통해 친목을 도모하면서 비판정신과 우환의식이 강한 개성적인 문학 작품을 창작하였다.[78]

이 시기의 근기 남인계열 문인들은 청남계열이 주류를 형성하였다. 이에 따라 정치적으로 미수 허목 이래 이어져 온 정치노선을 추구하였을 뿐만 아니라 문학에서도 경전을 전범으로 하여 고학古學을 재현하고자 한 미수 허목의 문학관을 추종하였다.

> 영조 초년에는 蔡彭胤과 金昌翕이 시의 大家로 일컬어졌다. 그 뒤로는 姜樸, 李秉淵, 李重煥이 名家요, 또 그 뒤로는 李獻慶, 睦萬中이 大家이며, 丁範祖, 蔡濟恭가 명가이니, 모두 손꼽을 만한 시인이다.[79]

희암 채팽윤과 국포 강박 이후의 근기 남인계열 시맥에 대한 삼명

---

[78] 夫裕燮, 「17~18세기 중반 近畿南人 文壇 硏究」(韓國學中央硏究院 博士學位論文, 2009), 149쪽.
[79] 姜浚欽, 『三溟詩話』 69則, "英廟初年, 蔡希菴 · 金三淵詩爲大家, 其後則姜菊圃 · 李淸潭爲名家, 又其後則李艮翁 · 睦餘窩爲大家, 丁海左 · 蔡及第爲名家, 皆是家數." 밑줄 친 부분은 원문에서 썼다가 지운 부분이다.
黃胤錫, 『頤齋亂藁』 "今日李瀕言, 今南人中, 以文詞自任者, 有五家, 稱曰: 五鳳山, 卽蔡濟恭樊岩 · 申光洙石北 · 丁範祖海左 · 李獻慶 · 睦萬中云."

강준흠의 언급은 앞에서 살펴본 번암 채제공이나 다산 정약용・해암 유경종・하빈 신후담의 논의와 대동소이하지만, 근기 남인계열 문인으로 청담 이중환과 여와 목만중이 추가되어 있다. 이 시기의 문단에 대해 논한 해암 유경종의 논의 역시 번암 채제공의 언급과 비슷하지만, 약산 오광운과 국포 강박 이후의 시맥에 대해서는 출사의 여부와 상관없이 동주 이민구의 후손과 성호 이익의 문하생, 가계 내 선조, 자신의 외숙, 진주유씨와 교유한 인사들을 포함하고 있다는 점에서 차이를 보여준다.[80]

이로 보아 근기 남인계열 안에서 시단이나 시맥의 흐름을 설정하고자 하는 시도는 조선 후기 당대 근기 남인계열 문단 내의 일반적인 의식이 아니었던가 생각되고, 설정된 시맥은 시맥을 설정하고자 한 사람과 그 사람의 의도에 따라 포함되는 인물을 조금씩 달리하고 있다는 것을 알 수 있다.

앞에서 언급한 해암 유경종의 경우도 근기 남인계열 시인들을 계보화하면서 자신의 가계를 선양하고 현재 자신의 가문에 적절한 위상을 부여할 수 있는 시맥의 계보를 설정하고자 한 것이라 생각된다. 이렇게 보았을 때 결국 해암 유경종의 태도 역시 기본적으로 번암 채제공과 같은 것이었다고 할 수 있다.

그것은 번암 채제공이 주장한 근기 남인계열의 시맥이 자신과 자신의 정치적 동지들에게 일정한 문학적 위상을 정립시켜 주고자 한 것이면서 또, 시맥의 흐름 속에 자신의 가문을 위치시켜 가문의 문학적 전통을 높이고자 한 정치적이고 가계사적인 의도적 행위라 생각되기 때

---

[80] 金東俊, 「海巖 柳慶鍾의 論詩詩 硏究」, 『韓國漢詩硏究』 제11호(2003), 332~333쪽.

문이다.

결국 번암 채제공의 근기 남인계열 시맥론은 결코 허위虛僞라고 할 수 있는 것은 아니지만, 당대 근기 남인계열 시맥의 실상을 가감 없이 있는 그대로 보여준 것이라고도 할 수 없다고 생각된다. 그것은 번암 채제공의 언급이 당대 문단의 실상에 대한 개인적인 평가와 선택의 결과였고, 이 개인적인 평가와 선택의 기준이 당대 그가 처해 있었던 정치적 환경에 상당부분 영향 받은 것이라 생각되기 때문이다. 시인들을 계보화하여 시맥을 설정하는 과정에서 시맥을 학맥과 일치시키고자 한 노력이라든가, 정치적 선명성을 확보할 수 있는 인물들을 중심으로 시맥을 만들어 계보화하고 있다는 것, 그리고 정치적 영향력을 지녔던 관료 문인들을 중심으로 하여 시맥을 설정하고자 하였다는 것에서 이와 같이 유추할 수 있다.

또, 근기 남인계열 시맥을 설정하면서 번암 채제공은 자기 가계의 문학적 전통을 강조하기 위해 상당히 노력했다고 생각된다. 호주 채유후, 희암 채팽윤을 근기 남인계열 시맥의 중심에 두었다는 점에서 이 또한 부정할 수 없는 것이라 할 수 있다.

이와 함께 번암 채제공 당대의 근기 남인계열 시맥에 대해 언급하며, 정치적으로 문제가 제기될 수 있는 인물인 혜환 이용휴나 금대 이가환과 같은 여주이씨驪州李氏 성호 가계의 인물들을 배제한 것이나, 정치적 선명성을 강조하기 어려운 고령신씨高靈申氏 가문의 석북 신광수 형제들이나 진주유씨晉州柳氏 가문의 해암 유경종을 배제한 것, 그리고 당대의 예민한 정치적 사안에 대해 첨예한 대립각을 세우고 있었던 사천목씨泗川睦氏 가문의 여와 목만중을 배제한 것 등에서 번암 채제공의 근기 남인계열 시맥 설정이 정치적 편향성과 의도성을 바탕으로 한 것이며, 이와 같은 시맥의 흐름을 설정하여 공론화·정설화 하고자 한 번암 채제공의 의도를 읽을 수 있다.

제2부

조선朝鮮 후기後期 근기近畿 남인南人 시맥詩脈의 형성形成

1. 조선朝鮮 후기後期 근기近畿 남인계열南人系列 시맥詩脈의 흐름
2. 문학文學 계보系譜의 형성形成 과정過程 검토檢討

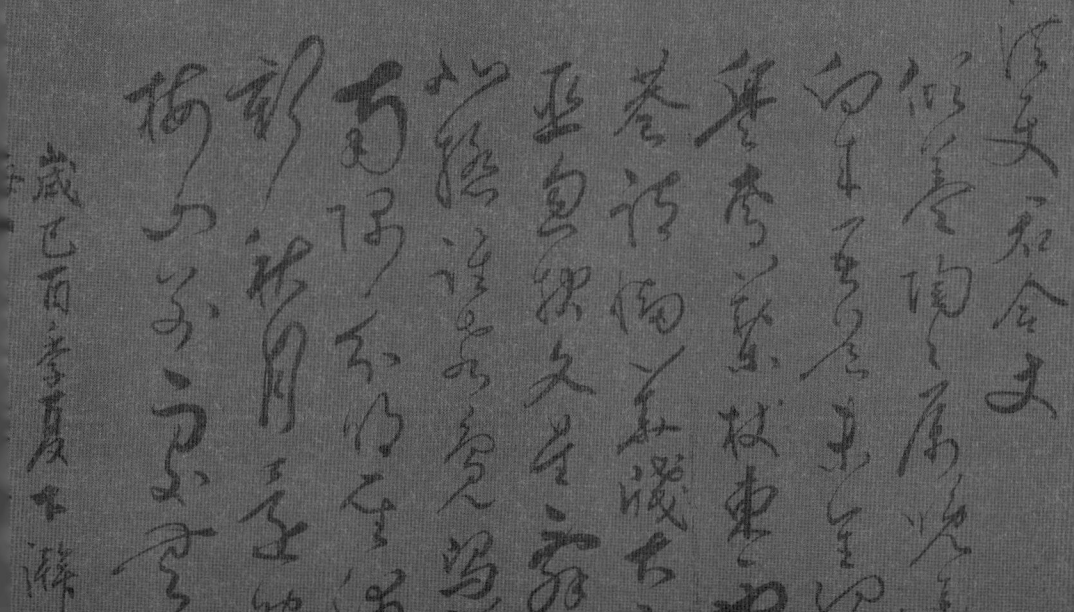

제2부 조선 후기 근기 남인 시맥의 형성

1. 조선朝鮮 후기後期 근기近畿 남인계열南人系列 시맥詩脈의 흐름

조선 후기 근기 남인계열의 시맥에 관해 지금까지 제기된 선인先人들의 언급이 의도적 편향성과 정치적 목적성을 지니고 있는 것일 가능성이 다분하다는 점을 인정한다면, 선인들의 이와 같은 시맥詩脈 논의를 근거로 조선 후기 근기 남인계열 시맥의 형성과 전개 과정을 살펴본다는 것은 본질적인 오류를 전제한 행위가 될 것이다. 그러나 다른 한편으로 선인들의 언급이 당대 근기 남인계열 시맥의 실상을 완전히 호도糊塗한 것이라거나 왜곡歪曲한 것이라고 하기도 쉽지 않다는 점에서 지금까지 제기된 선인들의 언급을 무조건적으로 부정하거나 무시해 버리기도 쉽지 않다.

따라서 이 글에서는 조선 후기 근기 남인계열 시맥에 관한 선인들의 언급을 당대 근기 남인계열 시단의 실상을 확인해보기 위한 참고 자료의 하나로만 이용하도록 하겠다. 이와 더불어 선인들의 근기 남인계열 시맥에 관한 여러 가지 다양한 언급들에 대해 누구의 논의든 구분하지 않고 모든 주장에 대해 대등한 가치와 의미를 부여하도록 하겠다. 이를 통해 이 글에서는 조선 후기 근기 남인계열 시단의 전체적인 모습을 재구해 보고, 재구된 모습을 바탕으로 당대 시단의 중심 인물을 선정한 뒤 이들의 문학적 계보系譜가 형성된 과정을 추적해보기로 하겠다.

이와 같은 논의 전개 과정의 설정은 지금까지 제기된 시맥론의 의도적 편향성과 정치적 목적성에 대한 의구심과 함께 "시단의 흐름을 '시맥詩脈'이라는 용어로 정리할 수 있는가"라는 본질적인 의문에 기인한 것이기도 하다. 그것은 '맥脈'이란 단어가 "어떤 일이나 사물이 서로 연관되어 이루는 줄거리"를 의미하는 것이라는 점에서, '시맥詩脈'이란 용어의 사용이 가능하기 위해서는 단순히 앞 시대와 다음 시대 문인 사이의 사승관계나 영향관계의 확인과 같은 작품 외적인 부수적인 요소들의 관계성을 넘어서는 시문학 작품의 내적인 연속성이 분명하게 드러나야 한다고 생각하기 때문이다.

시문학 작품의 내적 연속성이란 시문학 작품의 창작 경향과 주제의식의 구현 양상 등 작가에 의해 산출된 작품 그 자체의 연속성을 말한다. 그러나 이와 같은 작품 내적 연속성이 현실적으로 이루어질 수 있는 것인가에 대해서는 의문의 여지가 크다. 그것은 문학 작품의 창작이 본질적으로 작가의 독창적이고 개성적인 창조적 역량에 의해 이루어지는 것이기 때문이다. 따라서 누군가를 사사師事했다는 것만으로 문학 작품 사이에 내적 연속성이 존재한다고 주장하거나 보장하기 어려울 뿐만 아니라, 만약 사사에 의한 내적 연속성이 작품 속에 강하게 드러난다면 이는 작가의 독창적이고 개성적인 창조 역량에 강한 의문을 제기하게 만드는 결정적인 요인으로 작용하게 되기 때문이다.

'시맥'이란 용어의 본질적 개념을 이와 같이 규정하였을 때, 조선 후기 당대 선인들이 사용한 '시맥'이라는 용어는 이에 해당하지 않는다고 생각된다. 그렇다면 조선 후기 당대 선인들이 사용했던 '시맥'이라는 용어는 이와 같은 본질적 개념과는 다른 의미를 지니는 것이라고 간주할 수 있다. 조선 후기 근기 남인계열 시맥에 관한 선인들의 다양한 언급들을 살펴보면 이들이 사용했던 '시맥'이란 용어는 한 시기 시단의 주류를 형성한 인물을 지칭하는 것으로, 작품 내·외적인 실질적인 영향관계의 계승 보다 당대나 후대 시단에 미친 작가의 영향력과 후대 근기 남인계열 시단의 의도성을 중심으로 하여 사용된 용어라 생각된다.

선인들이 사용했던 시맥이라는 용어의 의미를 이와 같이 파악하였을 때 문제가 되는 것은 영향력과 의도성의 범주이다. 이 영향력과 의도성이 작품의 창작 역량을 의미하는 것이라면 이에 따른 시맥의 설정이 일견 타당하다고 할 수도 있겠지만, 작품 외적인 부분의 영향력이나 의도, 그리고 정치적 상황을 더 중시한 것이라면 이 영향력과 의도성에 의한 시맥의 설정은 당대 시단의 실상을 왜곡한 결과라고 판단할 수밖에 없다.

현재 선인들이 언급한 시맥의 설정 기준인 '영향력과 의도성'이 어디에 있었던 것인지, 또 어떤 것이었는지 단언하기는 쉽지 않다. 그러나 그 기준이 어떤 것이었던 선인들이 사용한 '시맥'이라는 용어는 결국 한 마디로 '조선 후기 근기 남인계열의 후대 문인들이 설정한 당대 근기 남인계열 시단 중심 작가들의 흐름'을 의미한다고 정리할 수 있다.

조선 후기 당대 선인들이 사용하였던 시맥이란 용어의 본질적인 개념을 이렇게 규정하였을 때, 이 글에서 시맥이라는 용어를 사용하는 것이 타당한 것인가 하는 점에 대해서는 다양한 이론異論이 제기될 여지가 충분하다. '시맥'보다는 오히려 보편성을 지니는 '시단詩壇'이라는 용어를 사용하는 것이 더 합당하다고도 할 수 있다. 하지만, '시단'이라는 단어가 지니는 시기적 동시성同時性의 한계와 함께 이 글에서 당대 각 시기별 근기 남인계열 시단의 모든 작가를 다 다루지 못한다는 대상 작가의 한계, 그리고 일반적으로 문학 경향의 변화와 발전이 당대를 선도하는 중심 작가·문제 작가에 의해 주도되었다는 점 등을 고려하여 이 글에서는 편의상 지금까지 선인들이 사용해 왔던 '시맥'이라는 용어를 그대로 사용하고자 한다.

이와 함께 이 글에서는 조선 후기 근기 남인계열 시맥에 관한 선인들의 언급이 가지는 진실성의 확인을 위해서, 또 이를 넘어서 조선 후기 근기 남인계열 시단詩壇과 시맥詩脈의 형성과 전개 과정을 온전하게 파악하기 위해서 조선 후기 근기 남인계열 시단의 전체적인 모습을 재구해 보고, 재구된 모습을 바탕으로 당대 시단의 중심인물들을 선정하여 시맥을 설정한 뒤 이들의 문학적 계보系譜가 형성된 과정을 추적해보고자 한다.

전술한 것과 같이 조선 후기 당대 근기 남인계열의 시맥을 설정하기 위해서는 먼저 각 시기별 근기 남인계열 시단의 전체적인 모습을 확인해야 한다. 이를 위해서는 기본적으로 당대 근기 남인계열 문인들에 관한 모든 서적과 기록에 대한 탐색이 이루어져야 하지만, 현재 필자의 능력으로는 이와 같은 작업이 불가능하다. 따라서 이 글에서는 필자의 능력이 허용하는 한계 안에서 조선 후기 당대 근기 남인계열 문인들에 관한 시화詩話나 기록, 그리고 그들이 남겨놓은 문집과 향유하였던 시사詩社를 중심으로 근기 남인계열 문인들을 최대한 발굴하여 당대 근기 남인계열 시단의 구성원들을 전체적으로 살펴보고, 이를 바탕으로 당대 근기 남인계열 시단을 대표할 수 있는 문인들을 선별하여 시맥을 설정한 뒤 이들의 문학적 계보가 형성된 과정을 살펴보도록 하겠다.

이 글이 조선 후기 근기 남인계열 시맥의 형성과 전개에 관한 것이라는 점에서 이 글에서 논의의 대상으로 삼는 시기와 인물은 근기 남인계열이 형성된 이후부터 근기 남인계열이라는 정치 집단이 소멸할 때까지를 대상으로 그 당대 시단에서 활동한 인물들이 될 것이다. 하지만, 이와 같은 기본적인 논의 대상 시기의 설정이 이 글 속에서 기계적으로 적용되기는 어렵다.

조선 후기 근기 남인계열의 성립 시기를 갑술환국甲戌換局(1694)이 일어나면서 부터라고 한다면 엄격하게 말해 동주東州 이민구李敏求(1589~1670)나 호주湖洲 채유후蔡裕後(1599~1660), 혹은 이들과 비슷한 시기에 활동했던 남인계열 문인들의 경우 남인계열 문인이라고는 할 수 있겠지만, 근기 남인계열 문인이라고는 하기 어렵다. 따라서 동주 이민구나 호주 채유후, 혹은 이들과 비슷한 시기에 활동했던 남인계열 문인들이 당대 문학적으로 어떠한 성가聲價를 지니고 있었든, 또는 후대 근기 남인계열 시단 안에서 어떠한 평가를 받았든 원칙적으로 이들을 근기 남인계열 시맥에 포함시키기는 쉽지 않다고 생각한다.

그러나 동주 이민구나 호주 채유후의 예에서와 같이 17세기 중·후반 남인계열 문인들의 교유관계나 사승관계, 또 후대 근기 남인계열 문인들의 평가를 감안해 본다면 이 시기 남인계열 문인들을 근기 남인계열의 시문단詩文壇에서 완전히 배제하는 것도 적절한 평가라 하기 어렵다. 물론 이와 같은 점에서 이 시기 남인계열 문인들은 근기 남인계열의 시문단 뿐 만 아니라 영남 남인계열의 시문단에도 포함될 수 있을 것이다.

이들은 교유관계나 사승관계에서 당색黨色에 크게 구애받지 않았다. 따라서 후대의 근기 남인계열 문인들이 바라보기에 이들은 당파적 성향이 미약하여 하나의 계통으로 확정하기 어렵다는 문제가 있을 수 있다. 동주 이민구를 예로 들어 본다면, 앞 장에서 살펴본 것처럼 그는 청음淸陰 김상헌金尙憲(1570~1652), 오정梧亭 변삼근卞三近(1579~1648), 협소悏素 한회일韓會一(1580~1642), 죽소竹所 김광욱金光煜(1580~1656), 유촌柳村 한형길韓亨吉(1582~1644), 택당澤堂 이식李植(1584~1647), 용주龍洲 조경趙絅(1586~1669), 낙전당樂全堂 신익성申翊聖(1588~1644), 청선聽蟬 이지정李志定(1588~?), 소은素隱 신천익愼天翊(1592~1661), 분서汾西 박미朴瀰(1592~1645), 기암畸庵 정홍명鄭弘溟(1592~1650), 청봉晴峰 심동구沈東龜(1594~1660), 백주白洲 이명한李明漢(1595~1645), 백헌白軒 이경석李景奭(1595~1671), 현주玄洲 이소한李昭漢(1598~1645), 죽당竹堂 신유申濡(1610~1665), 춘소春沼 신최申最(1619~1658), 김효건金孝健(1619~?), 현묵자玄默子 홍만종洪萬宗(1643~1725), 소한당素閒堂 유정량柳廷亮(?~?), 기루倚樓 조경진趙景禛(?~?), 이진영李晉英(?~?), 허부許缶(?~?), 이공익李公益(?~?) 등과 교유하였다.

이와 같은 폭넓은 교유관계를 가지고 있었다는 것은 동주 이민구가 남인계열에 속하기는 하였지만, 그 자신의 당파적 속성에 그다지 구애되지 않았음을 보여주는 것이다. 그러나 다음 세대 일어난 격화된 당쟁의 여파로 인해 동주 이민구의 문학 경향은 명고鳴皐 이계李烓(1603~1642), 쌍오雙梧 민점閔點(1614~1680), 동사東沙 오정위吳挺緯(1616~1692), 하헌夏軒 윤휴尹鑴(1617~1680), 윤이제尹以濟(1628~1701), 제남濟南 권환權瑍(1636~1716), 박천博泉 이옥李沃(1641~1698), 권적權蹟(?~?), 홍도洪覩(?~?) 등 근기 남인계열 문인들을 중심으로 전해지게 되었다.[1]

호주 채유후 역시 앞 장에서 살펴본 것처럼 죽소竹所 김광욱金光煜

---

1) 夫裕燮, 「17~18세기 중반 近畿南人 文壇 硏究」(韓國學中央硏究院 博士學位論文, 2009), 31쪽.

(1580~1656), 권근중權謹中(1586~1650), 규봉圭峰 심연沈演(1587~1646), 고산孤山 윤선도尹善道(1587~1671), 죽남竹南 오준吳竣(1587~1666), 송사松沙 이명웅李命雄(1590~1642), 만사晚沙 이경의李景義(1590~1640), 동암東巖 오단吳端(1592~1640), 동명東溟 김세렴金世濂(1593~1646), 태호太湖 이원진李元鎭(1594~1665), 청봉晴峰 심동구沈東龜(1594~1660), 백주白洲 이명한李明漢(1595~1645), 개산皆山 유석柳碩(1595~1655), 창강滄江 조속趙涑(1595~1668), 동명東溟 정두경鄭斗卿(1597~1673), 묵공옹默拱翁 정언황丁彦璜(1597~1672), 이면易眠 김주우金柱宇(1598~1644), 명고鳴皐 이계李烓(1603~1642), 육은재六隱齋 이시매李時楳(1603~1667), 만랑漫浪 황호黃㦿(1604~1656), 남간南磵 목행선睦行善(1609~1661), 죽당竹堂 신유申濡(1610~1665), 청호靑湖 이일상李一相(1612~1666), 동사東沙 오정위吳挺緯(1616~1692), 홍우희洪宇熙(?~?) 등과 교유하였다. 동주 이민구와 달리 호주 채유후의 문학 경향이 전해진 과정을 찾기는 쉽지 않다.

   이와 같은 교유관계와 사승관계를 두고 볼 때 동주 이민구와 호주 채유후, 혹은 이 시기 이들과 같이 교유하며 활동했던 근기 남인계열 문인들을 근기 남인계열 시맥의 첫 자리에 두기도 쉽지 않지만, 근기 남인계열 시맥에서 완전히 배제한다는 것도 역시 정당한 평가라 보기 어렵다는 것을 알 수 있다. 따라서 이 시기 남인계열 시단에서 활동했던 인물들은 근기 남인계열 시맥이 그 틀을 형성해 가던 형성기의 인물로, 근기 남인계열 시맥이 완전하게 정립되기 이전 시기에 활동했던 시맥 형성기의 인물로 성격을 규정하는 것이 타당할 것이라 생각된다. 이와 같은 시기 구분은 동주 이민구나 호주 채유후를 포함하여 이 시기 남인계열 시단에서 활동했던 문인들 모두에게 적용할 수 있는 것이다. 이렇게 규정하였을 때 근기 남인계열 시맥의 형성기는 17세기 초반 남인계열이 성립된 이후부터 시작하여 17세기 후반 갑술환국이 일어나 근기 남인계열이라는 정치적 계보가 확립될 때까지 대략 100년 정도의 시기가 될 것이다.

이와 같은 시기 구분은 시맥이나 시단이라는 문학 집단의 시기 구분에 정치적 사건이라는 문학 외적인 상황을 기준으로 하였다는 점에서 근본적으로 문제가 제기될 수 있다. 또 이 근본적인 문제는 근기 남인계열 시맥의 시기 구분 문제를 넘어서, 근기 남인계열이라는 정치 집단이 그대로 문학 집단으로 전환되어 설명이 가능한가 하는 보다 본질적인 의문을 제기하는 원인이 될 수도 있다.

조선 후기 근기 남인계열의 기본 속성은 분명히 정치 집단이다. 하지만, 이 정치 집단은 현재의 정당政黨과 달리 오로지 정치적 경향과 목적의 동질성만을 기준으로 하여 형성된 것이 아니다. 조선 후기 근기 남인계열이라는 정치 집단은 정치적 동질성보다 오히려 학문적 동질성을 보다 근원적인 바탕으로 하여 형성되었으며, 이 학문적 동질성은 그 당대 이들의 교유관계 형성에 영향을 미쳤을 뿐만 아니라 다음 세대의 사승관계와 가문의 학문 경향을 형성하는 근본이 되었다. 이 사승관계와 가학家學의 경향이 조선 후기 당대 근기 남인계열 인물들의 학문적·사상적 뿌리가 되었으며, 당대 이들은 이 뿌리를 바탕으로 정치적·사상적·학문적·문학적 교유와 동질성을 유지했었다고 생각된다.

이와 같은 점에서 조선 후기 근기 남인계열이라는 정치 집단의 정치적 동질성이 그대로 문학적 동질성으로 전환되어 이들의 문학 경향을 설명해주는 절대적 기준이 된다고 주장하기는 쉽지 않지만, 문학적으로 여러 면에서 동질적인 면을 보여주는 원인으로 작용하였을 가능성 또한 적지 않다고 할 수 있다.

이런 점에서 조선 후기 근기 남인계열 정치적 몰락의 시작점이라고도 할 수 있는 갑술환국을 기준으로 조선 후기 근기 남인계열 시맥의 시기를 구분할 수도 있으리라 생각한다. 특히 갑술환국 이전, 즉 조선 후기 근기 남인계열 시맥의 형성기는 정치적인 면에서뿐만 아니라 시단 내의 상황과 시단의 성격에서도 다음 시기와 상당한 차이를 보인다는 점에서 이와 같은 시기 구분이 가능하리라 생각된다.[2)]

근기 남인계열 시맥의 형성기에 활동했던 인물들을 자・호와 생몰연대, 관향과 선대, 사승관계로 정리하여 이름순으로 나열해보면 대략 다음과 같다.

〈朝鮮 後期 近畿 南人系列 形成期 詩壇 人物表〉[3)]

성명	자 / 호	생몰연대	관향	선대	사승관계	비고
권근중權謹中		1586~1650	안동安東	권협權悏		
권적權蹟	성유聖由 /	1611~?	안동安東	권척權惕	東州 李敏求	
권호權頀	백해伯諧 /	1655~?	안동安東	권유權愈		
김세렴金世濂	도원道源 / 동명東溟	1593~1646	선산善山	김극건金克鍵		
목행선睦行善	행지行之 / 남간南磵	1609~1661	사천泗川	목장흠睦長欽		
민점閔點	성여聖與 / 쌍오雙梧	1614~1680	여흥驪興	민응협閔應協	東州 李敏求	
민희閔熙	호여皥如 / 설루雪樓	1614~1687	여흥驪興	민응협閔應協		
신익성申翊聖	군석君奭 / 낙전당樂全堂	1588~1644	평산平山	신흠申欽	梧窓 朴東亮 守夢 鄭曄 月汀 尹根壽	
신후재申厚載	덕부德夫 / 규정葵亭	1636~1699	평산平山	신항구申恒耉		
심연沈演	윤보潤甫 / 규봉圭峰	1587~1646	청송靑松	심대형沈大亨		
오단吳端	여확汝擴 / 동암東巖	1592~1640	동복同福	오백령吳百齡		

2) 조선 후기 근기 남인계열 시맥 형성기의 시단 내 상황과 시단의 성격에 대해서는 다음 장에서 자세히 논하기로 한다.
3) 이 표는 필자가 여러 자료를 바탕으로 하여 재구성해 본 것이다. 그러나 이 표에 속해 있는 인물들이 당대 근기 남인계열 시단의 시인들 전체를 의미하는 것은 결코 아니다. 오히려 필자의 능력 부족으로 인해 누락된 인물들이 더 많을 수도 있다. 이 부분에 대해서는 앞으로 더 많은 연구가 필요하리라 생각된다. 또, 생존 시기가 근기 남인계열 시맥의 흐름 두 시기에 겹쳐 있는 인물의 경우 필자가 판단한 주된 활동 시기를 기준으로 해당 시기에 안배하였다. 따라서 이 표의 시기 구분과 인물 선정은 순전히 필자의 주관적 판단에 따른 것이어서 일반적인 견해와 다를 가능성이 있으며, 근기 남인계열 시맥의 시기 구분과 해당 인물의 생존 시기 사이에도 차이가 발생할 수 있음을 미리 밝혀둔다. 이와 같은 상황은 다음 표에서도 마찬가지이다.

성명	자 / 호	생몰연대	관향	선대	사승관계	비고
오정위吳挺緯	군서君瑞 / 동사東沙	1616~1692	동복同福	오단吳端	東州 李敏求	
오준吳竣	여완汝完 / 죽남竹南	1587~1666	동복同福	오백령吳百齡	簡易 崔岦 石峯 韓濩 沙溪 金長生	
유석柳碩	덕보德甫 / 개산皆山	1595~1655	진주晉州	유시회柳時會		
유정량柳廷亮	자룡子龍 / 소한당素閑堂	1591~1663	전주全州	유열柳悅		
윤선도尹善道	약이約而 / 고산孤山	1587~1671	해남海南	윤유심尹惟深		
윤송尹松	후자後者 /	1628~?	남원南原	윤형지尹衡志		
윤휴尹鑴	희중希仲 / 하헌夏軒	1617~1680	남원南原	윤효전尹孝全	東州 李敏求	
이경석李景奭	상보尙輔 / 백헌白軒	1595~1671	전주全州	이유간李惟侃	玄洲 趙纘韓 沙溪 金長生	
이경의李景義	자방子方 / 만사晩沙	1590~1640	연안延安	이상민李尙閔	五峰 李好閔	
이계李炷	희원熙遠 / 명고鳴皐	1603~1642	전주全州	이진영李晉英	東州 李敏求	
이명웅李命雄	정이挺而 / 송사松沙	1590~1642	전주全州	이유징李幼澄		
이민구李敏求	자시子時 / 동주東州	1589~1670	전주全州	이수광李睟光	沙溪 金長生 五峯 李好閔 陶谷 韓述 象村 申欽	
이상의李尙毅	이원而遠 / 소릉少陵	1560~1624	여주驪州	이우인李友仁		
이시매李時楳	자화子和 / 육은재六隱齋	1603~1667	전주全州	이춘영李春英		
이옥李沃	문약文若 / 박천博泉	1641~1698	연안延安	이관징李觀徵	東州 李敏求	
이원진李元鎭	승경昇卿 / 태호太湖	1594~1665	여주驪州	이지완李志完		
이지정李志定	정오靜吾 / 청선聽蟬	1588~1650	여주驪州	이상의李尙毅		
이진영李晉英	강후康候 /	1580~?	전주全州	이심李愖		
이하진李夏鎭	하경夏卿 / 매산梅山	1628~1682	여주驪州	이지안李志安		
정두경鄭斗卿	군평君平 / 동명東溟	1597~1673	온양溫陽	정회鄭晦	白沙 李恒福	
정언황丁彦璜	중휘仲徽 / 묵공옹默拱翁	1597~1672	나주羅州	정호관丁好寬		
정홍명鄭弘溟	자용子容 / 기암畸庵	1592~1650	연일延日	정철鄭澈	龜峯 宋翼弼 沙溪 金長生	
조경趙絅	일장日章 / 용주龍洲	1586~1669	한양漢陽	조익남趙翼男	月汀 尹根壽	
조경진趙景禛	유지綏之 / 기루倚樓	?~?	평양平壤			
조속趙涑	희온希溫 / 창강滄江	1595~1668	풍양豊壤	조수륜趙守倫		
채유후蔡裕後	백창伯昌 / 호주湖州	1599~1660	평강平康	채충연蔡忠衍	復泉 姜鶴年 德信正 李鸞壽	
한형길韓亨吉	태이泰而 / 유촌柳村	1582~1644	청주淸州	한담韓錟		
한회일韓會一	형보亨甫 / 협소悏素	1580~1642	청주淸州	한준겸韓浚謙	久菴 韓百謙	
홍돈洪墩	승기承基 / 오은梧隱	1654~?	남양南陽	홍우희洪宇熙		
황호黃㦿	자유子由 / 만랑漫浪	1604~1656	창원昌原	황수黃𥠎		

이렇게 살펴본 형성기 근기 남인계열 문인들 중 현재 소략하게나마 시문집을 통해 이들의 시문학 경향에 대해 확인해 볼 수 있는 인물로는 동명 김세렴(『동명선생집東溟先生集』), 낙전당 신익성(『낙전당집樂全堂集』), 죽남 오준(『죽남당고竹南堂稿』), 고산 윤선도(『고산유고孤山遺稿』), 하헌 윤휴(『백호선생문집白湖先生文集』), 백헌 이경석(『백헌선생집白軒先生集』), 동주 이민구(『동주선생집東州先生集』), 소릉 이상의(『소릉선생문집少陵先生文集』), 박천 이옥(『박천집博泉集』), 태호 이원진(『태호시고太湖詩稿·태호속고太湖續稿』), 청선 이지정(『청선시고聽蟬詩稿』), 매산 이하진(『육우당유고六寓堂遺稿』), 동명 정두경(『동명선생집東溟先生集』), 기암 정홍명(『기암집畸庵集』), 용주 조경(『용주선생유고龍洲先生遺稿』), 호주 채유후(『호주선생집湖洲先生集』), 만랑 황호(『만랑집漫浪集』) 정도를 들 수 있다.

이들 가운데 특히 문학적으로 뛰어나 후대까지 지속적으로 추앙받은 인물로는 동명 김세렴, 낙전당 신익성, 죽남 오준, 백헌 이경석, 만사 이경의, 동주 이민구, 소릉 이상의, 박천 이옥, 태호 이원진, 청선 이지정, 매산 이하진, 동명 정두경, 호주 채유후, 만랑 황호 등을 들 수 있지만, 시에 보다 주력했던 인물로는 동명 김세렴, 낙전당 신익성, 동주 이민구, 소릉 이상의, 박천 이옥, 태호 이원진, 청선 이지정, 매산 이하진, 동명 정두경, 호주 채유후, 만랑 황호 등을 들 수 있다. 근기 남인계열 시맥 형성기의 시단은 이들 몇 사람을 중심으로 움직여갔다고 할 수 있다.

형성기 이후 근기 남인계열 시맥이 본격적으로 정립된 시기는 갑술환국甲戌換局(1694)이 일어나 남인계열이 영남 남인과 근기 남인으로 나누어지기 시작한 17세기 후반에서부터, 영조의 즉위로 탕평정책이 시작된 18세기 초반까지 대략 30여 년 정도라고 할 수 있다. 30여년 정도에 불과한 이 시기를 근기 남인계열 시맥의 흐름 중 한 시기로 구분한다는 것은 많은 문제를 가지고 올 수 있다. 특히 이 시기를 하나의 독립된 시기로 구분할 경우 생존 시기상 앞·뒤 시기와 겹쳐지는 인물들이 대부분이어서 이 시기만의 문학적 특성을 구현해 내기가 어렵다는 근본적인 문제가 제기된다. 하지만, 이 시기를 앞 시기인 형성기에 포함시킬 경우 변해버린 시문단 외부의 상황과 시문단 구성원들의 성격으로 인해 형성기 근기 남인계열 시문단의 특성에 대한 일관된 설명이 불가능하다는 문제가 일어난다. 또, 이 시기를 다음 시기에 포함할 경우 다음 시기가 너무 길어질 뿐만 아니라 다음 시기 근기 남인계열 시문단의 성격 변화가 일어나게 된 원인에 대한 설명과 그 시기 근기 남인계열 시문단의 특성에 관한 정치한 논의가 어렵다는 문제가 발생한다.

따라서 이 글에서는 이 시기 근기 남인계열 시문단 중심 인물들의 생존 시기가 시맥의 시기 구분과 정확하게 합치되지 않는다는 시맥 시기 구분상의 중첩성으로 인한 시기 구분의 문제와 이 시기만의 문학적 특성 구현의 어려움에도 불구하고 근기 남인계열 시맥의 일관된 흐름에 대해 논하기 위해 이 시기를 하나의 독립된 시기로 구분하여 서술하고자 한다. 또 전술한 문제를 가능한 한 최소화하기 위해 이 글에서는 생존 시기보다 중점적인 활동 시기를 중심으로 이 시기 근기 남인계열 시단의 중심 인물들을 선정하고자 한다.

이미 밝힌 것과 같이 30여년에 불과한 시기이지만, 이 시기 근기 남인계열 인사들은 정치적 고폐固閉 속에서 자신들의 정체성을 유지하면서 다음 시기의 재기를 위해 다양한 활동을 지속하였다. 형성기 남인계열 인사들은 숙종 6년(1680)에 일어난 경신대출척庚申大黜陟[경신환국庚申換局]으로 인해 정권을 상실하였으나, 이로부터 9년 뒤인 숙종 15년(1689) 일어난 기사환국己巳換局을 통해 다시 정권을 장악하였다. 그러나 정권 장악 후 불과 5년만인 숙종 20년(1694)의 갑술환국甲戌換局으로 인해 이들은 정권을 완전히 상실하게 되었다. 이 시기 이후 남인계열은 영남 남인과 근기 남인으로 분리되어 각자의 정치적 속성과 지역적 기반에 따라 흩어지게 되었으며, 이후 다시 정권의 중심에 서지 못하였다.

갑술환국 이후 정치적으로 몰락해버린 근기 남인계열 인사들은 잃어버린 정치적 기반의 회복을 위해 다양한 활동을 하였지만, 경종景宗 1년 (1721)부터 이듬해까지 노·소론의 대립으로 인해 일어난 신임사화辛壬士禍를 통해서도 정치적 명분과 실리를 전혀 확보하지 못하였고, 다음 세대의 재기를 위한 발판을 만들어내지도 못하였다. 이에 따라 이 시기 근기 남인계열 인사들은 당대 정치권의 중심에서 철저하게 배제될 수밖에 없었고, 그랬었던 만큼 이들의 당파적 동질성은 이전 시기와 달리 한층 굳건할 수밖에 없었다.

특히 숙종조에 활동했었던 만퇴晚退 홍만조洪萬朝(1645~1725)와 남록南麓 권규權珪(1648~1723), 약현藥峴 심단沈檀(1645~1730)과 같은 이들이 경종 연간에도 관직을 이어가면서 당대 근기 남인계열을 이끌었지만, 곧 이들도 정계에서 물러나면서[4] 당대 근기 남인계열은 새로운 정치 세력을 형성할 수밖에 없었다.

이와 같은 당대의 여러 가지 상황으로 미루어 볼 때 근기 남인계열 시맥의 정립은 이 시기에 와서 이루어진 것이라고 생각된다. 그것은 이 시기를 통해 근기 남인계열이라는 정치적 계보의 정체성이 확립되었으며, 이들 사이에 이전 시기와 다른 강력한 결속력이 생기게 되었기 때문이다. 따라서 이 시기를 근기 남인계열 시맥의 정립기로 설정할 수 있다고 생각된다.

---

4) 夫裕燮, 「17~18세기 중반 近畿南人 文壇 硏究」(韓國學中央硏究院 博士學位論文, 2009), 73쪽.

근기 남인계열 시맥의 정립기인 이 시기에 활동했던 이들은 비슷한 시기를 살아가면서 서로 긴밀한 교유관계를 맺으며 시문을 주고받았지만, 이 시기까지 이들 사이에서나 이전 시기인 형성기 인물들과의 관계에서 실질적이고 또 직접적인 영향관계나 사승관계를 찾아보기는 쉽지 않다. 오히려 이 시기 근기 남인계열 시문단의 중심에 서 있었던 인물들 대부분이 사승관계를 바탕으로 하기보다는 가학家學을 토대로 그 자신의 학문적 혹은 문학적 경향을 형성해 나갔다고 보인다.

근기 남인계열 시맥 정립기의 시인들 중 희암希菴 채팽윤蔡彭胤(1669~1731)과 연초재燕超齋 오상렴吳尙濂(1680~1707)의 경우 후대 근기 남인계열 문인들에 의해 송곡松谷 이서우李瑞雨(1633~1709)의 제자로 간주되었지만, 희암 채팽윤과 연초재 오상렴의 문학 경향이 송곡 이서우를 만나기 이전 이미 확립되어 있었다고 보인다는 점에서 이들 사이의 관계를 실질적인 사승관계로 보기는 쉽지 않다.

근기 남인계열 시맥 정립기 문인들의 가계家系 외부 사승관계의 정립은 희암 채팽윤을 당대 근기 남인계열 문인들이 사사하면서부터 본격화되었다고 생각된다. 물론 이와 같은 가계 외부 사승관계의 정립에도 불구하고 가학家學의 영향이 이전 시기와 비교하여 줄어들었다고 간주하기는 쉽지 않다.

또, 이 시기 근기 남인계열 문인들이 함께 모여 시회詩會를 열고 공동 창작활동을 하기는 하였지만, 이 공동 창작 활동 역시 다음 시기, 즉 18세기 중반 영조가 즉위할 그 무렵이 될 때까지는 시사詩社의 결성을 통한 집단적인 문학 동인文學同人 활동으로 발전한 경우도 그리 많이 찾아보기가 쉽지 않다.

정립기 근기 남인계열 시문단 안에서 찾아볼 수 있는 본격적인 시사

활동 역시 앞서 언급한 희암 채팽윤에 의해 시작되었다고 보인다. 희암 채팽윤에 의해 근기 남인계열 시맥의 가계 외부 사승관계가 본격적으로 정립되기 시작하였고 또, 시사 활동이 본격화하게 되었다는 상황의 선·후 관계가 어디에 있는지 지금 이 자리에서 명확히 밝히기는 어렵지만, 이와 같은 현상은 당대 근기 남인계열 시문단 안에서 희암 채팽윤의 위상을 선명하게 보여주는 것이라고 할 수 있다.

희암 채팽윤의 시사는 그가 남산 아래 낙원樂院 서쪽에 집을 구해 영은와詠恩窩를 엮고 영은와의 동벽東壁 옆에 시단을 축성하여 시사를 열면서부터이다. 이 시사의 이름을 동벽단東壁壇이라 하고 제자들과 시를 수창하였는데, 시사에 참여한 정확한 인원을 확인할 수는 없지만, 권침權琛(1685~?)·권신權賮(1689~?)·약산藥山 오광운吳光運(1689~1745)·국포菊圃 강박姜樸(1690~1742) 등 희암 채팽윤의 제자들이 시사의 실질적인 중심이 되었다고 생각된다.

희암 채팽윤을 중심으로 한 시사 활동 이후, 근기 남인계열 문인들의 시사 활동은 그의 제자인 약산 오광운과 국포 강박을 중심으로 하여 계승되었다. 약산 오광운과 국포 강박은 경종 1년(1721) 백련봉白蓮峯 아래에 있는 정토사淨土寺[현재의 서울시 서대문구 홍은3동 321번지]에서 춘절재春節齋 이인복李仁復(1683~1730), 모헌慕軒 강필신姜必愼(1687~1756), 청담淸潭 이중환李重煥(1690~1752)[5] 등과 함께 진晋나라 혜원법사慧遠法師의 백련사白蓮社를 본떠 백련사白蓮社를 결성하여 시를 수창하였다.[6]

---

5) 姜必愼,「和奉蓮社諸君子」,『慕軒集』卷1. 이 시의 주에 백련사에 참여한 인물들이 '族叔子淳憲圃, 李來初愼節齋, 李輝祖淸潭, 吳永伯藥山.'이라 기록되어 있다.
6) 姜樸,「白蓮錄」,『菊圃集』卷1,"辛丑閏月, 約諸君上淨土寺, 結社, 集其唱酬而命之, 曰白蓮錄, 蓋爲寺在白蓮峯下, 而亦取古人蓮社之義也, 諸君詩在別錄."

이후 국포 강박은 경종 2년(1722) 겨울 영양 현감으로 있으면서 안동의 사록司祿으로 부임해 온 춘절재 이인복, 단양 군수인 수당睡堂 홍상인洪尙寅(1682~?)과 겸은재兼隱齋에서 시사를 결성하였고,[7] 석문石門 이경직李景稷(1577~1640)의 후손인 서천西泉 이진급李眞伋(1675~?)과 이광찬李匡贊(1702~?)·항재恒齋 이광신李匡臣(1700~1744), 서주西州 조하망曺夏望(1682~1747) 등의 소론계 문사와 춘절재 이인복, 하빈河濱 신후담愼後聃(1702~1761), 약산 오광운과 함께 서천매화시사西泉梅花詩社를 결성하기도 하였다. 이 서천 매화시사에는 항재 이광신과 이광신의 종형제, 국포 강박의 자제, 그리고 운와芸窩 홍중성洪重聖(1668~1735)도 참여하였다. 이인좌의 난戊申亂 이후에는 고향으로 낙향하여 상주尙州를 중심으로 매화사梅花社를 결성하기도 하였다.[8]

이렇게 보았을 때 희암 채팽윤과 교유했던 인물들이 이 시기 근기 남인계열 시문단의 중심을 이루었고, 다음 세대 근기 남인계열 시문단 역시 그의 제자들과 제자들의 문우文友들이 중심이 되었다고 볼 수 있다. 정립기 근기 남인계열 시문단의 대표적인 문인들을 앞에서와 같이 표로 정리해보면 대체로 다음과 같다.

〈朝鮮 後期 近畿 南人系列 鼎立期 詩壇 人物表〉

성명	자 / 호	생몰연대	관향	선대	사승관계	비고
강박姜樸	자순子淳 / 국포菊圃	1690~1742	진주晋州	강석훈姜碩勛	希菴 蔡彭胤	
강세구姜世龜	중보重寶 / 삼휴당三休堂	1632~1703	진주晋州	강호姜鎬		
강필신姜必愼	사경思卿 / 모헌慕軒	1687~1756	진주晋州	강영姜榮	希菴 蔡彭胤	

---

7) 姜樸,「隱社錄」,『菊圃集』卷2, "甲辰上元前二日, 愼節李君, 自竹溪寓凌嶺來惠, 遂結社於兼隱齋中, 合首尾唱酬諸篇而命之曰隱社錄."
8) 夫裕燮,「17~18세기 중반 近畿南人 文壇 硏究」(韓國學中央硏究院 博士學位論文, 2009), 80~85쪽.

성명	자 / 호	생몰연대	관향	선대	사승관계	비고
강해姜楷	계범季範 / 기헌寄軒	1680~1750	진주晉州	강석로姜碩老		
권경權顈	유문幼文 /	1691~?	안동安東	권즙權穎		
권기언權基彥	사회士恢 /	1694~?	안동安東	권세창權世昌		
권두경權斗經	천장天章 / 창설재蒼雪齋	1654~1725	안동安東	권유權濡	葛庵 李玄逸	
권만權萬	일보一甫 / 강좌江左	1688~1749	안동安東	권두굉權斗紘	密菴 李栽 訥隱 李光庭	
권부權扶	자상子常 /	1688~?	안동安東	권우權寓		
권세성權世聖		?~?	안동安東			
권신權賮	방서邦瑞 /	1689~?	안동安東	권조權稠		
권유權愈	퇴보退甫 / 하계霞溪	1633~1704	안동安東	권훈權勛		
권중경權重經	도일道一 / 손재巽齋	1658~1728	안동安東	권위權瑋		
권지權贄	경여敬輿 /	1675~?	안동安東	권조權稠		
권천득權天得						
권침權琛	자우子羽 /	1685~?	안동安東	권양權穰		
권환權瑍	중장仲章 / 제남濟南	1636~1716	안동安東	권대윤權大胤	東洲 李敏求 眉叟 許穆	
김이만金履萬	중수仲綏 / 학고鶴皐	1683~1758	예천醴泉	김해일金海一	松谷 李瑞雨	
김정윤金廷潤	군중君重 /	1676~?	원주原州	김몽서金夢瑞		
목성겸睦聖謙		?~?	사천泗川	목천임睦天任		
목성관睦聖觀	돈시敦詩 / 불과헌弗過軒	1691~1772	사천泗川	목천현睦天顯		
목시경睦時敬	사무士懋 / 이계伊溪	1694~1739	사천泗川	목중광睦重光		
민창도閔昌道	사회士會 / 화은化隱	1654~1725	여흥驪興	민희閔熙		
송성명宋成明	성집聖集 / 송석松石	1674~1740	여산礪山	송징은宋徵殷		
송정명宋正明	자화子和 / 지와止窩	1670~1718	여산礪山	송징은宋徵殷		
송징규宋徵奎	중문仲文 /	1668~?	여산礪山	송광순宋光洵		
신연申菕	연보延甫 /	1680~?	평산平山	신두징申斗徵		
신필청申必淸	청지淸之 / 죽헌竹軒	1647~1710	고령高靈	신집申潗		
안재악安載岳		?~?	순흥順興			
오광운吳光運	영백永伯 / 약산藥山	1689~1745	동복同福	오상순吳尙純	希菴 蔡彭胤	
오상렴吳尙濂	유청幼淸 / 연초재燕超齋	1680~1707	동복同福	오시적吳始績	松谷 李瑞雨	
유명천柳命天	사원士元 / 퇴당退堂	1633~1705	진주晉州	유영柳頴		
유명현柳命賢	사희士希 / 정재靜齋	1643~1703	진주晉州	유영柳頴		
윤광조尹光朝		1690~?	파평坡平	윤휘창尹彙昌		
윤유尹游	백수伯修 / 만하晩霞	1674~1737	해평海平	윤세희尹世喜		
윤이제尹以濟	여즙汝楫 /	1628~1701	파평坡平	윤세징尹世徵	東洲 李敏求	
윤휘정尹彙貞	언길彥吉 /	1676~?	파평坡平	윤심尹深		

성명	자 / 호	생몰연대	관향	선대	사승관계	비고
이덕주李德冑	직심直心 / 하정荷亭	1695~1751	전주全州			
이동환李東煥	국춘國春 /	1682~?	여주驪州	이백휴李百休		
이만부李萬敷	중서仲舒 / 식산息山	1664~1732	연안延安	이옥李沃	眉叟 許穆	
이만수李萬秀	백영伯英 /	1658~?	연안延安	이옥李沃		
이만유李萬維	지국持國 /	1674~?	연안延安	이옥李沃		
이복희李福喜		?~?	연안延安			
이서우李瑞雨	윤보潤甫 / 송곡松谷	1633~1709	우계羽溪	이경항李慶恒	眉叟 許穆	
이수대李遂大	취이就而 / 송애松崖	1675~1709	전주全州	이정흥李鼎興		
이원환李元煥	대재大哉 /	1688~?	여주驪州	이만휴李萬休		
이익정李益炡	명숙明叔 /	1699~1782	전주全州	이직李㮨		
이인복李仁復	내초來初 / 춘절재春節齋	1683~1730	전주全州	이존도李存道		
이재후李載厚	원박元博 / 시암是庵	1698~?	여주驪州	이동환李東煥		
이정신李正臣	방언邦彦 / 송벽당松蘗堂	1660~1727	연안延安	이봉조李鳳朝		
이중환李重煥	휘조輝祖 / 청담淸潭	1690~1752	여주驪州	이진휴李震休		
이진휴李震休	백기伯起 / 성재省齋	1657~1710	여주驪州	이영李泳		
이현석李玄錫	하서夏瑞 / 유재游齋	1647~1703	전주全州	이상규李尙揆		
이현조李玄祚	계상啓商 / 경연당景淵堂	1654~1710	전주全州	이석규李碩揆		
이홍덕李弘悳		1667~1721	광주廣州			
임정任珽	성방聖方 / 호재㕦齋	1694~1750	풍천豊川	임수적任守迪		
정석유鄭錫儒	중진仲珍 / 행은杏隱	1689~1756	동래東萊	정홍일鄭弘鎰		
정우량鄭羽良	자휘子翬 / 학남鶴南	1692~1754	연일延日	정수기鄭壽期		
정운주鄭雲柱	계항季杬	1669~?	초계草溪	정수원鄭洙源		
조명경曺命敬	계명季明	1699~?	창녕昌寧	조하기曺夏奇		
조윤덕曺潤德		?~?	창녕昌寧			
채응동蔡應仝		?~?	평강平康			
채응만蔡應萬	수언綏彦	1677~?	평강平康	채성윤蔡成胤		
채응일蔡應一	경언敬彦	1686~?	평강平康	채성윤蔡成胤		
채팽윤蔡彭胤	중기仲耆 / 희암希菴	1669~1731	평강平康	채시상蔡時祥	松谷 李瑞雨	
최도명崔道鳴	백겸伯謙 / 쌍호雙湖	?~?	강릉江陵			
한덕현韓德玄		?~?	청주淸州	한성韓晟		
허욱許煜	광보光甫 / 취남翠南	1681~?	양천陽川	허의許宜		
허채許采	중약仲若 / 농와聾窩	1696~?	양천陽川	허원許源		
홍도洪覩		?~?	남양南陽		東州 李敏求	
홍만종洪萬宗	우해宇海/현묵자玄默子	1643~1725	풍산豊山	홍세주洪世柱	東溟 鄭斗卿	

이렇게 살펴본 정립기 근기 남인계열 문인들 중 현재 소략하게나마 시문집을 통해 이들의 시문학 경향에 대해 확인해 볼 수 있는 인물로는 강좌 권만(『강좌선생문집江左先生文集』)·국포 강박(『국포집菊圃集』)·모헌 강필신(『모헌집慕軒集』)·창설재 권두경(『창설재선생문집蒼雪齋先生文集』)·손재 권중경(『정묵당집靜默堂集』)·제남 권환(『제남집濟南集』)·학고 김이만(『학고만언鶴皐漫言』)·송석 송성명(『송석헌집松石軒集』)·죽헌 신필청(『죽헌집竹軒集申』)·약산 오광운(『약산만고藥山漫稿』)·연초재 오상렴(『연초재유고燕超齋遺稿』)·퇴당 유명천(『퇴당집退堂集』)·하정 이덕주(『하정선생문집下亭先生文集』)·식산 이만부(『식산선생문집息山先生文集』)·송곡 이서우(『송파집松坡集』)·송애 이수대(『송애집松厓集』)·유재 이현석(『유재선생집游齋先生集』)·경연당 이현조(『경연당선생문집景淵堂先生文集』)·호재 임정(『호재집㗊齋集』)·행은 정석유(『행은유고杏隱遺稿』)·희암 채팽윤(『희암선생집希菴先生集』) 정도를 들 수 있다.

이들 가운데 특히 문학적으로 뛰어나 후대까지 지속적으로 추앙받은 인물로는 강좌 권만·국포 강박·창설재 권두경·하계 권유·권적·학고 김이만·화은 민창도·송석 송성명·약산 오광운·연초재 오상렴·퇴당 유명천·하정 이덕주·식산 이만부·송곡 이서우·송애 이수대·유재 이현석·호재 임정·학남 정우량·행은 정석유·희암 채팽윤·농와 허채·허욱·홍도 등을 들 수 있지만, 시에 보다 주력했던 인물로는 강좌 권만·국포 강박·창설재 권두경·하계 권유·학고 김이만·약산 오광운·연초재 오상렴·하정 이덕주·송곡 이서우·희암 채팽윤·홍도 등을 들 수 있다. 근기 남인계열 시맥 정립기의 시맥은 이렇게 언급된 이들 몇 사람을 중심으로 움직여 갔다고 생각된다.

조선 후기 근기 남인계열 시맥이 형성기와 정립기를 거친 이후인 18세기 중반에 들어서면서부터, 근기 남인계열 시맥은 본격적인 발전상을 보여주었다.

18세기 중반에 들어서면서 근기 남인계열 내에서는 문내파門內派와 문외파門外派 그리고 중립파中立派[과성파跨城派]의 분화가 일어났다. 문내파는 손재 권중경·권서경權敍經(1684~?)·김화윤金華潤(?~?) 등으로 묵재默齋 허적許積(1610~1680)·차호叉湖 민암閔黯(1636~1694) 중심의 탁남濁南계열을 이었고, 문외파는 약현 심단·춘절재 이인복·청담 이중환·약산 오광운 등으로 미수 허목·매산梅山 이하진李夏鎭(1628~1682) 중심의 청남淸南계열을 이었고, 중립파[과성파]는 둘 사이를 오가는 중간 계열이었다.

문내파의 손재 권중경과 권서경은 탁남계열 석담石潭 권대운權大運(1612~1699)의 손자들이었고, 김화윤은 탁남계열 차호 민암의 외손자였다. 문외파의 약현 심단은 고산孤山 윤선도尹善道(1587~1671)의 외손자였고, 춘절재 이인복은 오리梧里 이원익李元翼(1547~1634)의 5세손이었으며, 청담 이중환은 성호星湖 이익李瀷(1681~1763)의 손자였다.[9]

당대 노론계열 집권세력은 숙종조 남인계열이 정권을 장악하였을 때, 남인 정권의 중심에서 정권을 잡았던 탁남계열을 특히 싫어하였으므로, 영조대의 탕평정국蕩平政局에서 근기 남인계열이 살아남기 위해서는 탁남계열과의 변별성을 강조해야만 했다. 청남계열의 문외파가 탁남계열의 문내파와 다른 정치적 입장을 강조한 것도 그 때문이었다. 성호 이익도 문외파의 입지를 공고히 하기 위해 퇴계 이황과 근기 남인계열의 학통을 연결시키는 데 힘썼다. 이 상황은 영조 4년(1728) 일어난 이인좌의 난[무신란]으로 인해 문외파의 우세로 정리되었고, 이에 따라 문외파는 소론계열과의 유대를 강화하며 관직에 진출하게 되었다. 이

---

9) 夫裕燮, 「17~18세기 중반 近畿南人 文壇 硏究」(韓國學中央硏究院 博士學位論文, 2009), 73~76쪽.

에 반해 문내파는 중심인물이었던 손재 권중경이 조카 이인좌가 일으킨 난에서 자결하면서 정치적으로 결정적인 타격을 입었다.

당시 문외파는 약현 심단·춘절재 이인복·청담 이중환·약산 오광운·국포 강박 등을 중심으로, 경신대출척[경신환국] 때 사사된 하헌夏軒 윤휴尹鑴(1617~1680)·묵재 허적과 기사환국己巳換局의 주도세력인 사천목씨泗川睦氏·여흥민씨驪興閔氏·진주유씨晉州柳氏 등 근기 남인 3대 가문의 의리를 반성하고, 이들과 자신들의 의리를 구별하여 하헌 윤휴와 묵재 허적의 신원伸冤을 청의淸議가 아니라고 배척하였다. 이로 인해 당시 문외파 계열은 손재 권중경·김화경 등과 정치적으로 갈등하였다.[10]

이들은 경종 연간부터 정계에 진출하여 미수 허목을 추종하였던 근기 남인계열 시맥 정립기의 인물들을 중심으로 하는데, 이 정립기의 인물들에 의해 다음 시기 근기 남인계열 인물들의 정치적 성격이 확립되어갔다. 이들 중 국포 강박·춘절재 이인복·약산 오광운·창애蒼厓 홍경보洪景輔(1692~1745)·이만유李萬維(?~?) 등은 오학사五學士로 불리기도 하였다.[11]

---

10) 박광용, 「朝鮮後期 「蕩平」 研究」(서울대학교 박사학위논문, 1994), 42~43쪽.

11) 成涉, 「筆苑散語」, "菊圃作李仁復來初碑銘, 而起頭以許眉叟己未一疏爲嘉惠後人之地以不爲苟黨, 一言爲眼目, 其下繼擧李仁復之言曰;'我蜀吾躬而已, 何有於比明哉, 我公吾衷而已, 何事於私同哉.' 指鑷廢失志者, 如臭帑塗家, 奮口直斥爲李也之大節以此, 而衝眉叟之道以此, 而世完平之家, 其言似是, 以以余觀之, 則此不過媚時人而發. 如此之言, 刻之金石, 而使時人, 皆駭之也, 何者. 李來初以賢相之孫, 少時登科, 年未四十, 而位至參判, 則不可謂不顯矣. 菊圃亦世家之人, 登金門上玉堂, 則其顯與來初一般矣, 當時唱爲尊學眉老之言, 自爲一黨而和之者, 有吳光運·洪景輔·李萬維, 若而人而已, 稱之爲五學士. 自以爲淸論, 而歸其餘南論世守之人, 於臭帑塗家之類, 此豈君子人之口氣乎. 君子一言爲知, 一言爲不知, 則菊圃一言歸於知乎, 歸於不知乎. 吾於五學士之言論甚慨然也. 且以湖社相羅庚申獄事, 罪死而不得伸其冤, 則其於金石文字, 不敢書其別號故也, 而稱尹以山人, 山人之稱, 尤所未知. 若稱以驪尹則, 可以知其未伸冤, 而以仕宦之人稱山人, 何意哉. 況庚申已過二百餘年矣. 其有罪無罪, 付之過去事, 可矣, 而必提起山人者, 以白湖之尤得罪於宋相也, 宋相爲西人之領袖, 而死後, 其餘威尙熟, 則菊圃之文, 只爲宋相也, 媚宋相, 乃所以悅西人之心, 下石於已落井之人, 而以媚於有熟氣之相, 一篇文字, 累言不已, 吾不知其可也. 大凡金石文字, 自有其例, 先書其人之世系, 次書其人之行蹟, 而此碑文, 則棄其前例, 寫出別識論, 而其精神所在, 則在於苟黨一言也. 五學士, 皆以世家顯然, 背其世論不可, 故做出尊崇許眉叟之言, 以爲發明世論之不改, 此所謂陽借陰背者也. 今吾摘發其眞臟, 而恐歸於傷巧之譏, 還不勝其悶然也, 世之人議論不一, 其以吾言爲是乎非乎. 至於許眉叟明哲之見, 則孰不欽仰尊崇, 而實獨於李來初而表衅書之乎. 菊圃之論, 旣此, 則宜其孫之有疏論蔡台, 何足怪哉. 但其文章, 則蔡台序文, 所謂許眉叟後一人者, 信矣. 刻而傳之於世, 必無費紙之愧, 蔡台之不負菊圃, 可謂盡門生之道矣."

탁남 문내파 계열을 배척하는 청남 문외파 계열의 행동에 대해 동소桐 巢 남하정南夏正(1678~1751)의 언급과 같은 비판이 없었던 것도 아니었지 만,[12] 청남 문외파 계열의 주장은 당시 근기 남인계열 인사들이 당대의 정국에 동참할 수 있는 명분을 만들어 주었다. 이와 함께 이 시기 근기 남인계열 인사들이 비록 청남清南 문외파 계열과 탁남濁南 문내파 계열로 나뉘어져 대립하는 양상을 보이기는 했지만, 이 대립은 정치적 반대 세력인 노론老論계열과의 대립 관계에서 유효한 것이었지 근기 남인계 열 안에서는 실질적으로 그다지 큰 의미를 지니는 것이 아니었다고 보인다. 이런 상황은 이 시기 근기 남인계열 인사들이 소론계열 인사들 과 활발한 교유관계를 유지하고 있었던 것과도 같은 의미를 지니는 것이다.

근기 남인계열의 인사들은 비록 청남계열과 탁남계열로 나누어지기 는 하였지만, 분리된 속에서도 당파적 동질성을 잊지 않았다. 근기 남인 계열 시맥 정립기 이후 근기 남인계열의 중심에 서서 이들의 정치적·집단적 결속을 이끈 대표적인 인물은 번암 채제공이었다. 번암 채제공 은 당시 청남계열 근기 남인의 지도자로서 국포 강박과 약산 오광운에 게 수학하였으며, 재상의 자리에 있으면서 탁남계열을 포함한 근기 남 인계열 전체의 정치적·집단적 결속을 추구하였다.

이 시기 번암 채제공에 의해 주도되었던 풍단시회楓壇詩會와 약하시사

---

12) 夫裕燮의 글[「17~18세기 중반 近畿南人 文壇 硏究」,(韓國學中央研究院 博士學位論文, 2009), 74쪽]에 따 르면 "남하정은 이재후의 상소가 경신·기사남인을 연결하여 '逆統'을 만들어내었다고 하고, 경신환국에 화를 당한 집안[庚申禍家]과 기사환국으로 정국을 주도했던 인물[己巳當路시]이 이미 패망한 틈을 타서 이런 상소를 올린 것이라고 하였다. 이는 당시 권력자에 아부하여 작록을 탐하는 행위로 노론에 부탁한 洪聖輔, 金廷潤 등이 나 소론에 부탁한 洪景輔, 鄭來周 등이 교묘하게 당색을 이용하여 자기도 속이고 남도 속이고 있다고 하였다. 아울러 오광운의 상소에 대해서도 송인명이나 이규채의 배척을 받아 '기사년의 群凶 가운데 돌아보아 꺼릴 것 이 없는 閔翼·閔宗道를 끄집어내어 끊어 결단하는 뜻을 보임으로써 스스로 공정하다는 이름을 붙이고 있다.' 는 비난을 받았다고 하였다."고 한다.

藥下詩社 그리고 종남사終南社에는 청·탁淸濁의 구분 없이 근기 남인계열 문사들이 자연스럽게 어울렸다. 풍단시회에 참석했던 인물들은 김정린金廷隣(1739~?)·유하원柳河源(1747~?)·유항주兪恒柱(1730~?)·죽포竹圃 심규沈逵(?~?)·유운익柳雲翼(1734~?)·오사五沙 이정운李鼎運(1743~?)·학록鶴麓 이익운李益運(1748~1817)·이유경李儒慶(1748~?)·이주명李柱溟(1742~?) 등이었고, 약하시사藥下詩社에 참여한 인물들은 여와餘窩 목만중睦萬中(1727~?)·간옹艮翁 이헌경李獻慶(1719~1791)·해좌海左 정범조丁範祖(1723~1801)·오사 이정운·황사술黃思述(1722~?) 등이었다.13)

종남사에 참여했던 인물들은 운암雲巖 오대익吳大益(1729~?)·유항주·오사 이정운·채우공蔡友恭(1749~)·채서공蔡叙恭(?~?)·이유경·구호龜湖 이수일李秀逸(1705~1779)·이주명·여와 목만중·심복沈墣(?~?)·강침姜忱(1732~?)·유하원·죽포 심규·기천岐川 채홍리蔡弘履(1737~1806)·조시겸趙時謙(1721~?)·이종영李宗榮(1723~?)·목조수睦祖洙(1726~?)·심경석沈景錫(1732~?)·최훤崔烜(1732~?)·이수발李秀發(1725~?)·소암蘇巖 이동욱李東郁(1739~?)·한광전韓光傳(?~?)·윤지승尹持昇(1741~?)·이익운·이종섭李宗爕(1748~?)·이경李燝(?~?)·사앙士仰 우경모禹景謨(1744~1793)·우석모禹錫謨(1747~?)·이시수李是鏽(?~?)·해좌 정범조 등이었다.14)

정조正祖 7년(1783) 명덕동明德洞에 은거한 번암 채제공은 여와 목만중과 함께 다시 기천 채홍리·운암 오대익·유항주·오사 이정운·채우공·채서공·이유경·구호 이수일·이주명·심복·강침·유하원·죽포 심규·조시겸·이종영·목조수·심경석·최훤·이수발·이익운·이

---

13) 백승호, 「18세기 남인 문단의 시회」, 『관악어문연구』 29집(2004), 381쪽.
14) 백승호, 「18세기 남인 문단의 시회」, 『관악어문연구』 29집(2004), 387쪽.

종섭・이경・우경모・우석모・이시수・해좌 정범조・혜환惠寰 이용휴李用休(1708~1782)・금대錦帶 이가환李家煥(1742~1801) 등과 함께 번리시사樊里詩社를 열었다.15)

당대 번암 채제공과 함께 근기 남인계열의 다른 한 축을 형성하고 있었던 여와 목만중도 오대익・유항주・채홍리・홍검洪檢(1722~?)・박도상朴道翔(1728~?)과 서원시사西園詩社를, 호암湖庵 한덕후韓德厚(1735~?)・운암 오대익・기천 채홍리・송간松澗 홍수보洪秀輔(1723~?)・간옹艮翁 이헌경李獻慶(1719~1791)・석북石北 신광수申光洙(1712~1775)・진택震澤 신광하申光河(1729~1796)・오사 이정운・해좌 정범조・하석荷石 정재원丁載遠(1730~1792)・한광전・유항주・이동우李東遇(1730~?)・심복・윤필동尹弼東(?~?)・소암 이동욱李東郁・이용서李龍舒(1727~?)・한경선韓景善(?~?)・취송 醉松 이희사李羲師(1728~1811)・이여화李汝華(?~?)・홍검・심집沈楫(?~?)・김상우金商雨(1751~?)・심규로沈奎魯(1761~?)・홍락현洪樂玄(1765~?)・윤희면尹希勉(?~?)・이사조李思祚(1729~?)・이혜조李惠祚(1721~?)・최위崔煒(?~?)・청암聽菴 박도인朴道仁(1723~1798)・박도상・유집柳㷟(?~?)・정조鄭祚(?~?)・강인姜僙(1729~?)・송영宋榮(1736~?) 등과 백사白社를 열었다.16)

근기 남인계열 시맥의 마지막 세대에 해당하는 다산茶山 정약용丁若鏞(1762~1836)도 사환기에 회현동에서 죽란시사竹欄詩社를 열었다. 수장을 외육촌형 남고南皐 윤지범尹持範(1752~1821)으로 한 이 시사에는 이유수李儒修(1758~?)・홍시제洪時濟(1758~?)・이치훈李致薰(1759~1822)・병산皐山 한치응

---

15) 심경호, 「조선후기 시사와 동호인 집단의 문화활동」, 『민족문화연구』 제31집(고려대학교 민족문화연구소, 1999), 180쪽. 종남사와 번리시사에 대한 백승호와 심경호의 견해가 다르다. 이 글에서는 우선 백승호의 견해를 따르고, 심경호의 견해로 보충하도록 한다.
16) 심경호, 「조선후기 시사와 동호인 집단의 문화활동」, 『민족문화연구』 제31집(고려대학교 민족문화연구소, 1999), 189쪽.

韓致應(1760~1824)・유원명柳遠鳴(1760~?)・이주석李周奭(1760~?)・채홍원蔡弘遠(1762~?)・소고少皐 윤지눌尹持訥(1762~1815)・신성모申星模(1763~1827)・한백원韓百源(1763~?)・이중연李重蓮(1765~?)・가헌可軒 이석하李錫夏(?~?)・심규로 등 15명이 참여하였다.[17]

이렇게 본다면 실질적인 근기 남인계열 시맥의 마지막 시기인 발전기의 경우 시문단 참여 인물들의 대부분이 당대 정계에 몸담고 있었던 인물들이었으며, 이들은 문학적인 면에서뿐만 아니라 당파적・정치적인 결속을 위해 문학 동호인 활동을 하였고, 이를 통해 당대 그들의 시단을 발전시켜 나갔다고도 생각할 수 있다. 그러나 당대 근기 남인계열 시단의 중심에 서 있었던 사람들은 이와 같이 정계에 몸담고 있었던 인물들만이 아니었다.

일세를 주름잡은 이는 번암 채제공, 간옹 이헌경, 해좌 정범조, 震澤 申光河 이 몇 군자들 뿐이다. 南皐子(尹持範)가 이 사이에 태어나 여러분들의 문하에 왕래하면서 이미 그 요령을 다 터득했다.[18]

---

17) 심경호,「조선후기 시사와 동호인 집단의 문화활동」,『민족문화연구』제31집(고려대학교 민족문화연구소, 1999), 187쪽.
丁若鏞,「竹欄詩社帖序」,『與猶堂全書』卷13, "上下五千年, 必與之生竝一世者, 不遇然也, 從橫三萬里, 必與之生竝一邦者, 不遇然也. 然其齒有長幼之縣, 而其居在遼遠之鄕, 則對之莊然少歡而有沒世不相識者矣. 凡是數者之外, 又其窮達有不齊, 而趣向有不同, 則雖年同庚而處比鄰, 莫肯與之游從讌敖, 此人生交結之所以不廣, 而我邦其甚者也. 余嘗與蔡邁叔議結詩社, 與共歡樂, 邁叔之言曰;'吾與子同庚也. 多我九年者與少我九年者, 吾與子皆得而友之, 然多我九年者與少我九年者相値, 則爲之醫折爲之畔席, 而其會已紛紛矣.'於是自多我四年者起, 至少我四年者而止, 共得十五人, 李舟臣名儒修・洪約汝名時濟・李聖島名錫夏・李子和名致薰・李良臣名周奭・韓徯父名致應・柳振玉名遠鳴・沈華五名奎魯・尹无咎名持訥・申景甫名星模・韓元禮名百源・李輝祖名重蓮. 與余兄弟與邁叔是已, 玆十五人者, 以相若之年, 處相望之地, 策名淸時, 齊登仕籍, 而其志趣所歸, 與之相類, 則結社爲歡, 賁飾太平, 亦不可乎. 會飢成, 與之約曰: 杏始華一會, 桃始華一會, 盛夏瓠果飢黙一會, 新涼西池賞蓮一會, 菊有華一會, 冬大雪一會, 歲暮盆梅放花一會, 每陳酒殽筆硯, 以供觴詠. 少者先爲之辨具, 至于長者, 周而復之, 有擧男者辨, 有出宰者辨, 有進秩者辨, 有子弟登科者辨, 於是書名與約題名曰: 竹欄詩社帖. 以其會多在余家也. 樊翁聞此事而喟然曰: 盛矣哉斯會也. 吾少時何得有此, 此皆我聖上二十年來, 休養生息陶鑄作成之效也. 每一會, 其歌詠聖澤, 思所以報答之, 無徒酕醄呼畞爲也. 邁叔屬余爲序, 竝記樊翁之誠以爲敍."
18) 尹持範,「南皐詩稿序」,「洌水雜著」,"或以雄軍名, 或以飄逸聞, 或高視上京, 或振藻海隅, 非不驢揚虎視, 方羊一世則樊巖艮翁海左振澤, 此數君子者是已. 南皐子生乎其間, 往來數君子之門, 固已得其要領."

영조 초년에는 希菴 蔡彭胤과 三淵 金昌翕이 시의 대가로 일컬어졌다. 그 뒤로는 菊圃 姜樸・淸潭 李重煥・槎川 李秉淵이 명가요, 또 그 뒤로는 艮翁 李獻慶・餘窩 睦萬中이 대가이며, 海左 丁範祖・及第 蔡濟恭이 명가이니 모두 손꼽을만한 시인이다.[19]

오늘 李灝가 말하기를 '요즈음 남인 중에서 문사로 자임하는 사람이 다섯 있는데 '五鳳山'이라고 한다. 바로 樊巖 蔡濟恭・石北 申光洙・海左 丁範祖・蠹西 李獻慶・睦萬中이다.'[20]

영조 이래로 風氣가 일변하였으니, 이용휴・이가환 부자와 이덕무・유득공・박제가・이서구의 무리가 혹은 奇詭를 주로 하거나 혹은 尖新을 주로 하였다. 그 일대의 升降의 자취를 옛날과 비교해보면 성・만당과도 같았다.[21]

영조 말년에 명망이 당대의 으뜸이 되었다. 대개 탁마하여 自新하고자 하는 자들이 모두 그에게 배워 문자를 다듬으니, 몸은 布衣로 있었으나 文苑의 權을 잡은 것이 삼십 여 년 이었다. 이는 옛 부터 없었던 일이다.[22]

이상의 이야기들은 실질적인 조선 후기 근기 남인계열 시맥의 마지막 시기인 발전기에 대한 후대인들의 평가이다. 이 시기를 실질적인

---

19) 姜浚欽,『三溟詩話』69則, "英廟初年, 蔡希菴・金三淵詩爲大家, 其後則姜菊圃・李淸潭・李槎川爲名家, 又其後則李艮翁・睦餘窩爲大家, 丁海左・蔡及第爲名家, 皆是家數" 밑줄 친 부분은 원문에 삭제 표기가 있다.
20) 黃胤錫,『頤齋亂藁』卷27, "今日李灝言, 今南人中以文詞自任者, 有五家, 稱曰; 五鳳山, 卽蔡濟恭樊巖・申光洙石北・丁範祖海左・李獻慶蠹西・睦萬中云."
21) 金澤榮,「申紫霞詩集序」,『韶濩堂文集』卷2, "自英廟以下, 則風氣一變, 如李惠寰・錦帶父子, 李炯菴・柳泠齋・朴楚亭・李薑山之倫, 或主奇詭, 或主尖新, 其一代升降之跡, 方之古, 則猶盛晚唐焉."
22) 丁若鏞,「貞軒墓誌銘」,『與猶堂全書』卷15, "自號曰; 惠寰居士, 當元陵末年, 名冠一代, 凡欲濯磨以自新者, 咸就斧正, 身居布衣之列, 手操文苑之權者三十餘年, 自古以來未之有也."

근기 남인계열 시맥의 마지막 시기라고 규정한 것은 이 시기를 끝으로 더 이상 근기 남인계열이나 시맥이라는 개념이 별다른 의미를 지니지 못하게 되었기 때문이다.

그런데 위에서 살펴본 발전기 근기 남인계열 문인들에 관한 당대와 후대 평가의 중심에는 물론 대부분 당대의 관료 문인들이 포진해 있지만, 관직을 전혀 거치지 않았던 몇 사람, 혜환 이용휴와 석북 신광수 등에 대해서도 빠지지 않고 언급하고 있다. 이렇게 본다면 발전기의 근기 남인계열 시문단이 당대의 출사 관료들 만을 중심으로 구성되어 있었고, 그들의 주도 아래 움직여 갔다고만 보기는 어렵다.

그런데, 여기서 주목해 보아야 할 것은 혜환惠寰·금대錦帶로 병칭되는 혜환 이용휴·금대 이가환 부자에 대한 평가이다. 창강滄江 김택영金澤榮(1850~1927)과 다산 정약용은 극찬하고 있지만, 다른 세 사람, 남고南皐 윤지범尹持範(1752~?)·삼명三溟 강준흠姜浚欽(1768~1833)·이재頤齋 황윤석黃胤錫(1729~1791)의 평에서는 거론조차 되지 않았다. 물론 문인에 대한 평가나 작품에 대한 평가에는 개인적 편차가 있을 수 있기 때문에 이와 같은 평가가 문제될 것이 없을 수도 있겠지만, 만약 이런 평가가 어떤 의도성을 지닌 것이고, 이 의도성의 달성을 위해 객관적인 실상을 가리려고 한 평가라면 이에 대해서는 구체적으로 살펴보아야 한다.

조선 후기 당대 근기 남인계열 시문단은 마지막 시기인 발전기를 맞이하여 절정의 문학적 기량을 선보이고 있었지만, 근기 남인계열 문인들이 직면한 정치적 현실은 근기 남인계열 내부의 결속을 위해 지속적인 문학 동호인 활동이 반드시 필요했을 만큼 내적 균열이 강하게 일어나고 있었다고 보인다. 따라서 혹 이와 같은 정치적 상황이 후대에 와서 당대 문단에 대한 평가를 왜곡하게 만든 한 원인이 아닐까하는 생각을 하게 된다.

조선 후기 청·탁으로 갈렸던 근기 남인계열 인사들이 내적 결속을 추구해 나가던 중, 정조 15년(1791)에 일어난 진산사건珍山事件[신해사옥辛亥邪獄]으로 인해 근기 남인계열 인사들은 이전과 다른 새로운 분열의 시기를 맞이하였다. 이 사건은 정조 11년(1787) 일어난 정미 반회사건丁未泮會事件을 통해 당대 정치권 안에 폭넓게 형성되었던 척사斥邪의 기운을 표면화하게 만든 사건이었다.

정조正祖 6년(1782) 당대 남인계열의 영수였던 번암 채제공이, 홍국영洪國榮(1748~1781)이 축출되고 들어선 귀천歸泉 서명선徐命善(1728~1791) 정권에 의해 정계에서 물러난 뒤, 번암 채제공과 대립하고 있던 탁남계열의 일부 근기 남인들이 번암 채제공 대신 기천岐川 채홍리蔡弘履(1737~1806)를 따랐는데, 이들을 번암 채제공을 따르던 인물들과 구분하여 소채小蔡라 불렀다.

얼마 뒤 관직에 복귀한 번암 채제공은 재상의 직에 있으면서 죄인으로 죽은 사도세자를 신원伸寃하기 위한 단호한 조치를 취하여 새로운 의리를 세우고자 했다. 이를 위해 임오의리壬午義理를 강력히 주장하였는데, 이 때문에 노론계열과 근기 남인계열 내의 송간松澗 홍수보洪秀輔(1723~?)·홍인호洪仁浩(1753~1799) 부자 등 소채계열의 강한 정치적 공격을 받았다. 이 사건을 계기로 근기 남인계열 인사들은 번암 채제공을 중심으로 한 채당蔡黨과 송간 홍수보·홍인호 부자를 중심으로 한 홍당洪黨으로 나뉘어졌으며, 이때부터 소채 계열의 여와 목만중과 송간 홍수보는 번암 채제공과 정치적 노선을 완전히 달리하게 되었다.

번암 채제공과 송간 홍수보 계열의 대립은 서학西學에 대한 대응 논리의 차이에서 더욱 커졌으며, 송간 홍수보 계열이 노론 공서파攻西派와 손을 잡으면서 번암 채제공 계열에 대한 공격이 더욱 거세졌다. 이런 분위기 아래에서 송간 홍수보 계열은 번암 채제공 계열을 사학邪學[서학西學]을 비호하는 세력으로 몰아붙이며 정치적 입지를 압박해 들어갔다. 이와 같은 상황에서 순조 1년(1801) 일어난 신유박해辛酉迫害는 상대적으로 서학에 대해 강한 관심과 흥미를 지니고 있었던 젊은 문인들이 많은 번암 채제공 계열을 정치적으로 상당한 곤경에 빠트렸다. 이에 따라 번암 채제공은 유가적 도덕관념의 재무장과 학문 활동의 강화를 통해 당면한 정치적 난국을 타개하려고 하였다.

이런 상황 때문에 번암 채제공이 근기 남인계열의 시맥을 설정할 때, 서학도로 지목받고 있었던 녹암鹿庵 권철신權哲身(1736~1801)·만천蔓川 이승훈李承薰(1756~1801) 등과 깊은 유대를 가지고 있었던 혜환惠寰 이용휴李用休(1706~1782)·금대錦帶 이가환李家煥(1742~1801) 부자를 의도적으로 근기 남인계열 시맥에서 배제한 것이 아닐까 생각된다. 번암 채제공의 이와 같은 행위는 당대 심각한 정치적 곤경 아래 놓여 있었던 자당自黨의 생존을 위한 불가피한 선택이었겠지만, 현재까지 조선 후기 당대 근기 남인계열 시맥의 실상을 호도하게 만드는 가장 큰 원인으로 작용하고 있다고 생각된다.

조선 후기 당대 근기 남인계열 시문단 실상의 왜곡 가능성을 염두에 두고, 근기 남인계열 시맥의 마지막 시기인 발전기의 대표 작가들을 정리해 보면 대략 다음과 같다.

〈朝鮮 後期 近畿 南人系列 發展期 詩壇 人物表〉

성명	자 / 호	생몰연대	관향	선대	사승관계	비고
강백姜栢	자청子青 / 우곡愚谷	1690~1777	진주晉州	강석주姜碩周	祖父 姜珷	
강인姜偵	자천自天 /	1729~?	진주晉州	강세황姜世晃		
강침姜忱	성오誠吾 /	1732~?	진주晉州	강수우姜守愚		
김광우金光遇	백첨伯瞻 / 당계棠溪	1707~1781	김해金海	김진하金鎭夏		
김상우金商雨	좌현佐賢 /	1751~?	경주慶州	김종진金宗鎭		
김정린金廷隣	덕재德哉 /	1739~?	강릉江陵	김성운金聖運		
목만중睦萬中	유선幼選 / 여와餘窩	1727~?	사천泗川	목조우睦祖禹		
목조수睦祖洙	경로景魯 /	1726~?	사천泗川	목회경睦會敬		
박도상朴道翔	난사鸞斯 /	1728~?	밀양密陽	박징朴徵		
박도인朴道仁	정국正國 / 청암聽菴	1723~1798	밀양密陽	박천朴淦		
송영宋榮	경기景期 /	1736~?	여산礪山	송제로宋濟魯		
신광수申光洙	성연聖淵 / 석북石北	1712~1775	고령高靈	신호申澔		
신광하申光河	문초文初 / 진택震澤	1729~1796	고령高靈	신호申澔		
신성모申星模	경보景甫 / 도산陶山	1763~1827	고령高靈	신정록申鼎祿		
신후담慎後聃	이로耳老 / 하빈河濱	1702~1761	거창居昌	신구중慎龜重	星湖 李瀷	
신후재慎厚載	덕부德夫 / 규정葵亭	1636~1699	거창居昌	신항구申恒耉		
신후팽慎後彭	술고述古 /	1708~?	거창居昌	신구중慎龜重	星湖 李瀷	
심경석沈景錫	복경福卿 /	1732~?	청송青松	심곡沈縠		
심규로沈奎魯	화오華五 /	1761~?	청송青松	심집沈楫		
심달沈達	/ 죽포竹圃	?~?	청송青松			
심박沈墣		?~?	청송青松			
심집沈楫		?~?	청송青松			
오대익吳大益	경삼景參 / 운암雲巖	1729~?	동복同福	오필운吳弼運		
우경모禹景謨	사앙士仰 /	1744~1793	단양丹陽	우세택禹世澤	樊巖 蔡濟恭	
우석모禹錫謨	사통士通 /	1747~?	단양丹陽	우세택禹世澤	樊巖 蔡濟恭	
유경종柳慶種	선원善元 / 해암海巖	1714~1784	진주晉州	유뢰柳耒		
유운익柳雲翼	붕지鵬之 /	1734~?	진주晉州	유서오柳敍五		
유원명柳遠鳴	진옥振玉 /	1760~?	진주晉州	유운흡柳雲翕		
유집柳潗		?~?				
유하원柳河源	백유伯兪 /	1747~?	진주晉州	유영진柳榮鎭		
유항주兪恒柱	계오季五 /	1730~?	기계杞溪	유한일兪漢逸		
윤지눌尹持訥	무구无咎 / 소고少皐	1762~1815	해남海南	윤운尹惲		一名 尹奎應
윤지범尹持範	이서彛敍 / 남고南皐	1752~1846	해남海南	윤위尹愇		一名 尹奎範
윤지승尹持昇		1741~?	해남海南	윤육尹情		
윤필동尹弼東		?~?	파평坡平	윤득대尹得大		

성명	자 / 호	생몰연대	관향	선대	사승관계	비고
윤필병尹弼秉	이중彛仲/무호암無號庵	1730~1810	파평坡平	윤사용尹師容		
윤희면尹希勉		?~?				
이가환李家煥	정조廷藻 / 금대錦帶	1742~1801	여주驪州	이용휴李用休	星湖 李瀷	
이경李烱	안창군安昌君	?~?	전주全州			
이기양李基讓	사흥士興 / 복암茯庵	1744~1802	광주廣州	이종한李宗漢	星湖 李瀷	
이동우李東遇	천여天與 /	1730~?	평창平昌	이광부李光溥		
이동욱李東郁	유문幼文 / 소암蘇巖	1739~?	평창平昌	이광직李光溭		
이동항李東沆	성재聖哉 / 지암遲庵	1736~1804	광주廣州	이항중李恒中	百弗庵崔興遠 大山 李象靖	
이병연李秉延	이보彛甫/반롱재半聾齋	1726~1762	연안延安			
이사조李思酢	자급子伋 /	1729~?	전주全州	이필운李必運		
이석하李錫夏	/ 가헌可軒	?~?	전주全州		靑野 林翼常	
이세익李世翼	사필士弼 /	1707~?	연안延安	이선소李善素		
이수발李秀發	계화季和 /	1725~?	한산韓山	이성李宬		
이수일李秀逸	자준子俊 / 구호龜湖	1705~1779	한산韓山	이성李宬		
이승연李承延	석여錫予 / 강재剛齋	1720~1806	연안延安			
이시수李是繡		?~?				
이여화李汝華		?~?				
이용서李龍舒	우린于鱗 /	1727~?	한산韓山	이만李勉		
이용휴李用休	경명景命 / 혜환惠寰	1708~1782	여주驪州	이침李沈	星湖 李瀷	
이유경李儒慶	이선而善/청심옹淸心翁	1748~?	함평咸平	이태운李台運		
이유수李儒修	주신周臣 /	1758~?	함평咸平	이태운李炱運		
이익운李益運	계수季受 / 학록鶴麓	1748~1817	연안延安	이징대李徵大	樊巖 蔡濟恭	
이정운李鼎運	공저公著 / 오사五沙	1743~?	연안延安	이징대李徵大	樊巖 蔡濟恭	
이종섭李宗燮		1748~?	연안延安	이세omega李世爽		
이종영李宗榮	인길仁吉 /	1723~?	전주全州	이발형李發馨		
이주명李柱溟	숙승叔昇 /	1742~?	한산韓山	이수열李秀逸		
이주석李周奭		1760~?	전주全州	이방영李邦榮		
이중연李重蓮		1765~?	연안延安	이문섭李文燮		
이치훈李致薰	자화子和 /	1759~1822	평창平昌	이동욱李東郁	惠寰 李用休	
이학규李學逵	성수醒叟 / 낙하洛下	1770~1835	평창平昌	이응훈李應薰	惠寰 李用休	
이헌경李獻慶	몽서夢瑞 / 간옹艮翁	1719~1791	경주慶州	이제화李齊華		
이혜조李惠酢	중양仲纕 /	1721~?	전주全州	이필운李必運		
이희사李羲師	/ 취송醉松	1728~1811				
정범조丁範祖	법세法世 / 해좌海左	1723~1801	나주羅州	정지령丁志寧		
정약용丁若鏞	미용美庸 / 다산茶山	1762~1836	나주羅州	정재원丁載遠	樊巖 蔡濟恭	

성명	자 / 호	생몰연대	관향	선대	사승관계	비고
정재원丁載遠	기백器伯 / 하석荷石	1730~1792	나주羅州	정지해丁志諧		
정조鄭祚		?~?				
조시겸趙時謙	성익聖翼 /	1721~?	순창淳昌	조형趙珩		
채서공蔡叙恭		?~?	평강平康			
채우공蔡友恭	백우伯于 /	1749~?	평강平康	채응선蔡膺善		
채제공蔡濟恭	백규伯規 / 번암樊巖	1720~1799	평강平康	채응일蔡膺一	藥山 吳光運 菊圃 姜樸 希菴 蔡彭胤 芐亭 李德胄	
채홍리蔡弘履	사술士述 / 기천岐川	1737~1806	평강平康	채의공蔡義恭		
채홍원蔡弘遠	이숙邇叔 /	1762~?	평강平康	채제공蔡濟恭		
최위崔煒		?~?				
최훤崔烜	성저聖著 /	1732~?	삭녕朔寧	최인우崔仁佑		
최흥원崔興遠	태초太初 / 백불암百弗庵	1705~1786	경주慶州	최석정崔錫鼎		
한경선韓景善		?~?				
한광전韓光傳		?~?				
한덕후韓德厚	근지謹之 / 호암湖庵	1735~?	청주淸州	한종호韓宗浩		
한백원韓百源	원례元禮 /	1763~?	청주淸州	한진하韓鎭夏		
한치응韓致應	혜보徯甫 / 병산屛山	1760~1824	청주淸州	한광적韓光廸	樊巖 蔡濟恭	
홍검洪檢	성오省吾 /	1722~?	남양南陽	홍정준洪廷準		
홍락현洪樂玄	성재聖宰 /	1765~?	풍산豊山	홍첨한洪瞻漢		
홍명한洪名漢	군평君平 /	1724~1774	풍산豊山	홍경보洪景輔		
홍성洪晟	광국光國 /	1702~1778	남양南陽	홍명원洪命源		
홍수보洪秀輔	군택君擇 / 송간松澗	1723~1800	풍산豊山	홍중후洪重厚		
홍시제洪時濟	약여躍汝 /	1758~?	남양南陽	홍윤洪錀		
황사술黃思述	선여善汝 /	1722~?	상주尙州	황영黃泳		

 이렇게 살펴본 발전기 근기 남인계열 문인들 중 현재 소략하게나마 시문집을 통해 이들의 시문학 경향에 대해 확인해 볼 수 있는 인물로는 우곡 강박(『우곡집愚谷集』)·여와 목만중(『여와집餘窩集』)·석북 신광수(『석북선생문집石北先生文集』)·진택 신광하(『진택문집震澤文集』)·도산 신성모(『도산집陶山集』)·하빈 신후담(『하빈집河濱集』)·규정 신후재(『규정집葵亭集』)·해암 유경종(『해암고海巖稿』)·금대 이가환(『금대시문초錦帶詩文鈔』)·복암 이기양(『복암유고茯庵遺稿』)·

지암 이동항(『지암선생문집遲庵先生文集』)・반롱재 이병연(『반롱재집半聾齋集』)・가헌 이석하(『가헌유고可軒遺稿』)・강재 이승연(『남주세고藍州世稿』)・혜환 이용휴(『탄만집歎敗集・혜환잡저惠寰雜著・혜환시집惠寰詩集・혜환시초惠寰詩草』)・낙하생 이학규(『낙하생집洛下生集』)・간옹 이헌경(『간옹선생문집艮翁先生文集』)・취송 이희사(『취송시고醉松詩稿』)・해좌 정범조(『해좌선생문집海左先生文集』)・다산 정약용(『여유당전서與猶堂全書』)・번암 채제공(『번암집樊巖集』)・백불암 최흥원(『백불암집百弗庵集』)・병산 한치응(『병산집苹山集』) 정도를 들 수 있다.

이들 가운데 특히 문학적으로 뛰어나 후대까지 지속적으로 추앙받은 인물로는 우곡 강백・당계 김광우・여와 목만중・난사 박도상・석북 신광수・진택 신광하・해암 유경종・붕지 유운익・소고 윤지눌・남고 윤지범・무호암 윤필병・금대 이가환・소암 이동욱・지암 이동항・반롱재 이병연・강재 이승연・혜환 이용휴・오사 이정운・이종섭・이치훈・낙하생 이학규・간옹 이헌경・취송 이희사・해좌 정범조・다산 정약용・하석 정재원・번암 채제공・채홍원・한경선・병산 한치응・송간 홍수보・홍시제 등을 들 수 있지만, 시에 보다 주력했던 인물로는 우곡 강백・당계 김광우・여와 목만중・난사 박도상・석북 신광수・진택 신광하・해암 유경종・붕지 유운익・소고 윤지눌・남고 윤지범・금대 이가환・반롱재 이병연・강재 이승연・혜환 이용휴・오사 이정운・이치훈・낙하생 이학규・간옹 이헌경・해좌 정범조・다산 정약용・번암 채제공・채홍원・한경선・병산 한치응・홍시제 등을 들 수 있다. 실질적인 근기 남인계열 시맥의 마지막 시기인 발전기의 시문단은 이들을 중심으로 하였다고 생각된다.

이상과 같이 조선 후기 근기 남인계열 시맥의 중요 인물들을 형성기・정립기・발전기로 나누어 정리해보고 나면 새로운 사실을 인지할 수 있다. 그것은 조선 후기 근기 남인계열 시맥의 흐름이 사승관계에 의한 것이라기보다 혈연이나 혼인 관계 등 개별 가계家系의 다양한 관계망과 오랜 기간 전해져 내려온 문학과 학문 경향에 더 큰 영향을 받고 있다는 것이다. 이와 같이 생각하게 되는 것은 형성기·정립기·발전기로 구분한 세 시기 동안 각 시기 시문단의 대표적인 인물들이 대체로 유사한 가문에서 배출되었고, 당대 시문단의 대표적인 인물을 배출한 가문의 경우 대부분 가계家系 외부의 사승관계보다 가계家系 내의 가학家學 전통을 중심으로 후손들을 교육하였으며, 이 교육을 바탕으로 개개인이 각자의 문학적 성취를 이루었다고 보이기 때문이다.

가학家學을 중심으로 한 가계 내의 교육은 가문의 성쇠盛衰에 직접적인 영향을 받는다. 따라서 조선 후기 당대의 혼란한 정치적 상황 아래에서 가문의 위상을 지키지 못했을 경우 가학 전통을 이을 수 없었고, 이 경우 그 가문은 정치적으로 뿐만 아니라 문학적으로도 몰락해버리게 된다.

근기 남인계열 3대 가문으로 손꼽혔던 사천목씨泗川睦氏·여흥민씨驪興閔氏·진주유씨晉州柳氏 가문의 경우가 이에 해당한다. 이 세 가문 중 사천목씨 가문과 진주유씨 가문이 근기 남인계열 시맥의 발전기에 여와 목만중·해암 유경종을 중심으로 다만 몇 사람의 인물만이라도 시단의 중심에 배출해 낼 수 있었던 것과 달리 여흥민씨 가문은 이 시기에 와서 시단의 중심에 세워둘만한 특별한 인물을 거의 배출해내지 못했다고 보인다.

정치적 몰락으로 인한 가세家勢의 침체가 가학 전통의 유지와 발전에 중요한 역할을 한다고 하였을 때 조선 후기 근기 남인계열에 속하는 가문들 중 지속적인 발전이나 순탄한 전승 과정을 누릴 수 있었던 가문은 쉽게 찾기 어렵다. 그것은 조선 후기 근기 남인계열이 정치적 약자의 위치에 자리하고 있었다는 당대의 정치적 상황에 따른 필연적인 결과였다고 생각된다.

정치적 몰락을 경험한 근기 남인계열 가문의 경우 여주이씨驪州李氏 혜환 이용휴가와 같이 정계와 일정한 거리를 유지하며 가학의 전통에 침잠하는 경우도 있었지만, 온전한 가학 전통의 계승이 어려운 상황에 이르게 되어 동일 당파 안의 학문적 존장尊丈을 찾아 수학하는 경우도 있었다. 진주유씨 해암 유경종가나 평강채씨 번암 채제공가와 같은 경우가 이에 해당한다고 보이는데, 이 두 가문 중 번암 채제공의 가문은 상대적으로 당대 그다지 큰 정치적 역경을 겪었다고 보이지는 않는다. 따라서 번암 채제공의 경우 가학의 전통을 유지한 그 위에 가계 외부의 사승관계를 더하여 개인과 가문의 발전을 도모한 것이라고 볼 수 있을 것이다.

이와 달리 해암 유경종가의 경우 가학의 전통을 올곧게 전수받을 수 없는 상황이었다. 20대 초 안산에 정착한 이후 해암 유경종은 인근에 거처를 두고 있었던 성호 이익을 찾아가 학문을 전수받았는데, 해암 유경종은 성호 이익에게 사사하며 학문뿐만 아니라 평생을 같이할 지기를 얻게 되었다. 이와 같은 교유관계의 수립은 가학을 넘어서 새로운 사승관계를 설정한 문인들이 얻게 되는 부수적인 혜택이었다고 보인다.

가학의 전통을 바탕으로 한 교유관계를 통해 시명詩名을 얻게 되는 경우도 찾아볼 수 있는데, 나주정씨羅州丁氏 해좌 정범조가와 고령신씨高靈申氏 석북 신광수가가 이에 해당한다. 이들 가문은 정치적으로 그다지 큰 위상을 갖지는 못했지만, 가학을 통해 꾸준한 명망을 얻고 있었고 이 명망을 바탕으로 조선 후기 당대 근기 남인계열 문단의 중심에 서 있었던 다양한 인물들과 교유하였다고 생각된다. 이들은 이와 같은 교유를 통해 가문의 문학적 위상을 정립하고 자신의 문학적 성가聲價를 확보했다고 할 수 있다. 조선 후기 근기 남인계열의 시맥은 이와 같이 다양한 과정을 통해 형성되었고, 따라서 시맥을 구성하는 작가들의 시 문학 경향 역시 하나로 규정하거나 단정하기는 어렵다고 생각된다.

〈朝鮮 後期 近畿 南人系列 詩脈 內 主要 家系 人物表〉

구 분		대상 인물								비고
		泗川 睦氏	驪興 閔氏	晉州 柳氏	同福 吳氏	驪州 李氏	平康 蔡氏	延安 李氏	羅州 丁氏	高靈 申氏	
형성기	17세기 초 남인 성립 시기 ~ 1694 갑술환국 시기	睦行善	閔點 閔熙	柳碩	吳端 吳挺緯 吳竣	李元鎭 李尙毅 李夏鎭 李志定	蔡裕後	李觀徵 李沃 李景義	丁彥璜		
정립기	1694 갑술환국 시기 ~ 1724 영조 즉위 시기	睦聖謙 睦聖觀 睦時敬	閔昌道	柳命天 柳命賢	吳光運 吳尙濂	李元煥 李重煥 李慶休	蔡膺全 蔡膺萬 蔡膺一 蔡彭胤	李萬敷 李萬秀 李萬維 李福喜 李正臣		申必淸	
발전기	1724 영조 즉위 시기 ~ 1834 순조 말 세도정치 확립기	睦萬中 睦祖洙		柳慶種 柳雲翼 柳河源 柳遠鳴	吳大益	李家煥 李用休	蔡弘遠 蔡叙恭 蔡友恭 蔡濟恭 蔡弘履	李世翼 李重蓮 李承延 李秉延 李鼎運 李宗燮 李益運	丁範祖 丁若鏞 丁載遠	申光洙 申星模 申光河	

제2부 조선 후기 근기 남인 시맥의 형성

2. 문학文學 계보系譜의 형성形成 과정過程 검토檢討

조선 후기 근기 남인계열 시맥의 흐름을 살펴보면서 지금까지 그다지 주목하지 않았던 중요한 한 가지 사실을 확인할 수 있었다. 아주 본질적인 부분이지만 대부분의 연구자들이 아직까지 그다지 주목하지 않고 있는 부분이고, 또 연구자 대부분이 그럴 가능성이 존재한다고 생각하고는 있지만 구체적으로 드러내 밝히지 못한 것으로, 조선 후기 근기 남인계열 시맥의 형성에 미친 가계家系 내 가학家學의 영향이다.

앞 절에서 살펴본 것처럼, 조선 후기 근기 남인계열 시맥의 형성과 전개 과정에서 가계家系 외부의 사승관계가 시맥의 형성과 전개 과정에 영향을 미쳤다고 생각할 수 있는 시기는 시맥의 정립기 이후이고, 대상 인물도 희암 채팽윤에서 국포 강박과 약산 오광운, 그리고 다시 번암 채제공으로 이어지는 청남계열 근기 남인계열 일부 문인에게서 일 뿐이다.

이렇게 본다면 조선 후기 근기 남인계열에 속하는 문인들 대부분이 사승관계에 의한 시문학의 학습보다 가학을 통한 자연스러운 시문학 경향의 전승을 통해 자신들의 시문학 세계를 형성하였고, 이렇게 형성된 자신의 시문학 경향을 그들의 후손들에게 전하였다고 생각된다.

가학을 통해 시문학의 기초를 익히고, 이를 바탕으로 자신의 시문학 경향을 완성해 갔던 조선 후기 근기 남인계열 문인들의 문학적 학습 과정이 당대의 보편적인 현상이었는지, 아니면 그 시기 근기 남인계열 문인들 사이에서만 존재하고 있었던 독특한 현상이었는지에 대해서는 지금 이 자리에서 단언하여 말하기 어렵다. 그리고 가학을 바탕으로 한 가계 내의 학습을 중심으로 자신의 시문학 경향을 이루어 왔다는 이야기가 이들의 사승관계를 통한 학습을 부정한다는 의미도 아니다.

조선 후기 근기 남인계열 문인들은 가학을 통한 기초 학습의 바탕 위에 가계 외부의 사승관계를 더하고, 여기에 개인적인 수련과 주변 문우文友들과의 교유를 통해 그 자신의 문학 경향을 형성하였다고 보는 것이 타당할 것이다. 이 과정에서 일부에게는 가계 내의 학습이, 일부에게는 개인적인 수련이, 일부에게는 가계 외부의 사승관계가 그 자신의 문학 경향 형성에 더 큰 기능을 하였고, 또 다른 일부에게는 문우들과의 교유가 더 큰 작용을 하였을 것이다. 따라서 이와 같이 다양한 문학 경향의 형성 과정을 동일한 하나의 잣대로 규정하기는 매우 곤란하다고 생각된다.

18세기 중반 이후, 발전기 근기 남인계열 시맥에 심대한 영향을 미친 혜환惠寰 이용휴李用休(1708~1782)의 경우 성호학파星湖學派를 형성시킨 여주이씨驪州李氏 가문의 가학 전통 속에서 자신의 문학 경향을 완성한 인물이라고 할 수 있다. 혜환 이용휴는 성호학파의 대표적인 문인으로, 당대 근기 남인계열 인사들과 여항문인閭巷文人들에게 문학적으로 상당한 영향력을 미친 인물이다. 그는 성호星湖 이익李瀷(1681~1763)의 조카로 성호 이익을 통해 전해진 가학을 계승한 바탕 위에서 문학 활동에 주력하여, 후대 문인들에게 대가大家로 인정받았다. 혜환 이용휴의 문학적 위상에 대해서는 창강滄江 김택영金澤榮(1850~1927)이 "영조 이래로 풍기風氣가 일변하였으니, 이용휴·이가환 부자와 이덕무·유득공·박제가朴齊家·이서구李書九의 무리가 혹은 기궤奇詭를 주로 하거나 혹은 첨신尖新을 주로 하였다. 그 일대 승강升降의 자취를 옛날과 비교해보면 성·만당과도 같았다."[1]고 한 것이나 다산 정약용이 "영조 말년에 명망이 당대의 으뜸이 되었다. 대개 탁마하여 자신自新하고자 하는 자들이 모두 그에게 배워 문자를 다듬으니, 몸은 포의布衣로 있었으나 문원文苑의 권權을 잡은 것이 삼 십 여 년이었다. 이는 옛 부터 없었던 일이다."[2]라고 한 것에서 그의 문학적 위상을 짐작할 수 있다. 혜환 이용휴의 이러한 문학 경향에 대한 탐색은 가학의 계승이라는 부분에 대한 논의 없이는 불가능하다. 이 절에서는 조선 후기 근기 남인계열의 대표적인 문인 몇 사람을 대상으로 그들의 문학 경향이 형성된 과정에 대해 가학과 사승관계를 중심으로 살펴보도록 하겠다.

혜환 이용휴는 자를 경명景命, 호를 혜환惠寰 혹은 탄만軟熳이라고 한다. 생부인 아정鵝亭 이침李沈(1671~1713)은 혜환 이용휴의 조부인 매산梅

---

1) 金澤榮,「申紫霞詩集序」,『韶濩堂文集』卷2,"自英廟以下, 則風氣一變, 如李惠寰·錦帶父子, 李炯菴·柳冷齋·朴楚亭·李薑山之倫, 或主奇詭, 或主尖新, 其一代升降之跡, 方之古, 則猶盛晚唐焉."
2) 丁若鏞,「貞軒墓誌銘」,『與猶堂全書』卷15,"自號曰: 惠寰居士, 當元陵末年, 名冠一代, 凡欲濯磨以自新者, 咸就斧正, 身居布衣之列, 手操文苑之權者三十餘年, 自古以來未之有也."

山 이하진李夏鎭(1628~1682)의 넷째 아들이었지만, 11세의 어린 나이로 운명한 막내 숙부 이명진李明鎭(1641~1692)에게 출계하였다. 생부 아정 이침은 첫 번째 부인인 초계정씨草溪鄭氏와의 사이에서 죽파竹坡 이광휴李廣休(1693~1761)와 딸 하나를 두었고, 두 번째 부인 한양조씨漢陽趙氏와의 사이에서 혜환 이용휴와 정산貞山 이병휴李秉休(1710~1777) 형제를 두었다. 첫째 아들인 죽파 이광휴는 백부인 청운靑雲 이해李瀣(1647~1673)의 후사後嗣로, 막내인 정산 이병휴는 중부인 섬계剡溪 이잠李潛(1660~1706)의 후사로 들어갔다.

혜환 이용휴는 부친 아정 이침이 숙부 이명진의 후사로 들어가 충청남도 예산군 덕산현에서 거주했기 때문에 부친의 퇴거지에서 태어났다.[3] 그는 세살 때까지 몹시 허약해 아우 정산 이병휴와 한 젖을 먹고 한 포대기에서 자랐다고 한다.[4]

현재 혜환 이용휴의 부친인 아정 이침에 관한 자료가 거의 남아있지 않아 구체적인 것은 확인하기 어렵지만 아정 이침도 덕산현으로 은거하기 전까지는 문학적으로 상당한 명망을 지녔다고 생각된다. 그러나 혜환 이용휴는 불과 여섯 살 때 생부인 아정 이침을 잃어 부친에게 별다른 학문을 익히지 못했고, 동생 정산 이병휴와 함께 객지를 전전하게 되었다. 이들은 정산 이병휴가 10세가 되던 해에 어머니를 따라 서울로 이주했다가 정산 이병휴가 양자로 입계入繼한 중부仲父 섬계 이잠의 거처에서 얼마동안 머문 뒤,[5] 정산 이병휴가 13·4세 경 되는 해

---

[3] 李用休, 「再祭舍弟文」, 『惠寰雜著』 冊3, "嗚乎, 君生於長川, 沒於長川, 葬於長川, 其中間所遊, 阿峴貞洞鷗湖剡里, 摠屬過歷浮景."

[4] 李用休, 「祭舍弟貞山處士文」, 『惠寰雜著』 冊3, "少我二歲, 而我善病羸弱, 三年猶未免懷, 與君同歠一乳, 同臥一褓."

[5] 李用休, 「記夢」, 『惠寰雜著』 冊7, "噫, 余幼小離鄉, 今二十餘年矣. 中間遊於鷗湖剡里者, 爲尤久, 而鷗湖卽

부터 안산으로 계부季父인 성호 이익을 찾아가 수학하였다.[6] 이 시기 혜환 이용휴와 정산 이병휴는 혜환 이용휴보다 다섯 살 어린 성호 이익의 외아들 만경萬頃 이맹휴李孟休(1713~1751)와 함께 성호 이익에게 학문을 익혔다.[7] 따라서 이들은 성호 이익에게 의탁하면서부터 본격적으로 학문을 익혔다고 할 수 있다.[8]

혜환 이용휴와 정산 이병휴는 모두 과거를 준비하였으나 당대 막혀 버린 가문의 정치적 상황 때문에 관직의 꿈을 버리고 재야의 생활을 할 수밖에 없었다. 특히 정산 이병휴는 원자元子 보호 상소를 올렸다가 장살당한 섬계 이잠의 후사로 들어가게 되어 관직 진출이 원천적으로 봉쇄되었다. 이 때문에 정산 이병휴는 일찍부터 과거에 대한 꿈을 버렸고, 그만큼 성호 이익의 학문을 익히는 데 몰두하였다. 당시 정산 이병휴가 가졌던 성호 이익에 대한 경외심은 그의 자서를 통해 잘 알 수 있다.

> 嶺北은 그렇지 않아서 그 사이에 혹 儒賢이 태어나 우렁차게 세상을 울린 사람이 있으나 감히 반드시 退陶의 법도를 다 따랐다고는 할 수 없다. 만약 嶺北 천여 리의 땅에서 태어나 간절히 사숙하여 그 계통을 이은 사람은 오직 선생 한 사람 뿐이다.[9]

外氏所居, 刻本吾李杜曲, 而又家季父曁家白氏之宅在焉."
6) 李秉休,「自序」,『貞山雜著』 册11, "四歲而孤, 十歲母氏携余兄弟還京師, 十三四歲當壬寅癸卯之際, 余乃往受學于季父先生, 先生之學, 卽退陶李子之學也."
7) 李用休,「送家從弟醇叟之任萬頃序」,「惠寰雜著』 册1, "顧醇叟幼與余同受業於星湖先生."
8) 李秉休,「自序」,『貞山雜著』 册11, "家無翫好之物, 只蓄羣經及先儒之書若干卷, 門無雜賓, 惟與同志之友數人, 相從於寂寞之中, 而心有所樂, 不能易也."
9) 李秉休,「自序」,『貞山雜著』 册11, "嶺之北, 則不能然, 間或有儒賢挺生, 傑然鳴世者, 而未敢遽謂必遵退陶之規繩也. 若論其生於嶺北千有餘里之地, 竊竊然私淑而得接其統, 則惟先生一人而已."

성호 이익에게 익힌 정산 이병휴의 학문은 이후 목재木齋 이삼환李森煥에게 이어졌고, 목재 이삼환의 학문은 다시 겸재謙齋 이명환李鳴煥과 금대錦帶 이가환李家煥, 다산 정약용에게 이어져 성호학파星湖學脈의 한 축을 형성하였다. 정산 이병휴는 1남 2녀를 두었는데, 친자인 겸재 이명환이 태어나기 전에 큰형 죽파 이광휴의 셋째 아들 목재 이삼환을 양자로 들였다. 친자인 겸재 이명환은 정산 이병휴가 운명하기 4년 전에 태어났으므로, 정산 이병휴의 학문은 목재 이삼환에게 전해졌다고 보아야 한다. 겸재 이명환은 목재 이삼환에 의해 양육되었고, 목재 이삼환에게 학문을 익히는 과정에서 다산 정약용과 교유했다.[10] 특히 다산 정약용이 금정찰방金井察訪으로 있으면서 목재 이삼환을 찾아와 강학할 때 그 자리에 동석했다. 이로 보아 성호 이익의 학문은 정산 이병휴를 거쳐 목재 이삼환에게 전해졌고 이어서 겸재 이명환과 다산 정약용, 금대 이가환에게 이어진 것이라 할 수 있다.

이와 함께 성호 이익의 문학은 그의 조카 혜환 이용휴에게 이어졌다. 혜환 이용휴는 큰형 죽파 이광휴, 동생 정산 이병휴와 함께 성호 이익에게 찾아와 몸을 의탁하면서 학문을 익혔다. 이때 혜환 이용휴는 성호 이익의 학문세계를 접하고 성호 이익을 사사하였는데, 혜환 이용휴는 성호 이익의 폭넓은 학문세계 중 문학에서 특히 뛰어났다. 당시 혜환 이용휴가 가지고 있었던 성호 이익에 대한 경외심은 그가 쓴 성호 이익의 화상찬에 잘 나타나 있다.

---

10) 茶山이 木齋를 찾아가 학문을 익힌 것이나 謙齋와 학문적 유대를 맺은 내용은 茶山의 「西巖講學記」, 『與猶堂全書』 卷21속에 잘 나와 있다. 이 이외에도 茶山은 木齋에게 자신의 궁금함을 묻는 많은 편지를 보내고 답을 얻었다. 錦帶와 茶山의 관계는 謙齋보다 훨씬 가까웠다고 보인다. 茶山과 錦帶는 다같이 正祖의 지우를 받으며 함께 관료생활을 했다. 이 점은 茶山의 『與猶堂全書』 卷15에 있는 「貞軒墓誌銘」에 잘 나와 있다.

멀리는 주자와 같으니 그 도가 같은 것이고, 가까이는 퇴계와 같으니 그 도가 같고 태어난 해가 같은 것이다. 아. 선생의 마음은 선생이 저술하신 책에서 볼 수 있다. 이것은 遺像이지만 太極圖를 보는 것과 같아서 이치가 象에 드러난 것을 알게 될 것이다.[11]

이와 같은 혜환 이용휴의 문학적 성가聲價는 다산 정약용의 다음 글을 통해 분명하게 확인할 수 있다.

星湖의 형에 휘 침이 있으니 바로 공의 조부이다. 출계하여 계부 명진의 후사가 되었다. 그가 휘 용휴를 낳았는데 용휴는 진사가 된 뒤로는 다시 과거 시험장에 들어가지 않고 문장에 전념하여 우리나라의 속된 문체를 도태시키고 힘써 중국의 문체를 따랐다. 그의 문장은 기이하고 웅장하며 참신하고 교묘했으니, 요체가 우산 전겸익이나 석공 원굉도에 못지않았다. 혜환거사라고 자호하였는데, 영조 말엽에 명망이 당시의 으뜸이어서 글을 연마하여 스스로 새롭게 하고자 하는 사람들이 모두 찾아와 질정을 받았다. 몸은 평민의 반열에 있었으나 손수 문단의 권세를 쥔 것이 30여 년이었으니 예부터 없었던 일이었다. 그러나 우리나라 선배들의 문자가 가진 흠을 너무 심하게 끄집어냈기 때문에 속류들의 원망을 사기도 하였다.[12]

---

11) 李用休,「季父 星湖先生 像贊」,『惠寰雜著』冊4, "遠同於新安, 其道同也. 近同於陶山, 其道同與其生年而俱同也. 噫, 先生之心, 見於先生所著之書, 此則遺像也. 猶之觀太極圖, 知理顯於象也."
12) 丁若鏞,「貞軒墓誌銘」,『與猶堂全書』卷15, "星湖之兄, 有諱沈, 卽公之祖父也. 出爲季父明鎭後, 是生諱用休, 旣爲進士, 不復入科場, 專心攻文詞, 淘洗東俚, 力追華夏, 其爲文, 奇崛新巧, 要不在錢虞山袁石公之下, 自號曰惠寰居士. 當元陵末年, 名冠一代, 凡欲濯磨以自新者, 咸就斧正, 身居布衣之列, 手操文苑之權者, 三十餘年, 自古以來, 未之有也. 然抉剔邦人先輩文字之瑕太甚, 以故俗流怨之."

이 글은 다산 정약용이 금대 이가환의 묘지명을 쓰면서 그의 부친인 혜환 이용휴의 문학에 대해 평가한 부분이다. 혜환 이용휴의 문학적 성가에 대해서는 이 외에도 다양한 평가가 있지만[3] 다산 정약용의 언급만 보더라도 당대 혜환 이용휴의 정치적 처지와 함께 그가 가졌던 시문학에서의 명망을 익히 짐작할 수 있다.

그런데 혜환 이용휴에게 학문을 전해 준 유일한 스승이자 집안 어른이 성호 이익이었고, 성호 이익의 학문 역시 그에게 전해진 가학의 전통을 바탕으로 형성된 것이다. 앞 장에서 이미 살펴본 것과 같이 성호 이익의 학문은 중형인 섬계 이잠에게서 시작하여 셋째 형 옥동 이서와 종형 소은素隱 이진李濃의 영향을 받아 기초를 형성했다. 이 기초 위에 성호 이익의 독학과 사숙私淑이 더해져 그 자신의 학문 세계를 형성한 것이다.

성호 이익 학문세계의 기초를 형성해 주었던 섬계 이잠과 옥동 이서의 학문은 그의 부친 매산 이하진을 통해 그들에게 전해진 것이고, 매산 이하진 역시 가계 외의 다른 스승에게 학습한 경험이 없었다. 어려서부터 선친과 족부·종형에게 육예六藝를 익혔고, 장성해서는 이렇게 익힌 학문을 기반으로 독학하여 자신의 학문세계를 이루었다. 이러한 학문 수학과정은 매산 이하진 뿐만 아니라 그의 가문에서 볼 수 있는 보편적인 현상이다.

---

13) 惠寰의 문학에 대한 평가는 惠寰 당대부터 다양하게 이루어졌다. 위에서 살핀 茶山의 평가 이외에 惠寰에 대한 중요한 평가를 살펴보면 대략 다음과 같다.
　李德懋,「惠寰」,『靑莊館全書』卷25,「淸脾錄」, 4, "李上舍用休, 號惠寰居士, 詩力追中國, 恥作鴨江以東語, 格律嚴苦, 藻采煥華, 別闢洞天, 超絶無隣, 博極墳典, 字句有根."
　朴齊家,「戲倣王漁洋歲暮懷人六十首」25首,『貞蕤集』卷1, "惠寰超妙出淸新, 譬似蓮花不染塵, 一自詞家開法眼, 東方無箇讀書人."
　金澤榮,「申紫霞詩集序」,『申紫霞詩集』, "自英廟以下, 則風氣一變, 如李惠煥錦帶父子, 李炯菴柳冷齋朴楚亭李薑山之倫, 或主奇詭, 或主尖新, 其一代升降之跡, 方之古, 則猶盛晚唐焉."

이로 보아 발전기 근기 남인계열 시맥의 중심에 놓여 있었던 인물 중 한 사람이었다고 생각되는 혜환 이용휴의 시문학 경향은 기본적으로 그 자신에게 전해진 가학의 전통을 바탕으로 하고 있음을 알 수 있다. 이 가학의 전통 위에 개인적인 수련과 문우文友를 통한 다양한 문학적 교유가 합해져 혜환 이용휴의 시문학 세계가 완성되었다고 보인다.

혜환 이용휴의 문학적 교유는 당색을 넘어서 다양한 인물들과 이루어졌는데, 기본적인 교유의 공간은 안산의 첨성리瞻星里에 있었던 성호장星湖莊과 서울의 황화방皇華坊이었다. 혜환 이용휴의 교유관계는 우선 성호 이익 문하 문인들과의 사이에서 살펴볼 수 있는데, 당대 성호 이익의 문인들은 안산에서 연성음사蓮城吟社라는 시사를 결성하여 시회를 가졌다. 이 모임은 안산 15학사라 불리는 일군의 인물들이 중심이 되었는데, 이 모임에 참여했던 대표적인 인물로 혜환 이용휴와 해암海巖 유경종柳慶種(1714~1784)·두기杜機 최성대崔成大(1691~1761)·호재扈齋 임정任珽(1694~1750)을 들 수 있다. 연성음사는 해암 유경종가의 경제적인 후원을 바탕으로 성호 이익의 문인들이 중심이 되어 운영되었다. 연성음사에 참여한 이들로는 문성文城 유중임柳重臨(1705~1771)·의암蟻菴 조중보趙重普(1708~1781)·연객烟客 허필許佖(1709~1761)·화천花川 이수봉李壽鳳(1710~?)·최인우崔仁祐(1711~1770)·석북石北 신광수申光洙(1712~1775)·순암順菴 안정복安鼎福(1712~1791)·재간在澗 임희성任希聖(1712~1783)·표암豹菴 강세황姜世晃(1713~1791)·만경萬頃 이맹휴李孟休(1713~1750)·번암樊巖 채제공蔡濟恭(1720~1799)·신택권申宅權(1722~1801)·중암重菴 강이천姜彛天(1768~1801)·임재성任在聖(?~?)·허만許晩(?~?)·엄경응嚴慶膺(?~?)·이광환李匡煥(?~?)·박도맹朴道孟(?~?) 등을 들 수 있다.

이 외에 혜환 이용휴가 교유하였던 인물로는 하설夏雪 홍성洪晟(1702
~1778)・허휘許彙(1709~?)・해좌海左 정범조丁範祖(1723~1801)・농은隴隱 홍유
한洪儒漢(1726~1785)・여와餘窩 목만중睦萬中(1727~1803)・진택震澤 신광하申光
河(1729~1796)・하석荷石 정재원丁載遠(1730~1792)・소암蘇巖 이동욱李東郁(1739
~?)・복암茯菴 이기양李基讓(1744~1802)・시암尸菴 권엄權曮(?~?)・벽암蘗菴 홍
한보洪翰輔(?~?)・정란鄭瀾(?~?)・조형상趙亨相(?~?)・이응훈李應薰(?~?) 등을 들
수 있다.14)

혜환 이용휴는 여항문인들과도 다양한 교유관계를 가졌었는데, 대표
적인 인물로 우정雨庭 정사현鄭思玄(1738~?)・송목관松穆館 이언진李彦瑱
(1740~1766)・필재㢼齋 이단전李亶佃(1745~1785)・단원檀園 김홍도金弘道(1745~
?)・평와萍窩 김숙金潚(?~?)・장와壯窩 이성중李聖中(?~?)・완산完山 이헌길李
獻吉(?~?)・괴곡槐谷 이인대李仁大(?~?)・이종화李宗和(?~?) 등을 들 수 있다.15)

혜환 이용휴의 문학 경향은 수많은 제자들과 가계 내 후예들에게
이어져 그들이 당대 근기 남인계열 시문단의 중심에 놓이게 되었지만,
그의 문학적 역량을 그대로 이은 대표적인 인물로는 그의 아들 금대
이가환을 들 수 있다.

혜환 이용휴는 부인 진주유씨 유헌장柳憲章의 따님과의 사이에서 1남
5녀를 두었는데, 셋째가 아들인 금대錦帶 이기환李家煥(1742~1801)이다. 금
대 이가환은 자를 정조廷藻, 호를 금대錦帶・정헌貞軒이라고 한다. 어려서
부터 집안 어른들에게 학문을 익혔는데, 그가 성호 이익에게 나가 학문
을 익힐 당시 성호 이익의 자질子姪 중 그가 가장 어렸기 때문에 가계

---

14) 朴浚鎬, 「惠寰 李用休 文學 硏究」(성균관대학교 박사학위논문, 1999), 24~30쪽; 姜景勳, 「重菴 姜彝天 文
學 硏究:18세기 近畿 南人, 小北文壇 展開와 관련하여」(동국대학교 대학원 박사학위논문, 2001), 59~74쪽 참고.
15) 朴浚鎬, 「惠寰 李用休 文學 硏究」(성균관대학교 박사학위논문, 1999), 31~39쪽.

내의 모든 학문을 집대성 할 수 있는 상황에 놓여 있었다.

금대 이가환의 뛰어난 자질로 인해 혜환 이용휴는 금대 이가환에게 상당한 기대를 가졌었다고 생각된다. 금대 이가환은 혜환 이용휴가 69세 되던 해, 혜환 이용휴의 아우 정산 이병휴가 운명하던 바로 그 해에 문과에 급제하였다. 이후 금대 이가환은 순탄한 관직 생활을 이어나갔다. 영조 47년(1771) 진사가 되었고, 정조 1년(1777) 증광 문과에 을과로 급제한 뒤, 정조 4년(1780) 비인현감庇人縣監이 되었다. 정조 5년(1781) 금대 이기환이 현직顯職에 있었기 때문에 70세가 된 혜환 이용휴가 첨지중추부사僉知中樞府事가 되었으나 불과 5년 뒤, 75세가 되던 정조 6년 정월 보름에 혜환 이용휴는 운명하였다.

금대 이가환은 정조 4년(1784) 생질인 만천蔓川 이승훈李承薰(1756~1801)이 북경에서 돌아오고 동료 학자들이 서학에 관심을 가졌을 때, 천주교에 대한 학문적인 관심을 바탕으로 광암曠庵 이벽李檗(1754~1786)과 논쟁을 벌이다가 천주교를 접하게 되었다. 이 시기 광암 이벽으로부터 서학 입문서와 『성년광익聖年廣益』 등을 빌려 탐독하였다.

그러나 금대 이가환은 정조 15년(1791) 일어난 신해박해 때 천주교와 거리를 두게 되었고, 광주부 윤廣州府尹이 되어서는 오히려 천주교도를 탄압하기까지 하였다. 이어 대사성·개성유수·형조판서를 지냈지만, 정조 19년(1795) 청나라에서 온 주문모周文謨(1752~1801) 신부의 입국사건에 연루되어 충주목사로 좌천되었다. 그곳에서 무함誣陷을 벗어나기 위해 천주교인을 탄압하다가 파직되었지만, 끝내 천주교도라는 지목을 벗어나지 못하고 순조 1년(1801) 일어난 신유사옥에서 이승훈·권철신 등과 함께 옥사하였다.

금대 이가환은 59년의 짧지 않은 생을 살았지만, 장성한 이후 지속적으로 그를 괴롭힌 것이 노론계열과 남인 벽파계열의 서학교도라는 비방이었다. 이 비방에서 벗어나기 위해 남보다 앞서서 천주교도를 탄압하기도 하였지만, 근기 남인 시파계열의 정치적 수장이었던 번암 채제공의 후예로 지목되었다는 정치적 상황과 만천 이승훈·녹암鹿庵 권철신權哲身(1736~1801) 등 주변 인물의 천주교 신봉으로 인해 금대 이가환은 자신을 제거하고자 하는 정치적 반대 세력의 손을 벗어나지 못했다.

그러나 이와 같은 정치적 상황에도 불구하고 금대 이가환은 학문적으로 또 문학적으로 상당한 수준에 이른 인물이었다. 정조로부터 '해박하여 질문하고 논란하기 좋은 사람'[16]이라고 평가될 만큼 뛰어난 학자였고, 특히 천문학과 수학에 정통해 스스로 "내가 죽으면 이 나라 수학의 맥이 끊어지겠다."[17]라고 할 만큼 수학의 대가였다.

문학적으로 금대 이가환이 이른 수준은 다산 정약용의 다음 글을 통해 쉽게 확인할 수 있다.

> 家煥에 이르러서는 일찍이 좋은 집안 출신이 아닌 것은 아니지만 여러 차례 몰락한 삶을 산지 오래되어 구슬을 꿰는 문예를 쌓고도 스스로 초야를 떠도는 사람으로 여겼다. 그 때문에 그가 드러내는 소리들은 하나같이 비장하고 강개한 것뿐이었고, 구하여 마음에 맞는 것은 齊諧나 索隱 같은 것뿐이었다. 자취가 불안하면 할수록 말이 더욱 편벽되고, 말이 편벽될수록 문장이 더욱 괴팍해졌다.

---

16) 『朝鮮王朝實錄』, 正祖 2年 2月 14日(乙巳) 2번째 기사, "家煥曰: '臣本鹵莽, 實無專攻之學, 而大抵折節讀書, 在家則孝於親, 出身則事其君, 人之當務也. 記曰: '記聞之學, 不足以爲人師.' 博覽, 似無益矣. 若天資聰明, 自然淹貫者亦好, 而終不如修身之爲要切. 古人有求放心, 而記誦自倍者. 若屛絶諸念, 惠心治之, 亦似有强記之理矣.' 上曰: '此人該博, 正好問難, 承旨發端問之也.'"
17) 黃嗣永, 『帛書』 46行, "精天文幾何之學, 嘗歎曰: 老夫死則東國幾何種子絶矣."

화려한 문장은 권세 있는 사람들에게 넘겨주고 離騷와 九歌에 의탁하여 스스로 읊었다. 그러나 이것이 어찌 가환이 좋아서 한 것이겠는가. 이것은 조정이 그렇게 만든 것이다.[18]

이 글은 다산 정약용이 금대 이가환의 묘지명을 쓰면서 그의 문학에 대해 평가한 부분이다. 다산 정약용은 금대 이가환의 문학적 역량을 높이 사면서도 그의 시가 내보이고 있는 특성에 대해 부정적인 견해를 감추지 않았다.[19] 그렇지만 다산 정약용은 금대 이가환의 시가 가지고 있는 부정적인 면이 금대 이가환 그 자신이 원해서가 아니라 당시 그가 처했던 위치와 상황 때문에 그렇게 된 것이라고 했다.

혜환 이용휴는 젊은 시절 현실 정치의 참여에 대해 적극적인 열정을 보였다. 그러나 그의 현실 참여에 대한 적극적인 열정은 매산 이하진 이후 섬계 이잠을 거쳐 내려온 가문의 화난禍難과 함께 당쟁으로 얼룩진 정치 현실에 의해 좌절되었고, 마침내 혜환 이용휴는 관직 진출에 대한 꿈을 접게 되었다. 이와 달리 금대 이가환은 정조의 즉위와 함께 관직에 진출하여, 정조의 총애를 받으며 근기 남인 시파時派계열의 여러 신하들과 돈독한 관계를 형성하고 있었다. 그러나 금대의 관직생활은 그에 대한 벽파僻派계열의 강한 배척으로 인해 늘 위태로웠다.

금대 이가환에 대한 참소讒訴 가운데 끝까지 그를 괴롭힌 것은 가문의

---

18) 丁若鏞,「貞軒墓誌銘」,『與猶堂全書』卷15, "至於家煥, 未嘗非好家, 數而落拓百年, 斲輪而貫珠, 自分爲羈旅草莽, 發之爲聲者, 悲吒慷慨之辭也, 求而會意者, 齊諧索隱之徒也, 跡愈詭而言愈詖, 言愈詖而文愈詭, 絺繡五采, 讓與當陽 離騷九歌, 假以自鳴, 豈家煥之樂爲伊, 朝廷之使然."
19) 錦帶 뿐만 아니라 惠寰에 대한 평가도 긍정적인 것만 있는 것은 아니다. 당대 문풍의 변화를 선도한 그의 창작 태도에 대해 南公轍이나 沈魯崇, 兪晩柱는 모두 '奇를 추구하고 正을 버려 世道를 어긋나게 했다'고 惠寰을 지목하여 비난했다.

이력과 함께 천주교 신봉에 관한 것이었다. 특히 그의 종조부 섬계 이잠이 올렸던 왕세자 보호 상소에 관한 문제는 관직생활 내내 금대 이가환을 괴롭히는 것이었고, 그의 생질 만천 이승훈의 천주교 신봉 문제는 그의 정치적 생명을 위태롭게 하였다. 당시 서교西敎를 빙자하여 시파계열을 탄압하고자 했던 벽파계열에서는 금대 이가환이 지니고 있었던 이와 같은 약점을 놓치지 않았고, 결국 금대 이가환은 정계에서 물러나게 되었다. 이후 금대 이가환은 정조의 사후 사교금압邪敎禁壓을 명분으로 일어난 벽파계열 주도의 신유사옥辛酉邪獄에서 마침내 죽임을 당하게 되었다.

다산 정약용의 언급과 같이 금대 이가환의 시에서 볼 수 있는 비장하고 강개한 심사와 괴이하고 편벽된 언어는 모두 금대 이가환이 겪었던 정치적 고난과 그 속에서 느낀 개인적 울분을 담고 있는 것이다. 그러나 이와 같은 금대 이가환의 시 경향은 그의 부친 혜환 이용휴에게서도 그대로 볼 수 있는 것이다.

> 용휴는 進士가 된 뒤로는 다시 科場에 들어가지 않고 문장에 전념하여 우리나라의 속된 文體를 도태하고 힘써 중국의 문체를 따랐다. 그의 문장은 기이하고 웅장하여 虞山 錢謙益이나 石公 袁宏道에 못지않았다.[20]

다산 정약용의 평으로 보아 금대 이가환의 시문학 경향은 그의 부친 혜환 이용휴와 많은 부분에서 닮아 있다고 생각되며, 이 닮은 부분이

---

20) 丁若鏞, 「貞軒墓誌銘」, 『與猶堂全書』 卷15, "旣爲進士, 不復入科場, 專心攻文詞, 淘洗東俚, 力追華夏, 其爲文奇崛新巧, 要不在錢虞山袁石公之下."

바로 가학家學의 영향이 아닐까 생각된다. 이와 같은 여주이씨 성호가계 내의 시문학 경향은 다시 혜환 이용휴의 외손자 낙하생洛下生 이학규李學逵(1770~1835)에게 전해졌다.

낙하생 이학규는 혜환 이용휴의 넷째 사위인 이응훈李應薰의 유복자로, 숙종 26년(1770) 혜환 이용휴가 63세 되던 해에 아버지 없이 태어나 외조부인 혜환 이용휴의 집에 머물며 당시唐詩와 학문을 익혔다. 이에 따라 낙하생 이학규는 외조부 혜환 이용휴를 통해 성호 가문의 학문과 문학을 그대로 이어받을 수 있었다.

낙하생洛下生 이학규李學逵(1770~1835)의 본관은 평창平昌이고 자는 성수醒叟 혹은 성수惺叟, 호를 낙하생洛下生 또는 낙하洛下라 한다. 서울에서 출생했지만 세거지는 인천 근교의 소래산이다. 아버지 이응훈李應薰은 낙하생 이학규가 태어나기 5개월 전에 22세로 요절하였다.

낙하생 이학규는 유복자로 태어나 외가에서 외조부 혜환 이용휴에게 훈육을 받았다. 외삼촌 금대 이가환 및 목재木齋 이삼환李森煥 등이 이름을 떨치고 있던 당대 성호가문星湖家門의 학문 분위기 속에서 성장하였으며, 이후 다산 정약용 가문의 나주정씨羅州丁氏를 아내로 맞이하였다.

낙하생 이학규는 약관의 나이에 문학文學으로 명성을 얻어 정조의 인정을 받았으며, 포의布衣로『규장전운奎章全韻』의 편찬에 참여하였고, 다시 왕명에 의하여 원자궁元子宮에 내릴 책을 교수하여 바치기도 하였다. 「화성경리시말華城經理始末」을 번역하였으며, 「무이구곡도가武夷九曲櫂歌」를 지어 올렸다.

낙하생 이학규는 순조 1년(1801) 일어난 신유사옥에서 삼종숙三從叔 만천 이승훈 등과 함께 구금되었고, 조사결과 천주교와는 무관함이 밝혀졌지만, 전라도 능주綾州[지금의 화순]권로 유배되었다. 이 해 10월 내종

제內從弟인 황사영黃嗣永의 백서사건帛書事件으로 다시 국문鞠問을 받았다. 이 후 김해로 이배移配되었다가 순조 24년(1824) 4월 아들의 재청에 의하여 방면되었다.

낙하생 이학규는 24년의 유배기간 동안 문학 활동에 전념하였다. 특히 당시 강진에 유배되어 있던 다산 정약용과 빈번한 문학적 교유를 하여 다산 정약용의 현실주의적 문학세계에 공감하였으며, 그 자신도 유배지 민중들의 생활양상과 감정을 그의 문학 작품 속에 수용하였다. 그리하여 그의 시세계는 사실적 표현과 현실적 내용을 지녔다는 평가를 받았다. 이 외에도 낙하생 이학규는 우리나라의 역사・지리・풍속과 자연과학 등에 상당한 관심을 기울였다.

낙하생 이학규는 방면된 뒤에도 김해지방을 왕래하며 그곳의 문사 및 중인층과 우호적인 관계를 유지하였다. 그 결과 김해 지역의 문화의식과 수준을 향상시키는 데에 일정한 기여를 하였다. 만년에는 주로 자하紫霞 신위申緯(1769~1847)・다산 정약용과 시문을 주고받으며 실의를 달랬다. 그러나 가세가 더욱 곤궁해져 마침내 충주지방으로 이주하여 여생을 마쳤다.

지금까지 살펴본 바에 따르면 조선 후기 재야의 근기 남인계열 문단에서 최고의 문학적 성가를 자랑했던 여주이씨 성호가계 내의 문학 경향은 선대로부터 당대 그 자신에게까지 이어진 가문의 학문 전통, 즉 가학을 바탕으로 문학적 토양이 형성되었고 여기에 개인적인 수학과 문우文友들과의 문학적 교유가 더해져 최종적으로 개개인의 문학 경향을 형성하게 된 것이라 생각된다.

이와 같은 시문학 경향의 형성 과정은 여주이씨 성호 가문에만 해당하는 것이 아니다. 근기 남인계열 3대 가문의 하나로 손꼽히는 사천목씨泗川睦氏 가문 여와餘窩 목만중睦萬中의 가계도 여주이씨 혜환 이용휴 가계와 사정이 그리 다르지 않다.

여와 목만중은 당대 근기 남인계열의 영수였던 번암 채제공이 귀천歸泉 서명선徐命善(1728-1791)에 의해 축출되면서 정치적 위기를 맞게 되었을 때 홍수보洪秀輔(1723~?)·기천岐川 채홍리蔡弘履(1737~1806) 등과 함께 번암 채제공을 공격하여 번암 채제공 중심의 채당蔡黨과 대립하는 홍당洪黨에 섰었고, 신유사옥辛酉邪獄(1801) 당시 대사간大司諫으로 있으면서 같은 당파인 근기 남인계열의 소장파 학자들을 박해하여, 당대 그와 정치적으로 반대편에 서 있었던 근기 남인계열 인사들에게는 다른 당파의 인물보다 더 큰 비판의 대상이 되었다.[21]

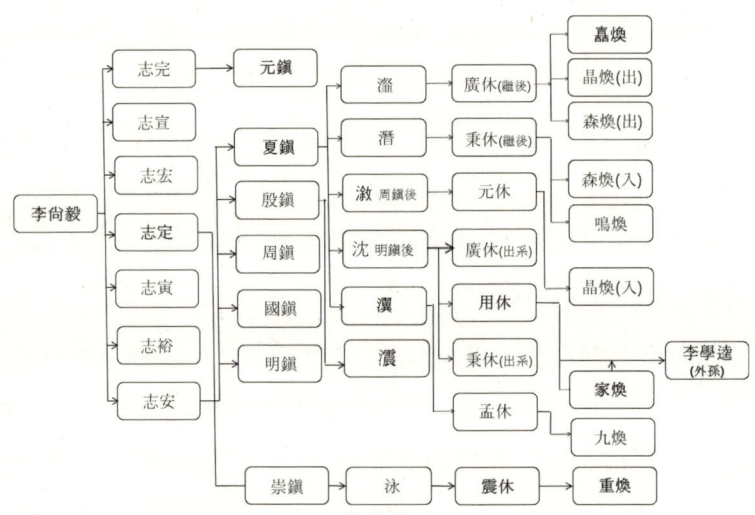

〈朝鮮 後期 近畿 南人系列 驪州李氏 惠寰 李用休家 人物 家系圖〉

21) 丁若鏞, 貞軒墓誌銘, 『與猶堂全書』 卷15, "粵五年己未春, 臣濟恭卒, 厥明年夏六月, 上薨, 厥明年辛酉春禍作. 臣家煥瘐于獄以死, 臣基讓謫端川, 臣鑛謫磬. 是年冬, 惡人睦萬中·洪樂安·李基慶等用事, 追奪臣濟恭爵, 復議臣家煥罪請加律, 又逮致臣鑛于獄, 將殺之, 賴諸大臣救, 徙謫于康津, 此否泰消長之大略也. 嗚呼. 天旣生聰明睿智若我先大王之人, 立之爲君師, 又生此一二賢俊之臣, 使之際會相遇, 以貫一代之觀, 又從而顚之覆之, 使不得終其寵祿, 天豈可知耶."

하지만, 번암 채제공과 정치적으로 대립하기 전까지 여와 목만중은 당대 근기 남인계열 인사 대부분에게 정치적·문학적으로 인정받았던 인물이었고, 시를 중심으로 상당한 문명文名을 가졌었다. 간옹 이헌경·번암 채제공·석북 신광수·해좌 정범조와 비견된다는 삼명 강준흠의 이야기[22]나 「병세재언록幷世才彦錄」의 기록[23]을 통해서 뿐만 아니라 하정芐亭 이덕주李德冑(1695~1751)의 평[24]을 통해서도 그가 일찍부터 시명을 얻었음을 확인할 수 있다.

이와 같은 시명을 얻었던 여와 목만중이었지만, 그가 가계 외부에서 혈연이나 인척 관계를 떠난 스승을 모셨음을 확인할 수 있는 기록은 찾기 어렵다. 여와 목만중의 가계는 조부 목행연睦行衍(?~?)이 학생으로 일찍 운명하였고, 부친 목조우睦祖禹(1693~1756) 역시 46세 되던 해에 진사시에 겨우 합격하여 몹시 빈한한 상황이었다. 이런 집안 상황 속에서 여와 목만중의 학업은 부친의 엄격한 훈도 아래 이루어졌다. 장성하여 하정 이덕주의 영향을 받기는 하였지만, 이 역시 직접 배운 것이라고 하기는 어렵다. 결국 여와 목만중의 시문학 경향은 가학의 전통을 바탕으로 형성된 토대 위에 여러 문우들과의 교유관계를 더하여 확립된 것이라고 볼 수 있다.

---

22) 姜浚欽,『三溟詩話』69則, "英廟初年, 蔡希菴·金三淵詩爲大家. 其後則姜菊圃·李淸潭·李樣川爲名家. 又其後則李艮翁·睦餘窩爲大家, 丁海左·蔡及第爲名家, 皆是家數." 밑줄 친 부분은 원문에 삭제하라고 되어 있다.
『三溟詩話』109則, "餘窩睦知幅萬中, 幼有神童之號, 少登科第仕宦, 常在隱現間, 壽至八十二, 乃終. 故文章極其所至, 百體俱工, 尤長於詩. 方其十二歲, 祖進士公以眼鏡命題令賦, 卽應聲曰: 南國碧玉鏡, 高堂白髮年, 向燈逾歷歷, 出匣更娟娟, 暎外乾坤大, 眉間日月懸, 床頭萬卷在, 老眼屬多權. 始知間世文章, 亦必由天品, 非獨人工所至也."
23) 李奎象,「文苑錄」,「韓山世稿」,「幷世才彦錄」, "睦萬中, 字幼選, 文科重試魁, 今官都正, 善屬文."
24) 「行狀」,『餘窩集』,「附錄」, "李芐亭先生德冑高士也, 文章眇視一世, 嘗訪一菁齋府君於通津, 徵閘府君詩文, 卽詡以文章才具, 至病牛上隴邇一句, 尤歎賞焉. 歸語人曰: '吾見睦氏子, 始知此道不絕, 今行不虛矣.'"
姜浚欽,『三溟詩話』110則, "聲名藉甚, 芐亭處士李德冑, 聞而訪之, 命韻以試, 公卽口占以對曰; 江湖滿地渺東南, 游子離歌已秣驂. 孤館酒醒秋夜短, 山舍北斗但餘三. 芐亭, 撫頂驚喜曰: '風雅之道, 當屬此子矣.'"

이렇게 볼 수 있는 것은 비록 조부 목행연과 부친 목조우 이후 가계가 쇠락해지기는 하였지만, 그 이전까지 그의 가문은 당대를 주도했던 수많은 문인을 배출한 문한가文翰家였고, 그 전통이 여와 목만중에게까지 그대로 이어졌다고 보이기 때문이다. 사천목씨 여와 목만중 가계의 학문 경향 계승도를 간략하게 살펴보면 다음과 같다.

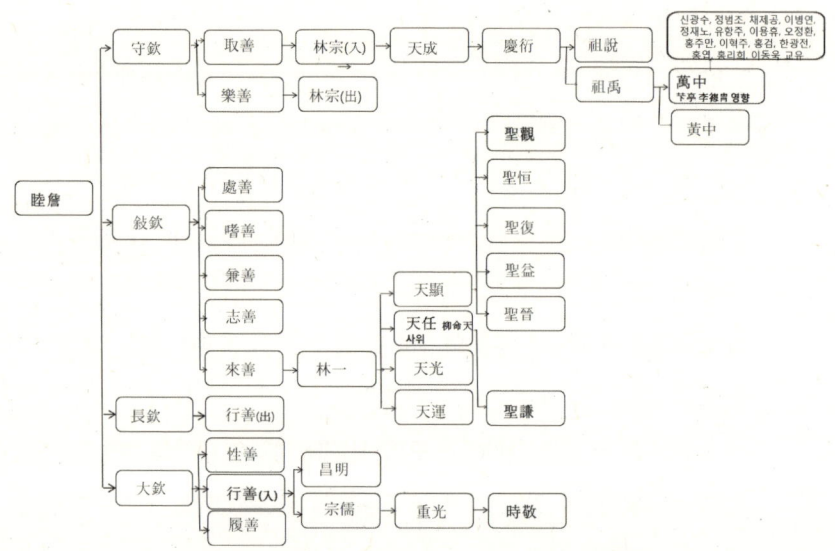

〈朝鮮 後期 近畿 南人系列 泗川睦氏 餘窩 睦萬中家 人物 家系圖〉

고령신씨高靈申氏 석북石北 신광수申光洙(1712~1775) 가문 역시 이와 별다른 차이가 없다. 당대 석북 신광수의 세 형제는 모두 뛰어난 문인으로 추앙받았는데, 둘째가 기록騎鹿 신광연申光淵(1715~1778), 셋째가 진택震澤 신광하申光河(1729~1796)이다. 석북 신광수는 3남 1녀 중 첫째로 태어났다. 자를 성연聖淵, 호를 석북石北 또는 오악산인五嶽山人이라고 하였으며 부친은 첨지중추부사僉知中樞府事 신호申澔이고 모친은 통덕랑通德郎 이휘李徽의 따님이었다. 가문의 정치적 경향이 남인계열이었기 때문에 석북 신광수의 관직 진출은 상당히 어려웠다.

석북 신광수의 학문은 선대부터 상당한 문학적 명망을 지닌 가학 전통을 바탕으로 하여 기틀을 이루었고, 여기에 번암 채제공·간옹 이헌경·이동운李東運·홍한보洪翰輔·해좌 정범조·여와 목만중 등과 교유하며 그 자신의 문학세계를 확립해갔다. 이와 함께 하정苄亭 이덕주李德胄·국포 강박을 몹시 따랐다.

> 제가 젊어서 뜬 기림이 있어 자못 先輩들의 모임에 허락되었으니 惠圃와 苄亭 같은 여러 늙은이들과는 진실로 스승과 제자 사이같이 지냈습니다. 그런데 苄亭은 더욱 평생 그리워한 바여서 교유가 한 세상에 가득했습니다. 李聖會와 가장 막역하여 함께 시를 지으며 개연히 옛날의 작자들을 사모하고 의기가 넘쳐 술에 취해 늘 嘉隆年間에 王弇州와 李滄溟이 盟主였음을 말했습니다. 海內에서 千古를 엿보고 또 문인이 뜻을 얻은 일을 보며 한 번 웃었을 뿐입니다.[25]

이와 같은 글로 보아 석북 신광수의 문학적 배경은 가학과 함께 선배·동료들과의 교유가 중심이 되었고, 여기에 특히 하정 이덕주와 국포 강박의 영향이 상당히 작용하였다고 생각된다.

신광수는 39세 때에 진사에 올라 벼슬을 시작하여, 49세에 영릉참봉

---

25) 申光洙, 「與法正」, 『石北先生文集』 卷11, "僕少有浮譽, 頗爲先輩期許, 如惠圃·苄亭諸老, 固在師友間, 而苄尤生平所慕, 交遊滿一世. 而與李聖會最莫逆, 相與爲歌詩, 慨然慕古作者意氣淋漓, 酒酣, 每語嘉隆間, 王弇州·李滄溟主盟海內, 睥睨千古, 亦文人得意事, 相視一笑而已."

寧陵參奉이 되었고, 53세에 금오랑金吾郎으로 제주도에 갔다가 표류하였는데, 제주에 머무는 40여 일 동안 「탐라록耽羅錄」을 지었다. 그 뒤 선공봉사繕工奉事・돈녕주부敦寧主簿・연천현감漣川縣監을 지냈다.

석북 신광수는 61세의 나이로 기로과耆老科에 장원하여 돈녕부 도정敦寧府都正이 되었는데, 이때부터 조정에서는 문장 하는 신하를 얻었다고 하였다.[26] 영조는 그를 대단히 대우하여 그가 서울에 거주할 집이 없다는 사실을 알고 집과 노비를 하사하였다.[27] 그 뒤에 우승지・영월부사를 역임하였다.

석북 신광수는 과시科詩에 능하여 시명을 세상에 떨쳤으며, 그의 대표작이라고도 할 수 있는 시인 「등악양루탄관산융마登岳陽樓歎關山戎馬」는 창唱으로도 널리 불렸다. 석북 신광수는 농촌의 피폐상과 관리의 부정과 횡포, 하층민의 고난을 소재로 하여 사실적인 필치로 당대 사회의 모순을 시 속에 옮겨 놓았다. 악부체樂府體 시로는 「관서악부關西樂府」가 유명한데, 그의 시는 그 당대의 현실을 담고 있는 것과 우리나라의 신화나 역사를 소재로 한 민요풍의 시가 많다.

석북 신광수의 동생 진택 신광하 역시 석북 신광수와 비슷한 과정을 거치며 자신의 문학 경향을 만들어갔다고 생각된다. 진택 신광하의 교유 인물은 앞서 살펴본 석북 신광수의 교유 인물들과 상당히 겹친다. 특히 유람을 좋아했던 진택 신광하의 경우 영조 27년(1751) 사마시에 합격한 이후 전국을 유람하여, 금강산金剛山과 백두산白頭山 모두를 돌아

---

26) 申光河,「行狀」,「石北先生文集」卷16,「附錄」,"且六十科曠典, 女母固, 公酒强赴, 擢甲科第一人, 上自公卿大夫士, 下至衝卒市井, 莫不動色. 相告曰:'申某今乃爲及第.'上召見彰義宮, 左右大臣交奏曰:'某文章士也.'上喜謂曰:'女以六十一爲擧子首, 且其文不衰, 甚奇矣.'卽加通政階."
27) 「朝鮮王朝實錄」, 英祖 48年 6月 3日(丁卯) 2번째 기사, "上聞敦寧都正申光洙有老母, 而寓居直房, 令該曹買家以給之, 亦給奴婢各一人, 俾養其老母."

보았다. 특히 백두산에 올라서서는 대각산大角山에서 산제山祭를 지내고 난 뒤 "가을바람을 타고 높은 산 위에 올라 지는 해 아래에서 중원을 보내[秋風登大角, 落日見中原]"라는 시구를 남겼다.[28]

정치적으로는 출사 이후 그다지 큰 어려움을 겪지 않아서인지 조경묘 참봉肇慶廟參奉에 제수된 뒤 의금부 도사義禁府都事・형조좌랑・인제현감麟蹄縣監・우승지・공조참의를 거쳐서 첨지중추부사僉知中樞府事・좌승지 등을 역임하였다.

일평생 시문을 좋아하였던 진택 신광하의 경우 자신의 유람 경험을 모두 시로 남겼다. 『남유록南遊錄』・『사군록四郡錄』・『동유록東遊錄』・『북유록北遊錄』・『백두록白頭錄』・『풍악록楓岳錄』・『서유록西遊錄』 등으로 현재 2,000여 수의 주옥같은 시가 전하고 있다. 이 중 「곡석북선생哭石北先生」 100수와 『동해록東海錄』 속의 「금강산가金剛山歌」・「구룡폭포가九龍瀑布歌」 등은 사실적 묘사를 통한 진경眞景의 표출에 주력한 것이고, 『서유기西遊記』 중의 「파옥가破屋歌」와 「군불견진택선생가君不見震澤先生歌」 등은 그의 대표작이라고도 할 수 있는 것이다. 그 외에도 단양산수丹陽山水를 그려낸 「사군기행四郡紀行」이나 50여 일의 답사를 바탕으로 창작한 「금강유람金剛遊覽」은 그림으로 그려낸 기행문이라도 할 수 있을 정도이다.

이상과 같이 간단하게 석북 신광수・진택 신광하에 대해 살펴본 것과 같이 이들 형제의 문학 경향 형성에 가장 큰 영향을 미친 인물들은 가계 내의 인물들이 아니면 문학적으로 교유한 문우들이었다.

결국 고령신씨 석북 신광수가의 문학 경향 형성 과정도 여주이씨

---

28) 李成宰, 「震澤 申光河의 紀行詩 硏究」(德成女子大學校 碩士學位論文, 1997), 6쪽.

혜환 이용휴가나 사천목씨 여와 목만중가의 문학 경향 형성 과정과
그다지 큰 차이를 찾기 어렵다는 것을 확인할 수 있다.

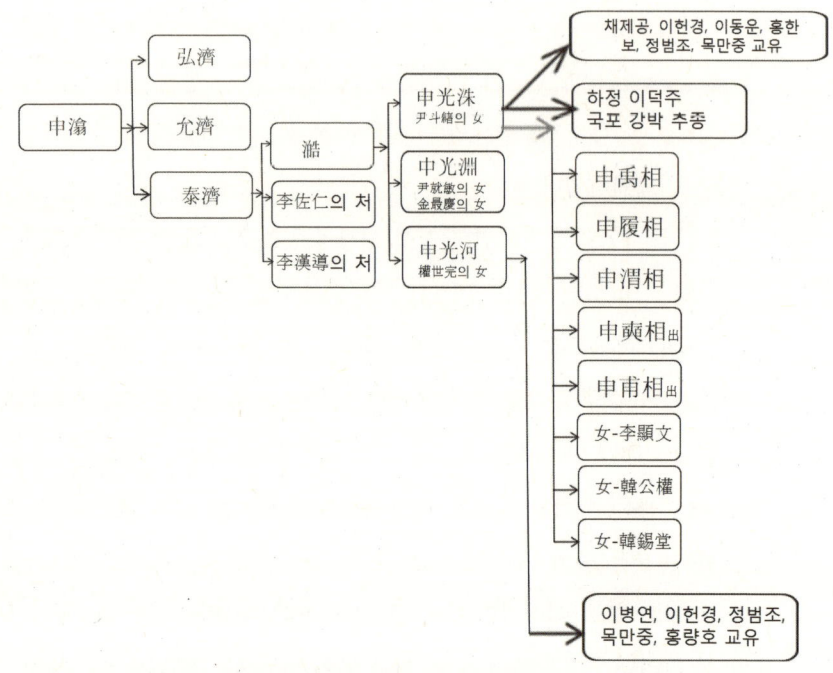

〈朝鮮 後期 近畿 南人系列 高靈申氏 石北 申光洙家 人物 家系圖〉

이와 비슷한 경우는 전주이씨 간옹 이헌경가를 통해서도 살펴볼 수
있다. 간옹艮翁 이헌경李獻慶(1719~1791)은 조선 후기 당대 근기 남인계열
문단의 문인 중 노론계열이 주도하던 정계에 진출하여 일생동안 별
무리 없이 지낸 얼마 되지 않는 인물 중 한 사람이다. 그는 숙종 45년
(1719) 서울의 흥인문 자지동紫芝洞[종로구 창신동]에서 부친 상암商巖 이제화
李齊華(1691~1768)와 모친 나주정씨 사이의 2남 3녀 중 장남으로 태어났다.

초명은 성경星慶이었으나 혐명율嫌名律에 저촉되어 45세 때 헌경獻慶으로 개명하였다.[29]

간옹 이헌경은 "오로지 가정의 교훈을 익히고 다른 스승을 취하지 않았다"[30]고 하였는데, 그는 종조부인 구계옹癯溪翁 이명시李命蓍(?~?)에게 학업을 전수하였다. 구계옹 이명시는 관설觀雪 허후許厚의 고제高弟였다. 따라서 간옹 이헌경의 학문은 퇴계 이황에서 한강 정구를 이어 관설 허후로 이어지는 근기 남인 학맥의 계통을 종조부 구계옹 이명시를 통해 전수받은 것이라 보인다. 따라서 간옹 이헌경은 미수 허목을 중심으로 하는 17세기 근기 남인계열 학자들이 고문경전古文經典과 육경六經을 기본 경전으로 중시했던 학풍을 전수받아, 당대의 주류 학풍인 주자주의 성리학에 치중하기 보다는 육경의 학문에 침잠하여 그 본의를 탐구하고자 하였음을 알 수 있다.[31]

간옹 이헌경은 어려서부터 뛰어난 시재를 지니고 있었는데, 이는 임하 이경유가 『창해시안滄海詩眼』에서 "이헌경은 8·9세에 이미 시문이 문장을 이루었다."[32]고 한 것이나, 희암 채팽윤·국포 강박이 간옹 이헌경에게 했다는 언급[33]을 통해서도 알 수 있다. 이 시기 벌써 간옹 이헌경의 시는 당시唐詩의 격조格調가 있었다고 보인다.[34]

---

29) 金鎭洪, 「艮翁 李獻慶의 生涯와 詩世界 硏究」(高麗大學校 碩士學位論文, 2006), 5쪽.
30) 李獻慶, 「與嶺中士人論文書」, 『艮翁先生文集』 卷13, "僕自幼及長, 不就外師, 惟大人之訓敎, 是奉是遵. 九歲始知讀司馬子長之史, 旁及左氏·莊周之書, 屈原·宋玉之騷, 李白·杜甫盛唐諸公之詩, 費三四年之功, 然後古作者體裁路徑."
31) 金鎭洪, 「艮翁 李獻慶의 生涯와 詩世界 硏究」(高麗大學校 碩士學位論文, 2006), 9쪽.
32) 李敬儒, 『滄海詩眼』 上, "艮翁八九歲詩文已成章"
33) 李升鎭, 「家庭聞見錄」, 『艮翁先生文集』 卷24, 「附錄·聞見錄」, "蔡希菴先生聞而擊節曰;'此唐人詩調也.' 嘗遇府君之再從兄弘慶謂曰;'君家王子安無恙乎, 吾欲一識此兒, 早晚當往君家矣.' 菊圃姜公一日來訪, 歸語藥山吳公曰;'吾儕中異日大期待者, 惟此兒也.' 異趣之申, 爵秩高顯者, 亦聞名而來訪, 擧世稱之以神童國瑞."
34) 李升鎭, 「家庭聞見錄」, 『艮翁先生文集』 卷24, 「附錄·聞見錄」, "七八歲時, 開口成章, 如'人語興仁市, 樵歌永道橋, 白石通宵煮, 靑松盡日看,'等句. 大有唐人詩調, 又嘗賦天子劒, 有'一揮萬方伏, 旁運四時淸, 挂之扶桑樹,

이 이후 문장 공부에 심취하였지만, 17세 때 소애蘇厓 유정무柳鼎茂(1679~?)가 간옹 이헌경의 글을 보고 그가 과업에 몰두하는 것을 비판한 이후 과업을 그만두었고, 시문을 짓되 고문의 창작에 힘썼다.[35] 이후 간옹 이헌경은 부친과 함께 용인의 거칠현巨桼縣 법화산法華山 아래에 집을 짓고 한 칸도 되지 않는 석실에서 10년 동안 책만 읽었다.[36]

영조 14년(1738) 진사시에서 수석으로 뽑혔고, 영조 18년(1742)에는 정시의 초시에서도 수석을 하였다. 간옹 이헌경과 과거에 같이 합격한 남인 인물로는 번암 채제공과 정항령鄭恒齡(1700~?)이 있었다. 당시 간옹 이헌경이 과거를 폐했다 다시 출사한 것은 약산 오광운이 이끌던 청남 계열 남인들이 정치적 기반을 확보하였기 때문이라고 할 수 있다. 영조 16년(1740) 이후 남인의 정계진출은 이전과 비교하여 비교적 활발해져서 영조의 탕평 정국에 참여할 수 있었다.

관직에 진출한 이후 간옹 이헌경은 비교적 순탄한 관직 생활을 이어갔지만, 영조 41년(1765) 홍문관 수찬으로 있으면서 윤붕거尹鵬擧(1709~?)의 소장과 관련하여 전계前啓를 정지한 혐의로 물의가 일어나 함문을 받고 서인庶人으로 방귀전리放歸田里되었다. 이 이후로 간옹 이헌경은 정조가 즉위하기 전까지 10년간 출사하지 않고 오로지 학문에

光輝日月明'之句, 其他警句膾炙一世."
　李獻慶,「讀新刊蔡希菴集」,『艮翁先生文集』卷6, "僕十餘歲時, 有詩若干首, 傳播在人口, 希菴嘗對僕之宗人諷誦數句曰; '此當世王子安也, 吾欲往訪一識其面云.'"
35)　李升鎭,「家庭聞見錄」,『艮翁先生文集』卷24,「附錄・聞見錄」, "十七歲時, 蘇厓柳正郎鼎茂以詩文名世, 見府君程文謂曰: '以君大才, 專治科業, 精工如此, 殊非吾黨所期望也.' 府君慭其言, 卽屛絶擧業, 刻意攻苦, 爲詩文力追古作者."
36)　李升鎭,「家庭聞見錄」,『艮翁先生文集』卷24,「附錄・聞見錄」, "判書公築室于巨黍縣治法華山下, 府君別搆一書室, 不滿一間, 而閉戶端坐以讀者十餘年, 雖祁寒盛暑, 定省之外, 不離此房, 恐賓友之來妨工夫, 只設一方席, 兀然獨坐, 餘不設席, 客至以無坐席, 立交數語而退, 其攻苦勤學如此."

만 전념하였다.

　정조 즉위 이후 다시 관직 생활을 시작한 간옹 이헌경은 당대의 권신 홍국영洪國榮(1741~1781)으로 인해 여러 가지 어려움을 겪었다. 정조 8년(1784) 가선대부嘉善大夫로 가자加資된 뒤 사간원 대사간을 거쳐 정조 14년(1790) 예조참판을 지냈으며, 그 해 2월 한성판윤이 된 뒤 불과 한 달 만에 기로소耆老所에 들어갔으나 다음해인 정조 15년(1791) 73세를 일기로 운명하였다.

　간옹 이헌경은 내외 관직을 거치면서 당색에 구애 없이 다양한 인물들과 교유하였다. 당대 그가 교유하였던 인물들을 살펴보면 근기 남인 계열 인사로 정항령鄭恒齡(1700~?)·석북 신광수·순암 안정복·번암 채제공·홍명한洪名漢(1724~1774)·여와 목만중·해좌 정범조·진택 신광하·운암雲巖 오대익吳大益(1729~?)·유항주兪恒柱(1730~?)·소암蘇巖 이동욱李東郁(1739~?)·금대 이가환·오사五沙 이정운李鼎運(1743~?)·다산 정약용·홍중효洪重孝(?~?)·윤동승尹東昇(?~?) 등이 있고, 영남 남인으로 구호龜湖 이수일李秀逸(1705~1779)·강재剛齋 이승연李承延(1720~1806)·반롱재半聾齋 이병연李秉延(1726~1762) 등이 있으며, 노론으로 강한유로江漢遺老 황경원黃景源(1709~1787)·후송後松 유의량柳義養(1718~?)·신재新齋 홍락명洪樂命(1722~1784)·함재涵齋 심염조沈念祖(1734~1783)·정원시鄭元始(1735~?)·일환재一丸齋 심락수沈樂洙(1739~1799) 등을 들 수 있고, 소론으로 난재蘭齋 조명채曺命采(1700~1764)·이계耳溪 홍량호洪良浩(1724~1802)·서명응徐命膺(?~?) 등을 들 수 있다. 이 중 석북 신광수·홍명한·해좌 정범조·진택 신광하·다산 정약용·홍중효 등과는 인척간이었다.[37]

---

37) 金鎭洪, 「艮翁 李獻慶의 生涯와 詩世界 硏究」(高麗大學校 碩士學位論文, 2006), 17~18쪽.

간옹 이헌경은 근기 남인계열 인사들과 시사를 맺고 문학적·사상적으로 교유하였는데, 참여한 시사로는 채제공의 약하시사藥下詩社, 목만중의 백사白社가 있으며 이계 홍량호·번암 채제공·여와 목만중과 함께 시사 활동을 하기도 하였다. 간옹 이헌경은 관직생활을 시작하기 전 약하시사藥下詩社를 통해 번암 채제공과 교유하기 시작했고, 이 시사에서 황사술黃思述· 여와 목만중· 해좌 정범조· 오사 이정운과 만났으며, 이후 간옹 이헌경은 번암 채제공과 함께 국포 강박의 문하 제자가 되었다. 이 중 여와 목만중과 이계 홍량호와는 사상적 측면에서 더 큰 영향을 받은 것으로 보인다.

간옹 이헌경의 이와 같은 문학 경향 형성 과정을 살펴보아도 역시 가계 내의 학문 전통이 문학 경향 형성의 가장 앞선 바탕과 기틀이 된다는 것을 알 수 있다. 간옹 이헌경의 경우 이와 같은 가계 내의 학문 전통 아래 자신의 문학적 재질을 단련하여 일정한 경지를 이루었고, 이어 이루어진 다양한 문우文友와의 교유를 통해 자신의 문학적 성가聲價를 높여갔다고 생각된다. 이 과정을 거친 이후 간옹 이헌경은 번암 채제공과 함께 국포 강박의 문하 제자가 되었는데, 이때의 문하 제자는 전적인 학문적 수수 관계를 의미한다기보다 다양한 관계의 설정을 위한 방편과 같은 것이라고 생각할 수 있다. 물론 그와 같은 의도 아래 이루어진 사승관계라고 하더라도, 이 관계를 통해 간옹 이헌경이 국포 강박의 문학적 영향을 조금도 받지 않았다고 볼 수는 없다. 그것보다 간옹 이헌경과 국포 강박 사이에서 이루어진 사승관계는 전적으로 문학적 혹은 학문적 수련을 위해 선택한 사승관계라고 보기는 어렵다는 것을 의미하는 것이라고 생각된다.

가계 내의 학문 전통 계승을 바탕으로 한 가계 외부 스승의 사사와 문우를 통한 개인 문학 경향의 완성이라는 문학 경향의 형성 과정은 연안이씨延安李氏 식산 이만부가를 통해 다시 한 번 확인이 가능하다.

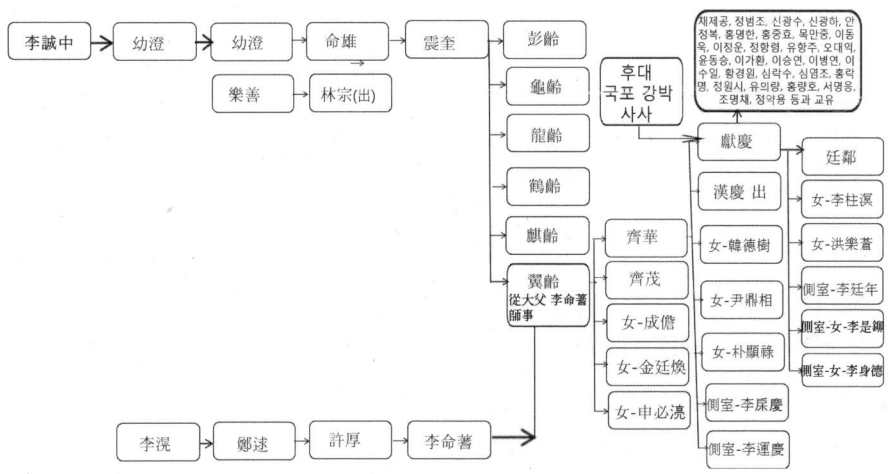

〈朝鮮 後期 近畿 南人系列 全州李氏 艮翁 李獻慶家 人物 家系圖〉

식산 이만부가는 그의 부친 박천博泉 이옥李沃(1641~1698)의 대에 올 때까지 문장보다는 예학禮學으로 명망을 얻은 가문이었다. 식산 이만부의 고조부 화음華陰 이창정李昌庭(1573~1625)이나 증조부 가은稼隱 이심李襑(?~?), 조부 근곡芹谷 이관징李觀徵(1618~1695) 모두 문장보다는 예학과 행실行實로 이름난 인물이었다.[38]

---

38) 「息山先生世系」, 「息山先生世系」, "十四世, 諱昌庭, 字仲蕃, 蔭仕, 歷典郡邑. 登第, 光海時以副价朝京還, 拜西宮, 時政日益亂, 遯萊伯, 仍不樂仕, 寓于聞慶之靑華洞中, 自號華陰無求翁, 及祖大王反正, 擢拜嘉善大夫咸鏡道觀察使, 卒于安邊巡到所, 贈吏曹判書·兩館大提學. 夫人貞夫人星州李氏, 處士應明之女, 大司成鐵均之曾孫.

부친 박천 이옥의 대에 와서 전대까지 내려오던 가학의 경향은 전환의 계기를 맞게 되었다. 박천 이옥은 『주역周易』을 졸재拙齋 유원지柳元之(1598~1678)에게, 예학禮學을 미수眉叟 허목許穆(1595~1682)에게, 문장文章을 동주東州 이민구李敏求(1589~1670)에게 익혔다.[39] 이렇게 본다면 박천 이옥의 학문은 이 세 사람에 의해 이루어졌다고도 할 수 있겠지만, 이와 같은 스승을 찾기 진 박천 이옥의 학문은 이미 가계 안의 교육을 통해 기틀을 만들어가고 있었다.[40]

가계 내의 교육을 바탕으로 하여 형성된 학문적 기틀 위에 세 사람의 스승을 통해 익힌 학문을 더해 자신만의 학문 세계를 구축해 나갔던 박천 이옥에게 가장 큰 영향을 미친 사람이 누구인지는 분명하지 않지만, 기록되어 있는 다양한 내용으로 보아 그에게 보다 큰 영향을 미쳤고, 또 그가 주력했던 분야는 문학이었던 듯하다.[41] 하지만, 박천 이옥에 의해 변화된 가학의 학문 경향이 그대로 식산 이만부에게 영향을 미쳤다고 보이지는 않는다.[42]

十五世, 諱𧝓, 字子瞻, 以隱逸選, 累除洗馬‧副率‧大君師傅, 不就, 隱居于上洛之松峙, 耕稼自給, 號稼隱, 贈崇政大夫議政府左贊成. 夫人贈貞敬夫人永川李氏, 參判民寀之女, 監司光俊之孫. 十六世, 諱觀徵, 字國賓, 號芹谷. 蔭補雍郞, 登第, 輔國崇祿大夫判中樞府事兼吏曹判書, 致仕, 奉朝賀贈諡靖僖公. 夫人貞敬夫人朔寧崔氏, 佐郞䎙之女, 監司東立之孫."
丁範祖,「碣銘 幷序」,「息山先生文集」「附錄 上, 碣銘」, "七傳而爲咸鏡道觀察使贈吏曹判書諱昌庭, 寔先生高祖. 而曾祖大君師傅贈左贊成諱𧝓, 祖吏曹判書致政奉朝賀諱觀徵, 主淸議, 不附當塗, 世稱厚德重望, 必推公爲首."

39) 權泰乙,「息山 李萬數 文學 硏究」(五成出版社, 1990), 20쪽.
40) 李萬數,「先府君家狀」,「息山先生文集」卷22,「行狀」, "府君幼而穎秀不羣, 對語輒驚人. 六歲, 贊成公授以曾史, 問於贊成公曰: '燧人氏始鑽火, 在地皇後, 地皇何由以火德王.' 贊成公謂大悟, 不須早敎. 己丑, 致政公居贊成公憂, 府君在側課學, 日受千言, 請于致政公曰: '曾氏序列國史, 史法緊同, 所不同者, 人姓名字, 若標畫以別之, 雖不口授, 可推以凡例解之.' 致政公許焉. 丙申, 聘貞夫人完山李氏, 承旨同揆之女, 領議政聖求之孫, 吏曹判書晬光之曾孫也."
41) 李萬數,「先府君家狀」,「息山先生文集」卷22,「行狀」, "府君始受業於東州公, 東州公卽議政公弟也, 府君讀春秋班氏漢史曁工部詩, 以基軸於文學, 東州公眼尤於時, 無所許可, 至府君亟期以大成, 而府君已自戛拓作者規度, 若公事業, 特緖餘耳. 申參判濡‧李判書㬅, 以東州言過之, 至見府君文曰: '果然.' …… 東州‧湖州讀府君對策, 莫不稱賞, 治擧業者, 傳誦以程式焉. …… 上曾以夫子待價說, 衆心成城賦, 命試諸詞臣, 府君連居魁, 特賜貂掩豹皮, 復拜吏曹佐郞, 逾拜議政府檢詳, 陞兼人‧兼春秋館編修官, 拜司諫院司諫者再, 弘文館副應敎者再."
「息山先生世系」,「息山先生世系」,「世系」, "十七世, 諱天, 字文若, 號博泉, 弱冠登第, 歷玉堂東璧, 中書舍檢, 天官郞, 薇垣玉署長官, 禮曹參判, 辛巳京畿觀察使. 夫人贈夫人完山李氏, 承旨贈贊善同揆之女, 領議政貞齋公聖求之孫, 吏曹判書‧大提學‧文簡公晬光之曾孫."

수많은 시간을 이어온 가문의 학문 경향이 단 한 사람에 의해 바뀌기 쉽지 않다는 점에서 이와 같은 현상은 당연하다고도 할 수 있다. 그러나 다른 한편으로 박천 이옥에 의해 이루어진 가학의 성격 변화가 그의 세 아들들에게 아무런 영향을 미치지 못했다고도 보기도 어렵다. 이전까지 오로지 예학을 중심으로 하던 학문 경향에 문학적 사유와 감상, 그리고 창작 행위가 적지 않게 개입하게 되었다고 생각된다.

　　어려서부터 식산 이만부는 도학道學에 뜻을 두었지만, 젊은 시절 박학博學 위주의 공부를 하게 되면서 사서四書를 비롯한 제자백가諸子百家와 문학·역사에 관한 다양한 서적을 접하였다.[43] 이 시기 식산 이만부는 성호 이익의 두 형 섬계 이잠·옥동 이서와 깊은 교유를 맺었고, 우담愚潭 정시한丁時翰(1625~1707)을 몹시 따랐다. 이 시기 식산 이만부는 잠시 문학에 침잠하였고, 병와 이형상·눌은 이광정·청천 신유한 등의 문사와 교분을 맺기도 하였다.

　　그러나 식산 이만부의 문학관은 도학파 계열 문인들의 일반적인 문학관과 동일한 것이었다. 시문을 말기末技로 보아 중시하지는 않았지만, 외면하여 부정한 것도 아니었다.[44] 이와 같은 식산 이만부의 태도는

---

42) 丁範祖, 「碣銘 井序」, 『息山先生文集』, 『附錄』上, 碣銘, "考禮曹參判諱沃, 號博泉, 有文集行于世, 兩世之贈, 以判書公貴也. 妣貞夫人全州李氏, 吏曹判書文簡公諱睟光之曾孫, 領議政貞肅公諱聖求之孫, 承旨諱同揆之女. 顯宗五年十二月二十二日生先生, 有異質, 兒時, 長老命言志, 對曰; "願學程朱子, 盖於道學性也. 事親至孝, 遇忌日, 雖客寓遠方, 必設位哭, 與諸父年等, 而事之甚謹, 制壺政以禮, 遇親黨以仁, 於鄕里故舊, 壹接以忠恕."
43) 李萬敷, 「答南叔擧」, 『息山先生文集』卷6, "僕少也, 妄意不自揆, 欲古人之追及, 雖略知以聖賢爲准則, 而爲己之意不實, 不知用力緩急, 務博好新之心勝. 是以漸自放縱浸淫, 六經四傳之外, 如老氏之言道德·列禦寇·莊周之虛無好爲開放, 楊氏之爲我, 墨氏之兼愛, 法家之少恩, 名家之敫繞, 釋氏之尤近理, 縈無不騁其流, 然後盖知其畔於聖人道學者, 不可不戒以遠之. 又以文辭言之, 自左氏·國語·戰國·長短書, 歷太史公至班固, 自屈子離騷, 徧及宋玉·相如·楊雄·潘岳諸傑作, 自昌黎·柳州, 至歐陽·蘇氏父子諸大家, 尤好靖節古詩·工部各體及建安諸子, 唐·宋諸名家, 亦頗明其英以自快."
44) 李萬敷, 「答權台仲」, 『息山先生文集』卷8, "盐驗涵養本原深厚, 不苟工而有以發爲冲澹雅冶之音也. 朱先生論詩, 以魏晉以來陶謝之作, 可以繼離騷之後, 爲詩學之宗. 高明近似有此簡意思, 此亦吾輩所嘗講而共勉者, 毋以摘

그가 도학에 침잠하면서 점차 강화되었고, 45세 이후 그의 의식세계는 도학을 중심으로 완전하게 정착되었다. 따라서 식산 이만부가 문학에 관심을 보이고 주목했던 시기는 박학을 추구했던 젊은 시기 한 때의 일이었다고 할 수 있다.

식산 이만부가 젊은 시절 한 때 문학에 침잠했었다고는 하지만 그의 문학적 수준은 결코 쉽게 볼 수 있는 것이 아니다.[45] 식산 이만부를 사한사詞翰士로 평가하거나[46] 유종원·한유와 비교한 경우도 있으며[47] 명대의 왕세정과 비교되기도 하였다.[48] 이와 같은 점으로 보아 식산 이만부 역시 상고적 복고주의에 주목한 의고적 시문학 작품을 창작한 인물이라고 볼 수 있다.

이와 같은 특징을 지니고 있었던 식산 이만부이지만, 그 역시 가계 외부의 다른 스승을 사사한 적이 없다. 그의 학문 내력은 전적으로 가계 내에서 이루어진 것이고, 그 내역이 후대 증손 임하林下 이경유李敬儒(1750~1821)에게까지 이어져『창해시안滄海詩眼』저술의 학문적 배경을 이룬 것이라 생각된다.

식산 이만부의 학문 형성 과정에 대해 간략하게 정리해보면 친가親家

得眞臟而斥遐之也."
45) 李瀷,「行狀」,『息山先生文集』附錄 上,"先生之於詩文非意之也, 蘭馨玉潔, 文彩自露, 擠翰之士, 無不宛然左避. 至古篆八分, 亦得鍾鼎之體云."
46) 崔昌敏,「挽詞」,『息山先生文集』附錄 下,"商山佩符日, 何幸接芳鄰, 東閣論文夜, 南樓飮酒辰, 三年交道厚, 一別悵懷新, 豈意凶音至, 終朝淚滿巾. 公是詞翰士, 聲名入薦揚, 塵中辭拙宦, 林下擅文場, 操確箪瓢樂, 才抛鬢髮蒼, 惜哉人不識, 齋志嗟云亡. 一別成千古, 悠悠感意多, 人生朝露晞, 世事夕雲過, 送子九原裏, 贈余數曲歌, 不能萬里錢, 平日誼如何."
47) 李敬儒,『息山集跋』,『息山集跋』,"世之文學之士, 咸曰: '東方之文, 唯與鹿峰相伴焉.'又曰; '山水諸記, 過於柳州, 碑誌之文, 殆與昌黎可上下.'此知言也. 不肖何贊焉."
48)「答金大集」,『息山先生文集』卷6,"如陋拙, 平日未敢以辭翰鳴世自期, 而今乃攬引爲第一, 若欲與王元美爲對者然, 令人羞愧, 不覺面發頳, 以才則千不似萬不似, 以志則亦非所願, 何不諒耶. 國叟之心, 則吾不知, 其言則不無可取者, 亦毋深呵斥可矣. 然吾知大集腎次坦然無拘, 此亦文墨習氣所使. 又何可深咎耶. 吾言之, 只欲其因此警省, 飭厲裁節, 不必尤人而自勉也. 如何如何."

에서는 화음 이창정·가은 이심·근곡 이관징·박천 이옥에서 식산 이만부로 이어지는 한 계보와 미수 허목에서 박천 이옥, 식산 이만부로 이어지는 다른 한 학통을 찾을 수 있다. 외가外家에서는 지봉 이수광·동주 이민구·박천 이옥을 거쳐 식산 이만부에게 이어졌고, 처가에서는 퇴계 이황·서애 유성룡·유녀柳䄅·유원지柳元之·박천 이옥을 거쳐 식산 이만부에게 이어졌다.[49] 이와 같은 가학의 전승 과정을 간략하게 도표화 하면 다음과 같다.

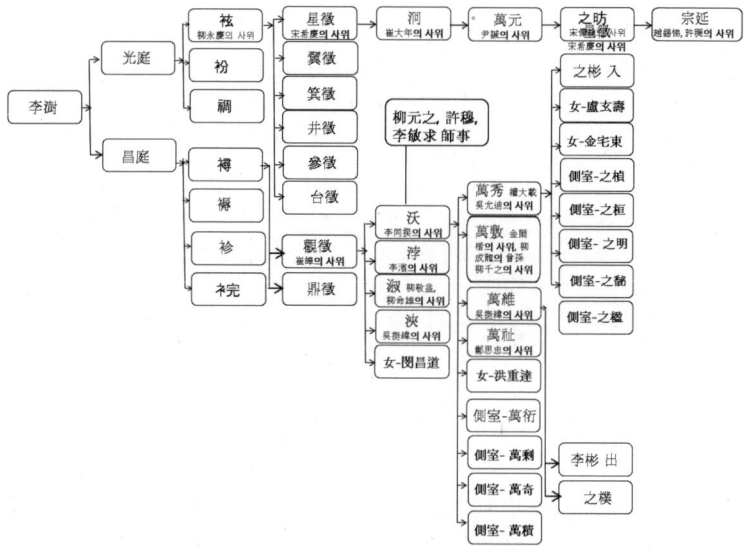

〈朝鮮 後期 近畿 南人系列 延安李氏 息山 李萬敷家 人物 家系圖〉

---

49) 權泰乙, 『息山 李萬敷 文學 硏究』(五成出版社, 1990), 46쪽.

이와 같은 학문 전통의 전승 과정은 진주유씨晉州柳氏 해암 유경종가에서도 볼 수 있는 현상이다. 물론 진주유씨 해암 유경종가의 경우 학문 전통의 계승 과정이 앞에서 살펴본 몇 가문이나 연안이씨 식산 이만부가와는 상당히 다른 차이를 보여준다. 그것은 가문의 정치적 몰락으로 인해 가학 전통이 원만하게 전해질 수 없었기 때문이다. 이 때문에 해암 유경종은 안산으로 칩거한 성호 이익을 찾아가 새로운 학문 계승 관계를 형성하였다.[50] 이를 간단하게 도표화 하면 다음과 같다.

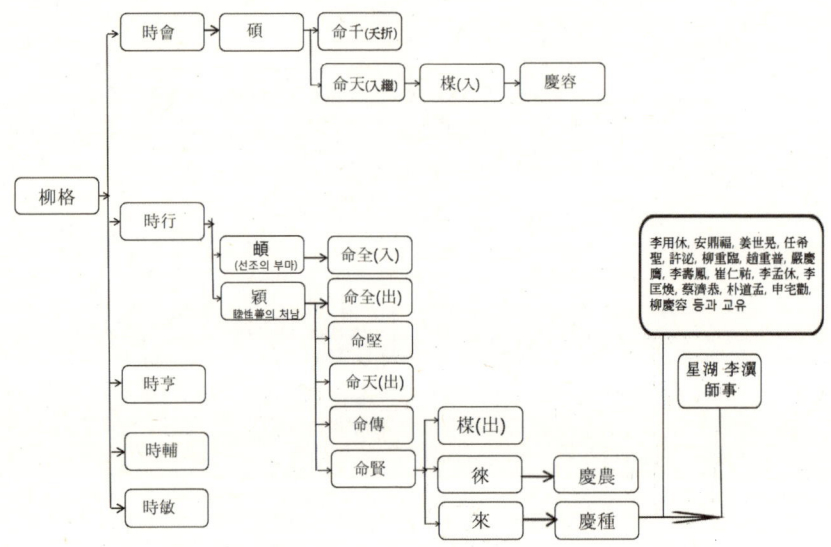

〈朝鮮 後期 近畿 南人系列 晉州柳氏 海巖 柳慶種家 人物 家系圖〉

---

50) 해암 유경종가의 가계에 관해서는 金東俊, 「海巖 柳慶種의 詩文學 研究」(서울대학교 박사학위논문, 2003), 13~25쪽에 자세히 나와 있어 좋은 참고가 된다.

이와 같은 근기 남인계열 내의 가계 내 학문 전수 관계를 주요 가문을 중심으로 간략하게 도표화하여 정리해보면 다음과 같다.[51]

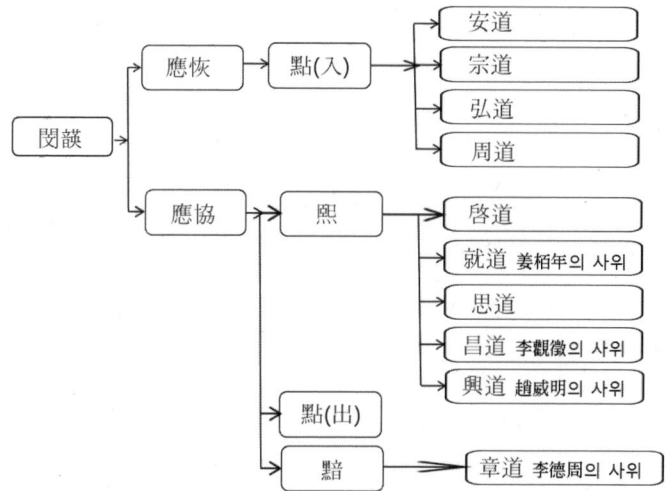

〈朝鮮 後期 近畿 南人系列 麗興閔氏 化隱 閔昌道家 人物 家系圖〉

---

51) 진주강씨 가문의 경우 入繼와 出繼가 반복되어 도표화하지 못했다. 진주강씨 가문의 世系圖는 맹영일, 「菊圃 姜樸의 生涯와 漢詩 硏究」, 고려대학교 석사학위논문, 2007.의 부록에 자세하게 나와 있어 좋은 참고가 된다.

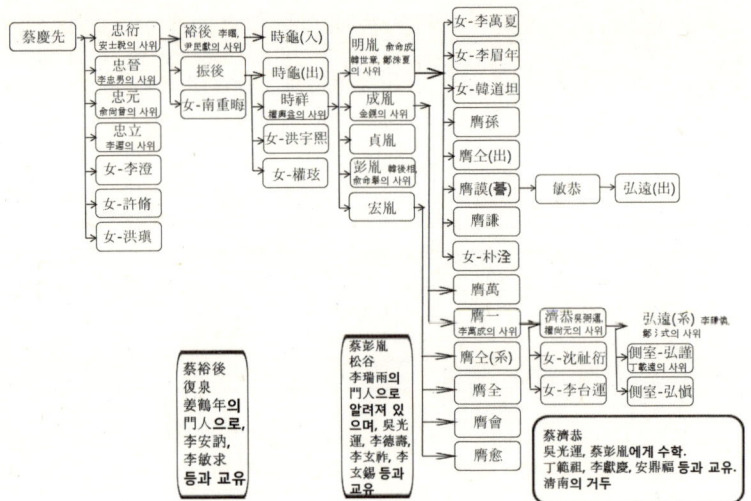

〈朝鮮 後期 近畿 南人系列 平康蔡氏 樊巖 蔡濟恭家 人物 家系圖〉

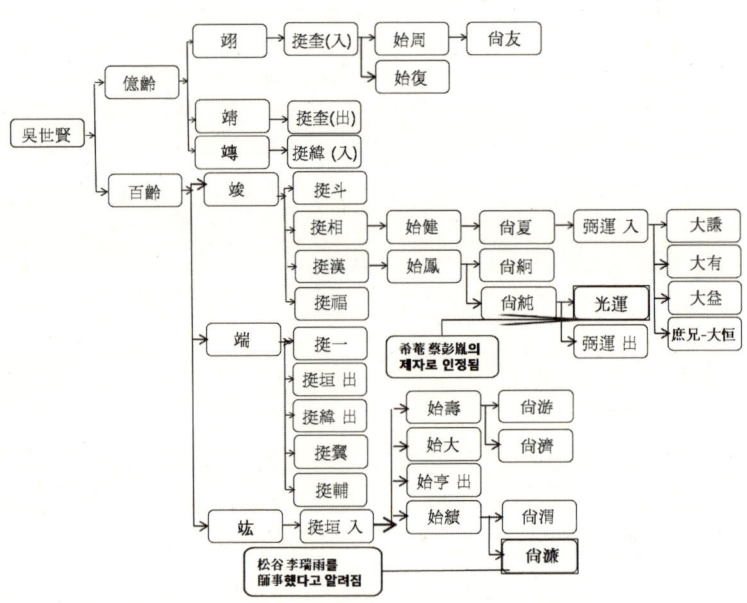

〈朝鮮 後期 近畿 南人系列 同福吳氏 藥山 吳光運家 人物 家系圖〉

이렇게 살펴본 것과 같이 근기 남인계열 내의 문학 계보가 가학을 우선하는 학문적 배경으로 하고 있다는 것을 인정한다면 다음과 같은 주장들이 가지고 있는 함의에 대해서는 다시 한 번 고민해 보아야 할 필요가 있다.

일세를 주름잡은 이는 번암 채제공, 간옹 이헌경, 해좌 정범조, 震澤 申光河 이 몇 군자들뿐이다. 南皐子(尹持範)가 이 사이에 태어나 여러분들의 문하에 왕래하면서 이미 그 요령을 다 터득했다.[52]

영조 초년에는 希菴 蔡彭胤과 三淵 金昌翕이 시의 대가로 일컬어졌다. 그 뒤로는 菊圃 姜樸·淸潭 李重煥·槎川 李秉淵이 명가요, 또 그 뒤로는 艮翁 李獻慶·餘窩 睦萬中이 대가이며, 海左 丁範祖·及第 蔡濟恭이 명가이니 모두 손꼽을만한 시인이다.[53]

오늘 李瀵가 말하기를 '요즈음 남인 중에서 문사로 자임하는 사람이 다섯 있는데 '五鳳山'이라고 한다. 바로 樊巖 蔡濟恭·石北 申光洙·海左 丁範祖·矗西 李獻慶·睦萬中이다.'라고 했다.[54]

위의 논의는 조선 후기 근기 남인계열 시맥의 가장 마지막 지점에

---

52) 尹持範, 「南皐詩稿序」, 『洌水雜著』, "或以雄渾名, 或以飄逸聞, 或高視上京, 或振藻海隅, 非不鷹揚虎視, 方羊一世則樊巖艮翁海左振澤, 此數君子者是已. 南皐子生乎其間, 往來數君子之門, 固已得其要領."
53) 姜浚欽, 『三溟詩話』 69則, "英廟初年, 蔡希菴·金三淵詩爲大家, 其後則姜菊圃·李淸潭·李槎川爲名家, 又其後則李艮翁·睦餘窩爲大家, 丁海左·蔡及第爲名家, 皆是家數." 밑줄 친 부분은 원문에 삭제하라고 되어 있다.
54) 黃胤錫, 『頤齋亂藁』 卷27, "今日李瀵言, 今南人中以文詞自任者, 有五家, 稱曰; 五鳳山. 卽蔡濟恭樊巖·申光洙石北·丁範祖海左·李獻慶矗西·睦萬中云."

놓여 있는 이들을 대상으로 한 것이다. 이 몇 사람의 언급은 번암 채제공의 시맥 논의와 대동소이하다. 번암 채제공의 논의에서는 빠져 있었지만 이 글에 추가되어 있는 사람을 살펴보면 석북 신광수 진택 신광하 형제, 청담 이중환, 여와 목만중 정도이다.

이 글에서도 여전히 배제되어 있는 근기 남인계열 시단의 중심인물은 혜환 이용휴 금대 이가환 부자이다. 앞의 인용문에서 거론된 인물들 중 혜환·금대 부자와 개인적인 친분을 갖지 않은 사람은 없어 보인다. 그런데 이들 부자와 개인적인 친분을 가지고 있으며, 사적인 자리에서 이들의 문학적 역량을 추켜세우지만, 당대 근기 남인계열 문단을 대표하는 시인을 손꼽을 때 이들 부자를 배제하는 것에 대해 어떻게 생각해야 할 것인지에 대한 고민이 필요하다.

이에 대한 답을 내리기 위해서는 우선 해좌 정범조가 '시가 성정의 발로이기는 하지만, 성정의 발로만으로 시가 이루어지는 것이 아니라 교유 또는 가학을 통해서도 얻어진다.'[55]고 한 부분에 주목할 필요가 있다. 이 말은 창작에만 적용되는 것이 아니라 남의 작품을 비평할 경우에도 적용되는 것이다. 즉, 정치적 대립 관계 속에 놓여 있을 때, 상대방의 수준은 평가 절하될 가능성이 언제나 존재한다는 것이다. 이와 같은 평가의 주관성은 대립적 상대방에게만 적용되는 것이 아니라 나를 위태롭게 할 수 있는 가능성을 가진 모든 동지에게도 적용될 수 있다.

물론 이와 같은 인식 태도나 이해 방법은 정치적 환경에 따른 문학의

---

55) 丁範祖, 「拙齋洪公遺集序」, 『海左集』 卷20, "詩道必有所承, 不獨其性情之發也, 有得之朋友講劘之益者, 郊之於愈, 元之於白, 七子之於王李是已, 有得之家庭薰襲之美者, 眺之於靈運, 勃之於績, 甫之於審言是已, 然氣之所禪, 習之所化, 家學視朋游麗澤爲切近也."

가치 평가를 의미하는 것이기 때문에 실상을 호도糊塗할 수 있다는 문제가 언제나 존재한다. 같은 정치적·사상적 지향을 보인다고 하더라도 작가 개인의 문학적 개성이나 한 시대를 관통하는 시대사조 등 여러 요인으로 인해 문학적 지향이 다른 경우도 있으며, 정치적 대립 관계에 놓여 있다고 하더라도 문학적 지향이 유사한 경우를 문학사에서 얼마든지 찾아볼 수 있기 때문이다.

조선 후기 격화된 정치적 대립에 의해 문학적인 교유가 대부분 같은 정치적 집단 안에서 이루어졌다는 점에서 동일 정치 집단 안의 문학적 전통이 동일 정치 집단으로 계승되었으며, 이 경우 전통의 묵수墨守 정도에 따라 문학적 성취를 인정하는 것이 보편적인 태도였다고 생각된다. 그러나 조선 후기 당대의 대표적인 문인들은 이와 같은 정치 집단의 틀을 뛰어 넘는 교유관계를 이루어왔다.

그렇다면 이들의 교유관계가 정치적 당파성을 뛰어넘는 문학적 동질감에 의한 것인가 아니면 이 역시 하나의 정치적 행위인가에 대한 물음이 필요하고, 이에 답할 수 있는 구체적인 근거가 필요하다. 이것을 넘어서서 정치적 동류 집단에 속하는 이들의 문학 경향에 대해 주관적 평가 절하를 가한 앞 인용문의 태도에 대해 어떻게 생각해야 할 것인가도 함께 고민할 필요가 있다.

만약 앞서 언급한 인용문의 주체들이 정치적 동류 집단에 속한 인물이기는 하지만, 이들과 같이하였을 경우 자신들에게 실질적인 피해를 가지고 올 수 있다는 정치적 계산에 따라 이들을 의도적으로 배제한 것이라면 지금까지 살펴본 문학적 사승관계와 계보에 대해서는 다시 생각해 볼 필요가 있다. 이 말은 누구를 찾아가 배웠다는 것이 사승관계를 형성하기 위한 행위를 의미하는 것이지, 학문적인 수수관계를 의미하는 것이 아닐 수도 있다는 것이다.

이와 같은 의문을 인정한다면, 현재까지 언급되고 있는 시맥이나 학맥의 계보에 대한 전반적인 재검토가 이루어져야 한다. 사승관계의 영향이 작품과 사상 속에서 구체적으로 확인되기 전까지는 반드시 이루어져야 한다.

이상과 같이 살펴보았을 때 시맥 계보와 학맥 계보의 형성에 가장 큰 영향을 미치고, 개인의 문학적 경향을 형성시키는 가장 본질적인 요인은 가학家學이라고 할 수 있다. 그렇기 때문에 앞 절에서 살펴본 것처럼 동일 가계 안의 인물들이 연속하여 시맥의 중심에 서게 되고, 몇 개의 주요 가계가 주축이 되어 시맥을 형성하게 되는 것이라고 생각된다.

결국 조선 후기 근기 남인계열 시맥의 문학 계보는 한 가계 안의 문학 전통이 어떻게 지속되어 왔는지를 보여주는 것이고, 그 가계 안에 존재하는 가문의 구성원들이 당대의 시문단에 나아가 얼마나 자기 가문의 문학적 역량을 선명하게 보여주었느냐에 따라 그 자신의 문학적 성가聲價까지 달라지는 것이었다고 할 수 있다.

그러나 가계 안의 문학 전통이 아무리 강하게 유지되어도 이들에 대한 당대 주변 인물들의 정치적 판단이 객관성을 상실하였을 때 이들은 비록 실질적인 문학 창작 활동에서 당대 시문단의 중심에서 한 시대를 선도할 수 있었지만, 그 실질적인 활동에 걸 맞는 평가를 받을 수 없었다고 보인다. 이와 같은 상황에 놓여 있었던 인물이 바로 혜환·금대 부자였다고 할 수 있다.

이렇게 본다면 앞서 살펴본 번암 채제공의 시맥 논의는 객관적 정황을 찾아볼 수 없는 관념적 행위에 불과한 것이고, 개인적인 의도와 정치적 상황이 합해 만든 작품이라 할 수 있다.

　조선 후기 근기 남인계열 시맥에 대한 번암 채제공의 언급은 광해군 시대와 인조반정 이후의 근기 남인계열 문인들을 세대별로 언급하였다는 점과 청남계열과 탁남계열이 분기된 이후로는 탁남계열의 인물들을 제외하고 있다는 점, 관각館閣의 인물을 중심으로 거론하였다는 점[56] 그리고 마지막으로 번암 채제공의 가학과 사우연원이 강하게 작용하고 있다는 점에서 주의가 필요하다.

---

56) 蔡濟恭,「與丁提學法正書」,『樊巖集』卷36, "使松谷, 希菴, 藥山三鉅公登其上, 此孟裏陽杜工部御風而蹄也. 藥山之後, 如我者遭逢幸會, 亦賞濫竽於此." 번암 채제공의 근기 남인계열 시맥론에 대한 이와 같은 논의는 이미 앞서 많은 선학들에 의해 거론된 것이다. 심경호,「18세기 중·말엽의 남인문단」,『국문학연구 1997』(태학사, 1997)와 박무영,「菊圃 姜樸의 詩學」,『韓國漢文學硏究』29(한국한문학회, 2002) 참고.

제3부

조선朝鮮 후기後期 근기近畿 남인南人 시맥詩脈의 문학文學 경향傾向과 문학사적文學史的 의미意味

1. 조선朝鮮 후기後期 근기近畿 남인南人 시맥詩脈의 문학文學 경향傾向
2. 조선朝鮮 후기後期 근기近畿 남인南人 시맥詩脈의 문학사적文學史的 의미意味

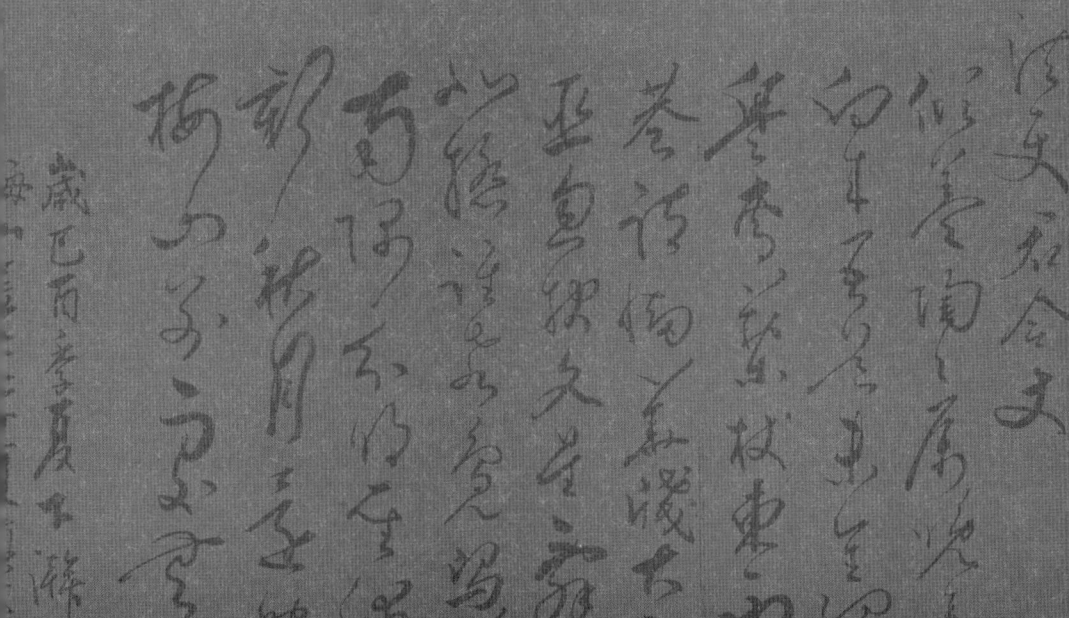

제3부 조선 후기 근기 남인 시맥의 문학 경향과 문학사적 의미

1. 조선朝鮮 후기後期 근기近畿
남인南人 시맥詩脈의 문학文學 경향傾向

조선 후기 근기 남인계열 시맥의 문학 경향을 한 마디로 단정하기는 쉽지 않은 일이다. 그것은 한 개인의 문학 경향을 넘어서 시대의 문학 경향을 일원화하기 어렵다는 본질적인 문제와 함께 개인의 문학 경향 역시 다양한 문학적 전통과 경향을 지닌 수많은 가문에서 오랜 기간 학습한 문학적 기초 위에 자득自得과 스승·문우文友를 통해 새롭게 경험한 문학적 충격을 더해 그 자신의 문학 경향을 완성해 나가기 때문이다. 따라서 이 글에서 이야기하고자 하는 조선 후기 근기 남인계열 시맥의 문학 경향은 당대 근기 남인계열 전체의 공통된 문학 경향이라기보다 당대 근기 남인계열 내의 유력한 문인들 개개인의 문학적 특성의 나열과 집합을 의미한다고 할 수 있다. 이와 같은 점에서 이 글에서 논하는 조선 후기 근기 남인계열 시맥의 문학 경향은 그 시대의 보편적 문학 경향과 일정한 거리를 가질 수 있다.

이러한 차이점의 존재 가능성에 대해 충분히 인지하고 있으면서도 이 글에서 조선 후기 당대 근기 남인계열 문인들의 문학 경향을 살펴보고자 하는 것은 조선 후기 근기 남인계열 문인들의 시문학 경향을 일률적인 하나의 경향으로 규정하여 정리하고자 해서가 아니다. 문학 경향의 일반화는 한 작가가 다른 작가들과 같은 시대를 살았다고 해서, 혹은 같은 가계 내에서 동일한 문학 전통에 따라 학습해 왔다고 해서 이루어질 수 있는 것이 아니다. 그것은 누차 언급한 것과 같이 문학 작품의 창작이란 원천적으로 작가 개개인의 철저한 독창적 창조행위이기 때문이다. 문학 작품의 가치가 창조성의 여부나 정도에 따라 규정될 수 있다는 것은 문학 경향을 일반화하고자 했을 경우 일어날 수 있는 다양한 문제점들을 분명하게 말해주는 것이다.

따라서 이 글에서 조선 후기 근기 남인계열 시맥 속 문인들의 시문학적 경향에 대해 알아보고자 하는 것은 조선 후기 근기 남인계열 시맥의 시문학 경향을 일률적으로 규정하기 위해서가 아니다. 그것보다는 조선 후기 근기 남인계열 시문단의 전체적인 모습과 실체에 보다 가깝게 접근해보기 위해서이다. 따라서 이와 같은 목적에 따라 이루어질 이 글의 분석 결과는 오히려 당대 근기 남인계열 문인들의 개별성을 강조하게 될 수도 있다.

하지만, "정치적 계열이나 학문적 계보가 개개인의 문학 작품 창작에 어떤 영향을 미쳤는지, 또 그에 따라 조선 후기 문단의 문학 경향이 정치적 계파나 학문적 계보에 따라 달리 나타난다고 설명할 수 있는지, 그렇다면 조선 후기 시문단을 정치적 계열에 따라 나눌 수 있는지, 문학 경향을 시기에 따라 일정한 모습을 지니는 시대의 산물이라고 규정하여야 하는 것인지 혹은 어떤 경우도 일반화가 불가능한 작가 개개인의 완벽한 창조적 결과물로 규정하여야 하는 것인지"라고 묻는 조선 후기 시인과 시단에 관한 근원적인 질문에 대한 해답을 얻기 위해 이와 같은 과정은 반드시 필요하다고 생각된다.

 조선 후기 근기 남인계열 시맥의 시문학 경향에 대해 접근하기 위해 이 글에서는 우선 앞서 살펴본 조선 후기 근기 남인계열 시맥의 흐름에 주목하고자 한다. 즉 형성기-정립기-발전기를 거치는 동안 시맥 속 주요 문인들의 시문학 경향이 어떻게 유지 또는 변해왔는지, 또 동일 시기에 존재했던 문인들 사이의 시문학 경향에는 어떤 차이가 있었는지에 대해 알아보고자 한다. 이를 위해 이 절에서는 동일 시기 문인들 개개인의 문학 경향을 살피는 공시적共時的 문학 경향의 분석을 통해 동일 시기 문인들의 문학 경향이 지니는 특성을 확인해 보도록 하겠다. 이후 다음 절에서는 이 절의 연구 결과를 바탕으로 각 시기의 문학 경향을 상호 비교해 보는 통시적通時的 분석 작업과 함께 이를 통해 확인할 수 있는 조선 후기 근기 남인계열 시맥의 문학사적 의미를 살펴보도록 하겠다.

 앞 장에서 이미 언급한 것과 같이 형성기 근기 남인계열 시맥은 동명東溟 김세렴金世濂(1593~1646), 낙전당樂全堂 신익성申翊聖(1588~1644), 죽남竹南 오준吳竣(1587~1666), 백헌白軒 이경석李景奭(1595~1671), 만사晚沙 이경의李景義(1590~1640), 동주東州 이민구李敏求(1589~1670), 소릉少陵 이상의李尙毅(1560~1624), 박천博泉 이옥李沃(1641~1698), 태호太湖 이원진李元鎭(1594~1665), 청선聽蟬 이지정李志定(1588~?), 매산梅山 이하진李夏鎭(1628~1682), 동명東溟 정두경鄭斗卿(1597~1673), 호주湖洲 채유후蔡裕後(1599~1660), 만랑漫浪 황호黃㦿(1604~1656) 등을 중심으로 하였다고 생각된다. 물론 앞에서 누차 언급한 것처럼 이들만으로 당대 근기 남인계열 시맥이나 시문단이 구성되었다고 보기는 어렵지만, 이들이 당대 근기 남인계열 시맥의 중심을 형성했으리라고 유추하는 것에는 별다른 문제가 없어 보인다. 그렇다면 다음으로 확인해 보아야 할 것은 이들 개개인이 지닌 문학 경향의 특성과 동이점同異點이다.

이를 위해 이 절에서는 당대 근기 남인계열 시맥의 중심을 형성했던 대표적인 문인들의 시 문학 작품을 살펴 이들의 시에서 확인할 수 있는 대체적인 창작 경향과 특성을 알아보도록 하겠다. 그렇지만, 현재까지 근기 남인계열 시맥의 중심을 형성했던 문인들 대부분의 문집을 확인하기 어려운 상황이며, 문집이 남아있는 문인들의 경우도 이 글에서 그 문집 속에 수록된 시 문학 작품 전체를 논의의 대상으로 삼기 어렵다는 점에서 이 글에서 이들의 시 문학 세계 전반에 대한 정치精緻하고도 세밀한 논의를 진행하기는 어렵다. 더욱이 문집을 남기지 못한 문인들의 경우 작품을 찾아내기 어려울 뿐만 아니라, 찾아낸다고 하더라도 찾아낸 작품의 진위眞僞와 오류誤謬 및 변개變改여부를 확정하기 어렵다는 또 다른 문제가 있다.

이와 같은 여러 가지 문제를 해결하기 위해 이 글에서는 문집을 남긴 문인들의 경우 문집을 대상으로, 문집을 남기지 못한 문인의 경우 시선집詩選集과 시화집詩話集 속에서 이들의 작품을 선정하도록 하겠다. 문집을 남긴 문인들의 경우도, 문집 속의 작품 선정에 작품의 시선집 수록 여부와 시화집 거론 여부를 하나의 지표로 삼도록 하겠다. 이와 같은 지표를 먼저 제시해 두는 것은 필자의 주관적인 작품 선정으로 인한 작품 선정의 편향성과 창작 경향의 왜곡 가능성을 최소화하고자 하기 위해서이다.[1]

---

[1] 이와 같은 지표를 바탕으로 개별 작가들의 작품을 선정하여 필자의 의도적 편향성과 실상의 왜곡 가능성을 최소화하고자 하였지만, 이 역시 애초 시선집의 編者나 시화집의 撰者가 지니고 있었던 편향성에 의해 작품 선정이 왜곡될 가능성을 배제할 수 없다. 하지만, 필자의 개인적인 견해와 시선집이나 시화집 편찬자의 선택이

형성기 근기 남인계열 시맥의 대표적인 인물로 거론되고 있는 동주 이민구의 경우 생존 당대부터 문학으로 상당한 명성을 얻었다. 특히 그의 시는 격조格調를 지녀 부친인 지봉芝峯 이수광李睟光(1563~1628)보다 뛰어났다는 평을 들었으며,[2] 온담溫淡한 부친의 시와 달리 한광閑曠하다는 평가를 받았다.[3] 동주 이민구는 시에서뿐만 아니라 부賦와 고문古文에서도 뛰어난 성취를 인정받았는데,[4] 이 때문에 후대 동주 이민구는 시와 문장 모두에서 뛰어났다고 평가되기도 하였다.[5] 동주 이민구에 대한 평가는 사후 그에 대한 졸기卒記에서도 분명하게 확인할 수 있다.[6]

이와 같은 평가를 받았던 동주 이민구의 문학 경향은 '시필성당詩必盛唐 문필진한文必秦漢'을 기치로 내 건 명대明代의 문학 경향을 수용하고 두보杜甫의 시를 전범으로 삼아 학습한 결과로 보인다. 동주 이민구의 학문은 부친 지봉 이수광을 통해 전해진 가학을 바탕으로 하고 있다고 보이는데, 지봉 이수광의 학문은 박학다식博學多識으로 잘 알려져 있다. 이에 따라 동주 이민구 역시 박학博學과 다독多讀을 기본적인 학문 자세

일치한다면 그와 같은 작품을 그 작가의 작품 중 거론할 만한 작품으로 보더라도 최소한의 객관성을 보장할 수 있지 않을까 생각하여 이 글에서는 이와 같은 작품 선정 방법을 이용하도록 한다.

2) 南龍翼,『壺谷詩話』, "李芝峯一生攻詩, 閑淡溫雅, 多有警句, 而乏者氣力, …… 其子觀海敏求, 尙明而有格調, 或可謂跨竈耶, 然造詣未必及."

3) 南龍翼,『壺谷詩話』, "李芝峯睟光之溫談, …… 李觀海敏求之閑曠."

4) 金得臣,『終南叢志』, "李芝峯睟光, 東州敏求夫子, 俱以詞翰名家稱, 芝峯長於詩, 東州長於賦, 東州曰; 先人詩尙摩詰, 余詩尙杜陵."

5) 洪萬宗,『小華詩評』, "李東州敏求, 自小業文章而最長者詞賦也, 其詩初以佶屈爲州, 脫廔江外, 盆肆力焉, 而漸近開."

6) 『朝鮮王朝實錄』, 顯宗 11年 2月 19日(丁丑) 4번째 기사, "前副提學李敏求卒, 敏求字子時, 吏曹判書睟光之子. 少有雋才, 司馬及第, 皆居魁. …… 竄于邊邑, 丁丑蒙放, 己丑命還職牒, 臺諫力爭, 不聽, 其後兩朝, 皆有恩敍, 因臺啓輒還收. 沈淪三十餘年, 卒厄窮以死, 世多惜其文章."

『朝鮮王朝實錄, 顯宗改修實錄』顯宗 11年 2月 19日(丁丑) 4번째 기사, "禮曹以前宰臣李敏求身死, 例請弔祭、致賻. …… 敏求, 故宰相睟光之子也. 家世以文章爲國人所稱, 敏求與其兄聖求, 皆擢巍科, 登顯仕, 名譽甚盛, …… 歷時旣久, 朝廷或惜其文才, 而欲收之, 輒爲公議所沮, 廢棄數十年, 至是死. 其爲人固無足論, 而詩文皆拔出儕流, 亦近世之表著者也."

로 하였으며, 여기에 다양한 선학들을 스승으로 삼아 따라 배우고 교유하며 자신만의 문학세계를 완성했다고 생각된다. 특히 그의 부친 지봉 이수광과 스승인 상촌 신흠이 명대明代의 왕세정王世貞·이반룡李攀龍을 수용하고 배우려 했었다는 점에서 동주 이민구는 명대의 전·후칠자前後七子를 배워 시문학적인 성가聲價를 이룩한 인물이었다고도 할 수 있다. 동주 이민구의 시를 보도록 한다.

岧嶢鷲嶺閟禪居	우뚝한 취령산에 그윽한 사찰 있어
石路莓苔步屨徐	이끼 낀 돌길을 천천히 찾아와 보니
忽有高僧來款我	어디선가 고승 나와 정성껏 나를 대하는데
都無俗事可關渠	도무지 세상일에는 아무런 관심 없다네.
千峰樹色和雲冷	천 봉우리 나무 빛은 구름과 어울려 써늘하고
一壑鍾聲帶雨疏	온 골짜기 종소리는 비를 띠고 성글게 들리네.
若道三幡終不妄	만약 色·空·觀 三幡이 끝내 허망한 것 아니라 한다면
吾將卽此問眞如	내 곧 여기에서 眞如를 물으리라.[7]

이 시는 『동주선생전집東州先生前集』 권 1의 「선위록宣慰錄」 20번째에 수록되어 있는 「유통도사游通度寺」 2수 중 두 번째 시이다. 현재 전하고 있는 동주 이민구의 문집이 그의 시문학 작품을 모두 수록하고 있다고 보이지는 않는다. 초기 작품의 일부는 전란으로 인해 소실되었고, 이후의 작품들도 역시 완전하게 수합·정리되었다고 확정하기에는 어려운 점이 많다.

---

7) 李敏求, 「游通度寺 2首」 其2, 『東州先生前集』 卷1, 「宣慰錄」

동주 이민구의 문집은 모두 네 부분으로 나누어져 있는데, 8권이 『전집前集』이고, 24권이 『시집詩集』, 10권이 『문집文集』이며 『별집別集』이 1권이다. 『별집』에 수록된 시들은 33세가 되던 광해 13년(1621) 이전의 시들을 모아 정리한 것이라 보인다. 동주 이민구 문집의 편제는 그가 51세 되던 인조 17년(1639) 여름 스스로 만든 것인데, 문집의 서문에서 그는 광해 14년(1622) 이후의 시를 모아 『전집』이라고 하고, 인조 15년 (1637) 이후의 시들을 모아 『시집』, 시와 달리 별도의 잡저들을 모아 『문집』이라고 했다고 밝혔다.[8]

이 시가 수록된 「선위록」은 『전집』의 제일 첫 부분에 있는 것이다. 「선위록」 속의 시들은 광해 13년 일본에서 남당南堂의 승려 현방玄方이 조선으로 사신을 오자 이에 대한 선위사宣慰使의 직분을 수행하기 위해 9개월 동안 부산에 있으면서 쓴 시들 중 일부를 모아 정리한 것이다.[9]

이 시는 선위사의 임무를 수행하던 도중 통도사에 들러서 쓴 시이다. 전체적으로 평담平淡한 분위기 속에 담백한 흥취와 깊은 여운을 보여주는 시로, 세상일에 관심 없는 고승과 산사山寺의 분위기, 진여眞如의 추구를 통해 이 시기 동주 이민구가 추구했던 탈속적脫俗的 의지를 보여주는 대표적인 작품이라고 할 수 있다.

　　一葉泝危灘　　한 잎 거센 여울 거슬러 가고

---

8)　李敏求, 「東州先生前集序」, 『東州先生前集』, "翁少好著述, 白首不改業, 所撰錄摠四千餘篇, 盡於兵燼, 今老善忘, 慮又不及敝帚, 謾不省記, 姑撿拾人間所傳及草本流落者, 存錄其緊, 焦尾棄材, 誠無足道也. 自壬戌以後爲前稿, 其目有宣慰・從軍・嶺南・嘉林・卯西・東游・關東・關西等錄, 辛酉以前, 年遠盎罕記, 略收爲別稿, 其丁丑以後爲詩稿, 有別序雜著, 合前後爲文稿, 嗟乎, 人生不自後先, 丁此艱難世故, 危慮未卜朝暮之期, 故粗敍生宦歷任, 識諸卷端, 以畀幼孫, 時崇禎九年之後三年己卯夏盡之月晦, 東州山人書."
9)　李敏求, 「小序」, 『東州先生前集』 卷1, 「宣慰錄」, "天啓壬戌歲正月, 日本使南堂僧玄方至, 余膺宣慰之任, 以前歲冬, 先往釜山迎勞, 至九月始還, 所著詩文三百篇, 今記若干于左."

淸霜落如雨   맑은 서리 비처럼 내려오니

贐緣蘆葦間   늘어선 갈대밭 사이로

載我閑愁去   한가한 이 내 시름 싣고 가누나.[10]

이 시는 『전집』 6권의 「동유록東游錄」 속에 수록되어 있는 2수 연작시의 첫 번째 시이다. 금강산을 유람한 뒤 쓴 시인데, 동주 이민구의 금강산 유람은 낙전당 신익성・현주玄洲 이소한李昭漢(1598~1645)과 함께 한 것이었다. 동주 이민구 뿐만 아니라 함께 했던 두 친구 모두 당대 문명을 떨치던 인물이었지만, 돌아올 무렵 시낭詩囊을 채운 사람은 동주 이민구 뿐이었다고 한다.

이 시에 대해 청음淸陰 김상헌金尙憲(1570~1652)은 그림으로 금강산을 그려낸 듯 하여 옛 사람들이 읽더라도 절로 흥에 겨워할 시라고 극찬하였다.[11] 그의 평과 같이 이 시는 담박淡泊하고 여유로운 흥취를 중심으로 하고 있어 시를 대하는 사람에게 한아閒雅한 정감을 느낄 수 있게 해준다.

廣陵江色碧於苔   광릉 강물 빛 이끼보다 푸르니

一道澄明鏡面開   한 줄기 길 맑게 거울처럼 열렸네.

夾岸楓林秋影裏   언덕 사이 단풍 숲 가을 풍경에 덮였는데

水流西去我東來   물은 서쪽 흘러가고 나는 동쪽으로 가네.[12]

---

10) 李敏求, 「夜濟牛淵」 其 1, 『東州先生前集』 卷6, 「東游錄」.
11) 金尙憲, 「題李學士子時遊楓岳錄」, 『淸陰先生集』 卷39, "觀海李學士, 頃游楓岳, 同時先後游若申公翊・李君道章, 皆名文詞, 而好事者盛傳學士奚囊獨餉也. 余適爲寮銀臺, 再請而獲諾, 接於目而悅於心, 彬彬乎過所聞者, 游凡二十日, 得詩摠二百首, 山之一石一水, 無不寄諸楮毫, 如畫工之遇境輒寫, 俾觀者不翅身到而足蹈之, 奚其富哉. 其尤所契者, '千厓駐馬身全倦, 古樹題詩字半成.' '無風自動白楊樹, 待露始開黃菊花.' '一葉冻危灘, 淸霜落如雨. 緣延蘆葦間, 載我閑愁去.' 以爲雖使古人讀之, 其不有不知前於席者耶. 因書座間, 以資喚醒, 而竝錄此以歸之, 辛未閏十一月下浣, 淸陰題."
12) 李敏求, 「月溪峽」, 『東州先生前集』 卷7, 「關東錄」.

이 시는 동주 이민구가 관동關東 지역의 방백方伯으로 가 있으면서 쓴 시들을 모은 「관동록關東錄」 속에 수록되어 있는 시이다. 앞에서 살펴본 시와 같이 청아淸雅한 느낌을 주는 맑은 시로, 주변의 경관과 뱃길의 묘사, 그리고 그 속에서 느끼는 담박한 흥취가 중심이 된 시이다.

漢策和戎拙	오랑캐와 화친했던 한나라 계책 졸렬했는데
夷書款塞遙	관문 넘어온 오랑캐 편지에 나라는 위태롭기만.
安危關上相	국가의 안위가 재상 손에 달렸으니
警急徹中朝	두렵고 급한 마음 조정에 가득하네.
膽自當年破	간담은 그 해에 절로 다 부셔졌고
魂經此日銷	넋은 이날 지나면서 다 녹아버렸네.
邊兵常少睡	변방 병사들 언제나 잠이 적은지
擊柝每通宵	야경 도는 딱딱이 소리 매번 밤을 지세네.[13]

이 시는 인조 14년(1640) 10월 그믐날 밤에 쓴 시이다. 앞에서 살펴본 시들에서 찾을 수 있었던 평담平淡한 분위기나 담백한 흥취, 깊은 여운은 찾아 볼 수 없고 급박한 국가의 안위에 대해 걱정하는 마음만 가득하다. 병자호란 이후 청나라의 지원병 요청에 흉내만 냈던 조선 조정에 격분한 청나라에서 용골대를 의주로 보내 조선 조정을 질책할 당시의 상황에 대해 쓴 시이다. 청나라와의 화친에 부정적이었던 유배된 지식인의 정서와 현실에 대한 고뇌가 시 속에 잘 그려져 있다.

---

13) 李敏求, 「庚辰十月晦紀事」, 『東州先生詩集』 卷5, 「鐵城錄」 4.

林木蒼蒼白露繁	푸르고 푸른 숲에 흰 이슬 어리니
葦花蘆葉遍郊原	갈대 꽃 갈대 잎만 들판에 가득하네.
空留夜月懸虛牖	부질없이 머문 달은 빈 창에 걸려있고
又送秋風入故園	또 다시 보내는 가을바람 옛 동산에 불어오네.
客舍悲歡隨節序	객사의 기쁨 슬픔 계절을 따르는데
人家歌哭自朝昏	민가의 노래와 곡 아침저녁 이어지네.
天涯幸接南宗老	하늘 저 끝에서 다행히 남종 노인 만나
淨品禪經一細論	불경의 청정품을 자세히 논해보네.[14]

이 시는 동주 이민구가 53세 되던 해에 영변寧邊으로 귀양 간 뒤 쓴 시이다. 동주 이민구의 시 중 제일 앞부분에서 살펴본 세 수의 시와 비슷하지만 또 다른 모습을 보여주는 시이다. 전체적으로 평담한 분위기 속에 절서節序의 변화와 함께 유배지에서 느끼는 자신의 애환을 담담하게 서술하고 있다. 동주 이민구가 겪었던 여러 가지 삶의 변화가 이와 같은 시를 만들어낸 듯하다. 이 시의 말미에 "남종승 각성이 와서 석가의 원만한 깨우침에 대해 강하였다[南僧覺性來講圓覺]."고 했는데, 각성은 낙전당 신익성과 가까운 인물로 동주 이민구와도 상당한 교분을 지닌 인물이었다.

江城白露隕青梧	강가의 성 흰 이슬에 푸른 오동도 지고
獨夜殘燈擁土爐	홀로 깬 밤 져가는 등불에 흙 난로 끼고 있네.
棣萼百年同氣盡	평생을 같이 해 온 형제들도 다 하니

---

14) 李敏求,「秋日」,『東州先生詩集』卷7,「鐵城錄」7.

萍蓬四海一身孤	사해의 부평초 같은 이 한 몸 외롭다네.
腸摧杜宇啼時血	끊어진 간장은 두견새 울 때 흘린 피고
淚迸鮫人別後珠	솟아나는 눈물은 인어 이별할 때 남긴 구슬이네.
疾病艱難催鬢髮	질병과 괴로움이 귀밑머리 하얗게 세길 재촉하니
形容勝似屈原無	내 몰골 굴원보다 나은 것 하나 없네.[15]

이 시는 동주 이민구가 충청남도 아산牙山으로 유배지를 옮긴 2년 뒤인 57세 되던 해에 쓴 것이다. 시집 속 「아성록牙城錄」에 수록되어 있는데, 제목과 같이 전체적으로 유배지에서 느끼는 한恨이 시의 중심 정서가 되고 있다. 형인 분사 이성구의 죽음과 함께 새롭게 각인된 자신의 모습이 굴원과 대비되어 시 속에 형상화되어 있는데, 이와 같은 시의 내용으로 보아 동주 이민구의 의식 속에는 현재 상황의 극복과 자기 처지의 회복 의지가 여전히 존재하고 있었음을 확인할 수 있다.

沙塞茫茫落日低	변방 사막 아득하고 지는 해 나지막할 때
行人冠蓋薊門西	사신의 행차는 계문산 서쪽 지나겠지.
神州萬里堯封蹙	만리 신주는 요임금 봉해주었을 때보다 작고
碣石千年禹跡迷	천년 내려온 갈석산에는 우임금 자취 흐릿하네
荏苒王程方未已	이럭저럭 세월 흘러도 사신길 아직 안 끝났고
參差世故直難齊	들쭉날쭉한 세상 연고 바로잡아 가지런하기 어렵네.
金繒報聘由來事	금 비단 답례는 예부터 있어온 일이니
敢爲朋情惜解携	감히 벗을 위하는 마음 끌러 주길 아낄까.[16]

---

15) 李敏求, 「恨」, 『東州先生詩集』 卷9, 「牙城錄」 2.

이 시는 해배된 이후 쓴 시를 모은 「서호록西湖錄」에 수록되어 있는 시이다. 월사月沙 이정구李廷龜(1564~1635)의 외손이자 정명공주貞明公主의 부마인 영안위永安尉 홍주원洪柱元(?~1672)이 효종孝宗 4년(1653) 사은사謝恩使로 청나라에 가게 되었을 때 동주 이민구가 벗과 헤어짐을 아쉬워하는 마음을 가득 담아 쓴 시이다.

이와 같은 동주 이민구의 시문학 경향은 기본적으로 당풍唐風의 시 경향을 바탕으로 한다. 그가 당풍의 시를 최상의 경지로 인정하고 있었다는 것은 그의 『당율광선唐律廣選』 서문에도 잘 나와 있는데,[17] 그가 당시唐詩의 경지를 최상으로 인정하게 된 것에는 그 시대의 시대적 분위기[18]와 그에게 시문학을 전했던 여러 문인들의 문학적 경향이 적지 않은 작용을 했었다고 생각된다.

즉, 시문학에 대한 동주 이민구의 태도는 전·후 칠자前後七子를 대표로 하는 명대明代의 의고적擬古的 문학 경향에 대한 학습과 수용을 바탕으로 하는 것으로,[19] 의고적擬古的 문학 경향을 추구했던 대부분의 문인들과 같이 상고적尙古的 시문학의 창작을 지향하는 것이었다. 그러나 동주 이민구는 명대 의고문파와 같이 육경六經을 기본으로 제자백가諸子百家와 선대 문인들의 글을 두루 익혀야 한다고 하였지만, 그가 익혀야 한다고 한 선대 문인들의 글은 진·한고문秦漢古文만이 아니라 당·송고문唐宋古

---

16) 李敏求,「送永安尉使燕」,『東州先生詩集』 卷12,「西湖錄」 1.

17) 李敏求,「序文」,『唐律廣選』, "詩以唐爲宗, 唐固作者之準的哉. 蓋詩辭之精者律, 又詩之精者, 而古人爲七言便加二字, 爲尤難. 然則斯又其最精者也. 爲是者, 就其尤難而求其最精, 無惑乎. 百家錯出, 衆音迭倡, 愈多而愈失, 眞也."

18) 안대회,『18세기 한국한시사 연구』(소명출판, 1999) 17~22쪽.

19) 李敏求,「西疇遺稿序」,『東州先生文集』 卷2, "今之文又豈所謂䋎弗經緯之文也. 陶冶比興, 適性情而止耳. 和調節奏, 諧聲律而止耳. 卑者固不足論, 高者亦止如此. 然作者代興, 導流而揚波, 經累數千年, 文道不至遂亡, 由漢而唐而宋而明, 與世竝盛衰, 郁郁乎各一代之燉哉. 不幸近世三精沈瘁, 儒服道盡, 學士束經而不講, 後生屛業而自放, 貴位少博通之彦, 閭巷多佚游之徒."

文까지 포함된다.

　이와 같은 점에서 동주 이민구의 명대 문학 학습과 의고적 창작 경향은 진·한고문 만을 무조건적으로 추종하고자 하는 것이 아니었다고 할 수 있다. 동주 이민구가 추구했던 의고적 혹은 상고적 문학 경향이란 '고古'에 무조건적인 가치를 두는 것이 아니라 '금今'과의 소통을 통해 '고古'에 가치를 부여하는 것이었다고 보인다. 따라서 그의 문학관은 명대 문학관의 의고적 기풍을 그대로 학습하여 수용하는 것이 아니라 각자의 타고난 자질을 바탕으로 다양한 선대의 문학 경향을 익혀[20] 적실하고 효과적인 수사를 통해 새로운 문학 작품을 창작하고자 하는 것이었다.[21] 이를 위해서 동주 이민구는 명대 의고문파의 문학 학습 방법과 같이 진·한秦漢의 문장과 성당盛唐의 시를 기본 전범으로 삼았고,[22] 두보杜甫를 본받고자 노력하였다[23]고 보인다. 동주 이민구의 이와 같은 문학

---

20) 李敏求,「文不可以遲速分工拙說」,『東州先生文集』卷4, "蓋古之論爲文者, 以遲速分工拙, 此由論枚馬而云爾. 將以律天下古今之爲文者, 殆未盡然. 夫文之工拙, 在其人才分之何如, 烏在其遲與速也. 故有儵毫而拙者, 有叩鉢而工者, 其才之拙者, 不可責以爲工. 工者不可抑以爲拙, 猶妍者不可使之醜, 醜者不可使之妍, 曰頭鼕頌, 不可使之倏便妍妖冶, 文何可以遲速分工拙也. 凡物有速成而久存者, 有遲成而邊毁者, 雀與雉氣至則飛, 而入水化爲鼉與蛤, 特芒忽之頃耳. 未嘗遺其羽毛骨皮, 而其殼已成而堅, 其成亦速矣, 其在高山巖石間者, 經劫爐而猶存, 檬枏豫章生七年而始見, 乃在數百年之後, 其成亦遲矣. 操斤斧者析以爲薪, 可一朝而盡焉, 文章之成之遲速, 傳之久近, 亦奚以異此. 李白一斗百篇, 陳三閉門覓句, 何可以此下李白而上陳三哉. 韓子論文曰; 其始戛戛乎難哉, 其終汩汩然來矣. 此言始難而終易也. 何可以難者爲工, 易者爲拙乎. 故曰; 文之工拙, 在其人才分之何如, 而不在於遲速也."

21) 李敏求,「文喩說」,『東州先生文集』卷4, "子嘗觀乎江河之舟乎. 子欲子之文之工也, 請以舟爲喩. 彼匠氏之爲舟也, 集衆材而成也. 取山木之大者與細者, 靡有所遺, 鉅以斷之, 斧以劚之, 尋尺以度之, 繩墨以裁之, 檋柁橫楫之具, 舳艫檣桅之設, 衣袽之濡, 緋纚之維, 莫不畢備, 然後泛之乎河海之廣深, 津梁之要會, 九鼎之重, 萬斛之多, 人民畜産財賄車輿天地百物之殷, 無所不載, 無所不運, 順風而行, 無所不如志焉."

22) 李敏求,「文喩說」,『東州先生文集』卷4, "爲之也若不工, 傳之也必不遠. 故根據六籍以爲材, 搜剔百家以爲械, 彼群聖人所著遺書與夫老莊氏·左氏·屈氏·太史氏·枚乘·鄒陽·賈誼·淮南·相如·子雲·班固·陳思·韓·柳·歐·蘇氏所作, 及至上下數千年才人夸夫志士之所爲, 典而有法, 紆而有理, 肆而不倨, 婉而不淫, 疏而爲河流之決, 幽而爲鬼神之怪, 項而爲珠瓔錦纈之華縟, 豊而爲宇宙品類之繁夥, 風雨霜雪之驟至而驛雙也. 悲愉愕號之迭遷而成文. 然後行乎仁義之港, 游乎道德之波, 卒澤於至理, 純精煒如也. 鏘然而金石鳴, 蔚然而龍虎章, 以之槪乎往範而無不當, 以之傳乎來繼而無不彰也."

23) 李敏求,「答愼伯擧書」,『東州先生文集』卷1, "僕之操毫爲佔畢之業亦久矣. 仕宦時, 辛辛無官暇, 間嘗爲應俗文字, 膚淺而已, 藻飾而已. 不知者或以爲能, 於具眼之見, 何如也. 初得罪, 新經寇亂, 倉卒出城, 不齎一卷書, 塞土又無書籍可藉以消遣, 疾病憂裏, 死亡在朝夕, 唯闔眼澄慮, 如禪僧之面壁內視, 自早晩粥飯外掃去多少世故, 無所罣念, 如是一二歲, 胸中自然無物, 平日所讀書, 了了然來矣. 始借杜集於人, 一再披閱, 覺眼目殊別, 古今詩文之體

창작 경향은 다른 한 편으로 선대부터 이어져 내려오던 전통적인 효용론적效用論的 재도 문학관載道文學觀의 시대적 변용을 의미하는 것이기도 하다.24)

동주 이민구와 함께 형성기 근기 남인계열 시맥의 대표적 문인이었던 호주 채유후의 경우, 문집인『호주선생집湖洲先生集』의 서序・발문跋文이나 호주 채유후에 관한 다양한 기록들을 살펴보았을 때 호주 채유후의 특장처가 문학에 있었다는 것은 의문의 여지가 없다고 생각된다. 그러나 문학의 여러 양식들 중 그의 장처長處가 어느 부분이었는가 하는 점에는 다양한 이론異論의 여지가 있다. 동산東山 윤지완尹趾完(1635~1718)이「호주선생집서」에서 "시는 당시의 소리 지녔으나 송시의 전아함을 본받았고, 문장은 육경에 근본하였으나 양한을 취하였으며, 병려문은 학곡鶴谷 홍서봉洪瑞鳳(1572~1645)이 광세의 절예라고 하였다."25)라고 한 것으로 보아 호주 채유후가 시詩와 문文에 모두 뛰어났었다고 할 수 있지만, 최장처最長處를 어디에 두어야 하는지는 더 이상의 자료가 없어 단정하기 쉽지 않다.

그러나 귀록歸鹿 조현명趙顯命(1690~1752)이『귀록집歸鹿集』의「채호주시장蔡湖洲諡狀」에서 "공은 어려서부터 문장에 힘썼다."26)고 한 것이나 "공은 지조가 곧고 굳었으며 운치가 한가하고 여유로워, 평소 문을 닫아

格高下得失, 瞭然於前."
24) 동주 이민구에 관한 선행 연구로는 다음과 같은 업적들이 있어 참고가 된다. 허현주,「東州 李敏求의『唐律廣選』硏究」(경북대학교 교육대학원 석사학위 논문, 2005); 이남면,「東州 李敏求의 生涯와 詩世界」(고려대학교 석사학위 논문, 2006); 부유섭,「동주 이민구와 남인 시맥의 전개」,『韓國漢詩硏究』8(2000); 김영주,「동주 李敏求의 문학론 연구」,『東方漢文學』20(2001); 박수천,「東州 李敏求의 詩世界」,『한국한시작가연구』10(2006).
25) 尹趾完,「湖洲先生集序」,『湖洲先生集』, "詩則有唐之音響而體宋之典雅, 文則本諸六經而取則於兩漢, 駢偶之文則鶴谷洪公瑞鳳謂之曠世絶藝"
26) 趙顯命,「蔡湖洲諡狀」,「歸鹿集」, "公少年以文章進"

걸어두고 출입하는 일이 드물었으며 날마다 시와 술, 꽃과 대로 즐거움을 삼았다. 비록 온 세상의 표본이 되었으나 남들은 그 정수를 엿볼 수 없었다."27)라고 한 것, 또 "저술한 시문 대부분이 산일되어 약간의 책만 세상에 간행되었으니 그의 시는 당시에 핍진하였고, 병려문에는 더욱 뛰어났다. 선배 학곡 홍서봉이나 택당 이식·백주 이명한과 같은 뛰어난 여러분들이 소리치며 칭찬하지 않는 분이 없었으며, 창강 조속 같은 분이 공과 뜻을 같이하는 벗이었다."28)라고 한 것이나, 희암希菴 채팽윤蔡彭胤(1669~1731)이 『희암선생집希菴先生集』의 「종조조부호주선생문집후서從祖祖父湖洲先生集後遺事」에서 "택당 이식 공께서 '공의 '성긴 숲 가을 진 뒤 비 내리고, 황량한 객점 밤 깊은 등'이라는 구는 흥미진진하여 당시와 몹시 닮았다'고 하니 공께서 웃으시며 '굽은 못 울리는 소리는 바로 당시의 시어이니, 저의 시는 비슷한 것일 뿐입니다.'"라고 한 뒤 다시 "학곡 홍서봉이 말하기를 '채군의 병려문은 광세의 절예이다'"라 한 것, 또, "공이 어렸을 때 두황상이 절도사에게 배례하는 표를 지었는데, 보는 사람들이 '다음날 반드시 문장을 주관하게 될 것이다.'"라고 한 뒤 "공이 취하여 남들에게 말하기를 '우리나라에 문장에 뛰어난 세 사람이 있는데, 그 하나가 사가정 서거정이고, 또 하나가 택당 이식이고 마지막 하나가 나이다.'"29)라고 한 것, 그리고 「호주선생집발湖洲先生集跋」에서 "병려문은 공의 최고 절예이다."30)라고 한 것에서 호주 채유후의

---

27) 趙顯命, 「蔡湖洲諡狀」, 『歸鹿集』, "公志操貞固, 韻致蕭散, 平居杜門罕出, 日以詩酒花竹爲娛, 雖處擧世標榜之中, 而人不能窺其通介, 獨以文學結主知."

28) 趙顯命, 「蔡湖洲諡狀」, 『歸鹿集』, "所著詩文多散失, 若干卷印行於世, 其爲詩, 逼唐人, 騈儷尤絶藝, 先進鉅公如洪鶴谷瑞鳳·李澤堂植·李白洲明漢諸公, 無不嘖嘖稱賞, 趙滄江涑, 公得意友也."

29) 蔡彭胤, 「從祖祖父湖洲先生集後遺事」, 『希菴先生集』, "李澤堂植謂公曰: 公'踈林秋盡雨, 荒店夜深燈'之句, 亹亹逼唐. 公笑曰: '曲塘万響, 乃唐人語也, 某詩邇近之耳.' …… 洪鶴谷瑞鳳曰: '蔡君騈偶之文, 曠世絶藝.' …… 公兒時作杜裴謝拜節度使表, 見者曰: '異日必主文.' …… 公醉謂人曰: '我國三文章, 其一四佳, 其一澤堂, 其一我是也.'"

문학적 특성을 조금은 짐작해 볼 수 있다.

위의 인용문들을 통해 확인할 수 있는 내용들을 정리해보면 우선 호주 채유후의 경우 어려서부터 문장으로 이름난 인물이었으며, 자신의 문장에 상당한 자부를 가지고 있었음을 알 수 있다. 스스로 조선 문장의 삼대수三大手 가운데 하나로 자부하고 있었다거나 어려서부터 문병文柄을 감당할 만한 인물로 인정받았다는 것은 그 스스로의 문장에 대한 자부심과 주위의 반응을 그대로 보여주는 것이다.

둘째 시에 대해 상당한 인정을 받았으며, 그의 시 경향은 핍당逼唐으로 정리될 수 있다. 호주 채유후의 시에 대한 주변 인물들의 평이 핍당逼唐으로 정리되어 있고, 스스로도 '근지近之', 혹은 '근당近唐'이라 하여 당풍唐風에 가까운 시를 쓰고 있음을 인지하고 있었으며, 또 그러한 시를 쓰려고 노력하였다.

셋째 무엇보다 호주 채유후의 장처長處는 사륙병려문四六騈儷文에 있었다고 할 수 있다. 『조선왕조실록』의 졸기卒記[31]를 포함하여 귀록 조현명이 『귀록집』의 「채호주시장」에서 "병려문이 더욱 절예[騈儷尤絶藝]"라 한 것이나 학곡 홍서봉이 "채군의 병려문은 광세의 절예[蔡君騈偶之文, 曠世絶藝]"라 한 것, 또 그의 후손인 희암 채팽윤이 "병려문은 공의 최고 절예[騈偶之語, 最公之絶藝也]"라 한 것에서 이 평가는 분명하다고 할 수 있다.

마지막으로 확인할 수 있는 것은 호주 채유후가 당대 문단의 중

---

30) 蔡彭胤,「湖洲先生集跋」,『湖洲先生集』, "騈偶之語, 最公之絶藝也."
31) 『朝鮮王朝實錄』, 顯宗 1年 12月 26日(丁未) 2번째 기사, "前大司憲蔡裕後卒. 裕後性淸踈簡易, 有文才, 少工於騈儷. 當仁祖議廢姜庶人也, 詞臣之當製敎文者, 率皆避免, 最後屬裕後, 裕後不得已而製焉, 歸家卽焚其所藏四六全書, 蓋志其悔也, 然酷嗜酒, 無威儀, 且自以才弱不肯任事. 孝廟朝再典文衡, 與修仁・孝兩朝實錄, 又與改撰宣祖朝實錄, 官至吏判而卒."

심 문인들과 상당한 교유 관계를 유지하고 있었다는 것이다. 귀록 조현명·학곡 홍서봉·택당 이식·백주白洲 이명한李明漢(1595~1645)·창강滄江 조속趙涑(1595~1668)·동악東岳 이안눌李安訥(1571~1637)·동주 이민구·태호太湖 이원진李元鎭(1594~1665) 등의 인물과 상당히 친밀한 교유관계를 유지하고 있었다는 것은 그의 문명文名과 관직 경력에 의한 것이기도 하겠지만, 이러한 교유관계는 역으로 그의 문명을 한층 강화하여 주고, 문학적 성가聲價를 높여주는 한 원인으로 작용하였을 수도 있다.

특히 그가 대제학으로 과거의 시관試官을 역임하였고, 성균관과 사학四學 유생들의 시험을 주관하는 자리에 있었으며,32) 사가독서 인원으로 문곡文谷 김수항金壽恒(1629~1689), 호곡壺谷 남용익南龍翼(1628~1692), 동리東里 이은상李殷相(1617~1678), 청계淸溪 홍위洪葳(1620~1660), 정관재靜觀齋 이단상李端相(1628~1669), 재곡齋谷 안후열安後說(1632~?)을 선발하여 그대로 시행할 수 있었다33)는 것은 호주 채유후가 당대 정계政界와 문단에서 적지 않은 영향력을 지녔고 또 발휘하였음을 그대로 보여주는 것이라 할 수 있다. 호주 채유후의 이와 같은 영향력이 후대 번암樊巖 채제공蔡濟恭(1720~1799)의 "남인 시맥南人 詩脈" 혹은 "채당 시맥蔡黨 詩脈" 형성에 직·간접적인 영향력을 미치지 않았을까 추정된다. 시를 보기로 한다.

    芳蘭元有種   향기 나는 난초에는 원래 종자가 있고

    良玉本無瑕   좋은 옥에는 본래 흠이 없는 법이네.

---

32) 『朝鮮王朝實錄』, 孝宗 6年 1月 8日·2月 25日 등의 記事.
33) 『朝鮮王朝實錄』, 孝宗 6年 8月 12日 (癸亥), 2번째 기사, "選金壽恒·南龍翼·李殷相·洪葳·李端相·安後說, 賜暇湖堂, 大提學蔡裕後所選也."

此道非文字	이 도는 문자에 있는 것 아니었으니
初心是國家	그대 첫 마음 온통 나라에 있었었지.
人休悲挫捃	사람들에게 뽑히고 꺾임을 동정 말라 했으니
公已謝芬華	그대 그때 이미 화려함을 사양했었지.
代斲餘霜鬢	힘든 일 대신 하느라 그대 귀밑머리 다 쇠었으니
公私并一嗟	공적으로든 사적으로든 온통 한 숨만 쉴 뿐이네.34)

禁漏風交響	시계 물소리 바람과 섞여 울리고
華燈月並明	고운 등은 달과 함께 빛나는데,
良宵宜勝集	이 좋은 밤 다 같이 모여 앉아서
熱酒且徐傾	술 덥혀서 또 천천히 잔 기울이네.
節意寒將燠	계절 뜻은 겨울 지나 봄 오려는데
身名寵若鷺	몸과 명예 해오라기처럼 은혜 입었으니
何當謝韁鎖	어찌하면 둘러쓴 굴레 벗고서
林水送餘生	숲과 강 그 속에서 여생 보낼까.35)

　이 두 수의 시는 호주 채유후가 낙정樂靜 조석윤趙錫胤(1606~?)의 죽음과 무하당 홍주원에 대한 그리움을 읊은 시이다. 호주 채유후·낙정 조석윤·무하당 홍주원은 모두 아주 가까운 친구 사이로 상당한 교유관계를 지니고 있었다. 이 두 수의 시들은 모두 벗의 죽음으로 인한 상실감과 그리움의 형상화라는 지극히 시적인 소재와 상황을 배경으로 하여 창작된 시이지만, 그의 시 속에는 이러한 감상적인 상황에 대

---

34) 蔡裕後, 「趙鍾城挽 錫胤」, 『湖洲先生集』 卷2.
35) 蔡裕後, 「錄呈無何堂」, 『湖洲先生集』 卷2.

한 격정적인 감정을 느낄 수 없다. 오히려 동주 이민구의 시에서 볼 수 있었던 것처럼 담담하지만 깊은 여운을 지닌 소리 없는 안타까움을 느낄 수 있을 뿐이다. 앞서 살펴본 것처럼 '핍당逼唐' 혹은 '근당近唐'으로 정리할 수 있는 호주 채유후의 시문학 경향을 쉽게 엿볼 수 있게 한다.[36]

동주 이민구, 호주 채유후와 함께 당대 근기 남인계열 최고의 시인으로 인정받았던 또 다른 인물이 동명 정두경이다. 동명 정두경은 호곡壺谷 남용익南龍翼(1628~1692)에 의해 조선 3대 시인의 하나로 평가받았으며,[37] 우암尤庵 송시열宋時烈(1607~1689)에 의해 당대 최고의 문장가로 인정받았다.[38] 동명 정두경의 시문학에 대한 평가는 『조선왕조실록』의 졸기에도 분명하게 나와 있는데, 술을 좋아하고 몸단속에 신경 쓰지 않아 문한文翰의 직을 얻지 못했지만 시에 특히 뛰어나 사후 동춘당同春堂 송준길宋浚吉(1606~1672)의 청에 의해 현종이 대제학에 추증하기도 하였다.[39]

동명 정두경의 이와 같은 문학세계에 대해 임경任璟(1667~?)은 사마천司馬遷의 『사기史記』를 많이 읽어 그 풍격風格이 혼호침웅渾浩沈雄하다고

---

36) 호주 채유후에 관한 선행 연구로는 아직까지 다음 논문 하나가 있을 뿐이다. 윤재환, 「湖洲 蔡裕後의 詩에 나타난 술의 技能과 限界」, 『韓國漢詩硏究』 17(2009).
37) 南龍翼, 『壺谷漫筆』, "余以膽見妄論勝國與本朝之詩曰; …… 至於格調之卓邁, 當以朴挹翠(誾)爲主, 情境之諧和, 當以權石洲(韠)爲宗, 體制之奇拔, 當以鄭東溟(斗卿)爲冠."
38) 宋時烈, 「語錄」, 『宋子大典』 卷之十八, "問今之文章誰爲主張, 先生曰; 鄭東溟之文, 不能無病, 雖不得爲通古文章, 然今日文才士, 未有其比, 亦可爲今日之文章."
39) 『朝鮮王朝實錄』, 顯宗 14年 6月 5日(癸卯) 첫 번째 기사, "弘文提學鄭斗卿卒. 斗卿字君平, 號東溟. 性豪嗜酒, 不自檢束, 且善恢諧, 爲文, 法馬遷, 爲詩, 逼杜工部, 其文與詩, 多膾炙人口者, 立朝四十餘年, 竟不得主文衡, 人以是惜之, 至是卒, 得年七十七."
『朝鮮王朝實錄』, 顯宗改修實錄 14年 6月 5日(癸卯) 첫 번째 기사, "弘文提學鄭斗卿卒. 斗卿自少有文名, 爲申欽・李廷龜・張維諸人所推重. 尤工於詩, 近世作者, 罕有其比. 性嗜酒, 不拘檢. 嘗爲京畿都事, 郡邑有告以聖廟雨漏當葺者, 斗卿曰; '一片朽木, 何用庇爲'其放誕, 類如此. 用是不得爲文翰職. 宋浚吉惜其文才, 達於筵席, 且言於銓官, 始處以提學, 而斗卿已衰老矣. 年七十七而卒."

하였고,⁴⁰⁾ 농암農巖 김창협金昌協(1651~1708)은 한 때 의기意氣로 전인前人의 영향을 따랐으므로 그 시가 청신호준淸新豪俊하여 세속의 악착齷齪하고 용부庸腐한 기운이 없다고 하면서도 동명 정두경의 정언묘사精言妙思는 고인의 심오한 경지를 엿보지 못했고 다양한 소재에서는 시가詩家의 변화를 다하지 못했다고 비판했다.⁴¹⁾ 또 현묵자玄默子 홍만종洪萬宗(1643~1725)은 기운은 사해를 삼키고 안목은 천고를 꿰뚫으며 문장은 태산북두와 같다고도 하였다.⁴²⁾ 동명 정두경의 시를 보도록 한다.

烈氣三秋作   세찬 기운 한 가을 만들고
雄聲萬里聞   웅장한 소리 온 천지에 들리네.
夜驅滄海浪   밤에는 큰 바다 파도를 몰고
朝捲朔方雲   아침에는 북방의 구름 걷으니
動地龍難蟄   지축 뒤흔들어 용도 숨기 어렵고
掀天雁失群   하늘 휘저어 기러기도 무리를 잃네.
貂裘帶沙礫   갓옷에 모래 자갈 휘날려 드니
愁殺李將軍   수심이 이장군 괴롭힌다네.⁴³⁾

이 시는 동명 정두경이 변새에서 마주한 바람에 대해 묘사한 것이다. 역동적인 바람의 힘을 구체적으로 형상화하기 위해 한나라의 명장 이광李廣 장군을 시 속에 끌어옴으로써 시를 읽는 독자들의 상상력을 극도로

---

40) 任璟, 『玄湖瑣談』, "鄭東溟斗卿一生多讀馬史, 發爲詩文者, 渾浩沈雄."
41) 金昌協, 『農巖雜識』, 『農巖集』卷34, "徒一時意氣追逐前人影響, 故其詩雖淸新豪俊, 無世俗齷齪庸腐之氣, 然其精言妙思, 不足以窺古人之奧, 橫騖旁驅, 又未能極詩家之變化."
42) 洪萬宗, 『小華詩評』, "鄭東溟斗卿氣吞四海, 目無千古, 文章山斗一代."
43) 鄭斗卿, 「大風」, 『東溟先生集』卷3.

확장시켰다. 천하의 명장을 고뇌에 빠트릴 정도로 변새의 바람이 강력한 힘을 가졌다는 것을 보여줌으로써 독자들에게 이 바람이 가져 올 결과를 상상하게 하는 것이다.

世廟崇西竺	세조 서쪽 천축 숭상하여서
招提號奉恩	봉은이란 이름을 가져왔다네.
域中王亦大	이 땅 강역 안에서는 왕이 또 위대하나
天下佛爲尊	천하에서는 부처 제일 존귀하다네.
絶壁干雲起	절벽 구름 막아 우뚝하고
滄江注海奔	푸른 강 바다로 들어 내달리네.
禪房隨意宿	선방에 내 멋대로 머물고 보니
還喜脫籠樊	새장 같은 세상 벗어나 더욱 기쁘네.[44]

이 시는 동명 정두경이 봉은사에 머물며 쓴 시이다. 동명 정두경의 대표작 중 하나로, 유가적 사유세계에 구속되지 않았던 그의 모습을 선명하게 드러내 주고 있다. 이 시의 함련인 "이 땅 강역 안에서는 왕이 또 위대하나 천하에서는 부처 제일 존귀하다네[域中王亦大 天下佛爲尊]."는 일찍부터 여러 사람들에게 인정받은 뛰어난 구절이라고 평가 받는다.[45] 이 시 속에서 동명 정두경이 탈속의 세계인 사찰의 모습을 청정하고 고요한 경계境界로 그려내기보다 세상을 오시傲視하는 우뚝한 영역으로 묘사하고 있다는 점에서 그의 시가 지니는 역동적이고 과감한 표현

---

44) 鄭斗卿, 「宿奉恩寺」, 『東溟先生集』 卷3.
45) 李肯翊, 「燃藜室記述」 卷30, "顯宗嘗曰; '孝宗嘗曰; 鄭斗卿之詩, 不下於李長吉, 而予聞其人, 闊於世事, 決不堪爲應俗宰相, 可恨.' 仍吟其詩曰; '域中王亦大 天下佛爲尊' 予外祖谿谷張公, 見此句以爲, 可與李杜上下云."

방법을 쉽게 확인할 수 있다.

毫社歸玄鳥	은나라 사직 주나라로 돌아가려고
河舟見白魚	무왕 강 건너는 배 안에서 백어 보았으니
還將八條敎	기자는 여덟 가지 법 조목 가지고서
來作九夷居	구이의 땅에 와 살 곳 만들었네.
海外無周粟	바다 저 너머여서 주나라 곡식 먹지 않으니
天中有洛書	하늘에서는 낙서를 내려 주었는데
故宮今已沒	그 옛 궁궐 이미 무너졌으니
禾黍似殷墟	벼 기장 우거져 은허 옛 터 같네.46)

이 시는 동명 정두경이 기자의 사당을 시로 읊으면서 기자 조선에 대한 자신의 관심을 드러내 보인 시이다. 이 시의 함련과 경련에서 동명 정두경은 우리나라의 건국 과정과 그 정통성에 대해 가지고 있었던 자신의 자부심을 그대로 드러내고 있다. 단군이 아니라 기자를 대상으로 자부심을 표현하고 있다는 점에서 중세적 의식을 벗어나지 못했다고 할 수 있겠지만, 기자를 통한 민족적 자부심의 시적 표현이라는 점에서 상당한 의미를 지닌다. 그와 같은 점에서 이 시는 당대와 후대 상당한 호평을 받았다.47)

有聖生東海	동해에 성인 나셨으니

---

46) 鄭斗卿, 「箕子祠」, 『東溟先生集』 卷3.
47) 洪萬宗, 『小華詩評』, "詠箕子墓詩, '海外無周粟, 天中有洛書' 不覺擊節曰: '此句出人意表, 不可及不可及.'" 李圭景, 『詩家點燈』, "三詩渾然無瑕, 雋永有味."

于時竝放勳	요임금과 같은 때였네.
扶桑賓白日	동해에서는 돋는 해 맞이하고
檀木上靑雲	박달나무 푸른 구름 뚫고 오른 듯.
天地侯初建	천지에 제후 처음 세워놓았으니
山河氣未分	산하의 기운 아직도 나눠지지 않았었네.
戊辰千歲壽	무진년 이후로 천 년을 누리셨으니
吾欲獻吾君	나도 우리 임금 위해 축수 드리고 싶네.[48]

　이 시는 단군을 대상을 한 시이다. 단군이 우리 나라를 세울 때의 신령한 모습을 묘사한 이후 다시 단군이 누렸던 천년의 세월을 우리 임금에게 바치고 싶다고 하여 단군의 덕화가 현재에 재현되기를 바라는 마음을 그리고 있다. 동명 정두경의 이와 같은 표현은 우리 민족에 대한 자부심과 무한한 긍정을 바탕으로 하는 것이다.

統軍亭前江作池	통군정 앞 강이 다 못 되었으니
統軍亭上角聲悲	통군정 위 뿔피리 소리 서글프기만.
使君五馬靑絲絡	태수 수레 다섯 말은 푸른 실로 묶었고
都督千夫赤羽旗	도독 거느린 천 명 병사 적우기로 지휘하네.
塞垣兒童盡華語	변방 지역 아이들 모두 중국말 하고
遼東山川非昔時	요동의 산천 온통 옛날과 다르구나.
自是單于事田獵	이제 이곳은 여진 추장 사냥터 됐으니
城頭夜火不須疑	성머리 밤 횃불들 의심할 필요 없네.[49]

---

48) 鄭斗卿, 「檀君祠」, 『東溟先生集』 卷3.

이 시는 동명 정두경이 의주義州에 있는 통군정에 오른 뒤 쓴 시이다. 이전 시기까지 우리 땅이었던 요동 반도가 오랑캐의 강역이 되어, 변방 지역의 아이들이 모두 오랑캐 말을 하고 있다고 한 것에서 변해버린 세상의 모습에 한탄하고 있는 동명 정두경의 모습을 느낄 수 있다. 이 시 속에 드러난 동명 정두경은 현재의 상황에 강한 우환의식을 지니고 있는 인물이었다. 그가 느낀 우환의식을 강조하기 위해 그는 현실의 모습을 과장하는 묘사 방법을 사용하고 있다.

不向磨天嶺上看	마천령 고개 위는 바라보지도 마라
誰知行路上天難	가는 길 하늘 오르기보다 어렵다는 것 누가 알겠나.
地形自作三韓險	지세는 제 저절로 삼한의 험준함 만들고
海氣能令六月寒	바다 기운은 유월에도 싸늘하게 하는데.
雪裏千峰連朔漠	눈 덮인 천 봉우리 북녘 사막과 이어지고
雲邊一道走長安	구름 저편 길 하나는 장안으로 달려가네.
美人回首音塵闕	미인 고개 돌려도 소식 모두 끊어져
欲寄芳華恐歲闌	꽃 피는 계절 기다리지만 해 가는 것 두렵네.[50]

이 시는 동명 정두경이 북평사北評事로 나갈 때 마천령을 넘어가며 쓴 시이다. 함련과 경련의 묘사를 통해 함경도로 가는 여정의 험준함과 고향을 떠나는 아쉬움을 서술하였고, 미련의 돌아오지 않는 님을 기다리는 여인의 모습을 통해 북평사로 나가는 자신의 마음을 그리고 있다.

---

49) 鄭斗卿, 「携龍灣李府尹登統軍亭 3首」其1, 「東溟先生集」卷7.
50) 鄭斗卿, 「磨天嶺上作」, 「東溟先生集」卷7.

이와 같은 묘사 방법은 모두 동명 정두경이 느낀 현실적 고난과 심리적 고뇌를 서술한 것으로, 묘사 기법 상 시적 과장이라고 할 수 있다.

君心若逝水	그대 마음 흘러가는 물과 같고
妾容如滿月	첩의 얼굴 둥그런 보름달 같은데
逝水不復還	가버린 물 되돌아 올 줄 모르고
滿月光漸缺	둥근 보름달 빛만 점점 더 이지러지네.
龍門百尺桐	용문 위 백 척 아름드리 오동나무
霹靂半摧折	벼락 맞아 반으로 꺾여 졌기에
斵成膝上琴	베어 내서 무릎 위 거문고 만드니
冷冷隨風發	맑고 시린 소리 바람 타고 일어나
爲奏白頭吟	백두음 한 곡조를 연주해보니
哀怨何激烈	서럽고 애절하여 어찌 그리 격렬한가.
一彈黃鵠來	한 곡조 연주하니 황곡이 찾아들고
再彈綠雲絶	두 곡조 연주하니 푸른 구름 끊어지듯
琴罷月照臺	연주 다 마치고 달이 누각 비출 때
惻愴與君別	서럽고도 서럽게 그대와 이별하네.[51]

이 시는 탁문군卓文君의 「백두음白頭吟」을 제재로 하여 이별하는 여인의 지극한 심경을 서술한 시이다. 1인칭 서술자를 등장시켜 시적 화자와 자신을 일체화시키고 이를 통해 서러움의 감정을 증폭시키는 묘사 방법을 사용하고 있다. 의고적 기법을 사용하는 악부시의 전형적인 창

---

51) 鄭斗卿, 「白頭吟」, 『東溟先生集』 卷9.

작 방법으로, 이와 같은 시를 통해 동명 정두경은 자신의 시적 재능을 여실히 보여주고 있다.

이렇게 살펴본 동명 정두경의 시는 그가 지니고 있었던 시문학관을 분명하게 보여준다. 그의 시문학관은 기본적으로 복고지향적이었다. 『시경詩經』 시를 전범으로 하여 시를 익히되 고시古詩와 악부樂府는 한·위漢魏를 넘어서지 않아야 한다고 했는데,52) 특히 여러 형식의 시 가운데 가장 뛰어난 시 형식으로 고시古詩를 거론하였다. 이와 같은 태도는 고시를 전범으로 삼아 고시의 격조格調를 따라 배우고자 하였음을 의미하는 것으로 명대明代 후칠자後七子의 대표 주자인 공동空同 이몽양李夢陽 (1475~1529)의 주장과 같은 것이다. 이몽양은 "문수세변文隨世變 대불여전 代不如前"의 사상을 바탕으로 복고를 주장하여 "문필진한文必秦漢 시필성 당詩必盛唐"을 기치로 내 걸었다. 명대 후칠자의 주장과 같이 동명 정두 경도 고시를 최고의 시 형식으로 간주하였으며, 근체시를 익힐 경우 당시唐詩를 넘어서서는 안 된다고 여겼다.53) 또, 당시의 여러 작가들 중에서는 이백과 두보를 정점으로 한 성당盛唐의 몇몇 작가들을 표준으로 삼을 만 하다고 보았다.54)

이와 함께 시의 창작에 있어서는 무엇보다 의意를 세우는 것이 중요하다고 보아 설의設意・득의得意・용의用意를 시 창작의 본질적인 요소로

---

52) 鄭斗卿, 「東溟詩說」, "先秦西漢, 文不可不讀, 而詩又以正爲宗, 當以三百篇爲宗主, 而古詩樂府, 無出漢魏."
53) 鄭斗卿, 「東溟詩說」, "律詩拘格定體, 固不若古體之高遠, 然對偶音律, 亦文辭之精者, 當以盛唐諸子爲法, 趙宋諸詩, 雖多大家, 非詩正宗, 不必學也."
54) 尹新之, 「東溟集序」, 「東溟先生集」, "風以世變, 文以世降, 古今常理, 無怪乎唐不及漢, 宋不及唐, 至於今日, 其細已甚, 泱泱乎大風, 誰得以見之。東溟鄭君平者, 獨非今世人乎, 何其文之似古人耶。詩文兼備, 古人其猶病諸, 遷固無說, 甫白之文, 尙有六朝餘習, 韓愈起八代衰, 爲百世師。至於詩律, 猶是元和初唐語一句不得也。君平以眇然之身, 晩生東國, 究天人之際, 通百家之說, 力挽頹波, 能復古道, 記事似司馬子長, 論事似戰國策, 樂府似漢魏, 歌行似李杜, 五七言絶句近體, 都不出初盛唐範圍, 其以下爲也。嗚呼盛哉。就謂風以世變文以世降耶, 唯在其人物之高下耳。顧余半生鉛槧, 心存力疲, 卒無所得, 不免於畵, 晩得東溟稿讀之, 芒乎自失, 忽若汾水之陽, 窅然喪堯之天下, 亟欲盡棄其學而學焉, 却恐衰朽甚矣。來日無多, 何嗟及矣。不覺三嘆而題之。時丙戌冬臘, 海平後人尹新之書."

인식하였다.[55] 동명 정두경의 이와 같은 시문학 경향은 두보를 중심으로 한 학당學唐을 바탕으로, 고시古詩의 창작을 통해 새로운 시경詩境을 창조하고자 한 것이었다고 할 수 있다.[56]

동주 이민구, 호주 채유후, 동명 정두경과 함께 형성기 근기 남인계열 시맥의 대표적인 또 다른 인물로 낙전당 신익성을 들 수 있다. 낙전당 신익성은 한문사대가漢文四大家의 한 사람인 상촌象村 신흠申欽(1566~1628)의 아들로, 부친인 상촌 신흠으로부터 학문적·문학적 역량을 익혔으며, '시필성당詩必盛唐 문필진한文必秦漢'을 기치로 내 걸었던 명대明代 전·후칠자前後七子의 한 사람인 엄주산인弇州山人 왕세정王世貞(1526~1590)의 영향을 상당히 받은 듯하다. 낙전당 신익성은 문장이 준엄하고 고결하며, 간명하고 단정하다는 평을 받았으며,[57] 이와 함께 명대 전·후칠자의 복고적 시 경향을 극복하기 위해 성당의 시 특히 두보杜甫(712~770)와 한유韓愈(768~824) 시의 기세를 배우기 위해 노력했다는 평가를 받기도 하였다. 이를 위해 그는 『시경詩經』 시詩의 시 정신을 구현해 내기 위해 애를

---

55) 鄭斗卿,「東溟詩說」, "方稱作者, 至於作詩, 先須立意, 意在閒適, 則以淡雅之言發之, 意在哀傷, 則以悽惋之言發之, 意在懷古, 則以感慨之言發之. 一篇之中, 必先得意, 一意之中, 必先得句, 一句之中, 必先得字, 字欲活而句欲圓, 意在新而理欲深, 才欲縱而氣欲不息, 言欲簡而事欲不晦. 心與境會, 境與天會, 宮商自諧, 華實兼備. …… 弄意, 則如乘風御雲, 促節, 則如鞭霆行雨, 放之則如囊沙初決, 巨浪排空, 收之則如柝聲一擊, 萬騎斂踏."

56) 동명 정두경에 관한 선행 연구로는 다음과 같은 업적들이 있어 참고가 된다. 남은경,「東溟 鄭斗卿 文學의 硏究」(梨花女子大學校 박사학위논문, 1997); 이남면,「鄭斗卿 漢詩 硏究」(高麗大學校 박사학위논문, 2012); 박태성,「東溟 鄭斗卿 詩 硏究」(연세대학교 석사학위논문, 1991); 김상일,「東溟 鄭斗卿의 詩世界」(東國大學校 석사학위논문, 1991); 김상일,「동명 정두경의 정치적 불우와 도선에의 경도」,「한국문학연구」15(1992); 尹米吉,「鄭斗卿硏究」,「論文集」22(1988); 남은경,「鄭斗卿 俠客詩의 내용과 의미」,「韓國漢文學硏究」15(1992); 남은경,「東溟 鄭斗卿의〈山君傳〉硏究」,「東洋古典硏究」9(1997); 조병오,「동명 정두경의 애정한시 연구」,「동양한문학연구」11(1997); 柳星俊,「李朝 鄭斗卿詩의 道仙風 考-李白詩와의 比較」,「中國硏究」24(1999); 남은경,「鄭斗卿 漢詩에 나타난 男性形象」,「이화어문논집」17(1999); 남은경,「東溟 鄭斗卿의 도교사상과 문학」,「道敎文化硏究」15(2001); 류근안,「정두경 악부시 연구」,「한국언어문학」48(2002); 여운필,「東溟詩와 三淵詩의 距離」,「韓國漢詩硏究」14(2006); 여운필,「東溟 鄭斗卿의 詩世界」,「한국한시작가연구」10(2006); 이남면,「鄭斗卿 挽詩 연구」,「大東漢文學」35(2011); 이남면,「정두경 歌行의 형식미 연구」,「어문논집」63(2011); 이남면,「鄭斗卿의 교유관계와 교유시」,「고전과 해석」12(2012).

57) 金昌協,「農巖雜識」,「農巖集」, "東淮學明文, 而不爲已甚, 故其文頗峻潔可喜, 雖才思敏妙不及象村, 簡整却差勝, 同時錦陽尉亦學明文, 而專襲其鉤棘勦贗之體, 繁冗靡曼, 全無體要, 遠不及東淮."

썼다고 생각된다.[58] 시를 보도록 한다.

重經此路却含情	이 길 누차 지나면서 문득 감정 드나니
最是蒼黃扈聖行	가장 경황없었던 자전 모신 길 이었네.
草草軍容湖左陣	어설픈 군용은 호수 왼쪽 진을 쳤고
冥冥風雨漢南雄	어둑어둑한 비바람은 한수 남쪽 거세었지.
長郊月黑春泥滑	길게 뻗은 들판에 달 어둡고 온통 진창길
廢院林荒鬼火明	무너진 정원에 숲 황폐해 귀신불만 밝았었지.
當日朝廷猶自整	그때 그 조정이 오히려 절로 정돈됐으니
秖今人事更堪驚	지금 세상 사람들 그 일에 다시 놀라움 견디네.[59]

이 시는 낙전당 신익성이 경상도 함양군咸陽郡의 사근원沙斤院에 이르러 37세 되던 인조 2년(1624) 정월에 자전慈殿을 호위扈衛하여 이괄李适, 한명련韓明璉의 반란을 피했던 당시의 경험을 회고한 시이다. 당시 어려웠던 상황을 하나하나 회고하면서 현재의 태평한 세상을 묘사하는 것으로 시를 마치고 있는데, 전체적으로 담담한 사실적 묘사를 시 창작의 중심 기법으로 하고 있다.

臘月行人四月歸	섣달에 떠난 사람 사월 되어 돌아오니
江流無恙白鷗飛	강물 아무 걱정 없고 갈매기는 날아드네.
從今更約漁樵伴	이제 다시 어부 나무꾼 짝하기로 하였으니

---

58) 김은정, 「樂全堂 申翊聖의 문학 연구」(서울대학교 대학원 박사학위논문, 2005), 70~71쪽.
59) 申翊聖, 「到沙斤院, 憶甲子扈從舊事感書」, 『樂全堂集』卷3.

| 和雨和烟上釣磯 | 비 머금고 안개 맞으면서 낚시터로 오르네.[60] |

深院寥寥繡幕低	깊숙한 정원 쓸쓸하고 비단 장막 나지막한데
雜花零落草新齊	온갖 꽃 다 진 뒤로 풀 이제 막 번져드네.
雲鬢一抹傷春恨	한 다발 구름같이 쪽진 머리 봄 서러워 한스러운데
畵閣前頭孔燕棲	단청 칠한 누각 앞머리 제비 새끼 깃들어 있네.[61]

寒食風前穀雨餘	한식 바람 불기 전이나 곡우 막 지난 뒤
磨顋魚隊上灘初	고기떼 많이 모여들어 여울에 처음 올라보지만
乘時盡物非吾意	때를 타서 그 때 사물 다잡는 건 내 뜻 아니니
故使兒童結網疎	일부러 아이 시켜서 그물 성기게 만드네.[62]

이 시들은 모두 낙전당 신익성이 부친 상촌 신흠의 묘소가 있는 경기도 광주廣州의 사부촌沙阜村으로 은거한 뒤 쓴 시들이다. 오랜 시간 기다려 왔던 귀전원歸田園의 꿈이 이루어진 뒤 쓴 시여서 그런지는 모르겠지만 전체적으로 여유 있는 편안한 심사가 시 속에 묘사되어 있다.

낙전당 신익성의 전리田里 우거寓居는 그의 나이 51세가 되던 인조 16년(1638)의 일로, 인조 5년(1627) 부인 정숙옹주貞淑翁主의 상喪과 이듬해 있었던 부친 신흠의 상 이후 오랜 기간 마음먹었던 일의 성사를 의미한다. 물론 귀전원 이후에도 낙전당 신익성은 인조 20년(1642) 12월 명明나라를 위해 수절守節한다는 죄목으로 청淸나라에 압송되어 이

---

60) 申翊聖, 「舟入斗津」, 『樂全堂集』 卷4.
61) 申翊聖, 「杞泉宅賦得」, 『樂全堂集』 卷4.
62) 申翊聖, 「詠隨身物」 其8 笠 魚網, 『樂全堂集』 卷4.

듬해 2월 되돌아오는 수난을 겪기도 하였지만, 전체적으로 이전보다는 심리적 여유와 안정을 지닐 수 있게 되었다고 보인다. 위에서 살펴본 세 수의 시 속에서 확인할 수 있는 낙전당 신익성의 여유 있는 심사와 평담한 분위기, 담백한 묘사가 이를 구체적으로 보여준다고 할 수 있다.

이렇게 살펴본 낙전당 신익성의 시문학은 기본적으로 부친 상촌 신흠의 문학 경향을 바탕으로 하고 있음을 알 수 있다. 상촌 신흠의 문학 경향은 학명學明으로 정리할 수 있는데,[63] 낙전당 신익성 역시 명대 인사와의 교유를 통해 부친 상촌 신흠에게서 익힌 명대의 문학 경향을 보다 정밀하게 만들고자 노력했었다고 생각된다.[64] 그러나 낙전당 신익성의 학명學明은 학명을 통한 무조건적인 상고적尚古的 복고지향復古指向이라고 보기 어렵다. 낙전당 신익성은 성당의 시 경향을 최상으로 여겨 추구하였지만,[65] 『시경詩經』의 풍아風雅에 근본한 시를 창작하여야 한다고 여겼

---

[63] 申翊聖,「上孫太師承宗」,『樂全堂集』卷9, "先大夫早有北學之志, 旣通籍, 再聘天朝, 周旋於東征幕府, 累償詔使, 雅慕華風, 嘗論昭代學者, 以羅一峯・薛文淸爲宗, 陽明・白沙・念庵・定山諸君子爲妙契也. 論文章, 以龍門・遜志・北地・信陽・歷下・南明爲大家. 而尤喜弇州, 以是後學稍矧知羅・薛・王・陳之學, 而爲文必以歷下, 弇園爲矜式. 不佞錢行家業, 而憤不得質諸中國大雅如羅・薛・王・李者, 猥自取恥而已."

[64] 申翊聖,「上姜學士曰廣王給事夢尹」,『樂全堂集』卷9, "天朝學士大夫奉詔位境, 辱與下邦之士, 廣酬貽贈, 或至題序諸家者, 固無論已. 近者陸學士可敎序我生達尹月汀根壽稿, 汪學士輝序李月沙廷龜詩, 褒與俱至矣. 王司寇鳳洲先生題滕生朝鮮詞翰, 有曰; '浸浸乎宣成間音也云爾, 則可謂進之中國矣,' 亦可謂定論矣. 壬辰之役, 冠蓋結轍, 合爲一家, 東人之革陋盡矣. 屬因小醜梗化, 實王之使, 埋輪而理楫, 有望洋之歎, 而乃先生手擎尺一, 涉海萬里, 儼然臨之, 東人之快覩, 不翅覽輝千仞, 而實有漢儀之感, 於是時也. 敞邦亦屬新命, 先大夫起自田間, 忝爲國相, 承寡君簡命, 屢登賓筵之末, 蒙先生春顧, 而不肯叨叨使箕城, 荐獲登龍, 先生過化之妙, 頌聲盈路, 不肖不挨鄙拙, 採輿人之口, 碑之大達中, 此先生所嘗轖謙者也. 噫, 下邦賤臣, 猥以文手進, 仍父子償接皇華, 卽曠世盛事也. 不肖福過而災, 獲戾于天, 先大夫以先年六月無祿卽世, 攀號殞絕, 穹壤范范, 苟存視息, 不能下從泉下者, 爲逝者不朽圖也. 先大夫生平委已於鄒魯之學, 深造乎義文之理, 粗有著述, 可以進於中國, 而在笥遺草, 亦皆精神所注, 不可使煙滅無傳, 傳之域中, 陋塞一隅, 猶無傳也. 罪我知我, 當質之中國大雅, 歸之同文之美, 是不肖不負所生, 而死得瞑矣. 竊惟先生藻鑑藝苑, 模楷士林, 袞鉞之重, 等於鼎呂, 天下之人, 皆願出於先生門下, 況不肖父子, 獲幸執事, 誦義無窮者乎. 敢忘疏賤, 哀鳴於淸嚴之地, 唯在錫類之仁, 念其亡而恤其孤也, 全稿卷秩頗夥, 先將詩集七卷, 求正錄一卷・和陶詩一卷・先天竅管一卷・行錄一卷. 謹齋沐百拜, 緘附賚至使者, 呈納門下."

[65] 申翊聖,「題東溟槎上錄」,『東溟先生集』卷4, "嘗觀王司寇世貞題滕生所藏東人詩, 稱朝鮮固多詩人, 彬彬乎宣, 成間音也云, 蓋中朝以草昧之功, 歸之北地・信陽, 而本朝崔・白始倡三唐, 荷谷起而雄鳴於一時, 則信道之變, 與中朝相爲表裏者爲盛, 而滕生之東遊隨穎陽翁, 在我康陵之季, 其時價相諸公, 皆館閣能品, 王司寇非具眼哉. 余讀道源槎上錄, 拊卷而嘆曰; '瀏瀏乎其調也, 渢渢乎其聲也, 何其似荷谷公也.' 古人謂揚楙無忝太史公之學, 余以爲道源之詩, 於荷谷公不翅無忝而已. 藉令道源, 與中朝學七大夫相周旋, 得盡其所學焉, 則具眼如王司寇所稱許,

다. 그는 명대明代의 문학 경향 추종에 따른 당풍唐風의 유행이 좋은 시를 창작하기 위한 당연한 결과라고 여겼지만, 다른 한편으로 당풍의 시 경향이 가지고 있는 병폐의 해결을 위해 시문학 창작은 『시경』의 시 경향을 근본으로 하여야 한다는 의식을 지니고 있었다. 물론 이와 같은 의식은 복고주의를 추구한 의고적 문인들의 기본 이론이었지만, 낙전당 신익성은 여기에서 한 발 더 나아가 송풍宋風의 시 경향이 지니는 기본적인 가치와 의미까지도 인정하고자 하였다.[66) 그와 같은 점에서 낙전당 신익성의 시문학 경향은 복고를 기본으로 한 개신改新의 추구라고 정리할 수 있을 듯하다.[67)

지금까지 살펴본 인물들 이 외에도 형성기 근기 남인계열 시맥의 중요 인물들을 여러 사람 들 수 있겠지만, 현재 이들에 대해 구체적으로 살펴보거나 확인할 수 있는 자료들이 거의 남아 있지 않다. 남아 있는 자료로 일정 부분이라도 재구가 가능한 인물들을 우선 들어본다면 소릉 이상의와 태호 이원진, 매산 이하진을 들 수 있다. 물론 소릉 이상의나 태호 이원진, 매산 이하진에 관한 자료 역시 완전한 것이라 할 수는 없지만, 그나마 이 시기를 살다 간 근기 남인계열 시맥 속의 다른 인물들

必不止謂宣成間音也. 而顧乃奉使海外蠻夷之國, 以其山川民物風俗制度, 一發之詩, 使有所醞灌焉, 則雖所遭之不同, 而厥施不亦博哉. 若其修聘之儀, 風雅之辨, 有諸公序引在, 歲舍戊寅中春旣望, 東陽申翊聖書."

66) 申翊聖,「書竹西稿」,『樂全堂集 先集』卷14, "世之爲詩者有二道, 曰唐曰宋, 相詆訛, 不啻爲敵, 殊不知風雅體變而異同. 古今聲殊而理一, 躡影傳響, 各自分門, 則見嗤於大方之家, 然學唐者, 以神解爲宗, 寧玉而瑕, 無瓦而全, 其旨合于作者. 先君子于謫中, 見竹西詩稿而嘆曰: '謫中佳作, 得唐人遺音也.' 世或疑其夸, 不佞聞疑者之言, 願得卒業雅矣. 竹西公袖其稿, 過不佞, 徵一言引之, 不佞欣然讀之, 不覺蹶然而起也. 先君子之言, 誠非夸也. 圭璧玉也, 佩玦亦玉也, 非以佩玦, 比直於圭璧, 視全瓦已自珍矣. 決非躡影傳響者所及也, 則復奚疑乎."(김은정,「樂全堂 申翊聖의 문학 연구」, 서울대학교 대학원 박사학위논문, 2005. 68면의 각주 146번 재인용)

67) 낙전당 신익성에 관한 선행 연구로는 다음과 같은 업적들이 있어 참고가 된다. 김은정,「樂全堂 申翊聖의 문학 연구」(서울大學校 박사학위논문, 2005); 김은정,「신익성의 금강산 유람과 문학적 표현」,『진단학보』98(2004); 이경수,「申翊聖의 春川 旅行과 詩的 表現 樣相」,『한국한시작가연구』10(2006); 김은정,「東陽尉 申翊聖의 駙馬로서의 삶과 문화활동」,『열상고전연구』26(200); 이태호,「東淮 申翊聖의 寫生論과 實景圖 - 肖像을 중심으로」,『강좌미술사』31(2008); 김은정,「申翊聖의 東淮 別墅」,『古典文學硏究』36(2009).

에 비해 이들의 상황은 조금 나은 편이다. 우선 소릉 이상의에 대해 먼저 살펴보도록 한다.

소릉 이상의의 문집과 그의 가계 내에서 전하는 『여강세승驪江世乘』을 살펴보면 소릉 이상의에 대한 흥미로운 여러 가지 사실들을 확인할 수 있다. 『여강세승』을 보조 자료로 하여 소릉 이상의의 문집을 검토해 보면 그의 문학적 역량이 주로 시를 통해 표출되었음을 알 수 있다. 소릉 이상의의 문집은 전체가 4권이지만, 이 중 소릉 이상의의 저작은 세 권이다. 이 세 권 가운데 두 권이 시만으로 되어 있다는 점에서, 또 소릉 이상의에 대한 지봉 이수광의 평가가 시에서 이루어졌다는 점에서 소릉 이상의의 문학적 역량이 시를 중심으로 하고 있다고 보아 틀림이 없을 것이다.

시를 중심으로 하였던 소릉 이상의의 문학적 역량은 그의 사행 경험을 통해 구체화되었다. 소릉 이상의는 두 번의 사행 경험을 가지고 있었는데, 그 두 번의 경험을 모두 시 속에 오롯하게 담아내었다. 소릉 이상의의 문집인 『소릉선생문집少陵先生文集』 속에 수록된 시가 모두 197제 339수인데, 소릉 이상의가 사행 기간 창작한 시가 107제 131수라는 점에서 사행 기간 창작한 시가 소릉 이상의의 시 전체의 절반 정도에 해당한다. 이와 같은 현상은 소릉 이상의의 시문학 활동이 공적 영역과 분리될 수 없는 것이었음을 보여주는 동시에 소릉 이상의의 사행 경험이 그에게 시문학 창작의 큰 계기가 되었음을 보여주는 것이라 생각된다.

소릉 이상의의 시가 보여주는 특성은 그의 가문에서 대대로 후손들에게 강조해왔던 엄격한 자기 수양自己修養의 가학 전통家學傳統과 그 가학을 바탕으로 한 관직생활의 결과였다고 할 수 있다. 소릉 이상의는 무엇보다 내수內修를 중시하였다. 그 스스로 독신근수篤信謹守하였을 뿐만 아니라, 아들들에게 항상 『소학小學』을 근본으로 한 교육을 강조하였다. 평소 청빈검약淸貧儉約하였고, 집안에서 풍악을 울리지 않았으며, 잉첩媵妾을 두지도 않았다.[68] 이러한 소릉 이상의의 생활 태도가 그대로 드러난 것이 그의 문학이었다고 생각된다.

소릉 이상의의 문집인 『소릉선생문집』은 앞에서 언급한 것과 같이 시를 중심으로 편집되어 있는데, 65세라는 그의 생애와 결부시켜 문집을 살펴보았을 때 문집 속에 수록된 작품의 수가 상당히 소략함을 알 수 있다. 이는 문집의 서문에 기록된 송곡 이서우의 글과 같이 소릉 이상의 스스로가 자신의 시고詩稿를 만년에 대부분 태워 버렸기 때문이다.[69] 후손들에게 보이기에 부끄럽기 때문에 태웠다고 했는데, 이 때문에 지금 남아 있는 『소릉선생문집』 속의 작품들은 소릉 이상의의 전체 저작의 편린에 불과한 것으로, 화액火厄을 피한 작품들이다.

남아 있는 소릉 이상의의 시를 살펴보면 대부분의 시가 조탁彫琢을 통한 화려함을 배격하고 있다. 이러한 시문학 창작 태도는 시문학의 창작 행위와 학문적 수양을 동일시한 결과라 생각된다. 그러나 이와 같은 창작 태도를 지녔던 소릉 이상의의 시가 이룩한 성취에 대해 지봉 이수광이 놀라움을 금하지 못했다[70]는 점에서 소릉 이상의의 시적 성취

---

68) 소릉의 삶의 태도와 자제에 대한 교육 방침은 다음과 같은 몇 가지 기록에서 확인해 볼 수 있다. 「神道碑」, 『驪江世乘』 卷5, "公事親孝敬, 有瘠操業, 憂形于色, 至居憂毁甚. 喪祭一用朱文公家禮, 友于兄弟, 人無閒言. 平居讀書, 不規規於箋註, 對人亦未嘗談論性理, 然潛心古訓, 篤信謹守. 凡有施爲, 必求中正. 敎諸子, 亦令先讀小學, 而及於四書二經, 曰不讀小學, 無以成人. 又曰富貴有命, 得失有時, 非人力所及, 惟當順受而已. 其爲己之學, 施及庭訓者如此. 奴僕之賤, 亦待以寬和, 擇人而交, 所親無多, 門舘蕭然, 所往還, 惟名公數人, 而淸素儉約, 位高如布衣, 時無聲樂之娛, 媵妾之侍, 器用布物, 無金銀綾䋄之飾. 及公易簀, 點視箱篋, 章服之外, 有白紬故衫, 而袖破復補, 見者皆歎服."
69) 李瑞雨, 「序」, 『少陵先生文集』, "晚年悉取少所作, 焚之曰, 此烏足爲巾衍物, 以故遺稿甚尠."
70) 李瑞雨, 「序」, 『少陵先生文集』, "辛亥以奏請使赴京, 芝峰李公爲其副, 芝峰公雅與公交, 非不知公者, 而至是沿途相唱和, 始大驚服, 詫人曰, 少陵文章, 當今罕敵, 其他諸詞伯, 又多推讓公."

역시 적지 않았다고 할 수 있다. 시를 보도록 한다.

落花流水洞門幽　떨어진 꽃 흐르는 물 골짜기 어귀 그윽하니
三月名園作勝遊　삼월 화려한 동산에서 좋은 놀이 즐겨보네.
鏡裏不須悲白髮　거울 속 비쳐진 백발 서러울 필요 없으니
人間還自有丹邱　인간 세상 도리어 절로 신선 세계 있다네.
笑看前嶺雲容邊　앞 산 봉우리 구름 모습 변하는 것 웃으며 보고
醉愛深盃露氣浮　깊은 술잔 이슬 기운 떠오르는 것 취해 좋아한다네.
好事如今猶在耳　좋은 일들 지금처럼 아직 귓가에 남아있으니
隔溪纖唱度瓊樓　개울 저 너머 나직한 노랫가락 고운 누각에 들려오네.[71]

已將身世入無何　이미 벌써 이 내 신세 어찌할 수 없는데
窮巷苔深斷客過　누추한 거리 이끼만 무성하니 나그네 방문도 끊겼네.
落盡小桃春寂寂　다 떨어진 작은 복숭아 꽃 봄은 적막하기만하고
滿城風雨掩門多　성 가득한 비바람은 문을 온통 가렸네.[72]

소릉 이상의의 시 두 수 중 앞의 시는 삼각산三角山 기슭에 위치한 옥류동玉流洞 주변에 있는 청풍계靑楓溪에서 있었던 시회詩會의 시축에 쓴 시이고, 뒤의 시는 소암疎庵 임숙영任叔英(1576~1623)의 시에 차운한 것이다. 두 시 모두 자연 경관이나 개인의 심리 상태 묘사에 중점이 놓여 있는 시가 아니라 벗과 마주하고 있는 상황을 중심으로 하여 창작된

---

71) 李尙毅,「題靑楓溪軸後」其2,『少陵先生文集』卷1.
72) 李尙毅,「次韻贐任叔英」,『少陵先生文集』卷1.

시이다. 앞의 시는 벗과 함께 하는 즐거움으로 인한 유흥遊興을 시의 중심에 두고 있고, 뒤의 시는 벗과의 이별과 단절로 인한 외로움과 쓸쓸함을 시의 중심에 두고 있다.

그러나 유흥遊興과 고독孤獨으로 구분이 가능한 두 시 속의 상반된 정서가 시 속에 묘사되는 방법과 방향에서 동일함을 느낄 수 있다. 터져 나오는 흥취이든 고독하고 적막한 외로움이든, 소릉 이상의의 시 속에서 확인 가능한 정서는 담담하고 고요한 것일 뿐이다. 흥이나 외로움을 표현하기 위해 그는 시 속에서 자신의 정서와 주변의 풍경을 과장하지 않았다. 그것보다는 조용하지만 강렬하고 담담하지만 깊이 있는 여운을 지닌 시를 만들기 위해 노력하였다. 이런 점에서 그의 시는 전형적인 당시풍唐詩風으로 시의 격조格調를 강조하는 것이었고, 그의 문학관 역시 삶과 시의 일치를 추구하는 원론적인 것이었다고 생각된다.[73]

태호 이원진은 소릉 이상의의 제일 큰 손자로, 조선 후기 근기 남인계열의 대표적 가계家系인 여주이씨 가문을 부지한 정신적 지주이자 반계磻溪 유형원柳馨遠과 매산梅山 이하진李夏鎭을 거쳐 성호星湖 이익李瀷으로 이어지는 성호학파 형성의 바탕을 이룬 인물이라는 점에서 문학사적으로 상당한 의미를 지니는 인물이다. 그러나 이와 같은 의미에도 불구하고 태호 이원진에 대한 연구는 본격적으로 이루어지지 못했다. 다만 근자에 발굴된 태호 이원진의 시고인 『태호시고太湖詩藁』를 통해 태호 이원진의 문학세계에 대해 간략하게 살펴볼 수 있을 뿐이다.

---

73) 소릉 이상의에 관한 선행 연구로는 다음과 같은 몇 편의 논문이 있어 참고가 된다. 이근호,「少陵 李尙毅의 학문과 경세론」,『성호학보』 6(2009); 윤재환,「小陵 李尙毅의 「次芝峯咏枯竹韻」 64首 檢討」,『漢文學報』 22(2010); 윤재환,「少陵 李尙毅 使行詩 研究 :「丁酉朝天錄」과 「辛亥朝天錄」의 비교를 중심으로」,『동방한문학회』 45(2010); 윤재환,「少陵家의 使行 經驗과 詩的 形象化 : 少陵 李尙毅·太湖 李元鎭·梅山 李夏鎭을 中心으로」,『동양한문학연구』 31(2010).

성호 이익의 기록을 보면 태호 이원진은 일찍이 중국의 서책들을 접하고 이를 통해 자신의 학문적 소양을 강화시켜 나갔다고 한다.[74] 태호 이원진에 관한 성호 이익의 기록 속에서 태호 이원진의 학문적 성취나 경향, 문학적 특장점에 관한 구체적인 기록을 발견하기는 어렵지만 "한가롭게 지낼 때 술 한 잔을 청해 거문고를 타고 시 읊기를 그치지 않았다"[75]는 기록이나, "그 그릇이 크고 넓었으며 신색이 남을 감동시키고 행의行義가 두터웠다. 재주와 학식이 넓고 통달하여 경전, 문집, 역사에 두루 통하여 꿰지 않는 것이 없었다. 성율聲律과 음양陰陽·병법兵法·점복·천문天文·지리地理·서예·활·역산曆算 등의 학문에 각각 그 묘수를 다하였다"[76]는 기록으로 보아 태호 이원진의 학문적 성취나 문학적 역량이 적지 않았다고 생각된다. 특히 그가 스스로 "육예六藝 중 기마술만은 세상에서 익힐 수 있는 것이 아니나 그 나머지는 내 모두 능하니 조수鳥獸나 초목草木의 명칭에 이르기까지 그 나머지 것들에 대해서는 폭넓게 안다"[77]고 한 것으로 보아 스스로 박학博學에 상당히 자부하고 있었다고 생각된다.[78] 시를 보도록 한다.

神堯苗裔沛中豪　　요임금 후예로 시골 속 호걸이
一約三章帝業高　　진나라 모든 법 삼장으로 줄이니 제왕의 업 높았네.

---

74) 李瀷,「從祖叔父太湖公 李元鎭 行錄」,『星湖先生全集』卷67, "嘗得章本淸圖書編, 謂本諸經, 措諸事業, 斯足以有裕, 亟習得其要."
75) 李瀷,「從祖叔父太湖公 李元鎭 行錄」,『星湖先生全集』卷67, "每燕居超然, 命酒一觴, 彈琴一曲, 諷誦不休"
76) 李瀷,「從祖叔父太湖公 李元鎭 行錄」,『星湖先生全集』卷67, "器宇宏偉, 神彩動人, 行義敦修, 才學博達, 經傳子史, 無不傍通午貫, 凡聲律陰陽兵陣卜筮星經地理書射計數之類, 各極臻妙."
77) 李瀷,「從祖叔父太湖公 李元鎭 行錄」,『星湖先生全集』卷67, "嘗曰: '六藝, 惟御, 非世習也. 其餘吾皆能之, 至於鳥獸草木之名, 緒餘多識.'"
78) 태호 이원진에 관한 선행 연구로는 윤재환,「新資料『太湖詩藁』를 통해 본 李元鎭의 詩世界-資料 소개와 詩世界의 槪略을 中心으로」,『漢文學報』18(2008)이 있을 뿐이다.

莫道入關無所犯　함곡관 들어가 범할 것 없다 말하지 말게
祖龍天下過秋毫　진시황 천하를 가을 털끝처럼 지나쳐 버렸으니.[79]

전한前漢의 고조高祖 유방劉邦에 대해 쓴 태호 이원진의 시이다. 이 한 수의 시를 가지고 그의 시세계 전반에 대해 평가하기는 어렵지만, 과거 역사에 대한 회고 의식과 함께 회고의 대상을 한나라 태조 유방으로 하고 있다는 것에서 태호 이원진이 지니고 있었던 기상을 엿볼 수 있다.

江上柴扉晝不開　강가 사립문 낮에도 열지 않는 건
崎嶇石磴斷人來　꾸불꾸불 돌 비탈길 오는 사람 막아서지.
閑庭獨有淸風過　한적한 뜰에는 맑은 바람만 스쳐가니
竹影依依掃碧苔　대 그림자만 한들한들 푸른 이끼 쓸고 있네.[80]

이 시는 태호 이원진이 평안도 도사 이후 두 번째 외직 생활을 경험하던 순천부사 시기, 즉 그의 나이 42세에서 46세 사이의 어느 시기에 창작된 것이라 보인다. 이 시 속에 표출된 정서는 순전히 개인적인 것이다. 그가 관직에 나가 있으면서 이와 같은 시를 지었다는 것은 그의 시가 외적 상황에 그다지 제약받지 않는 것이었음을 보여주는 것이다.

이상으로 살펴본 태호 이원진의 시세계 역시 당대의 일반적인 시문학 경향과 같이 격조와 기상을 중시하는 당시풍의 시를 중심으로 하는 것이며, 작가와 시를 일체화하고자 하였음을 알 수 있다. 이에 따라

---

79) 李元鎭,「詠史」,「太湖詩稿」,「前藁錄」上.
80) 李元鎭,「謾成」,「太湖詩稿」,「迷湖錄」.

그의 시는 시의 대사회적 기능에 대한 고려보다 개인적 차원의 역할과 기능에 주목하는 것이었다고 할 수 있다.

매산 이하진의 경우도 소릉 이상의나 태호 이원진과 같이 일정한 스승 문하에서 학습한 경험이 없다. 어려서부터 선친先親과 족부族父·종형從兄에게 육예六藝를 익혔고, 장성하여서는 이렇게 익힌 학문을 기반으로 독학하여 자신의 학문세계를 이루었다. 이러한 학문수학 과정은 매산 이하진 뿐만 아니라 그의 가문에서 볼 수 있는 공통된 현상이다. 가학家學 중심의 학문수학 과정 때문인지는 모르지만 현재 매산 이하진의 학습 과정이나 학문경향을 구체적으로 확인할 수 있는 자료나 기록은 남아있지 않다. 그러나 대체적으로 독서讀書를 통한 박학博學을 추구하며, 『대학大學』과 『중용中庸』을 중심으로 생활 속에서의 수양과 실천을 중시한 학문태도나 서예書藝와 시문학詩文學을 위주로 한 문예관을 지녔다고 보인다. 『여강세승驪江世乘』을 살펴보면 매산 이하진의 명성이 주로 문학 방면에서 이루어졌음을 쉽게 알 수 있다.

이로 보아 매산 이하진의 시문학 세계는 당대 근기 남인계열 시문단에서 유행하던 명대 전후칠자의 의고적 문학 경향과 미수 허목 이래 내려오던 상고적 복고주의 문학 경향과 일치한다고 생각된다.

이와 함께 매산 이하진 가문의 가학 전통家學傳統에서 주목해 보아야 할 것은 사행使行의 경력이다. 매산 이하진의 가문은 유달리 많은 사행의 경력을 가지고 있었다. 그 자신뿐만 아니라 그의 선조들이 사행에 많이 참여할 수 있었던 것은 당대 매산 이하진 가문의 인물들이 가지고 있었던 문학에 대한 명성 때문이었다고 생각된다.

『조선왕조실록』과 『여강세승』을 통해 매산 이하진 가문의 사행 경력을 구체적으로 살펴보면 매산 이하진의 7대조 이계손李繼孫이 성종成宗

6년(1475) 12월 고명주청사誥命奏請使의 부사副使, 성종 14년(1483) 정조진하사正朝進賀使로 중국을 다녀온 이래 고조高祖 이사필李士弼이 명종明宗 3년(1548) 천추사千秋使의 서장관書狀官으로, 종증조從曾祖 이우직李友直이 선조宣祖 18년(1585) 사은사謝恩使로, 조부祖父 소릉 이상의가 광해군光海君 3년(1611) 동궁고명 면복주청사東宮告命冕服奏請使로, 종조부從祖父 이상신李尙信이 선조 38년(1605) 동지사冬至使로, 백부伯父 이지완李志完이 선조 36년(1603) 서장관書狀官, 광해군 5년(1613) 공성왕후 책봉주청사恭聖王后策封奏請使로, 종형從兄 태호 이원진이 인조仁祖 18년(1640) 세자시강원 필선世子侍講院弼善으로 심양瀋陽에 가서 당시 태자였던 소현세자昭顯世子를 모셨다. 여기에 더하여 매산 이하진도 숙종肅宗 4년(1678) 윤 3월 진위 겸 진향사陳慰兼進香使로 중국을 다녀왔다.

이렇게 보면 경헌공敬憲公 이계손李繼孫 이후 매산 이하진의 가문에서는 모두 5대가 연이어 빠짐없이 연경燕京에 다녀왔다는 것을 알 수 있다. 이러한 사행 경험은 자연히 매산 이하진과 그의 후손들에게 전해져 그들의 학문 세계에 영향을 미쳤으리라 생각된다.

매산 이하진은 문학에 대해 폭넓은 관심을 지니고 있었다고 보인다. 비록 그가 표면적으로 문학을 본질적인 것이거나 필수적인 것이라고 하지는 않았지만[81] 그의 문집을 살펴보면 문학, 특히 시에 대한 그의 관심을 확인할 수 있다. 매산 이하진이 비록 표면적으로는 문학의 가치를 인정하거나 중시하지 않았지만 당대 그의 명성은 문학을

---

81) 李夏鎭,「省躬篇」,『六寓堂遺稿』卷4, "夫以六尺可用之軀, 生太平有道之世, 終無以自成就, 我則非人. 朝而思夕而念, 求其所以自副其形者, 宜莫如廣志而養才. 於是閉戶沈潛于廣之南麓曰: 梅山, 盡取古人所著編簡, 仡仡靜坐而讀之, 得以大. 肆力于博文窮格之事, 恥一書不通, 而一藝之或不能, 遍誦顏氏舜何人余何人之訓, 而其所以自期于身者, 亦不淺鮮, 服周公孝才多藝之辭, 而汎濫于醫藥卜筮星曆種樹之術. …… 內焉贊揚儒化, 而謇諤朝端, 外焉專制方面, 而宣化雷封, 無不致究其善道, 而思盡其任, 乃其志, 初亦不細矣."

통해 이루어졌고, 스스로도 이에 대해 적지 않은 자부심을 가졌다고 생각된다. 이것은 그의 문집과 행장行狀·묘갈명墓碣銘 속에 전하고 있는 문학에 대한 언급이나 일화를 통해 짐작할 수 있다.82) 현재 매산 이하진의 문학관을 구체적으로 확인할 수 있는 자료가 전하지 않아 그의 문학관을 명확히 정의할 수는 없지만, 전하고 있는 단편적인 자료만을 살펴보더라도 문학에 대한 그의 관심과 인식을 충분히 읽을 수 있다.

매산 이하진은 「성궁편省躬篇」 속에서 형식적이고 화려한 문장에 힘쓰던 초년기初年期를 반성하면서 자신이 추구하는 문학의 모습을 밝혔다. 초년기는 그가 학문을 시작하던 시기로, 이 시기 그가 추구했던 것은 과문科文을 익히는 것이었다.83) 이런 태도는 매산 이하진이 수양과 학문에 침잠하면서 곧 극복되어야 할 부정적인 세계로 자각되었다. 그 스스로 그 때를 회고하며 오로지 외물外物에만 힘써 자신의 몸이 자신의 몸이 되는 까닭을 알지 못했다고 했는데, 이는 지나간 시간이 그에게는 넘어서야 할 미완의 시간이자 습작기임을 말해준다. 이어서 그는 자신이 추구하는 문예文藝에 대해 문사文辭와 성병聲病, 병려문騈儷文과 서예書藝로 나누어 설명했다.84)

부화浮華한 수식에 치중하는 과문科文의 폐단에 대해 반성한 매산 이하진은 한유韓愈와 유종원柳宗元으로 대표되는 당송고문唐宋古文을 문장

---

82) 李瀷, 「持平公 志安 行狀」, 『驪江世乘』 卷8, "文詞典雅, 乃曰: '吾家恥以文人得號, 安用此爲.' 故隨衍無留, 後輯得近體詩若干篇, 藏於家."
83) 李夏鎭, 「省躬篇」, 『六寓堂遺稿』 卷4, "囊吾駸昏且年少, 不通曉人事, 尋常爲己任者, 唯是掞章摛藻, 習科程之文, 以應試取靑紫, 謂丈夫事業, 如是可足. 專馳騖於外物, 自不知吾身之爲吾身也. 屬抹撥不偶, 暮途侵尋, 迺今世忽焉已三十有二."
84) 李夏鎭, 「省躬篇」, 『六寓堂遺稿』 卷4, "攻文辭, 則泝洄於昌黎河東之洿, 而蘇曾以下, 不論也. 治聲病, 則跋足於貞元元和之祭, 而五季以後, 不屑也. 騈四儷六, 而才刃斯游, 爾鍾汝王, 而筆穎思脫."

창작文章創作의 전범으로 삼아 소식蘇軾이나 증공曾鞏 이하는 논하지 않는 다고 하였다. 시에 있어서는 당唐나라 정원貞元・원화元和 연간의 풍모를 지향했으며 오대五代 이후 시대의 것은 좋아하지 않는다고 하였다. 병려 문騈儷文은 재주의 말단이 잠시 머물렀을 뿐이고, 서예書藝에 있어서는 종요鍾繇와 왕희지王羲之를 추구하였으나 그 경지를 넘어서려 하였다고 했다.

매산 이하진이 중당中唐 시기까지의 시를 추구하면서 오대五代 이후는 좋아하지 않았다고 한 것은 그가 중당中唐 말기에 등장하여 만당晚唐을 거쳐 오대五代 이후까지 이어진 시 경향을 싫어했다는 것이다. 시어詩語를 갈고 다듬어 고음苦吟을 추구하여 개성적個性的이면서도 험벽險僻한 표현을 일삼는 중당 말기의 시 경향을 부정한 매산 이하진에게 시는 형식적 기교奇巧나 수사修辭보다 현실에서 느끼는 자신의 내면을 자연스럽고 진실하게 펼쳐낼 때 가치 있는 것으로 인식한 중당中唐 이전의 시가 가장 시다운 시로 받아들여졌다는 것이다.

병려문騈儷文에 대해서도 매산 이하진의 생각은 동일한 것이었다. 조정의 조령詔令이나 관원들의 상주문上奏文 같은 공식적인 문장文章은 전아典雅함을 필수적인 요소로 여겨 여전히 병려문이 사용되고 있었다. 따라서 병려문을 익히지 않을 수는 없지만 애초에 병려문이 가진 지나친 격식과 수식을 싫어하여 재주의 끝 부분만 잠시 머물렀다고 했다. 서예書藝에서는 종요와 왕희지의 경지를 추구하였으나 오히려 이를 뛰어넘기 위해 노력했다고 했다.

이렇게 보았을 때 매산 이하진 역시 이 시기의 보편적인 시문학 학습의 방법을 넘어서지 못하고 있었다고 생각된다. 특히 성당盛唐을 중심으로 한 당시唐詩를 학습의 전범으로 삼았다는 것에서 이와 같은 판단은 분명하다고 생각된다. 그런데 매산 이하진이 이와 같은 전범을 설정한 것은 문학에 대한 매산 이하진의 인식을 보여주는 것이기도 하다.

첫 번째는 그가 효용적 가치를 중심으로 문학을 인식하고 있었다는 것이다. 그가 당시唐詩를 전범으로 삼았다는 것은 시란 감정의 자연스러운 발로發露여야 한다고 생각하고 있었다는 뜻이고, 오대五代이후의 시를 좋아하지 않았다는 것은 그 감정의 발로가 유미적이고 탐미적이어서는 안 된다고 생각하고 있었다는 뜻이라고 할 수 있다. 이로 보아 매산 이하진의 문학관은 기본적으로 원론적이고 본질적인 문학 의식에 바탕을 둔 것이었다고 생각된다.

두 번째는 문예文藝에 대해 문사文辭와 성병聲病, 병려문騈儷文과 서예書藝로 나누어 설명한 매산 이하진의 설명 태도에서 확인할 수 있다. 그것은 그의 문학이나 문예에 대한 인식이 문학 양식에 따라 각기 다른 기준을 가지고 있었다는 것을 의미하기 때문이다. 이와 같은 태도는 시와 문에서 추구하는 바가 각기 달랐다는 것이다. 시를 보도록 한다.

小窓風定柳初眠	작은 창 바람 잘아 버들 처음 고요하고
耿耿銀河霽後天	비 개인 하늘 위로는 은하수 환하네.
千里客迷孤舘夢	천리 먼 길 나그네는 외로운 객사 꿈속을 헤매고
三更月壓萬家烟	삼월 환한 달빛은 마을 두른 안개를 걷네.
病懷蕭瑟彈長鋏	병든 몸 품은 거문고 長鋏歌만 뜯으니
王事驅馳已半年	나라 일로 내달린 지 이미 반 년 지났네.
蠟燭伴人方下淚	촛불도 사람과 함께 눈물 흘려 내리는데
金笳何處昵聲傳	어느 곳에서 호드기 소리만 친숙하게 들려오나.[85]

江雨蕭蕭夜未央	강비 부슬부슬 한 밤도 안 됐고
漁燈明滅荻花凉	고기잡이 등 깜박이며 억새풀 꽃 써늘한데
小亭人與甁俱臥	작은 정자 위에서 사람 술병과 뒹구니
天外歸鴻意獨長	하늘 끝 저 멀리 되가는 기러기 뜻만 아득하네.[86]

위에서 살펴본 매산 이하진의 시들은 모두 고향을 떠나 있는 상황에서 지은 것이다. 첫 번째 시는 매산 이하진이 숙종肅宗 4년(1678) 윤 3월 진위 겸 진향사로 중국에 간 뒤 연경을 떠나 되돌아오던 중 옥하관玉河館에서 쓴 시이고, 두 번째 시는 숙종 6년(1680) 5월 문외출송된 뒤 10월 평안북도平安北道 운산雲山으로 유배가기 전까지 마포의 상수동에 있는 서호西湖 주변에서 생활하며 쓴 시이다.

두 수의 시 속에서 확인할 수 있는 매산 이하진의 정서는 그가 처한 상황과 같이 떠나온 고향에 대한 진한 그리움과 고향으로 되돌아가고자 하는 회귀 의식이다. 첫 시의 장협가長鋏歌와 두 번째 시의 기러기가 그와 같은 심상을 구체화하는 표현이라고 할 수 있다. 그러나 시 전체의 분위기는 매산 이하진이 스스로 자신의 감정을 최대한 내적으로 갈무리하고 있음을 보여준다. 이와 같은 그리움과 회귀 의식의 정적靜的 표출은 감정의 과장된 분출보다 오히려 더 깊은 안타까움의 강화된 여운을 남기게 된다.

이렇게 살펴본 매산 이하진의 시문학 세계 역시 앞서 살펴본 형성기 근기 남인계열 문인들의 대체적인 시 창작 경향과 같이 당시풍을 중심

---

85) 李夏鎭,「玉河館書懷」,『六寓堂遺稿』 冊1,「北征錄」上.
86) 李夏鎭,「雨夜」,『六寓堂遺稿』 冊3,「西湖錄」.

으로 하고 있다. 그러나 매산 이하진은 시의 형식적 수사나 기교보다는 진실한 인간 감정의 표출을 중시했다. 그는 시에서 수식의 공교로움보다는 그 속에 담긴 감정의 진실을 중시했고, 표현 기교면에서 함축을 통한 모호성·애매성에 주목했다고 보인다.[87]

특히 표현 기교면에서 함축을 통한 시의 모호성·애매성에 주목하는 태도는 시의 내용이나 소재, 시어의 선택에서 당대 유행하던 의고적擬古的이고 복고적復古的인 창작 태도와는 일정한 거리를 지니는 것이다. 이런 표현기법은 시의 표면에 작자의 사상과 감정을 직접적으로 드러내는 대신 형상과 표현의 이면에 감추어 두어 시의 의미와 감흥을 확장하는 것이다. 특히 시어詩語의 구사에서 한정된 시어의 의미를 확대하여 풍부한 암시성을 부여하는 것으로 짧은 시구詩句 속에 복합적인 의미를 부여하여 의미망의 확충을 꾀하는 기법이다.

이와 함께 매산 이하진은 스스로 그의 시가 그의 삶과 분리될 수 없는 것이고, 그 시는 수식修飾과 조탁彫琢에 의한 것이라기보다 스스로 느끼는 자연스러운 감정의 분출이라고 생각하고 있었다고 보인다.[88] 문학에 대한 매산 이하진의 기본적인 의식과 그의 문학적 특징은 약산 오광운의 글을 통해서도 확인할 수 있다.[89] 약산 오광운의 평가와 같이 매산 이하진은 자신의 시 속에 그가 느낀 내면의 감정을 진실하게 표출

---

87) 李漢, 「先考司憲府大司憲君行狀」, 『星湖全集』 卷67, "公生有異表. 額上有文曰文, 目炯炯夜能辨細字, 氣魄充完, 嘗視族人之病鬼祟者, 鬼輒避, 記性絶人, 然亦不恃才而自息, 對卷必以熟深沛然爲度, 故至于衰晚, 猶背誦甚多, 爲詩不屑爲組織之工, 下筆源源, 頃刻累數篇. 或問詩, 應曰: '詩以欲解未解間爲高, 蓋爲言語可造, 而眞賞難諭也.'"
88) 李漢, 「先考司憲府大司憲君行狀」, 『星湖全集』 卷67, "公自號梅山, 又號六寓堂. 仍又解曰: '寓形於天地, 寓心於經史, 寓趣於壺觴, 寓目於卉木, 寓興於詩句, 寓神於書法.'"
89) 吳光運, 「六寓堂遺稿 序文」, 『六寓堂遺稿』, "嗚呼斯集也, 其士類之限世也歟. 士類之名論, 晟世之風流, 其盡於斯乎. 世道升降之機, 雖未必係於斯集, 而謂斯集也, 當於世道升降之限, 非過也. …… 不佞後生, 雖未及公, 而亦嘗獲聞長老言, 公氣宇英偉, 心事明白, 故其言論文章, 亦如之. 不佞竊嘗謂評騭, 文章有二科, 一則以其世, 一則以其心. 以世者, 如季札觀樂, 自鄶以下, 無譏也, 以心者, 如唐宗論弓, 要察其木理之曲直也."

하기 위해 노력했다. 그래서인지 그는 문보다 시에 더욱 뛰어났다고 평가[90]받았다.[91]

다음으로 살펴볼 수 있는 인물은 죽남 오준이다. 아직까지 죽남 오준에 대해서 구체적으로 밝혀져 있는 사실이 많지 않지만, 문장에 능하고 글씨를 잘 써서 왕가王家의 길흉책문吉凶册文과 삼전도비三田渡碑의 비문을 비롯한 수많은 비명을 썼다고 한다. 죽남 오준에 대한 평가는 주로 서예 방면에서 이루어졌지만,[92] 문학적 역량 또한 서예 방면의 성취에 비해 크게 뒤떨어지지 않았다고 생각된다.[93] 그의 시에 대해 당대 문인들이 상당한 고평高評을 가했던 것으로 보이지만, 죽남 오준의 시문학 경향에 대해 구체적으로 평한 내용은 찾기 어렵다. 다만 죽남 오준의 외손 이봉조李鳳朝(1644~?)가 쓴 「죽남당고竹南堂稿」의 발문에서 죽남 오준의 시에 대해 동고東皐 최립崔岦(1539-1612)이 고평을 가했다는 것과 동명 정두경이 힘들여 가공한 흔적이 없다[元無斧鑿痕]고 했다는 평이 나오는 것[94]으로

---

90) 李溆,「梅山 行狀 草」,「弘道先生遺稿」卷12,「附錄」, "考 司憲府大司憲, 諱夏鎭, 號梅山. 文學雅望爲世師表." 李瀷,「先考司憲府大司憲君行狀」,「星湖全集」卷67, "爲詩不屑爲組織之工, 下筆源源, 頃刻累數篇."

91) 매산 이하진에 관한 선행 연구로는 다음과 같은 몇 편의 논문이 있어 참고가 된다. 윤재환,「梅山 李夏鎭 時文學 硏究 : 星湖 家學의 成立과 關聯하여」(成均館大學校 박사학위논문, 2004); 崔康賢,「梅山 李夏鎭의 문학연구 : 주로「金剛途路記」를 중심으로」,「韓國思想과 文化」9(2000); 윤재환,「梅山 李夏鎭의 생애와 문학 세계 - 驪州李氏 가문의 학문 전통과 관련하여」,「한국실학연구」9(2005); 윤재환,「梅山과 玉洞의 금강산 기행시문 비교 연구 -「金剛途路記」와「東遊錄」,「東遊篇」을 중심으로」,「東洋學」38(2005); 윤재환,「17세기 한시에 수용된 일상적인 것의 의미와 한계 - 梅山 李夏鎭의 시를 중심으로」,「한문교육연구」24(2005); 윤재환,「梅山 李夏鎭의 시에 드러난 사실적 표현의 의미와 한계 - 燕行 시집「북정록」을 중심으로」,「한문학보」13(2005); 윤재환,「상소문을 통해 본 17세기 중반 남인 계열의 의식세계 - 梅山 李夏鎭의 庚申辭大諫疏」,「한국실학연구」14(2007); 윤재환,「朝鮮 後期 流配 經驗의 詩的 形象化 - 梅山 李夏鎭의「雲陽錄」을 中心으로」,「漢文學報」19(2008); 윤재환,「記文을 통해 본 梅山 李夏鎭의 의식지향과 표현 양상 -「卜居梅山記」와「白碧山記」를 중심으로」,「우리어문연구」37(2010); 윤재환,「星湖家 文學의 美意識 - 梅山, 剡溪, 星湖를 中心으로」,「東方漢文學」49(2011).

92) 宋浚吉,「辭誌文書寫之命筍 己亥九月」,「同春堂先生文集」卷3, "右參贊臣吳竣, 實是當世名筆, 從前作此等寫役, 不止一再, 當初大臣之議啓, 允愜於衆論. 亦有預差之員, 年力富强筆路方新, 無非踰足數等者."

93) 丁若鏞,「跋竹南簡牘」,「與猶堂全書」卷14, "右竹南簡牘一卷, 故弘文館提學吳公竣之手墨也. 吳公特以筆翰成名, 然其文詞未始不贍博也. …… 今所傳簡牘諸書, 皆精沈有法度, 可以模楷後生, 而近世皆習尹淳簡牘, 尹之書刻削少菡蓄, 四十年來書法之消薄, 皆此祟也. 醫之奈何, 竹南其華扁也已矣."

許穆,「模朱太史十二畫貼圖序」,「記言」卷29 下篇, "又求書皆一時文學, 趙龍洲孫晚悟・李聽蟬・吳竹南以下果十人. 亦可觀, 識之."

보아 그의 시 역시 정립기 근기 남인계열의 문인들이 추구했던 보편적
인 창작 방법, 즉 성당盛唐의 시 경향 추구와 그리 멀리 떨어져 있었던
것은 아니었다고 생각된다. 이와 같은 죽남 오준에 대한 평을 염두에
두고 간단하게 시를 보도록 한다.

病後逢春興索然　병든 뒤 봄 맞으니 흥취 절로 삭막한데
殘梅落地柳參天　때 늦은 매화 땅에 지고 버들은 하늘로 치솟았네.
好風吹送黃昏月　산들바람 저물녘 달 불러 와 주는 걸 보니
似向西疇報有年　서쪽 밭 향해서 풍년 알리는 것 같네.[95]

一掬離愁正滿眉　한 줌 이별 시름 정녕 눈썹 가득하니
匡床病起勸餘巵　평상에서 병든 몸 일으켜 남은 술 다 권하네.
今春折盡靑郊柳　올 봄 성 밖의 푸른 버들 다 꺾일 터이니
無復長條舊樣垂　다시는 긴 가지 옛 같이 드리우지 못하겠네.[96]

　　백헌 이경석 역시 이 시기 근기 남인계열 시맥의 중심 작가였다. 백헌
이경석의 문학적 역량에 대해서는 그의 문집인 『백헌선생집白軒先生集』
의 부록[97]과 『국조보감國朝寶鑑』,[98] 『조선왕조실록』 현종조顯宗朝의 졸기

---

94) 李鳳朝,「竹南堂稿跋」,『竹南堂稿跋』, "竊跡前輩所論, 東皐詩, '每聞佳句如看翠, 一灑詞林百鳥啾.' 東溟詩, '詞伯吳侯在, 其餘不足論, 平生嗜美酒, 每讀廢芳樽. 定有江山助, 元無斧鑿痕. 鍾期去已久, 難與俗人言.' 夫以二公之宗匠, 悅而誠服如此, 槪公之文章, 雖未完其用, 公議則未嘗泯也."
95) 吳竣,「仲春望月」,『竹南堂稿』 卷2.
96) 吳竣,「題扇別東萊鄭聖能」,『竹南堂稿』 卷2.
97) 「白軒先生年譜」,『白軒先生集附錄』卷1,「年譜 上」, "時淸陰金公遘疹同府, 一見公奇之, 令賦伯夷叔齊優劣論, 公卽席製進, 金公大加歎賞, 以爲他日成就, 非吾輩所及, 數以小札抵議政公曰: '願見愛克氏.' 蓋公之小字, 而加以氏者, 重之也. …… 遊天磨聖居等諸山, 有詩數十篇, 柳夢寅逐篇批評, 有公然盛唐深得妙處, 太逼盛唐, 忠義滿腹等語. 嘗與儕友分韻賦詩, 得端字曰: '笑看終南高揷漢, 從今失却舊憂端.' 隣有老詞伯, 或云象村見之, 大加稱賞曰: '異日當作大宰相, 福祿無比.'云. …… 一松沈相公嘗題其落幅曰: '公道難行玉陛中, 文章如許亦成空. 未知十八

卒記[99]를 통해 확인할 수 있다. 특히 문집 부록의 기록을 살펴보면 그의 문학적 재질이 시에서 발현되었고, 그 시의 창작 경향이 성당盛唐의 풍격과 핍근逼近하였음을 알 수 있다.[100] 역시 간략하게 시를 보도록 한다.

紫氣關頭細雨收	함곡관 어귀 자주 빛 서기에 가랑비 걷히고
驛亭寒菊倍離愁	역정의 찬 국화는 이별 시름 더해가니
百年忠信孤槎客	한 평생 충신한 외로운 신하 되었는데
萬里山河落木秋	만 리 먼 산하에는 낙엽 지는 가을 드네.
白雪郢歌元妙曲	郢 땅의 陽春白雪歌 원래 묘한 곡조였고
彩雲蕭史亦風流	蕭史 떠나간 오색구름 이 또한 풍류였지.
懸知專對東歸日	사신 마치고 돌아갈 그날 잘 알고 있으니
滿路祥飆挾兩輈	길 가득 상서로운 바람 수레 양쪽에서 불어오네.[101]

白馬山頭日欲落	백마산 정상에 해 지려 하니
白馬山下行人稀	백마산 아래에 다니는 사람 없네.

'新恩士, 才命今年盡得通.' 月沙李相公, 亦嘗見公課試之文, 謂白洲曰: '汝雖已決科, 不及此遠矣.' 公自是歲, 無意進取, 親庚以世禍爲憂, 則時或㘴勉赴試, 或不製而出, 或篇成, 棄而不呈, 人或取用, 至有登第者, 而公未嘗一出於口. …… 東岳李公, 嘗見公所爲詞賦, 大加歎賞, 招澤堂李公示之曰: '此他日秉文手也.' 是日, 東岳邁赴江都之任, 辭陛而出, 爲之宿留, 就議政公所待之曰: '今日吾必見某之登第.' 抵夕, 公果榮膺. 李公跣下堂携手曰: '吾固待之.' 果然."
98) 「仁祖朝 2」, 『國朝寶鑑』 卷35, "命大提學金鎏, 選文學士李敬輿・李景義・李景奭・李昭漢・尹墀等, 賜暇讀書于湖堂."
99) 『朝鮮王朝實錄』, 顯宗 12年 9月 23日(辛未) 1번째 기사, "辛未. 領中樞府事李景奭卒, 史臣曰: '景奭居家孝友, 立朝淸素. 早負文望, 遂陞台司. 憂國之心, 至老不懈, 然過於所厚, 爲親黨干恩, 不避苟且, 人以此譏之."
100) 백헌 이경석에 관한 선행 연구로는 다음 글들이 있어 참고가 된다. 백헌 이경석선생 기념사업회, 『白軒 李景奭의 歷史的 再照明』(2004); 李銀順, 「李景奭의 政治的 生涯와 三田渡碑文 是非」, 『한국사연구』 60(1988); 강혜선, 「白軒 李景奭의 삶과 시세계」, 『한국한시작가연구』 10(2006); 채지수, 「李景奭의 『楓嶽錄』 삽입시의 두 가지 양상」, 『漢文古典硏究』 23(2011).
101) 李景奭, 「和遲川崔相公 鳴吉 西行途中次汾西都尉 朴公瀰 見贈之作」, 『白軒先生集』 卷4, 「弊帚錄」, "文任時所作, 公手題以此." 이미 밝힌 것과 같이 『弊帚錄』은 1637년 문형을 맡았던 때 지은 작품인데 저자가 직접 붙인 이름이다.

縱橫但有虎豹跡	멋대로 다니는 것 호랑이 표범 자취뿐이니
寂寞曾無烏鵲飛	고요하고 쓸쓸하여 까마귀 까치도 날지 않았네.
長江流入碧海去	긴 강 흘러서 푸른 바다로 흘러들고
大野遙連靑嶂圍	너른 들 아득하게 푸른 산과 이어졌네.
極目東華何處是	두 눈 부릅뜨고 보니 서울이 어디인가
暮天雲樹政依依	저문 하늘 아래 그리는 벗 모습 정녕 아스라하네.[102]

長河月黑雨絲絲	긴 강 달 어둡고 비까지 부슬부슬 내리니
人語灘聲共鬧時	사람 말 여울 소리 시끄럽게 함께 울리네.
半夜直將忠信涉	한 밤중에 단지 忠信한 마음만으로 건너니
此心惟有鬼神知	이 마음 그 오직 귀신만 알 수 있겠지.[103]

당대 근기 남인계열 시맥의 문인들 중에서 주목해 보아야 할 또 다른 한 사람으로 박천 이옥이 있다. 박천 이옥의 시문학적 성가聲價는 그의 생존 당대부터 여러 사람들에 의해 거론되었는데, 수당修堂 이남규李南珪(1855~1907)[104]와 백호 윤휴[105]의 기록을 통해 당대 박천 이옥이 지녔던

---

102) 李景奭,「白馬山書懷」,『白軒先生集』卷8,「西塞錄」.「西塞錄」에는 1650년 査問사건으로 白馬城에 위리 안치된 시기에 지은 125수가 실려 있다. 이 시에는 변방에서의 처연한 심정이 잘 드러나 있다.「西塞錄」의 서문은 다음과 같다. "二月, 聞六粼出來, 朝野洶洶公以首相, 自請馳往灣上以接之. 三月, 彼使入京. 以城池修築事, 大加嗔言, 事將上果, 公遂自當, 禍殆不測, 孝廟曲加救解, 錢以千金, 得桎棘于白馬山城, 臨發, 賜以御札曰; '寡昧 不能爲國, 致有今日, 予極痛歎焉, 關河杳杳, 懸思雖切, 天道昭昭, 相見有日, 卿須自愛.' 是冬, 上特遣大君請釋得許. 翼年二月, 東還."
103) 李景奭,「晴川灘夜渡」,『白軒先生集』卷8,「西塞錄」.
104) 李南珪,「七代祖正郎公 行狀」,『修堂集』卷11,「行狀」, "性簡亢, 不苟合, 所與遊 中表姻婭·與博泉李公兄弟·希庵蔡公兄弟·古心齋朴公數人而已."
105) 尹鑴,「引嫌疏」,『白湖先生文集』卷7, "自聖上臨御以來, 李沃首入臺閣, 屢參經筵, 其文辭才學之有無, 敷奏論事之得失, 聖上之所洞燭也. 聖上旣賞拔而陞其資, 陞資之後, 固當卽擬淸望, 而適値臣閔引入, 其父參政必引嫌沮之, 久未擬沃於當擬之地. 臣固惜之, 適於前月二十三日, 觀徽病, 而參議李夏鎭, 獨在政席, 以沃之諫長, 簡間於臣, 臣以尤協答之."

문학적 명망을 익히 짐작할 수 있다. 특히 손재巽齋 권중경權重經(1642~1728)은 문집의 서문에서 박천 이옥에 대해 "문사가 절묘하고 응대가 민첩한 것은 모두 공을 최고로 여겼다[而其文辭妙絶應對敏贍, 咸推公爲第一]."라고 할 정도였다.[106]

박천 이옥의 이와 같은 시문학적 성가는 두보와 한유로 대표되는 성당시를 창작의 전범으로 삼아 이룩한 것이라 생각된다. 손재 권중경[107]과 화은化隱 민창도閔昌道(1654~?)[108]가 쓴 박천 이옥의 문집 서문에서 누차 두보와 한유가 강조되었던 것은 그 시기의 시문학 경향이 두보와 한유로 귀결될 수 있었기 때문이기도 하겠지만, 박천 이옥의 시 문학 창작 경향이 이 두 사람을 전범으로 하고 있음을 보여준다고도 할 수 있다. 시를 보도록 한다.

跨峯踏閣費經行	산봉우리 올라타고 우뚝 선 누각 갈 길 붙잡아
忽上層臺四望平	문득 층층 누대에 올라보니 사방이 한 눈에 드네.
萬里河山開蟻垤	만 리 산하는 개미뚝처럼 늘어져 있고
二湖州郡散棋枰	호남 호서 주와 군은 바둑판처럼 펼쳐 있네.
遙空手外總容尺	하늘 저 멀리 손 뻗으니 겨우 한 자 정도이고

---

[106] 權重經, 「博泉集序」, 「博泉集序」, "先大王初卽位, 逬黜奸兇, 登進俊良, 魁材碩德, 耆艾讜猷之士, 彙征於朝, 一時稱得人之盛, 而館閣翰墨之選尤偉. 梅山李公夏鎭·霞溪權公愈·南谷權公諿及公, 俱以文學進, 相與究天人之際, 發雲霞之思, 塤唱篪和, 笙鏞一世, 而其文辭妙絶, 應對敏贍, 咸推公爲第一."

[107] 權重經, 「博泉遺稿序」, 「博泉集序」, "文學才智, 睿賞特達, 美器所召, 跬步太行. …… 博泉子絶無文人好習氣, 世之論津津噓後當, 卽等頭而輒襍抱, 嘗以松谷之詩霞溪之文爲壘 …… 詩乃超乘矣, 其用力積厚, 如負大舟之風, 森體格鎣風骨, 挈風雅比興之旨, 究幻化莊嚴之界, 名章後句, 多爲人咀牙彈指, 啄騷三邦, 風流彌盛, 瓊什銀鉤, 家壁而左篋, 寶若拱璧, 不啻白傳驛亭僧舍已也. 嘗自言文是單刀入陳, 而詩則吾謂武庫森呆, 吾家兩史有味乎其言, 若其灉淮之頌, 世無有知者. 大較雌黃之頰, 秒不陟世法, 揭怪或非厦烏, 或是水蟹, 其人以操瓠, 自亦皆不已於厚言之何也."

[108] 閔昌道, 「博泉遺稿序」, 「博泉集序」, "盖今而博泉子之卷出矣, 務去陳言, 別裁僞體, 此韓杜氏萬世詩文宗統, 博泉子而大放也. 何術之設, 讀韓杜二公書說徵也夫. 旣曰: '適性愉快, 快於不專一能.' 怪怪奇奇之自嬉也. 其曰: '吾癖已痼, 痼於語不驚人死不休之性耽也.'"

滄海杯間眷視泓	푸른 바다 담은 잔 사이로 멀리 멀리 바라보네.
自笑漆園多誕說	장주莊周의 그 많은 허탄한 소리 절로 우습더니
此身還欲御冷冷	이 몸 도리어 시원한 바람타고 놀고 싶네.[109]

關塞秋光倏爾徂	변새의 가을 풍경 너무 빨리 지나가
郡亭東畔客憑孤	동쪽 언저리 고을 정자 나그네 외로움 달래네.
長堤冷雨千家濕	긴 두둑 찬비에 집들 모두 다 젖고
殘郭淸霜萬木枯	허물어진 성곽 찬 서리에 나무 온통 시드네.
佐幕才疎徒費廩	비장 재주 성글어서 녹봉만 허비 하나니
枕戈心切可捐軀	창을 베고 마음 간절히 이 한 몸 버리려 하네.
非無大酒難謀醉	동이 술 없어 취할 계책이 어려운 것 아닌데도
皓月空來照碧壺	부질없이 흰 달 찾아와 푸른 술동이를 비추네.[110]

형성기 근기 남인계열 시맥의 중심 인물 중 한 사람인 청선 이지정은 앞서 살펴본 죽남 오준과 같이 시와 함께 글씨로 이름을 날렸다. 청선 이지정에 대한 평가의 대부분이 서예 방면에서 이루어졌는데, 청선 이지정의 서예가 이룩한 경지에 대해서는 미수 허목[111]과 성호 이익[112]의

---

[109] 李沃, 「文藏臺」, 『博泉先生詩集』 卷2, 「湖西錄」. 이 시는 박천 이옥이 호서지역의 裨將이 되어 내려가 있으면서 충청북도 보은군과 경상북도 상주군 사이에 있는 속리산의 한 봉우리인 文藏臺에 올라가 쓴 시이다. 『博泉先生詩集』 卷2 「湖西錄」의 서문은 다음과 같다. "余之佐幕湖西, 年方富, 制勝有具. 按田行縣之暇, 湖左右名山水好樓臺, 登覽殆徧, 隨遇賦詠, 有如干篇."

[110] 李沃, 「練光亭 平壤」, 『博泉先生詩集』 卷3, 「西征錄」 下. 이 시는 박천 이옥이 서북주에 나가 있던 부친 근옹芹翁 이관징李觀徵(1618~1695)을 만나기 위해 다니면서 쓴 시들을 모은 「西征錄」에 수록되어 있다. 練光亭은 평양의 大同江 가에 있는 누각으로, 관서 팔경의 하나이며 대동강을 내려다볼 수 있는 德巖이라는 바위 위에 있다. 『博泉先生詩集』 卷3, 「西征錄」의 서문은 다음과 같다. "家大夫之宰西北州, 余以槐院正字歸覲, 前後凡三四來往, 又以給事求爲關幕, 亦緣官路便北覲也. 余於吾東數千里, 足跡殆遍, 而獨西土最慣, 前後征役賦詠亦富, 而悉去蕪雜, 姑存十之二三. 北觀時事, 又別爲錄."

[111] 許穆, 「許上舍書帖跋」, 『記言別集』 卷10, "吾四十年前於海印寺, 初見金生書, 又於太檜院見之. 今入京, 得見此帖於同宗小許上舍帖中, 亦有金生書. 其次蓬萊楊使君, 又聽蟬李靜吾書, 吾平生樂觀蓬萊書, 當聞其書, 入山中

언급이 있어 확인할 수 있다.

청선 이지정의 문학적 성가에 대해 확인해 볼 수 있는 기록을 찾기는 쉽지 않다. 다만, 『응천일록凝川日錄』의 기록 중 "승문원에서 과거 급제자 중 관아 종사자를 뽑을 때, 호선壺仙 이적李禰(1600~?)은 6점, 사촌沙村 홍헌洪憲(1585~1672)·유집柳潗(1582~?)·최진운崔振雲(1564~?)은 5점, 청선 이지정·정심鄭杺(1597~?)·한윤겸韓允謙(1588~?)·심지청沈之淸(1596~?)은 4점이었다."113)고 한 기록이나 송곡 이서우가 문집 속의 「기記」에서 청선 이지정이 "태어날 때부터 뛰어난 기상이 있었고, 어려서 총산蔥山 정언 옹鄭彦瓮(?~?)에게 배웠는데, 문사文詞로 이름이 났다. 시에 높은 품격이 있었으며 서예에 더욱 공교로웠다"고 한 것이나 "만년에 호중에 작은 정자를 지어 청선이라고 하고 이것으로 자호自號 하였으며, 경서와 사서史書, 시문으로 자오自娛하였는데, 한가한 날이면 동주 이민구를 찾아가 한담·해학하고 시를 화답하며 즐겼다"114)는 기록으로 보아 서예와 함께 시의 창작에도 뛰어난 능력을 가졌었다고 생각된다. 또, 이러한 언급으로 보아 청선 이지정의 시는 시상詩想의 전개가 자유롭고 탈속脫俗의 아취雅趣를 지녔다고 생각되는데, 이와 같은 시문학 작품의 창작 경향은 성당盛唐의 시문학 경향을 전범으로 삼았던 이 시기 근기 남인계열 문인들의 보편적인 시문학 작품의 창작 경향과 동일한 궤軌에 놓여 있었다고

學藤葛爲之云. 嗟乎. 吾嘗與蟬翁, 俱學於蕙山, 吾甚愛其筆法奇詭, 尤見古氣, 吾落南不相見已三十年, 今其人已死, 獨其書在, 追思往跡, 愴懷良多, 旣撫玩忘倦, 因略識所感如此云. 四年六月壬子, 台嶺老人書"
112) 李瀷, 「韓石峰」, 『星湖僿說』 卷30, 「詩文門」, "我東筆藝, 麗時金生·文公裕·儍慶壽之類, 最著, 入聖朝, 安平君瑢·楊士彦·黃耆老·韓濩·及我從祖聽蟬堂, 皆稱絶藝."
113) 「丁巳 六月」, 『凝川日錄』 2, "傳曰: 三公備位各議啓, 承文院新來揀擇, 六點李禰, 五點洪憲·柳潗·崔振雲, 四點李志定·鄭杺·韓允謙·沈之淸."
114) 李瑞雨, 「記」, 『聽蟬詩稿』, "聽蟬公生而魁偉, 幼學于蕙山鄭公瓮, 以文詞名, 爲詩有高格, 尤工於書 …… 晩於湖中, 構小亭, 扁曰聽蟬, 因以自號, 聊浪蕭散, 唯以書史翰墨自娛. 暇日棹小舟, 訪東州李公敏求於湖海間, 談諧吟唱, 醉筆淋漓光動, 魚鳥人皆艶望, 若神仙然."

생각된다.[115] 간단하게 시를 보도록 한다.

乘興仍過掌苑署	흥에 겨워 장악원 지나가는데
聯翩勝友相追隨	좋은 벗들 줄지어 따라 나서네.
古松三樹晚含翠	오래된 솔 세 그루는 저물녘에 푸르고
仙萼數叢晴吐奇	신선 세상 꽃 몇 떨기 날 개이자 기이하네.
此地從來可把酒	이곳은 예로부터 술 마시기 좋은 곳
淸溪豈必宜吟詩	시 읊을 때 어찌 반드시 맑은 시내 필요하리.[116]

飛閣崔嵬壓祝融	날 듯 한 누각 우뚝하게 火神 祝融 내리 누르니
祝融根底沸流通	축융 그 뿌리 밑에 비류강 흐르네.
輕風捲雪斜暉薄	산들 바람 눈 말아 올리고 석양이 져 가니
白玉峯巒十二同	백옥산 봉우리 열 두 봉이 다 똑같아 보이네.[117]

동명 김세렴 역시 형성기 근기 남인계열 시맥을 대표하는 문인들 중의 한 사람이다. 그러나 당대부터 지금까지 동명 김세렴에 대한 평가와 관심은 그의 시문학 세계 그 자체보다 그가 인조 14년(1636) 통신부사로 일본에 갔다가 이듬해 귀국한 뒤 저술한 「동명해사록東溟海槎錄」과 「해사록海槎錄」에 놓여 있었다. 동명 김세렴에 대한 관심이 이 두 종류의 서책에 집중되었던 것은 당대 조선 사람들이 지니고 있었던 일본에

---

115) 현재까지 청선 이지정의 문학에 대한 개별 연구는 진행되지 않았다. 청선 이지정에 대한 개별 연구는 서예 방면에서 이루어졌는데, 그것도 柳志福, 「聽蟬 李志定의 書藝」, 『서예학연구』 10(2007). 하나를 찾을 수 있을 뿐이다.
116) 李志定, 「賞春」, 『聽蟬詩稿』.
117) 李志定, 「沸流江」, 『聽蟬詩稿』.

대한 관심을 보여주는 것이기도 하지만, 그와 함께 동명 김세렴이 문장가로서보다 경학을 중심으로 한 경세가이자 정치가로서 더 큰 위상을 지녔었기 때문이라고 생각된다.

하지만, 동명 김세렴은 시문에 능한 당대의 문장가였다. 호당의 사가독서에 선발된 10명의 문학사 중 한 사람이었고,[118] 섬려贍麗하면서도 아정雅正한 시를 지어 세속의 잡된 화려함이 없는 시를 지었다고 평가받았다. 또 그는 문장과 절조 두 방면에서 모두 당대 세상에서 견줄 수 있는 사람이 없는 뛰어난 인물이라는 평가도 받았다.[119] 이와 같은 동명 김세렴에 대한 평가로 보아 그의 시세계 역시 이전까지 살펴본 당대의 보편적인 시문학 경향과 같이 당풍唐風을 중심으로 고학古學을 추구하는 것이었다고 생각된다.[120] 간단하게 동명 김세렴의 시를 보도록 한다.

林臥逢春霽	숲에 누워 개인 봄날 맞아서
開軒面小園	문 열고 작은 정원 바라보니
方知隱者宅	그제야 알겠네 세속 떠난 사람 사는 집
不有俗塵喧	속세 먼지 시끄러움 하나도 없네.
水鳥飛苔檻	물새는 이끼 낀 우리 위를 날고

---

[118] 「仁祖朝」 1, 『國朝寶鑑』 卷34, "冬十月選文官之有文學者, 李敏求·趙翼·任叔英·吳翻·李明漢·鄭百昌·金世濂·張維·李植·鄭弘溟等十人, 賜暇讀書于湖堂." 金一基, 「東溟先生集跋」, 『東溟先生集跋』, "昔我先祖東溟先生之讀書東湖也, 同選凡十學士."

[119] 許穆, 「東溟集序」, 「東溟先生集序」, "今其遺卷詩三册, 書上疏啓事論事雜著一册, 使日本記事二册, 讀之, 其詩贍麗雅正, 不雜時俗浮靡媚艶氣, 深得古人聲韻. …… 時之天官卿鄭公經世白上曰: '世濂文章節操, 於今世無此人比云.'"

[120] 동명 김세렴에 관한 선행 연구로는 김호길, 「東溟金世廉 硏究」(고려대학교 석사학위논문, 1980)이 있으나 문학에 관한 것이라 보기 어렵다. 문학에 관한 연구로는 정도상, 「동명 김세렴의 『사상록』 고찰 – 택당 이식의 비평을 중심으로」, 『漢文學論集』 20(2002); 박문열, 「『東溟先生集』 「附錄」의 叛本에 관한 硏究」, 『서지학연구』 44(2009) 정도를 들 수 있다.

巖花落酒樽	바위에 핀 꽃은 술통 위로 떨어지네.
寥寥隔城市	조용히 저자거리 떠나있으니
疑是入桃源	무릉도원 그 속에 있는 듯하네.[121]

富山千疊雪中看	천 겹 부사산 눈 속에서 바라보니
削出瓊瑤萬古寒	옥돌 깎아낸 듯 만고에 시린 모습
圓頂突爲孤鳳舞	둥근 정상 우뚝 솟아 외로운 봉새 춤추는 듯
衆峯分作六螺盤	뭇 봉우리 나누어져 六螺가 서려있으니
雄蹲大地知無敵	대지에 웅거하여 상대할 것 없음을 알겠고
獨立中天孰敢干	하늘 가운데 홀로 섰으니 누가 감히 범하겠나.
聞自太初留積素	태초부터 쌓인 눈 남겼다 들었으니
欲將長白較巑岏	장백산과 높낮이를 비교해보고 싶어서인가.[122]

형성기 근기 남인계열 시맥의 대표적인 문인 중 현재 문집을 전하고 있는 마지막 인물이 만랑 황호이다. 만랑 황호는 52년의 생애 대부분을 관직의 환해宦海 속에서 부침한 인물이었고, 정치적으로 상당한 고초를 겪은 인물이었다는 점 때문인지는 모르겠지만 아직까지 그에 대해 관심을 가진 연구자들을 찾기 어렵다. 하지만, 만랑 황호는 그 당대 상당한 문망文望을 지닌 인물이었다고 생각된다.

만랑 황호의 문학적 특성은 그의 문집 서문을 통해 자세하게 확인할 수 있다. 만랑 황호의 문집인 『만랑집漫浪集』에는 모두 세 편의 서문이

---

121) 金世濂,「閒居」,『東溟先生集』卷1.
122) 金世濂,「富士山」其六『東溟先生集』卷4,「槎上錄」.

수록되어 있는데, 이 세 편의 서문에서 모두 만랑 황호의 문학 경향에 대해 "문장은 육경六經에 근본을 두고 『장자莊子』와 사마천의 『사기史記』를 참조하였으며, 시는 한유韓愈와 소식蘇軾을 으뜸으로 삼았다"고 하였다. 이 때문에 그의 시는 남과의 응대應對에서 모자람이 없고 수십 년 전 시단의 맹주들과 비교하여 뒤지지 않으며,[123] 호탕하되 음란하지 않고 화려하되 아첨하지 않으며,[124] 문장은 전아典雅하되 근엄謹嚴하고 시는 웅건雄健하되 청경淸勁하다[125]는 평을 받았다.

이와 같은 평을 받았다는 것으로 보아 만랑 황호의 시는 기본적으로 고도古道에 뜻을 둔 것이었음을 알 수 있다. 또 스스로 왕세정王世貞의 『사부고四部稿』를 즐겨 보았다고 했다는 점에서 명대 전·후 칠자의 한 사람인 왕세정의 영향을 상당히 받았다고 할 수 있다. 따라서 그의 시문학은 학명學明을 통한 고도古道의 추구를 목적으로 하는 상고적 복고주의 경향을 지닌 것이었다고 정리할 수 있다.[126] 간단하게 만랑 황호의 시를 보도록 한다.

西關尊酒十年前　　십년 전 서관에서 한 잔 술로 이별하고는

---

123) 趙絅,「黃諫議漫浪集序」,「漫浪集序」, "公天才固優, 發而爲文, 若有鬼神陰來相之, 隨所遇而賦其形, 幾乎春 䕺之作繭, 樊紹述之於斯術, 可謂至矣. 蓋其庇才者莊馬而本之六經者亦厚, 喜看王鳳洲四部稿云, 碑誌疏箚, 雅容而 得體, 騷賦別立門戶, 香山之流也. 詩祖韓·蘇而亦自斐然, 酬應不竭, 較之數十年前主盟騷壇者, 不啻避三舍已. 竹 陰趙希逸談藝最亢, 少許可, 至於公, 折輩行爲忘年友曰; '吾儕中無與敵此子者, 趙之倚輩三四公, 非當世之以文鳴 者乎.' 聞者以爲公案."
124) 許穆,「漫浪遺卷序」,「漫浪集序」, "公少聰明絶人, 大肆力於術藝, 弱冠登大科, 名譽蔚然, 其始仕在仁祖世, 方國家中興. 當時耆耈諸學士, 多在推許, 新進才學, 公爲第一云. 其文章, 本之六經, 參之莊馬氏, 詩祖韓·蘇, 爲文 章, 肆而不淫, 麗而不媚, 尤長於章奏, 讀其文, 其人可知. 善乎. 使日本詩什, 燕京十絶, 亦其所操可知."
125) 尹新之,「漫浪遺卷序」,「漫浪集序」, "得黃侯所著東槎錄一卷, 伏而讀之, 嘆曰; '瀏瀏乎其聲, 希世之晉也. 其 文典雅謹嚴, 其詩雄健淸勁, 若多藏之賣, 其出逾奇, 誠可喜而可愕. 詩本於性情, 讀其詩, 可以觀其人矣. 矯矯烈烈, 一塵不染, 死生窮達, 不能奪其操者, 其不在是集邪. 若其宣威布德, 觀風採俗, 彬彬有古奉使者風, 求之西京, 蓋有 人焉. 其眞陸大夫·司馬長卿之流乎."
126) 만랑 황호에 관한 선행 연구로 全松烈,「漫浪 黃㦿論」,「조선후기 한시 작가론」 1(이회, 1998); 구본현, 「漫浪 황호의 생애와 문학,「한국한시작가연구」 10(2006)이 있어 참고가 된다.

北塞相逢又別筵	북쪽 변방에 다시 만나 또 이별하네.
浮世風塵吾髮短	부질없는 세상 풍진에 내 머리털은 짧아졌는데
明時文武子材全	밝은 시절 문무 두 덕 그대는 재주 다 갖췄네.
鬼門伏日行看雪	귀문관의 복날이 눈을 보듯 지나갔으니
卿月新秋好上天	공경되어 맞은 초가을 하늘에 오를 듯 기쁘리라.
憑寄逐臣無限淚	쫓겨난 신하의 끝없는 눈물에 내 마음 부쳐 보지만
不知親友有誰憐	친구들 중 가련히 여겨줄 그 누가 있는지 모르겠네.[127]

西塞南邊幾往還	서쪽 변방 남쪽 국경 얼마나 오갔으며
東行桑域復楡關	동으로 일본 갔다가 다시 산해관 넘었었지.
小臣微分當如此	소신의 작은 직분 이와 같아야 하나니
男子奇遊豈等閒	남아의 기이한 유람을 어찌 등한히 하겠나.
城外拍天靑海水	성 밖 솟구친 하늘은 푸른 바다에 드리웠고
檻前飛雪白頭山	난간 앞 흩날리는 눈 백두산에 쌓이네.
軒名亦樂君知否	헌 이름 역락을 그대 아는지 모르겠지만
莫使窮愁上客顔	곤궁한 시름 나그네 얼굴 위로 오르지 못하게 하려네.[128]

지금까지 살펴본 문인들 이 외에도 형성기 근기 남인계열 시맥의 중요 문인들은 적지 않지만, 현재 이들의 문집을 확인할 수 없다는 점에서 이들에 대해 자세히 논하기는 쉽지 않다. 여기서는 시선집에 시가 채록採錄되어 있는 형성기 근기 남인계열 문인들에 대해 간략하게 살펴

---

127) 黃屎, 「十二日抵北靑, 兵使南銑令公瓜滿將上京, 醉中書贈」, 『漫浪集』 卷4.
128) 黃屎, 「官居小軒, 扁以亦樂, 聊有短述, 敢請東溟和敎」, 『漫浪集』 卷4.

보도록 하겠다.

먼저 개산 유석에 대해 살펴보면, 현재 확인이 가능한 사항은 그가 광해군 5년(1613)에 진사를 거쳐 인조 2년(1624) 별시문과에 병과로 급제하여 사헌부・사간원 등의 관직을 역임한 뒤 강원감사를 지낸 인물로, 유명전柳命全・유명천柳命天・유명견柳命堅・유명현柳命賢 네 아들을 두었다는 것과 사람됨이 강직하고 방정함을 타고났으며, 우뚝 서서 독행獨行하는 지조가 있었다. 문장 또한 그 사람됨을 닮아서 선배 남곽南郭 박동열朴東說은 공의 변려문騈儷文이 소장공蘇長公의 경지에 오를 만하다고 칭찬하였다[129]는 정도에 불과하다. 시를 보도록 한다.

暫留關帝廟	관왕묘에 잠깐 머물러
仍聽渭城歌	그제야 이별 노래 듣는다.
日落楊州道	해 지는 양주 길로
君行可柰何	그대 가고나면 나 어찌하나.[130]

다음으로 살펴볼 문인은 육은재 이시매이다. 그에 대해 확인이 가능한 것은 그가 체소재體素齋 이춘영李春英(1563~1606)의 아들로, 인조 7년(1629) 정언으로 관직 생활을 시작하여 한성부 우윤에 이르렀으며, 시에 재능이 있었다는 것 정도이다.[131] 시를 보도록 한다.

---

129) 「名流」, 『國朝人物考』 23, "公爲人剛方, 天得也. 有特立獨行之操, 爲文章亦有爲人, 先輩如南郭朴東說, 稱公騈儷, 可入蘇長堂. …… 入則制敎, 出則褒章."
130) 柳碩, 「送友赴北幕」, 『大東詩選』.
131) 『朝鮮王朝實錄』 顯宗 8년 1月 17日(壬辰) 3번째 기사, "工曹參判李時楳卒 時楳, 僉正春英之子, 亦有詩才"

四年行役再燕山	사년 사행 길에 연산 다시 들르게 되었으니
獨著賢勞八座班	혼자 한 그 모진 고생 팔좌상서에 들었네.
客路風塵迷鶴野	나그네 길 풍진 속에 요동 길 아득할 테고
故園消息隔龍灣	고향집 소식은 용만 저 너머에 있겠지.
仙槎直北何時達	북으로 곧장 신선 뗏목 몰아도 어느 때 이를 것이며
棋局終南盡日閒	남쪽 끝에서 두는 바둑에 온 종일이 여유롭겠지.
努力長途倍加飯	힘들게 먼 길 가야 해 밥 배나 더하나니
靑春作飯好回還	청춘 시절 밥 더 할 일 잘도 돌아온다네.[132]

다음으로 살펴볼 문인은 명고 이계이다. 명고 이계는 정랑 이진영李晉英(1580~?)의 아들로 광해군 13년(1621) 문과에 급제하여, 관직 생활을 시작하였지만 인조 20년(1642) 선천부사로 있으면서 명나라 상선과 암상暗商을 하다가 발각되어 청나라에 잡혀가 사형을 받게 되자 구명책으로 최명길崔鳴吉·이경여李敬輿·신익성申翊聖·이명한李明漢 등이 명나라와 밀통한다는 사실과 또 우리나라의 음사陰事 12조를 고하여 이듬해에 석방되었다. 그러나 청나라 장군은 이계가 국가와 왕을 배신하였다고 판단하고 우리나라에서 처단하도록 연락하여 청나라에서 돌아오자 평안 감사 구봉서具鳳瑞에게 체포되었고 조정에서는 의금부도사 정석문鄭錫文을 보내어 참수하였다. 문장과 시에 능하였다고 하지만 구체적인 내용을 확인하기는 어렵고, 이덕무李德懋의 「청비록淸脾錄」에 시가 몹시 기이하다는 내용[133]이 있다. 시를 보도록 한다.

---

132) 李時楳,「送尹祥瑞緈赴燕」,『大東詩選』.
133) 李德懋,「李烓·尹鏡」,『靑莊館全書』卷32,「淸脾錄」1, "李烓, 孝寧大君之後, 號鳴皐, 賣國伏誅, 固是亂流, 而詩甚奇. 如浮雲自作他山雨, 返照俄成隔水虹, 何等才思. …… 不必以人廢詩."

雲陰垂野雪花飄	먹구름 들에 드리우고 눈꽃 휘날리는데
一雀林間坐寂寥	숲 사이에 참새 하나 쓸쓸히 앉아있네.
恠底蹇驢鞭不進	괴이하구나 저는 나귀 채찍질에도 안 움직이니
層氷塞斷小溪橋	층진 얼음에 변방의 작은 시내 다리가 끊어졌네.[134]

征途客意日蕭蕭	길 가는 나그네 뜻 날로 쓸쓸해지는데
況値西風動黑貂	더구나 마주친 가을바람 검은 갓옷 헤집네.
洛浦夕陽愁外斂	낙포의 석양은 시름 저 너머 져가고
崧山秋色望中遙	송산 가을빛은 바라보니 아득하기만.
飛蓬捲地根難托	땅을 말아 올리듯 날리는 쑥대는 뿌리 뽑히지 않고
衰柳連天葉盡凋	하늘에 닿을 듯 한 시든 버들은 잎이 다 말라버렸네.
寂寞故都離索後	적막한 옛 도읍 그때 그 사람들 다 떠난 후
短碑猶記橐馳橋	작은 비석에 아직까지 탁타교 일이 적혀있네.[135]

斗屋炊烟暑氣烘	작은 오두막 밥 짓는 연기에 찌는 더위 더하니
樹陰箕坐待遙風	나무 그늘 속 다리 뻗고서 먼 바람 기다리네.
浮雲自作它山雨	뜬 구름은 제 저절로 다른 산에 비 내리다가
返照俄成薄暮虹	어릿어릿 갑자기 옅은 저녁 무지개 만드네.
過客不來談世事	나그네 찾지 않으니 세상 일 이야기 하고
野人相見念農功	농부들 만나서는 농사 걱정만 하네.
前溪水淺漁梁涸	앞개울 물 말라서 어량 다 드러나니

---

134) 李烓,「途中卽事」,「大東詩選」.
135) 李烓,「松京道中」,「大東詩選」.

白鷺飜飛占別叢　　백로 날아올라서 다른 곳에 모이네[136]

다음으로 살펴볼 문인은 설루 민희이다. 설루 민희는 명고嗚皐 민응협閔應協(1597~1663)의 아들로 차호叉湖 민암閔黯(1636~1694)의 동생이다. 효종 1년(1650) 증광문과에 급제한 뒤 관직 생활을 시작하여 현종顯宗 9년 (1668) 호조참판으로 진하 겸 사은사進賀兼謝恩使의 서장관으로 청나라에 다녀오기도 했다. 설루 민희는 숙종의 즉위 이후 남인이 득세하자 정계에서 큰 활약을 했고 허적許積을 중심으로 하는 탁남濁南 계열에 속했다. 숙종 6년(1680) 좌의정이 되었지만, 경신대출척으로 관작을 삭탈당하고 위리안치圍籬安置되었다가 숙종 12년(1686) 고향에 돌아온 뒤 이듬해 죽었다. 현재 설루 민희에 대해 확인할 수 있는 자료가 많지 않지만,『연려실기술燃藜室記述』을 보면 설루 민희와 민암이 형제로 정승을 지냈다고 하는 기록[137]이 나오는 것으로 보아 당대 가학家學 상당했던 근기 남인계열의 명문가 출신으로 문망이 있었다고 생각된다. 시를 보도록 한다.

瀟灑仍蕭瑟　　깨끗하고 고요함이 곧 쓸쓸해지니
悲秋劇惜春　　가을 서러움이 봄 아쉬움만 커지네.
還憐落南別　　남쪽으로 밀려나 이별함이 더 아쉬우니
身與鴈俱賓　　이 내 몸과 기러기 다 나그네 되었네.[138]

---

136) 李佳,「夏日村居」,『大東詩選』.
137)「官職典故－議政府」,『燃藜室記述』「別集」卷6, "兄弟爲相者, 尹士昐·尹士昕, 許琮·許琛, 李芑·李芫, 沈連源·沈通源, 金尙容·金尙憲, 鄭太和·鄭致和, 金壽興·金壽恒 尙憲之孫, 閔熙·閔黯, 尹趾善·尹趾完, 崔錫鼎·崔錫恒 鳴吉之孫 李頤命·李觀命, 趙文命·趙顯命, 金若魯·金尙魯, 鄭羽良·鄭翬良, 申晩·申晦, 洪鳳漢·洪麟漢.
138) 閔熙,「用河西韻奉呈李梧洲兼示吳運判 斗寅」,『大東詩選』.

遨頭從二客	수령되어 두 나그네 따라 나서니
僻境倍生輝	후미진 곳 갑절이나 광채가 나네.
木落秋容澹	나뭇잎 다 떨어져 가을은 담박하고
溪寒酒力微	시냇물 시려서 술도 힘이 별로 없네
邨童驚使節	시골 아이는 태수보고 깜짝 놀라고
山鳥怪儒衣	산새들은 선비들 옷 괴상타 하네.
爲問河西老	묻고 싶구나 하서의 노인네가
何時返令威	어느 때에 令威 자리 돌려줘야 하는지.[139]

다음으로 살펴볼 문인은 동사 오정위이다. 동사 오정위에 관해서는 알려져 있는 것이 거의 없다. 당대 근기 남인 3대 가문의 하나인 동복오씨同福吳氏 가문의 일원으로 인조仁祖 23년(1645) 별시문과에 병과로 급제하여 관직 생활을 시작하였으며, 현종顯宗 13년(1672) 호조·형조·공조의 판서를 지냈다. 숙종 초에 서인 우암 송시열에 대한 처벌문제로 남인이 분열될 때 청남淸南 계열에 속하여 강경론을 지지하였고, 숙종 3년(1677) 동지사冬至使로 청나라에 다녀와 예조판서·우참찬 등을 역임하였다. 이후 경신대출척으로 무안에 유배되었다가 삭주·보성에 이배되었고, 기사환국으로 풀려나와서 다시 공조판서에 등용되었으며, 기로소耆老所에 들어갔다. 동사 오정위에 대한 『조선왕조실록』 속의 졸기가 몹시 과격한 것[140]으로 보아 그의 정치적 행적이 몹시 강경하였을 것이라고 짐작된다. 시를 보도록 한다.

---

139) 閔熙, 「瀟灑院同李昌平 幼洙 吳運判 斗寅」, 「大東詩選」.
140) 『朝鮮王朝實錄』, 肅宗 18年 3月 16日(乙丑) 2번째 기사, "前判書吳挺緯卒. 挺緯貪鄙無恥, 其黨亦不之重. 特以楨·枏至親顯用, 及枏誅無勢, 又罣獄事, 不見用, 鬱抑而死. 年七十七."

封辭欲展淚先垂	봉해진 제문 펼치려니 눈물 먼저 흐르는데
雙旐凄凄薤露悲	만장 한 쌍 서러웁고 해로가는 구슬프네.
風樹含哀曾幾日	풍수지탄 서러웠던 그날 헤면 며칠이런가
衰麻嬰疾遽長辭	최마복에 병든 몸으로 홀연 세상 하직했네.
幽明豈異斑衣樂	저승이라고 그 어찌 색동옷 즐거움 다를까
生死均沾聖主私	살아서나 죽어서나 임금 은혜 고루 더했지.
柏府銀臺今寂莫	사헌부 승정원 이제 적막하겠지만
青氈還有四奇男	남겨 놓은 후손이 도리어 네 기남자네.[141]

이 외에도 만사晩沙 이경의李景義(1590~1640)와 쌍오雙梧 민점閔點(1614~1680), 차호叉湖 민암閔黯(1636~1694) 등 더 많은 인물들을 형성기 근기 남인계열 시맥의 중요 작가로 거론할 수 있지만, 현재 전하고 있는 작품을 찾기 어려워 이 글에서는 더 이상 거론하지 않기로 한다.

조선 후기 근기 남인계열 시맥 전개의 두 번째 시기인 정립기는 30여 년에 불과한 짧은 시기였지만, 형성기 때 보다 더 많은 문인들이 활동했던 시기였다. 이 시기 활동했던 문인들 중 지금까지 가장 큰 주목의 대상이 되는 인물은 송곡 이서우이다. 송곡 이서우는 번암 채제공이 언급한 근기 남인계열의 시맥 계보 안에서 동주 이민구와 호주 채유후의 뒤를 잇는 다음 세대 근기 남인계열 시맥의 종장으로 평가된 인물이다.[142] 당대 송곡 이서우는 하계 권유와 함께 남인계열 시문단의 최고

---

141) 吳挺緯, 「挽朴承旨 世城」, 『大東詩選』.
142) 丁若鏞, 「跋畵櫻帖」, 『與猶堂全書』 卷14, "吾黨詩脈, 自湖洲蔡裕後・東州李敏求以來, 唯松谷李瑞雨得其宗, 而松谷之詩工織少遠致. 燕超齋吳尙濂松門之顔子, 希菴蔡彭胤松門之曾子. 嗣此唯藥山吳光運・菊圃姜樸得其

정점으로 인정받았으나 문장에서는 하계 권유에게 뒤떨어진다는 평가를 받기도 하였다.[143]

하계 권유는 당대 문형의 지위에 있으면서 관각문의 저술을 주도하였고, 남인계열 문인들의 출사에 상당한 역할을 하여 이 시기 실질적인 남인계열 문단의 정치적 구심점 역할을 하였다고 생각된다. 하지만, 하계 권유는 갑술환국 이후 실각하여 유배지에서 운명하였고, 문집조차 남기지 못하였다. 이와 달리 송곡 이서우는 평생 정치적으로 그다지 영달하지는 못했지만, 문학적으로 후대 근기 남인계열 문인들에게 상당한 영향을 미쳤다고 알려진 재야의 문인이었다.

그러나, 앞에서 이미 언급한 것과 같이 후대 송곡 이서우의 시문학에 대한 평가가 오로지 긍정적인 것만은 아니었다. 어떻게 본다면 송곡 이서우의 시에 대한 부정적인 면 역시 상당히 부각되었다고 할 수 있다. 원대한 운치가 없다거나 맑고 깊이 있는 시가 없다는 것과 같은 평가[144]가 이에 해당한다. 이러한 평가는 작품 전체의 구성미보다 구句와 연聯의 아름다움만을 추구했던 만당晚唐의 시문학 경향과 상통한다고 할

傳. 若ögri吾樊翁自道, 有不及夢瑞李艮翁獻慶·法正丁海左然後進無所託, 子其勉之."
丁若鏞, 「樊翁詩派」, 「與猶堂全書補遺」, 「䰟鈍錄」, "樊翁詩脈, 蓋自湖州·東洲, 承以松谷, 而希菴·菊圃·吳藥山其親受者也. 樊翁亦盛推松谷, 爲非諸子所能及."

143) 李萬敷, 「先府君家狀」, 「息山先生文集」卷22, "余少好古文, 晚而愈篤焉, 然後盒進, 然文不如退甫, 詩不如潤甫, 退甫者, 權判書愈也, 潤甫者, 李參判瑞雨也."
金得臣, 「終南叢志」, "李瑞雨潤甫, 李沃文若, 俱工文詞, 文若少也, 學於東洲門下, 東洲嘗稱, 此子才調不凡, 而登第太早, 不能肆力於文章, 可惜也. 晚而喜詩, 往往不用古語, 有螭蚎之雜, 故詩不如文."
「靑邱韻鉢」, "閔黯將薦文衡時, 論屬權霞溪李松谷瑞雨, 閔不能取舍. 一日諸宰滿座, 閔指鳶拈韻曰: '今日欲試二君之才'. 權先成曰: '含泥幾掠少陵舟, 飛入漢宮作物尤. 若使吾領作爾相, 會須投筆覓封侯.' 乃以權首薦."

144) 丁若鏞, 「上海左書」, 「與猶堂全書」卷18, "松谷老人當時文苑宗匠, 不敢輕議, 然其科詩似古詩, 古詩似科詩, 誠一疑案. 近從韓檢詳丈得其詩稿, 其近體諸作, 對偶精切, 恰似尤西堂集, 欲求其瀏亮悠遠瀟然有不盡之意, 如王韋諸家者, 蓋絕無焉, 爲之悁悵移時也. 尤西堂語詩, 直是昏魘黜體, 甚哉, 文人狡獪, 乃欲操弄經傳, 眞斯文之賊也."
丁若鏞, 「觭畫櫻帖」, 「與猶堂全書」卷14, "樊翁還答以帖而語之曰: 吾業詩脈, 自湖溪蔡裕後東州李敏求以來, 唯松谷李瑞雨得其宗, 而松谷之詩工緻少遠致."
丁若鏞, 「古詩二十四首」其13, 「與猶堂全書」卷2, "文章憎命達, 此言蓋其然. 東州號詩雄, 李公敏求碑銘尤可鐫. 晚年負謗言, 苗裔且顚連. 松谷李公瑞雨似西堂, 卽尤侗工緻勝濃姸. 厄窮逮身後, 草藳多不傳."

수 있다. 이와 같이 다양한 평가가 존재하고 있다는 점에서 송곡 이서우의 시문학에 대한 선인들의 언급을 있는 그대로 믿어주거나 쉽게 단정하여 평가하기는 쉽지 않다고 생각된다. 송곡 이서우의 시를 보도록 한다.

專對殊方愧不才	외국 땅 사신 갈 재주 없어 부끄러워
敢言衰謝病相催	감히 병들어 갈 수 없다 구태여 사양하네.
遼城古柱傷心度	요동성 옛 터를 상심 속에 지나가고
薊樹寒風掩面來	가시나무 찬바람이 얼굴 덮쳐 들어오네.
流水只今鳴玉舘	흐르는 물은 지금도 옥하관을 울리는데
夕陽何意滿金臺	석양은 무슨 뜻으로 금대에 가득한가.
逢人半是侏儺語	만나는 사람 거개가 오랑캐 말을 하니
懷抱無由得好開	회포를 속 편히 풀어볼 길 없구나.[145]

高樹新晴掛片雲	개인 하늘 높은 나무 조각 구름 걸려있고
遠蟬依約睡中聞	아스라한 매미소리 잠결에 들리는 듯한데
西窓薄暮輕颷度	서쪽 창으로는 석양 들고 산들바람 지나가니
已覺秋凉進一分	써늘한 가을날이 한 치 더 온 줄 알겠네.[146]

明沙如雪月如霜	밝은 모래 눈 같고 달은 또 이슬 같은데
獨倚蘆花一睡長	홀로 갈대꽃에 기대 한 잠 깊이 들어보네.

---

145) 李瑞雨,「燕京感興八首, 奉正副使」其7,『松坡集』卷3.
146) 李瑞雨,「立秋」,『松坡集』卷4.

| 雲侶不須煩喚促 | 구름 무리 반드시 시름 재촉하지만은 않으리니 |
| 後飛猶得到衡陽 | 뒤따라 날아가도 형양 땅에는 이르리라.[147] |

瓊酷捲入絹囊盛	안 거른 술 비단 주머니 가득 담아다
壓得槽床貼得平	술 거르는 상에 놓고 눌러 평평히
山溜始聞穿竹響	처음에는 산 여울물 대 숲 소리 들리더니
露珠俄作滴荷聲	갑자기 맑은 이슬 연 잎에 떨어지는 소리나네.
團將雪滓分僮僕	눈 같은 찌꺼기 둥글게 말아 동복에게 나눠주고
細挹春波共友生	봄 물결 같이 가늘게 거른 술 친구와 나누네.
玆事家中如繼續	이런 일 집 안에서 계속될 수 있다면
世間榮貴摠虛名	세상 부귀영화 모두 헛된 명예리라.[148]

이렇게 살펴본 송곡 이서우의 시는 그의 시문학 세계가 지니고 있는 몇 가지 특징적인 모습을 보여준다. 우선적으로 생각해 볼 수 있는 것이 그의 시세계가 지향하는 모습이다. 위에서 살펴본 시들 대부분이 만당晩唐의 시 경향과 유사한 모습을 보인다. 이와 같은 특성은 그가 미수 허목을 사사했다고는 하지만 시문학 경향의 학습은 미수 허목에게서보다 부친 이경항李慶恒(1601~1643)에게 더 큰 영향을 받은 것이 아닐까 하는 생각을 하게 한다.

이와 함께 그의 시는 당대 근기 남인계열 문인들 대부분이 추구했던 명대 시문학 경향의 학습을 바탕으로 성당盛唐의 다양한 작가들을 전범

---

147) 李瑞雨,「畫幅雜咏 睡雁圖」,『松坡集』卷7.
148) 李瑞雨,「閑居無事, 次唐賢近體, 其中或改一二韻 – 其二十四 看壓新酷」,『松坡集』卷7.

으로 하고 있음을 알 수 있다.¹⁴⁹⁾ 이와 같은 학시學詩 경향은 결국 고학古學을 추구하는 상고적 복고주의로 치환이 가능하다. 결국 송곡 이서우는 당대 근기 남인계열 시맥의 주류적 경향인 상고적 복고주의를 학문의 기본 방향으로 설정하였고, 이를 위해 육경六經을 기본으로 하는 고학古學을 익혔으며, 명대 전·후 칠자의 영향을 깊이 받아들였다고 생각된다.

시문학 작품 창작에 있어서도 그와 같은 영향이 유지되었다고 보인다. 송곡 이서우는 『시경詩經』을 근본으로 하는 시문학 창작을 추구하였고, 이를 위해 상고적 복고주의 경향이 강한 명대 전·후 칠자의 문학관을 수용하였으며, 이를 통해 자신의 시문학적 역량을 확장하기 위해 노력했다고 할 수 있다. 따라서 송곡 이서우는 성당盛唐의 시 경향을 학시學詩의 중심에 두고 두보나 이백과 같은 당대唐代의 시인들을 우선적인 전범으로 삼았지만, 이들을 넘어서서 소식蘇軾(1036~1101)이나 황정견黃庭堅(1045~1105), 육유陸游(1125~1210) 등과 같은 송대宋代의 여러 시인들까지 따라 배우고자 하였다고 생각된다. 이렇게 보는 것은 앞서 언급한 것과 같이 그의 시가 만당晚唐의 시 경향을 보여주고 있다는 점에서 당풍唐風의 시 경향을 우선으로 하고는 있지만, 그의 시세계 전체를 하나의 경향으로 일반화하기 어렵다는 점에서 그렇다.

이렇게 본다면 송곡 이서우의 경우 당대 근기 남인계열 시맥의 일반적인 시문학 학습 경향인 육경六經을 전범으로 한 고학古學의 추구와 학명學明을 통한 상고적 복고주의의 바탕 위에 자신의 문학적 역량을

---

149) 李瑞雨,「蒼舒李白詩卷跋」,『松坡集』卷12, "噫, 向吾之學詩也, 急於擧子業, 習觀晚唐宋元及東方雜詩, 爲許多脂膏所汚膩. 後觀李詩, 雖爽然喜之, 而卒不能一語努像, 譬如餓者食蔬食充腸, 及遇八珍之味, 心欲之而口不能進, 可勝歎哉."

최고로 발휘할 수 있는 다양한 시문학 경향을 학습하기 위해 노력하였고, 그 결과 다채로운 양식의 다양한 시들을 구사해 낼 수 있었다고 생각된다. 이 때문에 그의 시세계는 하나의 경향으로 특정해내기 어렵다는 특징을 지니면서 동시에 그가 지니고 있었던 주변에 대한 다양한 관심으로 인해 기속시紀俗詩와 영물시詠物詩에 뛰어나다[150)]는 평가를 받았다.[151)]

근기 남인계열 시맥의 정립기를 대표하는 두 번째 인물로는 연초재 오상렴을 들 수 있다. 연초재 오상렴은 실세失勢한 근기 남인계열의 대표적인 시인으로 제천의 의림지를 중심으로 시작詩作 활동을 하여 당대 근기 남인계열 문단에서 두루 인정을 받았지만, 채 30년을 살지 못했다는 짧은 인생 역정으로 인해 그에 관한 다양한 자료를 찾기 어렵다. 다만 그에 관해 전하는 몇몇 자료로 볼 때 청류淸流의 풍격을 지닌 당풍의 시를 지었으며, 좋은 시인의 범례 속에 제가諸家와 병칭되었음을 알 수 있고,[152)] 문장에서는 진·한秦漢을, 시에서는 두보를 학습하여 청류의 당풍과 표일한아飄逸閑雅한 풍격을 가진 시를 지은 인물로 거론된다.[153)] 시를 보도록 한다.

山中又見歲華徂 산 속에서 또 한 해가 저무는 것 보니

---

150) 姜浚欽,「三溟詩話」39則, "李松谷瑞雨詩名冠一世, 其詩篇篇如精金美玉, 尤長於詠物"
151) 송곡 이서우의 시문학에 대해서는 임미정,「송곡 이서우의 시문학 연구」(연세대학교 석사학위논문, 2007); 夫裕燮,「松谷 李瑞雨의 삶과 시」,『韓國漢詩作家研究』12(韓國漢詩學會, 2008)에 자세하다. 이 두 편의 글을 참고하기 바란다.
152) 夫裕燮,「燕超齋 吳尙濂의 생애와 시세계」,『한국한시연구』9(한국한시학회, 2001), 277쪽.
153) 金履萬,「吳生傳」,『鶴皐遺稿』, "生於文, 最嗜左國, 於詩, 最嗜老杜, 每有製作必極力擬之, 往往凌逐, 其不及者, 亦不爲漢魏以還及開天以下語."
  吳光運,「燕超齋集序」,『藥山漫稿』卷15, "前輩有評公文章者曰: 文漢詩唐, 公之文與詩, 各開堂奧, 工夫俱到, 而先以詩驚動一世, 故文若爲之少掩焉. 公之詩飄逸閑雅, 如出唐人者甚多, 然非學而然也, 自有詩律以來, 惟唐最淸, 故氣與之相近也."

似送情人赴遠途	먼 길 떠나는 정든 님 보내는 것만 같네.
燭盡杯殘留不住	촛불 다 닳고 술 바닥 나도록 말려도 못 잡으니
五更鷄唱是驪駒	오경의 닭 울음이 이별 노래 이구곡이네.[154]

落日溪邊路	해 떨어진 시냇가 길
孤煙山下村	한줄기 연기 오르는 산 아래 마을
主人迎我笑	주인 웃으며 나를 맞으니
繫馬入柴門	말을 메고 사립문 안으로 든다.[155]

繞屋靑山嵐翠浮	집 두른 푸른 산에 남기 피어오르고
薔薇花發小庭幽	장미꽃 활짝 핀 작은 정원 그윽하네.
幽人睡起日亭午	한가한 이 잠에서 깨니 해는 정오인데
林外數聲黃栗留	숲 저 멀리서 꾀꼬리 울음 몇 마디 들려오네.[156]

三浦胡書碣	삼전포의 오랑캐 글씨로 쓴 비석 보니
山城憶解圍	산성에서 포위 풀던 그 일이 생각나네.
空聞千乘國	천승의 나라란 말 들었던 것 부질없어
未見一戎衣	갑옷 입은 병사들은 하나도 보지 못했네.
將帥無籌策	장수는 아무런 계획이 없었고
文章有是非	쓴 글들은 시비만 따졌었지.
朝宗迷故道	조종은 옛 길에서 헤매고 있는데

---

154) 吳尙濂,「除夕」,『燕超齋遺稿』卷2.
155) 吳尙濂,「訪仲剛」,『燕超齋遺稿』卷2.
156) 吳尙濂,「偶書」,『燕超齋遺稿』卷2.

| 江漢欲何歸 | 한강 물은 어디로 돌아가려 하나[157] |

空山秋夜雨蕭蕭	텅 빈 산 가을밤에 비 쓸쓸히 내리는데
蟲語人情兩寂寥	벌레 소리나 사람 마음 다 적적하네.
念我窮居少歡日	내 가난한 거처 기쁜 날 적다 생각했었는데
與君相別又明朝	그대와 이별 할 날 또 내일 아침이네.
溪邊殘柳誰堪折	개울 가 다한 버들 그 누가 꺾으려나
江上歸舟自可招	강 가 돌아갈 배를 제 저절로 부르네.
爲問西行到京洛	서쪽으로 떠나가 서울에 도착하면
能將書札訪漁樵	편지 띄워 어부 나무꾼 찾아와 줄 수 있겠는가.[158]

이 시들을 보면 연초재 오상렴의 시는 섬교纖巧한 만당晚唐의 시 경향을 중심으로 하고 있음을 알 수 있다. 그림을 그려내듯 섬세하고 담박한 묘사가 연초재 오상렴 시세계의 바탕이었던 듯하다. 그래서인지 연초재 오상렴의 시세계에 대한 평가는 주로 표일한아飄逸閒雅하여 마치 당나라 사람이 쓴 것과 같은 시가 많다如出唐人者甚多는 것이었다. 또 문장과 시가 모두 뛰어난 경지에 올랐지만, 문장보다는 시에 더 장점이 있었다고도 했다.[159]

---

157) 吳尙濂,「過三田浦」,『燕超齋遺稿』卷3.
158) 吳尙濂,「夜坐口號贈別李兄」,『燕超齋遺稿』卷3.
159) 吳光運,「燕超齋集序」,『藥山漫稿』卷15, "余幼小時, 聞宗叔幼淸氏弱冠爲文章, 居堤川, 名動京師, 顧見焉, 日公成進士, 玉貌靑衫過余家, 見其神骨翛然, 若不蹈地, 日賭之, 若徹其皮裏, 與之語, 藹藹若芳蘭也. 後四五年, 公來京師對策, 不得意, 歸鞭過之, 昔之娟者, 若少萎焉, 精神益淸也, 余再見未壓也, 後數年公歿, 有如祥鸞瑞鳳, 暫襲於人間, 不可以久留, 雖日玩之, 尙不知厭, 況一再見乎, 吁其可恨也. 公之詩多流傳者, 余誦之久矣, 後見其全集, 甚矣, 其詩之似其人也. 若將復見之也. 盖人受天地之氣以生, 得其淸者爲英, 得其濁者爲凡, 詩出於人, 其淸濁亦如之, 不可强以爲也. 堤有名醫郭氏, 與公相善也, 不能起公病, 歎曰: '此人仙也, 其歸也, 不可以醫.' 郭氏醫也, 不解詩, 故只見其人而仙之也. 前輩有評公文章者曰: '文漢詩唐.' 公之文與詩, 各開堂奧, 工夫俱到, 而先以詩驚動一世. 故文若爲之少拚焉. 公之詩飄逸閒雅, 如出唐人者甚多, 然非學而然也. 自有詩律以來, 惟唐最淸, 故氣與之相

이런 점으로 보아 연초재 오상렴의 시문학 경향 역시 학고學古를 바탕으로 한 당풍唐風의 추구로 설명이 가능하다고 할 수 있다. 다만, 연초재 오상렴의 경우 학고學古를 위한 전범으로 명대 전·후 칠자의 문학 경향을 중심에 두었다고는 보이지만, 그의 시 속에서 확인할 수 있는 다양한 전범들로 보아 명대의 문학 경향만을 시문학 학습의 중심에 두고 이를 따라가고자 노력하였었다고 규정하기는 어려워 보인다.[160]

정립기 근기 남인계열 시맥에서 연초재 오상렴과 나란히 거론되는 인물로 희암 채팽윤을 들 수 있다. 번암 채제공에 의해 연초재 오상렴과 희암 채팽윤이 송곡 이서우의 제자로 간주되고는 있지만, 앞서 이미 언급한 것과 같이 연초재 오상렴과 희암 채팽윤의 인생 궤적으로 보아 이와 같은 번암 채제공의 주장을 있는 그대로 믿어주기는 쉽지 않아 보인다.

연초재 오상렴이 채 30년을 살지 못했던 것과 달리 희암 채팽윤은 63년이라는 짧지 않은 생을 살았지만, 생의 대부분을 야인野人으로 보내거나 외직外職을 전전해야 했기 때문에 그의 삶과 문학 경향에 대해 구체적으로 확인하기는 어렵다. 다만 그의 시는 여러 시형을 두루 갖추어 당시와 송시에 모두 능했다는 평을 받았으며 시와 문 모두에 뛰어났다는 인정을 받았다[161]는 것을 알 수 있다. 특히 희암 채팽윤의 시는

近也. 昔觀唐之詩人皆窮, 其達者僅僅而有, 宋明至今, 文章士多達而少窮, 豈唐後之詩, 不足以窮人, 而能窮人者, 公之詩耶."

160) 연초재 오상렴에 관한 선행 연구 성과로는 具仕會, 「燕超齋 吳尙濂論」, 『조선후기 한시 작가론』 1(이회, 1998); 夫裕燮, 「燕超齋 吳尙濂의 생애와 시세계」, 『한국한시연구』 9(한국한시학회, 2001); 金榮淑, 「吳光運 "海東樂府』의 史話受容樣相과 詩的 形象」, 『東亞人文學』 17(2010)이 있어 참고가 된다.

161) 李潊, 「祭蔡參判希庵 彭胤 文」, 『星湖先生全集』 卷57, "公在而文章在, 卽無論貴賤賢愚, 雖有內忌而無顯刺, 公歿而文章絶, 亦無論貴賤賢愚, 縱無竊悲而有公惜. 公之於詩文, 天與其ому, 鬼通其明, 故無所不該, 無所不貫. 長颷入而大波出也, 神兵無跡而雲馬飄空也, 誰得以究之, 誰得以評之. 今何可復見也哉. 自余子謂公爲男, 嗣爲兄弟, 垂玆三年, 書牘盈篋, 情禮密備, 竊自謂生世無此幸也. 余子不肖, 事公以父, 公亦撫誨, 不啻半子. 時月之間, 稍見蛾逃, 或冀狸別, 今何可復得也哉. 年不稱夭, 位在緋玉, 公豈怛化, 後死者悲."

여러 시체詩體를 모두 갖추어 창해滄海와 같고 입신入神의 경지에 들어 농암 김창협·삼연 김창흡보다 앞섰으며, 중국의 왕발王勃에 비견될 정도라고도 하였다.[162]

삼명三溟 강준흠姜浚欽도 희암 채팽윤을 삼연 김창흡에 비견되는 시의 대가로 평가하였는데,[163] 문집 속에 수록된 시의 내용으로 보아 희암 채팽윤이 두보를 추종하였고 성당의 시와 한유韓愈·유종원柳宗元의 시를 숭상하였으며, 명대 의고파에 대해 긍정적인 관심을 가졌음을 알 수 있다.[164] 이와 같은 희암 채팽윤의 문학적 성가는 『조선왕조실록』 속의 줄기를 통해 더욱 분명하게 확인할 수 있다.[165] 하지만 전술한 것과 같이 정치적으로 불우했던 그의 일생 경력으로 인해 아직까지 그다지 연구자들의 주목을 받지 못하고 있는 듯하다.[166] 시를 보도록 한다.

洋洋仙樂下天扉　광대한 신선 음악 대궐에서 흘러나니
童歲龍鍾荷盛私　어린이 늙은이 모두 큰 은혜 입었다네.

---

162) 蔡濟恭, 「希菴集序」, 『希菴集』, "用工旣篤, 三昧轉深, 淮陰用兵, 多多益善, 而不必泥跡於陷略. 建章門戶, 秩秩相當, 而不必效法於工倕, 當短而短, 當長而長, 投之所向, 無不如意, 而風調之流動, 比興之玲瓏, 自然爲水之月也鏡之花也. 莊周所云五年而來, 六年而鬼, 入七年而天成, 八年而不知死不知生, 九年而大妙者, 公於詩有之. 嗚呼, 文章公物也, 小子何敢私焉. 有所受者, 李松坡贈公以詩, 而見興以滄海之大. 公沒之後, 李西堂嘗以爲某之韻語妙入神, 近世農·淵亦當退步, 吳藥山, 公之俟芭, 而每以爲希翁天才特高, 當與王子安方駕, 東國不足論. 文苑月朝之信而有徵有如是者, 此豈小子之所得以阿者哉."
163) 姜浚欽, 「三溟詩話」, "英廟初年, 蔡希菴金三淵詩爲大家."
164) 呂運弼, 「希菴 蔡彭胤의 시세계」, 『韓國漢詩作家硏究』 13(韓國漢詩學會, 2009), 240쪽.
165) 『朝鮮王朝實錄』, 英祖 7年 12月 29日(戊午) 3번째 기사, "前參判蔡彭胤卒. 彭胤自六七歲, 以神童名, 十九進士, 二十一登第, 以翰林選讀書堂. 肅宗常使掖隸, 變腸隨其後, 每一篇出, 輒膳入大內, 於是, 詩名震一世. 中年以後, 屛居田野, 益肆力文章, 其詩汪洋壯嚴, 英宗朝, 官至藝文提學, 六十三卒. 有希菴集二十九卷, 行于世."
166) 희암 채팽윤에 관한 선행 연구 업적으로는 박경수, 「希菴 蔡彭胤의 輓詩 硏究」(경북대학교 석사학위논문, 2010); 조혜경, 「蔡彭胤의 遊覽時 硏究 : 『瀛州錄』과 『楓岳錄』을 중심으로」(韓國學中央硏究院 韓國學大學院 석사학위논문, 2011); 呂運弼, 「希菴 蔡彭胤의 시세계」, 『韓國漢詩作家硏究』 13(韓國漢詩學會, 2009)이 있어 참고가 된다.

平生不識君王面　한평생 임금님 얼굴 알지를 못했으니
一夢尋常繞玉墀　꿈속에서도 언제나 대궐 뜰을 헤매겠네.[167]

신미년 시월 십일 밤에 옥당으로 불러 마주하였다. 이때 내가 춘방에서 숙직을 하고 있었는데, 임금께서 특별히 명하여 부르셨다. 그 때문에 이 구를 읊었는데, "밝고도 밝은 임금을 생각하는 정성이 글에 넘친다."고 하시며 칭찬하기를 그치지 않으셨으니 은혜에 감격하는 노래를 갖추어 보인다.[辛未十月十一日夜, 玉堂召對, 時余直春坊, 上特命召入, 仍誦此句曰;'耿耿思君之忱, 溢於辭表.' 嘉獎之不已, 具見感恩歌]

殘燭幢幢水檻低　짧은 촛불 일렁일렁 물가 난간 나직한데
行人淚墮五更雞　가던 이 눈물 떨구고 오경 닭은 울어대네.
此身未死悲何極　이 몸 죽지 않았으니 슬픔 어찌 끝이 날까
今夜如生夢不迷　오늘 밤 살아있는 듯 꿈도 어지럽지 않네.
凉籟在簾秋咽咽　발에서 나는 찬바람 소리 가을이 소리치고
宿陰浮峽暗凄凄　골짜기에 떠오는 남은 그늘 어두움이 처량하네.
更憐稚子書中意　어린 자식 편지 속 뜻 다시금 서러우니
自別爺來日夕啼　아버지 이별한 뒤 밤낮으로 운다 하네.[168]

毒瘴銷肌雪變髭　독한 장기 살 녹이고 눈은 수염 바꾸고
八年來往一斑衣　팔년 오가는 중 언제나 때때옷.
南溟直似中門限　남쪽 바다 마주하니 문 가운데 한 서렸고

---

167) 蔡彭胤,「臘月十一日賜樂湖堂, 途中口號 3首」其3,『希菴先生集』卷2.
168) 蔡彭胤,「常山客夜感夢」,『希菴先生集』卷11.

西日遙分下嶺暉	지는 해 아득하니 고개 아래 햇살 나누네.
草抱苦心春不待	풀도 괴로운 마음 안고 있는지 봄을 기다리지 않고
霜隨冤牘夏堪飛	서리도 원통한 편지 따르는지 여름인데도 날리네.
可憐天外憑閭望	가련쿠나 하늘 밖 저 어디서 문에 기대에 바라보는게
猶信孤帆早晚歸	외로운 돛배 조만간 돌아오길 믿는 것 같으니.¹⁶⁹⁾

仙舟宮燭夢依然	신선 배 궁궐 촛불 꿈에도 어릿한데
萬事浮沉十九年	세상만사 뜨고 잠기길 열아홉 해라네.
北去塞橫天際鶻	북녘 변새 가는 매는 하늘 끝 비껴있고
南來海跕霧中鳶	남쪽 바다 오는 솔개 안개 속을 날고 있네.
春愁曉鏡三分雪	봄 시름 속 새벽 거울 흰 머리털 삼분의 일
鄕思晴江二頃田	고향 생각 맑은 강엔 두 이랑 밭이 있네.
回首陽關雙玦怨	양관의 쌍결 원망 머리 돌려 바라보고
可憐猶羨左魚懸	아직도 銅魚符를 걸고 있음을 부러워하니 가련하구나.[170]

이렇게 살펴본 희암 채팽윤의 시 역시 당풍唐風의 시 경향을 기본으로 하고 있음을 알 수 있다. 그러나 내면세계의 담담한 묘사를 통해 작가의 정서를 진솔하게 전달하는 담백한 표현 기법과 함께 웅건雄建한 기상을 가감 없이 표출하여 폭넓은 의경意境을 만들어내는 시를 동시에 창작하고 있었다는 점에서 그의 시문학 경향을 한 마디로 정리하기는 쉽지

---

169) 蔡彭胤,「吳持平 尙友 輓, 居母憂不勝喪, 廖公尙書時在耽羅謫所, 其內子上言云 2首」其1,『希菴先生集』卷11.
170) 蔡彭胤,「寄安邊李使君啓商」,『希菴先生集』卷11. 이 시에 대해 星湖 李瀷은『星湖僿說』「詩文門」蔡學士詩 편에서 "其他驚人篇章甚多"라고 하면서 이 시를 들고 있다.

않다. 오히려 상반된 분위기를 만들고 있다고까지 할 수 있을 정도로 다양한 시세계를 구현하고 있다는 것이 그의 시문학 경향을 설명하는 요체가 될 수 있을 것이다.

이와 같은 희암 채팽윤의 시세계에 대해 여운필呂運弼은 "그가 단연 선호했던 시인은 두보였으며, 대체로 성당시와 한유시韓柳詩를 숭상하고 의고파에 대해서도 긍정적 관심이 있었으며, 송시宋詩를 아주 배척하지 않았음을 알 수 있다."[171]고 평가하였다. 여운필의 견해를 한 마디로 정리해 보면 희암 채팽윤의 시세계는 두보를 중심으로 한 당시唐詩를 전범으로 형성되었으며, 새로운 시경詩境을 창출하기 위해 존재하는 대부분의 시 경향에 대해 개방적인 학습태도를 지니고 있었다고 정리가 가능하다.

정립기 근기 남인계열 시맥에서 연초재 오상렴・희암 채팽윤의 다음 자리에 놓일 수 있는 인물을 들자면 국포 강박과 약산 오광운을 우선 거론할 수 있다. 국포 강박과 약산 오광운은 오랜 기간의 교유를 이어간 인물들로, 두 사람 모두 희암 채팽윤의 문하 제자로 인정된다. 이들 사이의 사승관계는 근기 남인계열 시맥 속에 존재한다고 알려져 있는 시문학 교육을 위한 사승관계 중 구체적인 근거를 들어 인정해 줄 수 있는 몇 안 되는 실질적인 사승관계라고 할 수 있다. 우선 국포 강박에 대해 먼저 살펴보도록 한다.

국포 강박은 정립기 근기 남인계열 시맥을 대표하는 문인이었다. 당대 근기 남인계열 문단의 기치를 세워 앞 시대를 뛰어넘는 인물로 평가받았으며,[172] 방외문형으로 불려 노론계열 인사들 중에서도 국포 강박

---

[171] 呂運弼, 「希菴 蔡彭胤의 시세계」, 『韓國漢詩作家硏究』 13(韓國漢詩學會, 2009), 240쪽.

에게 글의 질정을 구하는 자가 있을 정도였다.[173] 당색을 가리지 않고 당대 문인들 대부분이 국포 강박의 시적 성취를 인정하였는데, 이들의 평가를 요약해 보면 국포 강박이 두보 시의 격조를 추구하였으며[174] 한漢·위魏·당唐의 시인들을 기준으로 삼아 그 장점을 용화鎔化하려 하였고, 강렬한 기세를 지녔으며[175] 결구結句를 잘 엮었고 만시輓詩·별시別詩 등 인간의 감정 표출에 능하였다[176]는 것이다.

이와 같은 평가들을 정리해보면 국포 강박은 고시古詩를 학시學詩의 기본으로 삼아 여러 시대의 시를 배워 자신만의 시풍을 만들었고, 특히 인간의 감정을 자유롭게 표현할 수 있는 애도시哀悼詩와 송별시送別詩에 장점을 보였다고 할 수 있다. 이와 함께 시의 유기적 구성을 통해 작품의 격을 높였으며, 민간의 자잘한 소재를 시로 표현하고자 노력하였다고 생각된다. 이는 소박하면서도 진실한 질문진박質文眞朴의 미적 특성을 이루려고 한 것이라고 정리할 수 있다.[177] 시를 보도록 한다.

> 自天臺下水如天　　백천대 아래 흐르는 물 하늘 같고
> 臺上丹楓映水鮮　　누대 위 단풍은 물에 비쳐 선명하네.

---

172) 蔡濟恭,「菊圃集序」,『樊巖先生集』卷32, "近世文章之立幟詞苑, 雄跨前代者, 聽之輿人之誦, 莫不一辭歸之於菊圃姜公. 而濟恭自童卯出入門牆, 其所以得之於公者, 異乎人之得之矣. 蓋公儀度峻潔, 則仙鶴之峙乎靑田也."
173) 姜浚欽,『三溟詩話』, "詩人以爲方外文衡, 槎川亦送詩軸, 求其斤正."
174) 蔡濟恭,「菊圃集序」,『樊巖先生集』卷32, "公之文章, 蒼鬱老健, 力挽古道, 以詩寸則五七言近體, 非少陵不屑, 五言古風, 言有盡而意無紹, 其重東方之鍾也, 其音淸廟之瑟也."
175) 丁範祖,「菊圃集序」,『海左先生文集』卷21, "公之所著詩文凡七卷, 而衆體備. 其文則贍而有法, 華而有致, 明潔整緻, 學班·韓而工者也. 尤專於詩, 壹以漢·魏·唐諸子爲準, 而其意欲鎔化衆美, 採咀羣英, 融而會之, 使皆出之吾鑪鎚而成一家, 故弗區區爲倣擬也. …… 伏弩之發, 遲疾有時, 而摧陷之勢, 則孰與公當哉. 是其氣力之大, 雖謂之蓋一世, 可也哉."
176) 李敬儒,『滄海詩眼』上, "後人之不及古人者, 五言絶句與近體結句也, 東方之五絶, 絶無佳者, 近體結句, 尤甚遠, 自羅麗近逮當世, 惟菊圃識結句法. …… 挽別之詩, 絶小佳句, 惟菊圃善於挽別, 終古寡句. 挽申承旨致謹曰: '深樹黃鷺啼不啼, 玉壺芳酒思悽悽, 小橋斜日驢蹄歇, 何處靑山草色迷, 金馬何能容傲骨, 風車未必碍層霓, 難忘疚是眉間氣, 醉態詩愁兩不低.' 世皆傳誦, 至今獨之, 牙頰生馨."
177) 孟榮一,「菊圃 姜樸의 生涯와 漢詩 硏究」(고려대학교 석사학위논문, 2006), 3~4쪽.

一曲平沙鷗鷺靜	한 구비 너른 사장 갈매기 백로 고요한데
夕陽歸客上漁船	석양에 되가는 나그네 고깃배에 오르네.[178]

孤舟滿江水	외론 배 강물 위 떠 있는데
君子意如何	그대의 뜻 어떠한가
逈郭浮雲重	저 멀리 성곽 위 구름 겹겹 떠 있고
前洲落日多	앞에 펼쳐진 사장 위론 저녁 햇살 가득하네.
中原起幽唱	중원에선 그윽한 노래 들려오는데
吾道在悲歌	우리 도는 슬픈 노래 그 속에 있네.
歲月須可飯	세월은 그래도 견딜 만하니
區區望匪他	구구하게 바라는 것 다른 게 아니라네.[179]

東門擧酒不成歌	동문에서 술 마셔도 노래 부르지 못하니
萬里行人意若何	만 리 먼 길 떠나는 이 그 마음 어떠한가.
落日中零灘畔路	지는 해 속 부슬비는 갈 길을 적셔놓고
傷心春草懿陵多	마음 상한 봄풀들은 의릉에 다 피었네.[180]

白首重爲此地遊	흰머리 다 되어서 여기 다시 놀러 왔는데
主人不在但空樓	주인은 간 곳 없고 빈 누각만 남아있네.
夕陽無語凭欄坐	저물녘 말없이 난간 기대 앉아있으니
沙鳥汀雲不解愁	사장 물새 물가 구름도 근심 풀어주지 못하네.[181]

---

178) 姜樸,「渡尙山峽津 望自天臺」,『菊圃集』卷2.
179) 姜樸,「和愼節連原訓唱」,『菊圃集』卷2.
180) 姜樸,「東門外權子常扶餞席 口占」,『菊圃集』卷3.

위에서 본 국포 강박의 시들은 분명히 당풍唐風의 시 경향을 중심으로 하고 있다. 그러나 국포 강박의 시문학 경향은 당풍으로만 정리가 가능한 것이 아니다. 해좌 정범조가 평한 것[182]과 같이 국포 강박의 경우 고도古道와 고학古學에 대해 상당한 관심을 가졌던 문인이었지만, 다른 한편으로는 하나의 창작 경향에 대한 전적인 추종을 거부한 인물이었다고 보인다. 국포 강박은 하나의 문학 경향을 전범으로 하여 전적으로 추종하는 대신 존재하는 다양한 문학 경향의 융합을 통한 새로운 창작 방법과 전범의 제시를 시도한 인물이었다고 생각할 수 있다.[183]

따라서, 국포 강박이 비록 노건老健한 기력을 가지고 고도古道와 고학古學을 힘써 추구하였으며, 두보를 중심으로 한 성당의 시문학 경향 학습에 주력하여 미수 허목의 뒤를 이었다는 것은 분명하지만,[184] 그가 추구했던 것은 미수 허목과 같은 상고주의적 복고나 의고가 아니라 고도古道의 추구, 고학古學의 학습을 통한 창신創新이었다고 생각된다. 이와 같은 점에서 국포 강박의 시문학 경향은 이전 시기까지 근기 남인계열 시맥 내에서 추구되었던 시문학 경향인 상고주의적 복고와는 일정한 거리를 가지는 것이다. 국포 강박의 이와 같은 시문학 경향에 대해 질문진박質文眞朴[185]이라고 하기도 하고, 언외지취言外之趣[186]라고 표현하기도 하는데,

---

181) 姜樸, 「感題肯思亭」, 『菊圃集』 卷4.
182) 丁範祖, 「菊圃集序」, 『海左先生文集』 卷21, "文章, 氣之達也, 氣醇醨, 固運世使然, 然亦存乎其人之所養, 而形諸文章者, 可徵焉耳. 方且爲支離腐臭溢僻怪幻寒瘦細巧之辭, 以眩俗沽譽, 而駸駸日就衰劇矣. 於是焉而全之以天質, 反之以古則, 蔚然有朴茂之氣, 則是其人, 豈徒文章之觀而已哉. 若近世菊圃姜公是已."
183) 丁範祖, 「菊圃集序」, 『海左先生文集』 卷21, "公之所著詩文凡七卷, 而衆體備, 其文則贍而有法, 華而有致, 明潔整緻, 學班・韓而工者也. 尤專於詩, 壹以漢・魏・唐諸子爲準, 而其意欲鎔化衆長, 採咀葷英, 融而會之, 使皆出之吾鑪鍾而成一家. 故弗區區爲倣擬也."
184) 蔡濟恭, 「菊圃集序」, 『樊巖先生集』 卷32, "公之文章, 蒼鬱老健, 力挽古道, 以詩則五七言近體, 非少陵不屑, 五言古風, 言有盡而意無窮, 其重東序之鍾也, 其音淸廟之瑟也, 以文乎則源委六經, 咀嚼龍門, 簡奧而能跌宕, 典則而能反復, 間架締構, 無少餘憾. 要之, 許眉翁以後一人而已."

이런 표현들은 모두 이전 시기 근기 남인계열 문인들의 시문학 경향과 국포 강박의 시문학 경향이 보여주는 거리에 주목한 것이라 보인다.[187]

근기 남인계열 시맥의 정립기에 정치적 고폐固閉로 인해 다양한 어려움을 안고 살았던 국포 강박과 달리 약산 오광운의 경우 노론계열 중심으로 전개되어 가던 당대의 정치 상황 속에서 상당한 정도의 정치적 영향력을 유지한 인물이었다. 그는 50세가 되던 해에 스스로 자신의 시문을 모아 문집을 만들고 『약산만고藥山漫稿』라 이름 하였지만, 이 문집은 당대 간행되지 못하고 약산 오광운의 사후 약 200여년이 지난 뒤 후손에 의해 간행되었다. 그래서인지 약산 오광운의 문집 속에는 50세 이후부터 57세로 운명하기까지의 시문이 누락되어 있다.

약산 오광운의 문학적 성가에 대해 살펴보면 심재深齋 조긍섭曺兢燮 (1873~1933)이 계곡 장유·택당 이식의 문사를 겸비하고 반계 유형원·졸수재 조성기의 학식을 겸비한 인물이었다고 인정한 것이나,[188] 귀록歸鹿 조현명趙顯命(1690~1752)이 당세의 문장가였지만 높은 값을 받지 못했다고 평가한[189] 정도를 찾아볼 수 있을 뿐이다. 이외에도 약산 오광운이 영조

---

185) 박무영, 「菊圃 姜樸의 詩學」, 『韓國漢文學研究』 29(韓國漢文學會, 2002), 156~163쪽.
186) 孟榮一, 「菊圃 姜樸의 生涯와 漢詩 研究」(고려대학교 석사학위논문, 2006), 30~31쪽.
187) 국포 강박에 관한 선행 연구 업적으로는 김명환, 「菊圃 姜樸의 文學論」(경북대학교 석사학위논문, 2003); 맹영일, 「菊圃 姜樸의 生涯와 漢詩 研究」(고려대학교 석사학위논문, 2007); 박무영, 「국포 강박의 시학-18세기 남인계열의 미적 동향에 대한 연구의 일환으로」, 『韓國漢文學研究』 29(2002); 남재철, 「菊圃 姜樸의 시세계와 세시기속시」, 『漢文學報』 13(2005); 맹영일, 「국포 강박의 애도시 연구」, 『韓國漢詩研究』 15(2007); 남재철, 「菊圃 姜樸의 詩에 나타난 조선후기 양반 몰락의 한 실상」, 『漢文學報』 18(2008); 맹영일, 「기속시를 통해 본 18C 민간생활상-菊圃 姜樸과 慕軒 姜必愼의 기속시를 중심으로」, 『漢文學論集』 31(2010); 부유섭, 「菊圃 姜樸의 尙古의 시세계」, 『韓國漢詩研究』 18(2010)가 있다.
188) 曺兢燮, 「藥山漫稿跋」, 『藥山漫稿』, "國朝自中興以來, 人材蔚然, 宋明之季, 於斯爲盛, 不幸而橫黨議於其間, 賢是者否彼, 予甲者奪乙, 盖莫得以衷焉. 然若白沙·漢陰之忠藎, 谿谷·澤堂之文辭, 磻溪·拙修之學識, 問擧國之所同聲賢予, 而無彼是甲乙之間焉. 何也. 以其至也, 然而是數君子者, 器有所適, 值有所ठ, 故其所謂至者, 不能無偏造而各極焉. 若夫兼是三者而皆足以表見於後世者, 惟藥山先生吳忠章公其幾矣乎."
189) 趙顯命, 「恭陵奉審, 路逢吳留守光運返虞, 停轝一慟」, 『歸鹿集』 卷4, "氛昏界裏雙眸迴, 厭見群龍野血塵. 密

의 지우를 상당히 받았음을 보여주는 기록이 있기는 하지만,[190] 구체적인 평가를 찾기는 어렵다. 이로 보아 당대 약산 오광운이 누렸던 문학적 성가에 비해 그에 대한 후대 인물들의 평가가 상당히 소략하다는 것을 알 수 있다. 이와 같은 이유가 무엇인지는 분명하지 않지만, 약산 오광운의 정치적 위상과 문학적 명망에 비추어 볼 때 그에 대한 후대 문인들의 관심이 부족했던 것은 분명한 듯하다. 시를 보도록 한다.

樓前金色柳	누각 앞 황금 버드나무
本意爲郞栽	원래 님 위해 심은 것인데
郞遊不繫馬	님 떠나 말 매지 않으니
寂寂小鸎來	조용하게 작은 꾀꼬리만 찾아드네.[191]

栗里柴門盡日關	밤나무 골 사립문 온종일 닫혔으니
一塵那復到靑山	티끌 하나라도 어찌 다시 청산 닿겠나.
無端犢齕西隣麥	생각 없는 송아지 서쪽 이웃의 보리 씹는지
平地波瀾似世間	너른 평지 출렁이니 그제야 인간 세상 같네.

柳外簑翁鬢似銀	버들 저 너머 삿갓 쓴 늙은이 귀밑 털 은빛인데

啓天心垂大訓, 能將隻手障洪濤, 他時黨籍名應重, 當世文章價不高. 奉讀哀綸忠志泣, 丹旌粉字捴恩褒."

190) 趙顯命,「贈吏曹判書吳公神道碑銘」,『歸鹿集』卷16, "公爲文章, 本之六經, 而參以百家, 一出於馴雅精粹, 詩亦要妙鏗鏘, 有一唱三嘆之旨. 晉屢入文衡薦, 上以天筆加圈, 題公名下曰; 是何一點, 良可寒心, 嗚呼, 公之受知於上如此, 上之欲用公者亦如此."
　蔡濟恭,「贈資憲大夫吏曹判書行嘉善大夫司憲府大司憲兼弘文館提學同知春秋館事藥山吳公諡狀」,『樊巖先生集』卷42, "其文章又足以達其辭, 故能感回人主意, 每奏疏出, 人莫不傳誦, 然指摘時政, 訑呵貴近, 往往有觝近峭切, 不少回護, 故雖上結明主之知, 恩數曠絶而見忤當路, 居宰列二十年, 位不加進者, 其不以此也歟. 公爲文章, 本之六經, 參以百家, 不拘聲色, 專以神會爲主, 卓然成一家, 其各體俱長, 求之近代, 罕與爲倫."
191) 吳光運,「春閨怨」,『藥山漫稿』卷2.

一生談笑只比隣	한평생 이야기는 이웃과만 했다하니
何如炎炎長安陌	어찌하여 저 많은 장안 길 사람들은
車馬相逢白眼人	수레 말 타고 만나 남 못 본 척하는가.[192]

經旬臥病氣機明	열흘 너머 몸 져 누웠다 기운 겨우 맑아져
起坐閑愁觸眼生	일어나 앉으니 무료한 수심 눈 닿는 곳 마다 드네.
道士種桃仍物態	도사 심은 복사꽃은 이내 그 모습 곱고
王孫有草自人情	이별 설움의 왕손초는 절로 사람 마음 같네.
日邊微雨雲如戱	해무리 이슬비는 구름 장난치는 듯하고
花外輕雷鳥不驚	꽃 숲 저 너머 희미한 우레 새도 놀라지 않네.
一事林泉眉少展	자연 속 그 모든 일에 이맛살 조금 펴지니
無塵可濯十年纓	티끌 없는 그 모습에 십년 갓끈 씻겠구나.[193]

위의 시들을 통해 약산 오광운의 시문학 경향이 이전까지 보아왔던 근기 남인계열 문인들의 보편적 경향과 같이 당풍(唐風)의 시문학 경향을 추구하는 것이었음을 알 수 있다. 그가 당풍의 시문학 경향을 추구하고 있음은 그의 글 「시지(詩指)」를 통해 구체적으로 확인이 가능하다.[194] 「시

---

192) 吳光運,「田家卽事 五首」其2·3,『藥山漫稿』卷3.
193) 吳光運,「春日病起感興」,『藥山漫稿』卷4.
194) 吳光運,「詩指」,『藥山漫稿』卷11「雜著」, "五言古, 尙樸高旨遠, 故學漢魏未能則阮·左·鮑·謝, 未能則陶·韋, 未能而後杜·韓. 七言古, 尙風華才長, 故以李·杜爲宗, 而輔以高·岑·王·李. 五言絕, 玄妙上於爽朗, 故取右丞而配以靑蓮. 七言絕, 飄逸長於婉柔, 故標靑蓮而次者少伯, 以少陵爲禁戒. 五言律主神境, 故型範少陵而興趣寄於王·孟. 七言律重格調, 故準的王·李·高·岑而氣骨參之少陵. 排律推少陵爲都料匠, 然後雄渾壯麗, 淸淡間遠, 不失冠冕之象烟霞之氣, 而不落小家惡道矣. 吾之基業門戶已定, 則上此而中晩諸家, 至宋元明作者, 皆可取其長而採其精, 以資吾材具筆路爾. 然自錢·劉以上, 實之鑪錘之內而取其全體, 自元·白以下, 實之鑪錘之外而審其取舍可也. 蘇·黃·陳·陸相近者趣, 而情聲色爲事實所揜, 故流於陋, 何·李·滄·弇所肯者聲色, 而情趣爲格律所牿. 故入於贋, 陋與贋, 詩道不由也. 西崑體訌飯合扇, 故江西派矯以偏枯生拗, 毁格傷雅, 其失尤甚, 皆可取者少, 而可棄者多. 又降而秦小石·張打油·劉折楊, 俚夫鼓掌, 莊士驥笑, 一入此窠, 不可復與言詩也."

지」를 통해 약산 오광운은 다양한 시체의 격조에 설명하고 있는데, 그가 예시로 든 시인들이 모두 위·진·남북조 시대부터 당대唐代까지의 시인들이었다는 점에서 그가 당시唐詩를 학시學詩의 전범으로 삼고 있었다는 것은 분명한 사실이다. 그러나 그렇다고 하여 약산 오광운이 당시唐詩만을 학시의 전범으로 삼았다고 보아서는 곤란하다. 「시지」에서도 분명히 밝혔듯이 약산 오광운은 당唐 뿐만 아니라 송宋·원元·명明대의 작가들에 대해서도 장점은 충분히 배워야 하고 이를 자기 시 창작의 재료로 삼겠다고 했다.

이렇게 보았을 때 약산 오광운의 시세계는 숭고崇古 혹은 상고尙古 지향적이라고는 표현할 수 있겠지만, 복고復古로 보기는 어렵다. 약산 오광운이 보여주는 이러한 차이점은 이전 시기까지 근기 남인계열 시맥의 주요 문인들이 본받고자 했던 명대明代 전·후칠자前後七子에 대한 비판을 통해서 더욱 확연하게 확인할 수 있다.[195] 「문지文指」를 통해서 약산 오광운은 '그 시대의 본색은 가릴 수 없다其時代本色, 亦不可掩'고 하였는데, 이 말은 명대 후칠자의 한 사람인 이몽양李夢陽이 자신의 문학관을 강조하기 위해 사용한 말이다. 약산 오광운은 명대 전·후칠자의 말을 빌려 그들을 비판한 것이다. 약산 오광운의 이와 같은 표현은 시대

---

195) 吳光運, 「文指」, 『藥山漫稿』 卷11, 「雜著」, "大抵子瞻以後, 文章絶矣. 弇州勛賢爲古, 飣飰爲富, 以誤天下, 眞文章之罪人. 譬如夜郎王黃屋左纛僭竊可笑, 而其金銀珠貝, 不可謂不富, 宗之者非島酋則賈胡也. 荊川·邉巖·震川·文路稍近, 而或小家生活, 或村塾氣象, 何足數也. 鹿門力詆弇園, 矯然自處以門路之正, 而以吾觀之, 其務采色夸聲音, 不知古道則一也. 弇園矜持之鹿門, 而鹿門衍暢之弇園, 若論才力, 鹿門又在弇園之內也, 牧齋傳奇賤品耳. 雖或摸寫光景, 淋漓猖狂, 亦自有文章步驟, 而門逕卑汚, 邪魔雜進, 終不可薦醜於古雅君子. 天下操瓠者, 一殺於弇州, 再屠於虞山, 此亦天地人文之陽九也. 未知何代何人, 有無量之力而斡旋狂瀾也. 山谷問作文法於東坡, 東坡曰: '熟讀檀弓, 自能知之.' 東坡文行雲流水, 與檀弓簡嚴, 若不相似, 而云然者, 得其文從字順也. 眞魯男子之善學柳下也. 盖自周漢至唐宋, 其傑者皆有神氣承傳, 不在於句讀色相之內, 爲文者不可不知. 然周自周漢自漢, 唐自唐宋自宋, 其時代本色, 亦不可掩. 嘗聞諸海濱人, 見龍升者屢矣. 魚龍短以廣, 未盡脫於魚之形, 蛇龍長以狹, 未盡脫於蛇之形, 變化而至於龍極矣, 猶不能脫然於本色. 夫以今人之薰習聲氣, 欲一變而追古人之軌轍, 亦難矣. 然人之靈, 靈於龍遠矣. 且文章心聲也, 與形質異, 或者進於龍而變化無窮, 未可知也. 雖使止於龍而已, 其不爲魚蛇則全矣. 豈可與狐假粉黛者, 同日道哉. 魚蛇指虞山輩, 狐假指弇州輩."

정신과 작가 의식의 상관관계와 표출 양상을 의미하는 것으로 국포 강박의 질문진박質文眞朴이나 언외지취言外之趣에 관한 논의보다 한 층 더 진보한 것이라고 할 수 있다.

이렇게 볼 수 있는 것은 약산 오광운이 앞에서 살펴본 「시지」를 통해 시에서 주의해야 할 여섯 가지로 격格·조調·정情·성聲·색色·취趣를 들고 그 가운데 하나라도 빠지면 시가 아니라고 했다는 것[196]이나, 시에서 주의해야 할 여섯 가지로 이속俚俗·초급噍急·유괴幽怪·섬세纖細·다인사多引事·희영물喜咏物을 든 뒤[197] 의意와 정情, 미味와 취趣를 구분하고 있다는 점[198]에서 그렇다. 이렇게 본다면 국포 강박과 약산 오광운을 중심으로 근기 남인계열 시맥 정립기의 문인들은, 이전 시기까지 고도古道의 회복과 학고學古를 위한 방편으로 명대 전·후칠자를 중심으로 한 의고적 시문학 혹은 상고적 복고주의에 경도되었던 근기 남인계열 시맥의 시문학 경향에 전환을 시도하였다고도 생각해 볼 수 있을 것이다.[199]

이들 이 외에도 정립기 근기 남인계열 시맥의 중심에 서 있었던 인물

---

196) 吳光運,「詩指」,『藥山漫稿』卷11,「雜著」, "大抵詩有六物, 格也·調也·情也·聲也·色也·趣也, 六者闕其一。非詩也."
197) 吳光運,「詩指」,『藥山漫稿』卷1,1「雜著」, "詩有六戒, 俚俗也·噍急也·幽怪也·纖細也·多引事也·喜咏物也, 六者犯其一, 非詩也."
198) 吳光運,「詩指」,『藥山漫稿』卷11,「雜著」, "且世人多有認意爲情, 認味爲趣者非也. 情虛而意實, 情淸而意濁, 趣遠而味近, 趣高而味俗, 不可不辨也."
199) 약산 오광운에 관한 선행 연구로는 다음과 같은 업적들이 나와 있어 참고가 된다. 장병헌,「藥山 吳光運의 文學論에 관한 硏究 : 心靜 및 神을 中心으로」(成均館大學校 석사학위논문, 1987); 오효진,「藥山 吳光運의 詩世界 硏究」(성신여자대학교 석사학위논문, 2009); 임연지,「약산 오광운의 시세계 연구」(한성대학교 석사학위논문, 2012); 김종진,「藥山 吳光運論」,『조선후기 한시 작가론』1(이회, 1998); 金宗鎭,「吳光運의 시에 있어서 정취와 상상력에 대하여」,「한국어문학연구」36(2000); 김종진,「藥山 吳光運과 月谷 吳瑗의 비교 연구－시관과 시세계를 중심으로」,「한국어문학연구」38(2001); 김종진,「약산 오광운 시의 문예미학적 특징－경이로움과 정취를 중심으로」,「韓國漢文學硏究」34(2004); 김명환,「藥山 吳光運의 시창작론：〈詩指〉를 중심으로」,『泰東古典硏究』23(2007); 전혜영,「藥山 吳光運의 『海東樂府』 연구」,『韓國漢詩硏究』17(2009); 여운필,「吳光運의 詩認識에 관한 硏究」,「고시가연구」26(2010); 여운필,「吳光運의 『感遇』28首 硏究」,「韓國漢詩硏究」18(2010); 金榮淑,「吳光運『海東樂府』의 史話受容樣相과 詩的 形象」,「동아인문학」17(2010).

들은 다양하다. 그 중에서 현재 문집이 남아 전하고 있는 이들을 이름 순서대로 살펴보고자 했을 때 가장 먼저 살펴보아야 할 인물이 강좌 권만이다.

강좌 권만은 숙종 14년(1688) 태어나 영조 25년(1749) 운명한 정립기 근기 남인계열 시문단의 대표적 작가 중 한 사람이다. 밀암密菴 이재李栽와 눌은訥隱 이광정李光庭의 문인으로, 본관은 안동安東이며 자는 일보一甫, 호가 강좌江左이다. 권석충權碩忠(?~?)의 증손으로, 할아버지는 권유權濡(?~?)이고, 아버지는 권두굉權斗紘(1668~?)이며, 어머니는 조계윤趙啓胤(?~?)의 따님이다. 숙부 중 한 사람이 강좌 권만과 함께 당대 근기 남인계열 시문단의 중심에 서 있었던 창설재蒼雪齋 권두경權斗經이다.

강좌 권만은 경종 1년(1721) 사마시에 합격하였고, 영조 1년(1725) 증광 문과에 병과로 급제하였다. 영조 4년(1728) 정자正字로 재직하고 있었을 때 이인좌李麟佐의 난이 일어나자 의병장 유승현柳升鉉을 도와서 역도逆徒들을 진압하는 데 공을 세웠다. 이어 영조 22년(1746) 병조좌랑으로 문과 중시에 을과로 급제하였고, 병조정랑이 되었으며 사후에 이조참의에 추증되었다.

강좌 권만은 근기 남인계열의 명문 가문 중 하나인 안동 권씨가에서 태어나 재주와 기개가 뛰어났다고 알려져 있으며, 영조 11년(1735) 문한文翰으로 천거될[200] 만큼 문학적 능력을 인정받았지만 환로宦路가 여의치 않았던 듯한데, 그 때문인지는 모르겠지만 행적이나 저술에 대한 기록이 적어 잘 알려져 있지 않다.

---

200) 『朝鮮王朝實錄』, 英祖 11年 4月 4日(甲辰) 2번째 기사, "上問知敦寧金在魯以嶺南人才, 蓋在魯新經嶺伯也. 在魯以經學薦金聖鐸·成爾鴻, 文翰薦權萬."

강좌 권만의 문학적 역량과 성취에 대해서는 해좌 정범조가 쓴 문집의 서문을 통해 짐작할 수 있는데, 해좌 정범조는 강좌 권만의 문장에 대해 "순수하고 질박하여 표피적이지 않고 아려雅麗하지만 수식에 치우치지 않았다"고 하였으며, 시에 대해서는 "법도가 넓고 커 툭 트여 있으며, 사이사이에 염락濂洛의 오묘한 이치가 들어있다"201)고 했다. 강좌 권만의 시문학 경향에 대한 해좌 정범조의 이와 같이 상반된 평가로 보아 강좌 권만의 시문학 경향을 하나로 재단裁斷하기는 쉽지 않아 보인다. 특히 서문에서 해좌 정범조가 문집 속에 수록된 글들의 대부분이 영조 13년(1737) 강좌 권만이 낙강으로 돌아온 이후의 저작[是集一部, 半是洛江上歸老後作也]이라고 하였다는 점에서 문집 속에 수록된 시만으로 그의 시문학 경향을 단정하는 것도 문제가 없지 않아 보인다. 시를 보도록 한다.

羅王鍾虡國南門	신라 왕대 종 틀이 나라 남쪽 문에 있었는데
閱盡滄桑帶燒痕	세상의 온갖 변화 다 겪고서 타버린 흔적만 남았으니
千古廢興無限恨	천년 세월 흥망성쇠 끝없는 한이 되어
數聲哀怨訴黃昏	서러운 원망 담은 몇 소리만 황혼 속에서 하소연하네.202)

石浦聞名久	석포 그 이름 들은 지 오래였는데
如今得所歸	지금에야 겨우 한 번 찾아와 보네.
山支分穢國	산세는 예맥국에서 나누어지고

---

201) 丁範祖, 「江左先生文集序」, 『江左先生文集』, "故其文醇質而不流乎膚率, 鴻麗而不失之雕繪, 內咀經旨之粹而旁採秋苑之雋, 華實豪備, 斐然成一家言也. 詩亦典贍軒爽, 有法度而間爲濂洛要妙之致, 蓋詩文均之爲當世鉅匠也."
202) 權萬, 「西城聞鳳德鍾」, 『江左先生文集』 卷1.

江水出黃池	강물은 황지에서 흘러나왔네.
窈窕開雲壑	고요하게 구름 덮인 골짜기 열리니
淸幽遠俗機	맑고 그윽해 속세의 기미 멀어져가네.
不憂生事乏	살아가는 고달픔 걱정 말게나.
此地産靈芝	이곳에는 영지가 자라난다네.[203]

春寒惻惻暖猶遙	봄 추위 쌀쌀하여 따뜻한 날 아직 멀었으니
月令三光每不調	월령의 세 빛은 매양 어긋나누나.
琴裏故人時與語	거문고 속 옛 사람들 때에 맞춰 말하지만
鏡中公道豈相饒	거울 속의 공평한 도리 어찌 서로 봐주겠나.
文章或被窮愁進	문장은 혹시라도 시름 때문에 진보하겠지만
疾病偏侵老骨驕	질병 닥쳐들어 늙은 뼈마디 말 안 듣네.
聖代卽今無棄物	지금 이 성스러운 시대 버릴 것 하나 없는데도
自譽非出衛伶嘲	나가지 않는 것 명예 삼아 남의 조소 막아보네.[204]

春江月出曉江寒	봄 강 위로 달 떠오니 새벽 강 차가운데
冠岳淸溪隔霧看	관악산 맑은 시내 안개 너머로 어릿하네.
江左老翁沖澹意	강 저쪽 늙은이의 담박한 그 뜻은
畵廚神筆寫應難	고개지의 신필로도 그려내기 어렵겠지.[205]

정립기 근기 남인계열 시맥에서 강좌 권만과 함께 살펴볼 만한 사람

---

203) 權萬, 「石浦」, 『江左先生文集』 卷2.
204) 權萬, 「酬李士休 聖運」, 『江左先生文集』 卷3.
205) 權萬, 「西江春曉 3首」 其1, 『江左先生文集』 卷4.

으로는 창설재 권두경을 들 수 있다. 창설재 권두경은 강좌 권만의 숙부로 갈암葛庵 이현일李玄逸의 문인이다. 밀암密菴 이재李栽(1657~1730)・하당荷塘 권두인權斗寅(1643~1719)・제산霽山 김성탁金聖鐸(1684~1747)・은봉隱峯 이봉징李鳳徵(1640~1705) 등과 교유했던 당대 근기 남인계열의 대표적인 문인이었다.[206]

창설재 권두경의 문학 경향에 대해서는 밀암 이재의 문집 서문과 행장에 자세히 언급되어 있다. 정리해보면 창설재 권두경은 시문에 모두 뛰어났으나 특히 시에 능하였고, 그 중에서도 오언고체시五言古體詩는 한・위漢魏, 율시와 절구・가행은 개원・대력開元大曆 연간의 풍모를 지녀 소동파蘇東坡(1036~1101)와 황정견黃庭堅(1045~1105)에 비견될 정도라는 것[207]과 명대 전・후 칠자의 대표적인 인물인 엄주산인弇州山人 왕세정王世貞(1526~1590)과 창명滄溟 이반룡李攀龍(1514~1570)의 시문에 대해서도 막힘없이 응대할 수 있다는 것[208]으로 정리가 가능하다.

---

206) 창설재 권두경에 관한 선행 연구로는 전병철, 「창설재 권두경의 생애와 저술에 관한 연구」(안동대학교 석사학위논문, 1996); 崔敬桓, 「權斗經의「月樓四絶」4수 連作詩의 構成原理」, 「牛岩斯黎」9(1999); 백승호, 「蒼雪齋 權斗經의 삶과 시세계」, 「한국한시작가연구」13(2009)가 있어 참고가 된다.

207) 李栽, 「蒼雪齋先生文集序」, 「蒼雪齋集」, "夫惟文者, 人聲之精者也. 上之轇轕三光, 黼敵皇猷, 下之撰述紀載, 立言著論, 無不待是以成, 而不先明理則有反道經之失, 未能博聞則有寡陋歉啓之譏, 不精練繩削則譬猶輪輗, 不飾而行之不 遠, 文之不可以苟也如是夫. 近歲學士大夫, 以文辭鳴世者, 其能存體要合典則而無三者之累, 余於蒼雪齋權公見之矣. 公挺文獻之世, 裹超帙之資, 彊記洽聞, 踔厲俊發, 濟以師友切磋之益, 文學辭章, 卓然早成, 甫踰冠已有老成名, 尋入太學出世路, 其所以閱歷事變, 窮盡物情, 以盪其意智, 以屹其才具, 以審夫輕重疾徐緩急之宜者, 又非關門獨坐暖姝自說者之比, 是以其識足以該物理, 其博足以窮古今, 其鍊琢翻洗, 又足以著精采潄芳潤, 絶辛葷査滓之雜, 以言其章奏則剴切的當, 深得告君之體, 以言其書疏則典雅條暢, 允合論事之規, 以至雜著散文幽銘顯刻之作, 無不各得其體, 爛然可觀, 吁何其盛哉. 酒公之才, 尤長於詩, 五言古體, 宛然有漢魏餘響, 一代宗匠巨工, 固已憖然心服. 律絶歌行, 駸駸開元大曆間, 晲蘇・黃事障不數也, 苟非抽關啓鍵, 得三昧不傳之秘而能然乎. 然此特論公之文如此云爾. 公獨文士乎哉."

208) 李栽, 「通訓大夫行弘文館副修撰, 知製敎兼經筵檢討官, 春秋館記事官蒼雪齋權公行狀」, 「密菴先生文集」卷19, "公脩眉長髯, 儀觀秀偉, 宇量淵沉, 記性絶人, 於書一再過眼者輒終身不忘, 中國山川形勢, 道里遠近, 人物出處, 世代名號, 與夫東方君臣賢否, 政事得失, 儒學醇疵, 了然若身苙目擊. 古今詩文如弇滄諸子, 語險句艱, 文人學士, 讀不能以句, 詩人墨客, 韻强不能射者, 應口無礙, 一哦輒闋, 米鹽雜細, 如農圃工匠, 飮食和劑之末, 初未必留意, 而隨事暗練, 綜理徼密. 如筆法畫妙, 本非所長, 而題品評騭, 殆非專攻者所及. 校書尤精敏, 自家藏數百千卷, 以至遠近所借書籍, 皆經其手校, 如字書音義叶韻之類, 亦皆一一理會, 不以毫釐差, 於此亦可見其才識博達, 非俗下疎滯比也."

밀암 이재의 이와 같은 평은 창설재 권두경이 전·후 칠자로 대표되는 명대의 상고적 복고주의 시문학 경향에 경도되어 있었음을 의미한다. 특히 한·위로 대표되는 고시와 개원·대력 연간으로 병칭되는 성당盛唐의 근체시를 추구했다는 점이나 명대 전·후 칠자에 경도된 모습을 보여준다는 점에서 창설재 권두경의 시문학 경향은 고도古道의 회복을 위한 상고적 복고주의로 정리할 수 있다. 따라서 창설재 권두경의 시세계는 정립기 근기 남인계열 시맥의 시인들보다 오히려 형성기 근기 남인계열 시맥의 시인들과 더 유사한 모습을 보여준다. 시를 보도록 한다.

結廬寄林表	오두막 엮어서 숲 옆에 살고 있으니
開軒眺原野	문 열면 너른 들판 훤히 다 보이네.
山阿鬱窈窕	산과 언덕 그윽하게 우거져 있고
松竹繞茅舍	솔과 대 띠 집을 휘감고 있으니
翳翳林景陰	어둑어둑 숲 모습 그늘이 지고
依依入初夏	아련하게 초여름 되어버렸네.
熙陽漸舒長	더위 기운 서서히 퍼져 오르니
逍遙嘉樹下	좋은 나무 아래를 유유히 걷네.
初憐節物新	처음에는 철 맞은 새것 마냥 좋다가
亦聽時禽語	때로 우는 새 소리도 들어본다네.
桃杏蔭中園	복숭아 살구는 뜰 가운데 그늘 지우고
光風時復度	풍경은 때로 다시 지나가나니
悠然適素性	유유자적 본성에 맞추어가니
沖襟與誰晤	마음 속 품은 생각 뉘와 나누어 볼까.[209]

雨晴鸞掖靜沈沈　　비 개인 門下省 고요하고 적막한데
七月飛螢滿禁林　　7월 나는 반딧불이만 궐 안에 가득하네.
牛女銀河秋影淡　　견우직녀 건널 은하수 가을 모습 담백한데
雞人玉漏曙光侵　　새벽지기 물시계 보니 새벽빛이 다가드네.
鳳凰雙闕靑雲裏　　상서로운 구름 속에 봉황 내린 궁궐 있고
龍虎千軍紫闥陰　　대궐 그늘 속에는 龍虎 같은 수많은 군사
明發傳呼魚鑰出　　날 밝았다는 소리 전하니 대궐문 열리고
九門燈燭映貂金　　아홉 문의 등불은 대신들을 비추네.[210]

樓倚層城縹緲天　　층층 성에 기댄 누각 하늘 높이 아득하고
高秋萬象集樽前　　늦가을 만물들은 술통 앞에 모여 있네.
河流迥出山圍外　　강물은 산을 둘러 돌아 저 멀리 흐르고
海氣長浮地盡邊　　바다 기운은 땅 다한 저 끝까지 떠있네.
遠岫舒眉晴吐月　　먼 봉우리 눈썹 펴지듯 맑은 달을 토해내고
平林極目暝含煙　　너른 숲은 눈 가득 어둑한 안개 머금고 있네.
東南賓主携遊地　　동쪽 남쪽 주인과 손님 함께 노는 곳이니
半醉豪吟動四筵　　반쯤 취한 호탕한 노래 온 자리에 울리네.[211]

微醺卯酒過淸溪　　아침술에 설핏 취해 맑은 개울 건너는데
水石山花散馬蹄　　물속의 돌 산에 핀 꽃 말발굽에 흩어지네.
洞口春深經穀雨　　골짜기 어귀 봄 깊어 곡우 벌써 지났으니

---

209) 權斗經,「齋居謾興 癸丑」,『蒼雪齋先生文集』卷1,「小山叢稿」.
210) 權斗經,「直院秋曉 演雅體」,『蒼雪齋先生文集』卷2,「筮仕錄」.
211) 權斗經,「嶺南樓次板上韻」,『蒼雪齋先生文集』卷3,「鷲城錄」.

東風覆雉麥初齊　　봄바람에 꿩은 숨고 보리 이제 다 자랐네.[212]

　지금까지 살펴본 문인들 이외에도 정립기 근기 남인계열 시맥을 이해하기 위해 살펴보아야 할 문인들은 상당히 많다. 그 중 대표적인 인물들만을 거론하더라도 하계 권유·학고 김이만·화은 민창도·퇴당 유명천·정재 유명현·하정 이덕주·식산 이만부·송애 이수대·유재 이현석·호재 임정·학남 정우량·농와 허채 등을 들 수 있다. 그러나 이들에 대해서는 아직까지 본격적인 연구가 이루어지지 않고 있는데, 이와 같은 현상은 우선적으로 문집의 존재 여부 확인에 관한 문제와 함께 존재하는 문집의 불완전한 상태에 기인한 것이라 생각된다.

　앞서 언급한 이들은 정립기 근기 남인계열 시맥의 중심에 위치하면서 당대 우리나라의 시문단을 선도하는 역할을 하였지만, 이들의 문집은 물론이고 간접적인 자료조차 자세하게 남아있지 않다. 물론 이들 중 학고 김이만이나 퇴당 유명천·하정 이덕주·송애 이수대·호재 임정 등은 문집이 남아 있지만, 그 문집의 완전성 여부에는 여전히 의문의 여지가 적지 않다.

　이와 같은 문제점을 고려하여 이 글에서는 앞서 언급한 정립기 근기 남인계열 시맥의 대표적인 문인들에 대해 더 이상 논의하지 않고, 이들이 창작한 시를 간단하게 살펴보는 것으로 정립기 근기 남인계열 시맥의 성격과 창작 경향에 대한 논의를 마치도록 하겠다.

　가장 먼저 살펴볼 문인은 하계 권유이다. 아직까지 하계 권유에 대한

---

212) 權斗經,「愚谷歸路, 倚醉有吟」,『蒼雪齋先生文集』卷4,「歸田錄」.

본격적인 연구가 전혀 이루어지지 않고 있는데, 그 이유를 하나로 규정하기는 쉽지 않아 보인다. 『조선왕조실록』 속 하계 권유의 졸기를 살펴보면 당대 근기 남인계열 안에서 하계 권유가 받았던 문학적 인정[213]에 대해 집권 노론계열에서는 상당한 비판을 가했다[214]고 생각되는데, 특히 갑술환국甲戌換局 이후 정치적으로 고폐固閉되어 문집조차 남기지 못했다는 것이 그에 대한 관심과 연구를 어렵게 만든 중요한 원인이었을 것이라고 유추된다. 시를 보도록 한다.

甘膏滴滴自知時	임금의 덕 방울방울 절로 때를 알아서
東海春天散若絲	동해 바다 봄 하늘 위 실 같이 흩뿌리네.
晴後綠添前野色	개인 뒤 앞 들판은 짙푸른 빛 더할 꺼고
灑來紅濕上林枝	흩뿌린 뒤 저 위 숲은 가지에 붉은 빛 물들겠지.
玄功已洽三農望	현묘한 공덕 이미 온갖 농사의 희망을 적셨으니
喜氣爭瞻入彩眉	즐거운 기운 다투어 눈가에 들어감을 보네.
聖德恊天天必感	성스러운 덕 하늘과 합하면 하늘 반드시 감동하리니
且將新語答雲師	또 앞으로는 운사에게 새로운 말로 답하겠지.[215]

百弩埋身日	온갖 쇠노 속에다 그 한 몸 묻던 날
孤忠抱恨時	외로운 충성 한을 품던 그 시간

---

213) 다산 정약용의 다음 시를 보면 당대 근기 남인계열 문단 안에서 하계 권유가 받았던 인정을 쉽게 알 수 있다. 『與猶堂全書』卷2, 「贈權友蘷」, "霞溪文藻玉堂仙, 薰歇聲沈且百年. 龍尾眞成中國墨, 鳳毛今失舊家氈. 山間尙有揚雄宅, 郭外仍無季子田. 湖海相逢多感慨, 一燈茅店對潸然."
214) 『朝鮮王朝實錄』, 肅宗 30年 9月 20日(丁巳) 3번째 기사, "前判書權愈卒. 愈, 近之後也. 自許爲古文辭, 而全昧規度, 喜用生拗語以爲high, 而蕪陋難掩, 一無可觀, 其黨推許之, 至典文衡. 以己巳凶徒, 被罪竄謫, 未幾放還而卒, 年七十二."
215) 權愈, 「應製喜雨」, 『大東詩選』.

悃誠臨命見	정성스러운 마음은 죽을 때를 보았고
才畧議兵知	재주와 지략은 의병들이 알았네.
江畔埋冤久	강 두둑에 원통함을 묻은 지 오래이니
湖中卜吉移	호수 속으로 무덤이 옮겨가네.
不訾那可償	어찌 갚을까 생각도 못했으니
長遺後人悲	뒷사람에게 서러움 길이 남겨 준다네.[216]

학고 김이만은 『학고만록鶴皐漫錄』이라는 문집을 남겨 놓았지만, 아직까지 그 문집의 정본을 확정하지 못하고 있다. 여러 종류의 필사본이 『학고만록』·『학고유고鶴皐遺稿』·『학고선생문집鶴皐先生文集』 등 비슷한 이름으로 폭넓게 유포되어 있어 무엇보다 정본 확정이 우선되어야 할 듯하다. 전하는 문집도 서발序跋을 모두 다 갖춘 대본이 거의 없어 학고 김이만이나 그의 문집이 지니는 전체적인 모습을 확정하기가 쉽지 않다.[217] 시를 보도록 한다.

南村復北村	남쪽 마을에서 다시 북쪽 마을로
雪澗一條路	눈 덮인 시내 위로 다리 하나 있었는데
橋斷不須愁	다리 끊어졌다 근심할 필요없네
臥柳亦堪渡	쓰러진 버들로도 건너갈 수 있으니[218]

---

216) 權愈, 「輓柳武懋」, 『大東詩選』, 『野堂遺稿』 卷4의 附錄에 있는 權愈의 挽章에 이 시와 같은 시가 나오지만, 글자에는 조금의 출입이 있다. "百琴環身日, 孤忠抱恨時. 悃誠臨命見, 才略議兵知. 江畔埋冤久, 湖中卜吉移. 不訾那可償, 長道後人悲."
217) 현재 학고 김이만에 대한 선행 연구로는 다음 두 편의 논문이 있지만, 아직까지 본격적인 연구가 이루어졌다고 보기는 어렵다. 신표섭, 「鶴皐 金履萬 詩의 硏究」(成均館大學校 석사학위논문, 1993); 여운필, 「金履萬의 「屠聖翁傳」 硏究」, 『石堂論叢』 50(2011).
218) 金履萬, 「雪澗橋斷」, 『大東詩選』.

雙燕銜蟲自忍飢	제비 한 쌍 벌레 물고 제 주림은 참으면서
往來辛苦哺其兒	고통스레 오가면서 새끼들을 먹이네.
看成羽翼高飛去	날개 다 자라서는 높이 날아 떠나가는 것 보면
未必能知父母慈	반드시 부모의 慈愛를 아는 건 아니겠네.[219]

龍蛇往事詎敢陳	임진왜란 지난 일들 어찌 감히 늘어놓을까
背水淮陰誤後人	회음후 배수진을 뒷사람이 잘못 배웠으니.
敵愾縱慚能衛國	적개심 다 풀었다면 나라를 지켰을 테고
捐生猶勝苟全身	목숨 버려서 승리 했다면 몸 오히려 온전했을 테니.
煙波咽咽流今古	안개 낀 물결은 오열하며 옛 부터 지금까지 흐르고
風雨時時泣鬼神	비바람은 때때로 귀신의 눈물을 흩뿌리네.
惆悵琴仙不復返	서럽구나 거문고 타던 신선은 가서 돌아오지 않으니
應嫌此地帶腥塵	당연히 이 땅이 피비린내 나는 먼지 띠는 것 싫어서겠지.[220]

다음으로 거론된 화은 민창도는 정언·부교리·대사성 등의 직책을 역임한 인물로, 본관은 여흥驪興 자는 사회士會 호가 화은化隱이다. 민영閔韺(1545~?)의 증손으로, 할아버지는 대사헌 명고鳴皐 민응협閔應協(1597~1663)이고, 아버지는 좌의정 설루雪樓 민희閔熙이며, 어머니는 정세구鄭世矩(1585~1635)의 따님이다.

숙종 6년(1680) 정언으로 관직 생활을 시작한 이후 관각문의 창작에서 두각을 나타내었고, 사가독서賜暇讀書를 하던 중[221] 호당시湖堂試에 수석

---

219) 金履萬, 「雙燕」, 『大東詩選』.
220) 金履萬, 「彈琴臺」, 『大東詩選』.
221) 『朝鮮王朝實錄』, 肅宗 15年 12月 19日(辛巳) 1번째 기사, "辛巳. 選讀書堂七人, 柳世鳴·閔昌道·李玄

으로 합격하여[222] 문명을 떨쳤다.[223] 그러나 경종 2년(1722) 신임사화 때 장수長水에 유배된 이후 재기하지 못하고 영조 1년(1725) 운명하였다. 화은 민창도는 문집을 남겨 놓지 못했을 뿐만 아니라 이 당대의 문인들에 관한 대표적인 시선집인 『대동시선大東詩選』 속에도 단 한 편의 시를 수록하지 못하여 현재 그의 문학 경향에 대해 확인할 수 있는 방법이 없다.

다음으로 살펴볼 문인은 퇴당 유명천이다. 퇴당 유명천은 자신의 문집인 『퇴당선생문집退堂先生文集』을 남겼지만, 서문과 발문뿐만 아니라 행장조차 없어 문집의 간행 경위와 그에 관한 자세한 사실 파악이 불가능한 실정이다. 이와 함께 퇴당 유명천의 문학 경향을 확인할 수 있는 직접적인 어떤 글도 전하지 않아 그의 문학 경향 파악은 문집 속에 수록되어 있는 작품을 통해 추적해 볼 수밖에 없는 상황이다.[224]

퇴당 유명천의 경우 현종 13년(1672) 관직 생활을 시작하여 대사간·대사성을 지냈고, 이조참판으로 재직 중에 경신대출척庚申大黜陟으로 유배되었다가 전리田里로 방귀放歸되었으며, 기사환국己巳換局 이후 다시 중

酢·金文夏·蔡彭胤·洪墅·權重經與焉. 大提學例主選, 而閔黯方典文衡, 昌道其從子也, 嫌不當選, 柳命天白上以爲: '昌道文才拔萃, 不必拘嫌, 宜問大臣而處之.' 金德遠曰: '自上特命揀選, 恐無不可.' 上遂從之."

222) 『朝鮮王朝實錄』, 肅宗 16年 3月 28日(己未) 2번째 기사, "命試湖堂被抄人製述, 使大提學閔黯科次. 居首校理閔昌道賜豹皮. 其餘, 賜虎皮紙筆有差."

223) 『朝鮮王朝實錄』, 肅宗 19年 3月 16日(庚申) 2번째 기사, "命招湖堂被薦人閔昌道·洪墅等賦詩, 上出御題披衣憶皇恩七言十韻律詩, 下敎曰: '宣祖朝, 大明神宗皇帝所賜蟒龍衣一領, 屢經兵燹, 至今猶存. 每當披見, 追憶皇恩, 一倍傷神, 未嘗一日忘也. 玆以此題揭示. 嗟, 爾學士, 其各言志, 五言律二首惜花, 仍命大提學權愈, 亦爲製進. 各賜虎豹皮有差.'"
『朝鮮王朝實錄』, 肅宗 19年 10月 1日(辛未) 3번째 기사, "命招曾抄湖堂人權重經·閔昌道等, 出御題試箋一首, 卽齊朝群臣賀卽墨大夫烹阿大夫事也. 仍命大提學科次, 各賜虎豹皮."

224) 퇴당 유명천에 대한 선행 연구 업적으로는 다음 글들이 있어 참고가 된다. 金甲起, 「退堂 柳命天攷」, 『교육과학연구』 12(1998); 金甲起, 「退堂 柳命天論」, 『조선후기 한시 작가론』 1(이회, 1998); 金甲起, 「和詩의 文藝美學 : 白雲·退堂의 「三魔詩」를 中心으로」, 『東國語文論集』 8(1999); 이민홍, 「퇴당 柳命天 流配文學의 연구 : 「鳥川錄」을 중심으로」, 『한문교육연구』 25(2005).

용되었으나 갑술환국甲戌換局으로 파직불서용罷職不敍用의 명을 받았다. 퇴당 유명천은 환해宦海의 부침 속에서 평생을 보낸 인물로, 적지 않은 문명을 지녔으나[225] 정치적으로 상당히 큰 비판을 받은 인물이었다. 『조선왕조실록』을 살펴보면 야대夜對에서 오독誤讀이 많았다[226]거나 퇴계 이황과 율곡 이이의 이기설理氣說을 거꾸로 말했다[227]는 이야기까지 수록되어 있다. 이와 같은 『조선왕조실록』의 기록을 액면 그대로 믿어주기는 쉽지 않지만, 퇴당 유명천이 당대 겪었을 정치적 곤란은 쉽게 짐작할 수 있다. 그래서인지 그의 졸기 역시 비판 일색으로 기록되어 있다.[228] 간단하게 시를 보도록 한다.

青春綵服過東瀛	젊어서 비단 옷 입고 동영을 지날 때에
鏡水樓臺一夢淸	경포대 높은 누각 한 꿈이 맑았었는데
塵土歸來憐我老	속세로 돌아오니 나 늙은 것 서러워져
湖山領畧羨君行	호수와 산 안내하는 그대 행차 부러워라.
千年鉄國琴樽勝	천년을 이어온 鐵國이라 거문고 술 잘 할 거고
八月金剛杖屨輕	팔월 금강산 행은 지팡이 신발도 가볍지.

---

[225] 『朝鮮王朝實錄』, 肅宗 1年 閏5月 11日(戊戌) 3번째 기사, "都堂選弘文錄, 取李沃·吳挺昌·睦昌明·柳命賢·柳命天等五人."

[226] 『朝鮮王朝實錄』, 肅宗 1年 9月 20日(乙巳) 1번째 기사, "尹鑴及承旨李沃, 玉堂官柳命天·睦昌明入侍. 命天講綱目, 多誤讀駁已: '燭遠誤讀.' 侍宦取燭近之, 而誤讀如前, 昌明讀商賈之賈音價, 沃讀曰音寧, 皆文短故也. 鑴曰: '人才乏少, 向日以論議得罪人, 不可永棄, 如李尙眞者可敍用.' 上從之."

[227] 『朝鮮王朝實錄』, 肅宗 3年 5月 14日(己丑) 1번째 기사, "參贊官柳命天論先正臣李滉·李珥理氣之說曰: '滉則謂氣發而理隨, 與孟子之言相符, 珥則謂理氣互發, 此近於告子之說矣.' 蓋李滉曾主理發氣隨, 氣發理乘之說, 李珥嘗以爲, 發之者氣也, 所以發者理也, 理氣安有互發者乎. 與成渾論辨, 殆數千言, 今命天只急於攻珥, 而反以滉言爲珥言, 乃謂之近於告子, 而自不覺其爲侮辱李滉之歸, 其鹵莽顚錯之狀, 誠可笑也."

[228] 『朝鮮王朝實錄』, 肅宗 31年 8月 30日(辛酉) 5번째 기사, "放歸田里罪人柳命天死. 年七十三. 命天爲人, 陰鷙凶險, 城府深密最, 爲其黨類所推. 己巳後, 久長銓衡, 布置鷹犬, 戕人病國之論, 皆其指授. 與弟命賢及睦來善·閔黯·宗道, 聲勢相倚, 世號睦·閔·柳. 更化之初, 以特敎遠竄後放還, 辛巳緊出賊招, 安置絶島後, 又被赦放歸, 至是死. 數月之內, 鳳徵與命天, 相繼而斃, 其黨皆喪心."

自是洪崖今謫下　홍애가 이 세상에 내려온 것이려니
拍肩知有四仙迎　어깨 어루만지면서 네 신선 맞을 줄 알게나.[229]

獰飇撼地晝光昏　모진 바람 땅 뒤흔들어 한낮에도 침침하니
是日將軍便斷魂　이날 장군께서는 곧 목숨 끊으셨지.
武穆精忱丹未泯　악비처럼 정성 다 바쳐도 丹忠 흩어지지 않고
萇弘哀血碧成痕　장홍처럼 슬픈 피 흘려 푸른 핏자국 만드네.
風儀尙憶三朝舊　그 위풍은 세 임금을 거쳐도 오히려 떠오르니
天道重伸十載冤　하늘의 도는 십년의 원한 거듭하여 풀어주네.
御製數行眞惻怛　임금 쓰신 몇 줄의 글 참으로 서글프니
泉臺想亦拜新恩　구천 지하 생각하고 또 새 은혜에 절을 하네.[230]

簷承松葉戶編蓬　솔잎으로 처마 잇고 쑥대로 문 만드니
草屋新成口字同　초가집 다뎄는데 입 구자와 똑같네.
瘦地桑麻三頃足　거친 땅 뽕과 삼은 세 이랑이면 충분하니
先山香火四時通　선영의 향불을 언제나 피울 수 있네.
老臣初服今修得　노신의 벼슬 버림 이제 겨우 얻었으니
冢宰頭銜盡洗空　재상의 직함을 다 씻어 버리네.
恩退也從恩逸義　은혜롭게 물러남은 恩逸의 뜻 따르는 것
百年瞻仰慕齋翁　백년을 우러러 공경히 그리워하는 늙은이라네.[231]

---

229) 柳命天,「別江陵洪使君萬朝」,『退堂先生詩集』卷2,「蓮城錄 癸亥自陰城謫所, 蒙宥還蓮城舊墅留駐」.
230) 柳命天,「柳大將赫然遷葬挽」,『退堂先生詩集』卷3,「還朝錄 己巳二月起廢, 以禮判承召還朝」.
231) 柳命天,「恩退堂咏懷」,『退堂先生詩集』卷4,「退堂錄 己卯春蒙宥, 歸住槐山先壠下, 搆三椽屋, 扁以恩退堂」.

다음으로 살펴볼 정재 유명현에 대해서는 알려진 것이 거의 없다. 퇴당 유명천의 동생으로 퇴당 유명천과 같이 갑술환국으로 흑산도에 위리안치되었다가 풀려났지만, 얼마 뒤 희빈장씨禧嬪張氏의 오빠인 장희재張希載와 공모하여 인현왕후仁顯王后를 해치려 하였다는 죄로 탄핵받아 다시 남해도에 안치되어 그곳에서 운명하였다는 것이 정재 유명현에 대해 알려진 거의 전부이다. 문집을 남기지도 못했고, 『조선왕조실록』에도 그에 대한 자세한 내막이 밝혀져 있지 않아 정재 유명현에 대해 확인할 수 있는 방법은 남아 전하는 얼마 되지 않는 시 몇 수를 이용하는 수밖에 없다. 시를 보도록 한다.

東山尊俎廟堂籌	동산에는 제기 두고 조정에선 계책내고
着處公私見待優	공으로 사로 가는 곳마다 대우를 받았었지.
恩譴一時鄰鱷海	한 때 은혜로운 견책 악어 바다 이웃 했고
音容千里間鴻郵	천리 먼 음성과 모습 기러기 날 듯 떨어졌지.
桓葬去後箏誰撫	환이가 떠나 간 후에 쟁은 누가 탈 것이며
袁相亾來杵不謳	원상 도망친 뒤로는 절구 공이 노래 않네.
銘佩百年知已感	한 평생 명심할 일 이미 느껴 아나니
那將雙淚灑西州	어찌하나 서쪽 고을 바라보며 두 줄기 눈물 뿌릴 것을[232]

다음으로 살펴볼 문인은 식산 이만부이다. 식산 이만부의 경우 문집과 관련 기록이 완전하게 남아 있어 그의 문학 경향에 대해 충분한 확인이 가능하다. 어려서부터 식산 이만부는 도학道學에 뜻을 두었고,

---

232) 柳命賢, 「權領相挽」, 『大東詩選』.

젊은 시절 박학博學 위주의 공부를 하여 사서四書를 비롯한 제자백가諸子百家와 문학·역사에 관한 다양한 서적을 접하였다. 이와 같은 식산 이만부의 문학관은 도학파 계열 문인들의 일반적인 문학관과 동일한 것이었고, 이러한 문학관은 그가 도학에 침잠하면서 점차 강화되었다.

그렇지만 식산 이만부의 문학적 수준은 결코 쉽게 볼 수 있는 것이 아니다. 앞 장에서 이미 밝혀두었지만, 식산 이만부를 사한사詞翰士로 평가하거나 유종원·한유와 비교한 경우도 있으며 명대의 왕세정과 비교하기도 하였다. 이와 같은 점으로 보아 식산 이만부 역시 상고적 복고주의에 주목하여 의고적 시문을 창작하고자 한 인물이라고 볼 수 있다.[233] 간단하게 시를 살펴보도록 한다.

短髮尺餘兒	짧은 머리털에 한 자 쯤 되는 아이가
大牛能自領	큰 소를 잘도 부리네.
晚郊笛一聲	해 저무는 들녘에서 피리 불면서

---

[233] 식산 이만부에 관한 선행 연구 업적은 상당하다. 필자가 전체를 확인했다고 보장하기 어려울 만큼 많은 양의 연구 결과가 있는데 정리하면 다음과 같다. 박찬선,「息山 李万敷의 生涯와 思想 硏究 : 理氣論을 中心으로」(嶺南大學校 석사학위논문, 1983); 김남형,「朝鮮後期 近畿實學派의 藝術論 硏究 : 李萬敷, 李瀷, 丁若鏞을 中心으로」(고려대학교 박사학위논문, 1988); 권태을,「息山 李萬敷의 文學硏究」(曉星女子大學校 박사학위논문, 1989); 정영호,「息山 李萬敷의「地行錄」硏究 : 金剛山紀를 中心으로」(成均館大學校 석사학위논문, 1994); 김주부,「息山 李萬敷의 山水紀行文學 硏究 :「地行錄」과「陋巷錄」을 중심으로」(성균관대학교 박사학위논문, 2010); 이랑,「18세기 영남문인 李萬敷와 李宗岳의 世居圖 연구」(高麗大學校 석사학위논문, 2012); 김남형,「「地行錄」에 나타난 息山 李萬敷의 作家意識」,『韓國漢文學硏究』21(1998); 이선옥,「息山 李萬敷(1664~1732)와「陋巷圖」書畵帖 硏究」,『美術史學硏究』227(2000); 박영달·신영철,「식산 李萬敷의 息山精舍 정원 특성」,『한국전통조경학지』19(2001); 신두환,「息山 李萬敷의 教育思想 硏究」,『한문교육연구』29, 2007. / 신두환,「息山 李萬敷의"銘"과 그 일상의 미학」,『漢文學論集』25(2007); 김주부,「息山 李萬敷의 學問形成과 交遊樣相 一考察 – 嶺南 南人係 學人을 中心으로」,『漢文學報』19(2008); 신두환,「息山 李萬敷의 性理學과 文藝美學」,『東方漢文學』35(2008); 신두환,「식산 이만부의"金剛山記"에 나타난 문예미학」,『漢文古典硏究』17(2008); 이경수,「息山 李萬敷의 청년기 시에 있어서의 隱遁 指向」,『한국한시작가연구』13(2009); 정은진,「18세기 書畵題跋 연구(2)-숙종, 경종시대: 息山 李萬敷와 東谿 趙龜命을 중심으로」,『韓國漢文學硏究』44(2009); 金周富,「李萬敷의"南風"에 나타난 嶺南士人의 歷史認識」,『동양한문학연구』32(2011); 차미애,「近畿南人 書畵家 그룹의 系譜와 藝術 活動 近畿南人 書畵家 그룹의 系譜와 藝術 活動 : 17C 말·18C 초 尹斗緖, 李潊, 李萬敷를 중심으로」,『人文硏究』61(2011); 신두환,「상주지역 退溪學派의 학문과 사상 ; 息山 李萬敷의"書畵論"연구」,『퇴계학과 유교문화』50(2012).

渡水入山影	물 건너 산 속으로 들어간다네.[234]

欲見太古色	태고의 색을 보고 싶다면
好月天中回	하늘 속을 돌고 있는 고운 달빛을 보아라.
欲聞太古聲	태고의 소리를 듣고 싶다면
淸風竹下來	대 아래로 불어오는 맑은 바람 소리 들어라.
欲知太古理	태고의 이치를 알고 싶다면
惻隱滿腔仁	가슴 속 가득한 어진 마음 측은지심이라.
見此色	이 색을 보고
聞此聲	이 소리를 듣고
有此心	이 마음을 가진다면
便是太古人	그대가 바로 태고 때 사람이네.[235]

飮酒亦有道	술 마시는 것에도 도가 있으니
道不可須臾離	도는 잠시라도 떠날 수 없는 것.
屈原醒阮籍醉	굴원은 늘 깨어 있었고 완적은 늘 취해 있었으니
一不及一過之	하나는 미치지 못한 것이고 또 하나는 넘친 것이어서
不如安樂窩中老	움집 속의 늙은이 안락한 것보다 못하니
太和湯三盃自吟詩	태화탕 세 잔 들고 스스로 시를 읊네.[236]

다음으로 살펴볼 문인은 송애 이수대이다. 송애 이수대는 상당한 문

---

234) 李萬敷,「魯東書堂八景 戊子, 其5 柳浦牧笛」,『息山先生文集』卷1.
235) 李萬敷,「精舍雜詠續 其10, 太古吟」,『息山先生別集』卷1,「陋巷錄」.
236) 李萬敷,「書酒壺」,『息山先生文集』卷1.

명을 지녔었지만 불과 35년을 살았을 뿐이어서 그에 대한 자세한 사항을 확인하기가 쉽지 않다. 문집으로 『송애집松厓集』이 전하고 있지만 문집 역시 그의 생애와 같이 그리 많지 않은 양의 시문을 모아둔 것일 뿐이어서 완전하지 않다. 시를 보도록 한다.

玉立奇峯萬二千	옥이 선 듯 기이한 봉우리 만 이천 개
香爐獨在最高巓	향로봉 홀로 가장 높이 우뚝 서있네.
地名不是廬山似	지명이 여산과 비슷하지도 않은데
觀瀑人今李謫仙	폭포 보는 지금 그 사람 바로 이적선.[237]

四仙亭下一仙遊	사선정 아래에서 신선 하나 노니는데
浦水微波蕩彩舟	포구의 잔물결이 고운 배 흔드네.
來去閑蹤人不識	오고 가는 한가한 자취 남들 알지 못하니
笑他丹筆姓名留	웃으며 붉은 먹으로 이름 남겨 두었네.[238]

旌盖搖搖去	휘장 깃발 펄럭펄럭 떠나가나니
行人幾日還	가는 사람 그 언제나 돌아오는가.
江明帆背日	강물 맑아 돛단배는 해를 등지고
葉墜馬前山	잎 지니 말은 산 앞 이르렀구나.
懇迫君親念	임금 어버이 생각이 간절하게 닥쳐드니
凋傷逆旅顔	나그네 얼굴은 시름에 젖네.

---

237) 李邃大,「香爐峯」,「松厓集」.
238) 李邃大,「三日浦」,「松厓集」.

| 東征歲又暮 | 동정 가서 한 해 또 저물어가니 |
| 秋思滿江關 | 가을 생각만 강과 관문에 가득하구나.[239] |

斜陽漸下壞宮西	무너진 성 서쪽으로 석양은 져가고
百頃黃雲野色凄	하늘 덮은 황혼 구름에 들 빛이 쓸쓸하네.
寒木遶城秋自落	시린 나무 성을 둘러 가을 절로 다가고
亂鴉棲苑夜猶啼	어지러운 까마귀 들에 살아 밤에도 울어대네.
僞王事業銷沈久	거짓 왕의 사업이 없어진지 오래니
故國山川指點迷	옛 나라 산천을 가리키기도 아스라하네.
村竪不關興廢恨	시골 아이들이야 흥폐의 한에 관계없으니
等閒橫笛度前溪	느긋하게 피리 불며 앞개울을 건너네.[240]

다음으로 살펴볼 이 시기의 문인은 호재 임정이다. 아직까지 연구된 적이 없는 인물이지만, 당대 문한文翰의 직분을 담당했었고, 고금의 시가에 능했으며 글씨에도 뛰어났었다고 한다. 간단하게 시를 보도록 한다.

瀛洲風雪正微茫	예문관에서 맞는 눈보라 정녕 아스라한데
綾被生寒覺夜長	비단 이불 추위 감도니 밤 깊은 줄 알겠네.
政院宣呼催夜對	승정원에서 소리쳐 불러 야대를 재촉하니
君王已御謹修堂	임금님 이미 벌써 근수당에 납시었네.[241]

---

239) 李瀷大, 「砥平途中 丁支關東佐幕時」, 『松厓集』.
240) 李瀷大, 「弓裔舊都」, 『松厓集』.
241) 任玹, 「玉署直中」, 『大東詩選』.

亭依城起壓滄流	성에 기대 우뚝 선 정자 시린 강물 굽어보니
天地東南大壑幽	천지 동서남북이 큰 골짜기 같이 그윽하네.
渺渺秋毫分碣石	작디작은 가을 털도 갈석산을 나누고
蒼蒼一氣俯中洲	푸르디푸른 한 기운은 작은 섬을 굽어보네.
了無紛翳當胸着	가슴을 가로막을 어지러운 것 전혀 없어
秪有空明與目浮	텅 비고 해맑은 물빛만 눈에 들어오네.
江漢祖宗定何所	천하의 시작은 정녕 어느 곳인가
煙波暗結日邊愁	안개 물결 몰래 합해 햇살 가에 근심 돋네.[242]

다음으로 살펴볼 문인은 학남 정우량이다. 우의정과 판중추부사를 역임하였고, 좌의정 남애南崖 정휘량鄭翬良(1706~1762)의 형이다. 당대 정계를 장악했던 노론계열에게 정치적으로 상당한 비판을 받았지만,[243] 글씨에 능하고 글재주가 있었다고 한다. 하지만, 문집이 전하지 않아 작품 세계의 전모를 확인할 수 있는 방법이 없다. 시를 간단하게 보도록 한다.

但見作官去	관리되어 가는 것만 보았지
不見休官來	벼슬 관두고 오는 것은 못 보았네.
空院有花樹	텅 빈 정원에도 꽃 나무 있으니
春風他自開	봄바람이 제 저절로 피워놓았네.[244]

---

242) 任珽, 「望海亭」, 『大東詩選』.
243) 『朝鮮王朝實錄』, 英祖 30年 1月 7日(丁巳) 2번째 기사, "前判府事鄭羽良卒. 上下隱卒之敎, 賜祭贈諡. 羽良有文華無地望, 專以希合上旨, 鑽剌幽逕, 厚被眷渥, 而歷敭淸顯, 致位台鼎, 其子致達, 尙和綬翁主, 主於諸王姬中, 最爲上鍾愛, 性且妖慧, 朝士之無恥躁競者, 莫不暗通聲氣于羽良及其弟翬良. 時又有崔益男·李鳳煥者, 皆以卑微妖邪之類, 出入其家作爲紹介, 識者爲世道深憂."

絶塞秋侵客	변방 저 끝의 가을이 나그네에게 드니
他鄕月照樓	타향 땅 달이 누각 환히 비추네.
登臨聽歌吹	올라가 노래 소리 듣고 또 불러보니
頗似洛橋頭	낙교 어귀쯤은 된 듯도 하구나.245)

荒凉秋夕繞城行	추석 기운 황량하게 성을 감아 도는데
饌餠家家享祖塋	집집마다 경단과 떡 조상에게 제사하네.
日暮山空人去盡	날 저물어 산 텅 비고 사람도 다 가버리니
蕭蕭但有白楊聲	무덤 가 백양목만 쓸쓸하게 소리치네.246)

다음으로 살펴볼 문인은 유재 이현석이다. 본관은 전주全州, 자는 하서夏瑞, 호가 유재游齋인데, 실학자 지봉芝峯 이수광李睟光의 증손으로, 할아버지는 분사汾沙 이성구李聖求(1584~1644), 아버지는 호조좌랑 이상규李尙揆이며 어머니는 춘간春磵 강대수姜大遂(1591~1658)의 따님이다.

유재 이현석은 명문가의 자재로 일찍부터 문명을 날렸으며, 당색에 크게 구애되지 않았다.247) 30세부터 관직생활을 한 전문 관료이고, 문집으로『유재집游齋集』을 남겼지만, 아직까지 그다지 주목받지 못하고 있는 문인이다.248) 간단하게 시를 보도록 한다.

---

244) 鄭羽良,「題濟美壁上」,『大東詩選』.
245) 鄭羽良,「題松栢堂」,『大東詩選』.
246) 鄭羽良,「秋夕登城樓」,『大東詩選』.
247)『朝鮮王朝實錄』, 肅宗 29年 10月 20日(壬辰) 1번째 기사, "知事李玄錫卒. 玄錫, 恬靜自守, 上褒以不喜黨論, 且有文名, 嘗修皇明全史, 書未成而卒."
248) 유재 이현석에 관한 선행 연구로 다음과 같은 글들이 있어 참고가 된다. 박명철,「游齋 李玄錫의 生涯와 漢詩 硏究」(계명대학교 석사학위논문, 2003); 오강원,「春川府使 李玄錫과 春川府 社稷壇 祈雨祭文」,「江原民俗學」13(1998); 김풍기,「游齋 李玄錫의 독서 경향과 그 의미」,「열상고전연구」22(2005); 장유승,「꿈 속에서 본 문인의 나라 – 李玄錫의「記夢說」」,「문헌과 해석」18(2002); 안순태,「李玄錫의 生涯와 漢詩」,「한국한시작

盤回十里溪	얼기설기 얽혀있는 십 리 시냇물
溪上盤石好	시냇가 반석은 참으로 좋네.
天公不愛寶	하나님 보물을 아끼지 않아
付之林野老	숲에 사는 늙은이에게 보내주셨네.[249]

九月西風晚稻黃	구월 가을 바람에 늦벼도 다 익었고
寒林落葉盡迎霜	시린 숲 낙엽은 온통 서리 맞았네.
田翁白酒來相餉	늙은 농부 막걸리 들고 찾아와 권하니
漫興陶然醉夕陽	넘치는 흥에 기분 좋게 석양 무렵 취해보네[250]

行到高山里	길이 고산리 이르자
村籬聽午鷄	마을 울타리서 낮 닭 소리 들렸네.
宿雲猶暗洞	머문 구름에 어둑한 골짜기 같더니
朝雨暫成泥	아침 비에 금세 진창 다됐네.
樹色愁中遠	나무 색은 시름 속에 가물거리고
溪聲夢外迷	시냇물 소리 꿈 깨서도 어른어른하네.
晴眸何處拭	맑은 눈동자 어디에서 씻었나
煙柳向人低	안개 낀 버들 사람 향해 드리워있네.[251]

정립기 근기 남인계열 문인들 중 이 글에서 마지막으로 살펴볼 문인

가연구』 12(2008).
249) 李玄錫,「過長溪次豆險川」,『大東詩選』.
250) 李玄錫,「漫吟」,『游齋集』 卷7.
251) 李玄錫,「長途疲倦, 睡意朦朧 忽見烟柳淡碧 眼力頓明 因占一律」,『游齋集』 卷1,「坡西錄」.

이 농와 허채이다. 관직이 장령掌令에 이르렀다고 하지만 자세한 내용은 확인하기 어렵다. 당대 문장으로 이름이 높았다고도 하는데, 구체적으로 그의 문장을 확인해 볼 수 있는 방법 역시 현재로서는 찾기 어렵다. 시를 보도록 한다.

志士逢時少	뜻있는 선비는 때 만나기 어렵고
佳人薄命多	아름다운 여인은 대체로 기구한 운명.
相看一歎息	마주보고 길게 탄식 해봐도
頭白奈何何	머리 희어지는 것을 어찌하겠나.252)

蕭然覇氣舊山河	쓸쓸한 패기는 옛날의 산하
落日漁歌下急灘	지는 해에 어부 노래 거센 여울로 들려오네.
萬古銷沈無限恨	그 옛날부터 의기소침은 끝없는 한 때문이니
春風扶醉上皐蘭	봄바람에 취한 몸 붙들고 고란사에 올라보네.253)

戀闕思家我欲愁	대궐 그리워하고 집 생각 나를 근심스럽게 하니
廿年湖海又羈遊	20년 강호 생활에 또 메여 나그네 길
浮雲落日田橫島	뜬 구름 속 해 지는 전횡도이고
獨戍荒城古潔州	홀로 지키는 허물어진 성 옛 결주라네.
玉玦久淹人自病	내쳐진 채 오래 되면 사람 절로 병들고
金丹不就歲月流	금단 못 만들어 세월은 흘러가기만.

---

252) 許采, 「絕句」, 『大東詩選』.
253) 許采, 「登皐蘭寺示沈兄君玉」, 『大東詩選』.

清遊會待天中後　　맑은 유람 천중절 다음에 모이기를 바라니

臥看西簷月似鉤　　누워 보는 서쪽 처마 달은 갈고리 같네.[254]

    조선 후기 근기 남인계열 시맥의 마지막 시기인 발전기는 다양한 방면에서 이전보다 더 복잡한 양상을 보여준다. 현재와의 거리가 가장 가까워서인지는 모르겠지만, 이 시기의 근기 남인계열 시문단에서 거론된 작가의 수가 가장 많다. 그렇지만, 거론된 인물들의 수가 가장 많음에도 불구하고 이들의 문학세계를 살펴보거나 확인할 수 있는 관련 기록은 가장 작다. 근기 남인계열에 속한 문인·지식인들에게 근기 남인계열 시맥의 발전기는 그만큼 정치적으로 어려웠던 시기였고, 그 시기를 헤쳐 나가기 위해 이들은 다양한 노력을 해야만 했었다고 보인다.

    이 시기 근기 남인계열 시문단에서 활동하고 있었다고 전하는 인물들에 대해 확인해 볼 수 있는 자료가 부족하고, 현재 남아 전하는 얼마 되지 않는 자료에 대해서도 신뢰성을 확신하기 어려운 상황에서 이들에 대한 검토를 계속하는 것은 새로운 오류를 만들어 낼 수 있다는 점에서 그다지 큰 의미가 없는 행위라 생각된다. 이와 같은 점에서 근기 남인계열 시맥의 발전기에 활동했던 문인들의 문학 경향 검토는 그 자료의 신뢰성이 확보된 대표적인 작가 몇 사람으로 한정하도록 하고, 남아 있는 더 많은 대부분의 작가에 대한 검토는 앞으로의 계속 과제로 남겨 두고자 한다.

    근기 남인계열 시맥의 발전기를 대표할 만한 문인들은 여러 명을

---

254) 許采, 「奉呈玉西李上舍亨運」, 『大東詩選』.

들 수 있지만, 그 중 가장 먼저 거론해야 할 인물을 들자면 번암 채제공을 꼽을 수 있다. 번암 채제공은 당대 근기 남인계열을 이끌었던 근기 남인계열의 정치적 영도자이면서 정신적 지주 역할을 했다. 그는 정치적 명망뿐만 아니라 문학적으로도 상당한 명성을 지녔다. 문보다 시가 뛰어났고 시보다는 그 사람이 훌륭했으며, 작은 문장은 굳건하고 큰 문장은 우뚝했다는 정조의 평[255]이나, 나라를 빛낼 뛰어난 솜씨[256]라는 그에 대한 평가는 번암 채제공이 발전기 근기 남인계열 시문단을 대표하는 인물이었음을 알 수 있게 한다.

특히 그는 당대 근기 남인계열 시문단을 대표하는 다섯 사람의 하나로,[257] 또 당대 근기 남인계열의 대표적인 관료 문인으로 인정되었다.[258] 번암 채제공에 대한 당대 근기 남인계열 내부의 이와 같은 평가[259]는 그가 정치적으로 뿐 만아니라 문학적으로도 당대 근기 남인계열을 대표하기에 충분한 명망을 가졌음을 보여주는 것이다.

이러한 평가와 인정을 받았던 번암 채제공은 시문학에서 기상을 가장 중시하였다.[260] 그가 시에서 기상을 중시한 이유에 대해서는 다양한

---

255) 正祖,「御定凡例」,「樊菴集」, "槩以論之, 則文不如詩, 詩不如人. 人之云遐, 何惜如之. 其文, 小者蒼勁, 大者蔚律, 皆能一氣呵成, 不用鉛粉脂蠟手段, 則其詩與其人, 居可知矣."

256) 李獻慶,「答李台甫 承延 論文書」,「艮翁先生文集」卷13, "蔡伯規之文, 華國手也, 非僕所可望. 法正‧聖淵又皆一時之詩豪, 而兄以文詞並峙其間, 吾黨有賴矣."

257) 黃胤錫,「頤齋亂藁」, "今日李瀷言, 今南人中以文詞自任目, 有五家, 稱曰五鳳山. 則蔡濟恭樊巖, 申光洙石北, 丁範祖海左, 李獻慶䨪西, 睦萬中云."

258) 李獻慶,「讀新刊姜菊圃集」,「艮翁先生文集」卷6, "僕與樊巖學士, 皆菊圃門下客也. 菊圃器遇之, 期勉甚厚. 距今三十餘年, 而樊巖文章鳴, 貴顯于朝. 今又刊公遺稿, 爲不負所期, 而僕學不加進, 緦老無成, 展讀新編, 一愴一愧而已."

　李獻慶,「讀新刊蔡希菴集」,「艮翁先生文集」卷6, "童時久誦蔡希翁, 翁亦達人說異童. 未效孔融曾候李, 尙憐王勃早承通. 樊巖以希菴從孫, 能繼闡文章, 又刊公集, 文中之有子安故云爾. 沈珠出世山河曙, 彩筆傳家舘閣紫. 茅屋一燈莊墜地, 昔年知鑑對編中."

259) 丁範祖,「耘游記」,「海左先生文集」卷23, "棠溪金伯瞻‧樂翁鄭士述‧石北申聖淵及其二弟騎鹿子淸之‧震澤叟文初‧蘗菴洪而憲‧杏下李彝甫, 自余布衣時友也, 樊巖蔡伯規‧艮翁李夢瑞‧餘窩睦幼選, 釋褐相善也, 皆與之軒輊, 藝苑相推重."

260) 丁若鏞,「又示二子家誡」,「與猶堂全書」卷18,「家誡」, "樊翁於詩, 甚觀氣象, 余每讀劉誠意詩, 氣象多帶妻

이야기가 나올 수 있겠지만,[261] 이와 같은 태도는 번암 채제공이 미수 허목 이래 이어져 내려온 근기 남인계열의 전통적인 시문학 학습 방법을 벗어나지 못하고 있었음을 보여주는 것이다. 육경과 제자백가를 바탕으로 『시경』과 『문선』을 중시하며, 두보를 학시學詩의 전범으로 삼아 기상 높은 시를 창작하고자 했던 것은 고도古道의 문학적 구현을 추구하는 것으로 전형적인 의고적 시문학 경향을 뜻하는 것이다. 이렇게 보았을 때 번암 채제공의 문학관은 기본적으로 근기 남인계열 시맥 형성기의 문인들이 추구했었던 상고적 복고주의를 그대로 답습하고 있는 것이라고 할 수 있다.[262] 시를 보도록 한다.

翠黛連窓窈作林   검푸른 빛 창에 이어 그윽이 숲 되었는데

小風吹雨一庭陰   산들바람 비 불어와 뜰 가득 어둑하네.

縱成屈曲當前障   구불구불 서린 솔 앞을 막고 있지만

酸, 少陵詩多繁華貴富語, 辛有未陽之窮, 謂未必盡有符驗."
261) 이 부분에 대해서는 白丞鎬, 「樊巖 蔡濟恭 文學 研究」(서울대학교 석사학위논문, 2006), 44~50쪽에 자세하게 설명되어 있다.
262) 번암 채제공에 대한 선행 연구 업적은 상당히 축적되어 있다. 문학에 관한 것으로 한정하지 않고 추려보면 다음과 같다. 조광, 「번암 채제공의 서학관 연구」(고려대학교 석사학위논문, 1972); 김동철, 「蔡濟恭의 經濟政策에 관한 研究 : 特히 辛亥通共發賣論을 中心으로」(釜山大學校 석사학위논문, 1980); 방위용, 「번암 채제공의 정치사상연구」(중앙대학교 석사학위논문, 1984); 정미숙, 「蔡濟恭과 李鈺의 女性傳 硏究」(釜山大學校 석사학위논문, 1992); 이승복, 「樊巖 蔡濟恭의 '傳' 研究」(慶熙大學校 석사학위논문, 1993); 김진호, 「正祖 15年(1791) '長書事件'과 蔡濟恭」(西江大學校 석사학위논문, 2001); 백승호, 「樊巖 蔡濟恭 文學 研究」(서울대학교 석사학위논문, 2006); 조광, 「채제공의 천주교에 대한 인식」, 『사목』 238(1973); 조광, 「樊巖 蔡濟恭의 서학관 연구」, 『사총』 17(1973); 金東哲, 「蔡濟恭의 經濟政策에 관한 考察 : 特히 辛亥通共發賣論을 中心으로」, 『역사와 세계』 4(1980); 許善道, 「三嘉縣 蔡濟恭撰井書 鳳巖大師碑」, 『한국학논총』 9(1987); 정미숙, 「채제공과 이옥의 여성전 연구」, 『어문학교육』 15(1993); 최준하, 「번암 채제공의 전 문학연구」, 『語文研究』 24(1993); 金甲起, 「樊巖 蔡濟恭의 奪我的 文化意識 : '含忍錄」을 中心으로」, 『교육과학연구』 7(1993); 이신복, 「채제공의 「만덕전」 연구」, 『漢文學論集』 12(1994); 곽신환, 「樊巖 蔡濟恭의 異端觀」, 『동양철학』 13(2000); 백승호, 「18세기 南人 문단의 詩會 - 蔡濟恭, 睦萬中을 중심으로」, 『冠嶽語文研究』 29(2004); 김문식, 「蔡濟恭家 소장 正祖의 御筆」, 『서지학보』 29(2005); 趙成山, 「樊巖 蔡濟恭(1720~1799)의 先代家系와 學問淵源」, 『韓國人物史研究』 5(2006); 권내현, 「번암 채제공의 평안도 인식」, 『韓國人物史研究』 5(2006); 김기창, 「樊巖 蔡濟恭 설화 연구」, 『새국어교육』 73(2006); 백승호, 「樊巖 채제공의 문자정치」, 『진단학보』 101(2006); 유호선, 「번암 채제공의 불교인식」, 『韓國人物史研究』 5(2006); 조도현, 「「萬德傳」에 나타난 여성성의 의미 탐색」, 『인문학연구』 84(2011).

不忘升騰向上心　위를 향해 솟구쳐 오를 마음 잊지 않았네.
闤闠敎遮煙色遠　세속 가로 막으니 안개 기색 아득한데
枝柯偸豁月光侵　가지 사이 비집고 달빛이 스며드네.
幽禽認是屛間畵　숨은 새 어떻게 병풍 속 그림 알아보고
怪底時時送好音　얄궂게도 때때로 울음소리 전하네.[263]

壤割新羅國　땅은 신라국을 나누고
天黏鳥嶺城　하늘은 조령성에 붙어 있네.
瘴烟開駏騎　장기는 역마 달릴 길 열고
雲木出文星　구름 낀 나무 숲 문성을 내네.
龍老湫紋黑　용 늙어 못 물 짙검고
楓酣岳氣明　단풍 흐드러져 산기운 밝네.
須知少陵筆　누가 알았으랴 소릉의 필력이
奇變各隨形　형체 따라 기묘하게 변할 것을.[264]

橫截層霓粉堞開　층진 무지개 가로 자른 듯 성가퀴 펼쳐있고
靑山匝匝水重廻　푸른 산 겹겹 두른 데 물까지 거듭 휘감으니
天衢日月徘徊近　하늘의 해와 달도 가까이서 배회하고
遼塞風雲顧眄來　요동 변방 풍운은 돌아보면 다가들 듯.
往歲金湯輕北虜　지난날 금성탕지 북쪽 오랑캐 우스웠으니
祇今銅柱護西臺　지금까지 구리기둥 서장대를 보호하네.

---

263) 蔡濟恭,「藥山宅菊圃令丈 姜公樸, 以靑松障題呼韻, 卽席草呈」,『樊巖先生集』卷3.
264) 蔡濟恭,「送李夢瑞之任金泉郵 4首」其2,『樊巖先生集』卷5.

| 平生未解紅裙醉 | 평생 미인의 치마 폭 속에서 못 취했었는데 |
| 擬洗黃龍府裏盃 | 황룡부의 악비처럼 여기서 술 실컷 먹겠구나.[265] |

無事元戎鬢半華	큰 군사 일 없어도 살쩍 반은 희어졌고
邊樓夜上劍生花	변방 누각 밤에 오르니 칼에서 빛이 나네.
四州城廢雲常黑	사주의 성 다 쓰러져 구름 늘 어둡고
五國山高月易斜	오국성은 산이 높아 달도 빨리 기우네.
江色直通遼海濶	강 모양 곧장 요해로 가 넓어지고
烽烟遞入漢宮賖	봉화불은 한나라 궁 전해지기 힘드네.
當時定遠堪羞殺	당시 변방 안정시키며 부끄러움 겨우 견뎠는데
未掃胡塵已憶家	오랑캐 말발굽 쓸어내기도 전에 벌써 집을 그리는구나.[266]

번암 채제공과 함께 발전기 근기 남인계열 시맥을 이끈 인물들은 여러 사람이 있지만, 그 중 대표적인 한 사람으로 간옹 이헌경을 들 수 있다. 간옹 이헌경은 삼명 강준흠에 의해 영조조 중·후반 근기 남인계열 시맥을 대표하는 네 사람 중의 하나로 인정받았고,[267] 이재頤齋 황윤석黃胤錫(1729~1791)에 의해 당대 근기 남인계열 시단을 대표하는 다섯 사람인 오봉산五鳳山의 하나로 간주되었다.

간옹 이헌경은 어려서부터 시문에 능하였으며,[268] 그 때부터 그의 시는 당시唐詩의 격조를 가졌다는 평가를 받았다. 이 때문에 희암 채팽

---

265) 蔡濟恭,「西將臺 在寧邊」,『樊巖先生集』卷12,「關西錄」.
266) 蔡濟恭,「洗劒亭 在滿浦 2首」其1,『樊巖先生集』卷12,「關西錄」.
267) 姜浚欽,「三溟詩話」,"英祖初年, 蔡希菴·金三淵詩爲大家, 其後則姜菊圃·李清潭爲名家. 又其後則李艮翁·睦餘窩爲大家, 丁海左·蔡及第爲名家, 皆是家數."
268) 李敬儒,「滄海詩眼」,"艮翁八九歲詩文已成章."

윤·국포 강박·약산 오광운 등 정립기 근기 남인계열 시맥의 중심 인물들에게 추중을 받았으며,[269] 왕발王勃에 비견되었다.[270] 이와 같은 문학적 역량에 의해 간옹 이헌경은 이후 정조正祖에게 상당한 고평高評을 받았다.[271]

간옹 이헌경이 정립기 근기 남인계열 시맥의 중심 인물들에게 추중을 받았다는 것이나 시대의 변화를 담은 문장의 창작을 부정했던 정조에게 고평을 받았다는 것은 그의 시문학 경향이 복고적이었음을 의미하는 것이다. 간옹 이헌경은 육경六經을 배우기 위해 사마천과 한유를 중심으로 한 진한 고문과 두보를 중심으로 한 성당의 시를 익혀야 한다고 했다.[272] 그는 당 이후의 문학 경향 학습을 부정하였는데, 이와 같은 태도는 명대 후칠자의 대표 주자인 이몽양李夢陽이 "문수세변文隨世變 대불여전代不如前"의 사상을 바탕으로 주장한 "문필진한文必秦漢 시필성당詩必盛唐"과 같은 것이다. 따라서 간옹 이헌경 역시 악부樂府 가행歌行과 고시古詩의 창작을 추구하였다.

간옹 이헌경의 이와 같은 시문학 학습과 창작 경향은 문과 도를 동일시하는 전통적인 도문일치道文一致 사상에 의한 것이다. 그는 도를 떠난

---

269) 李升鎭,「家庭聞見錄」,『艮翁先生文集』卷24, "七八歲時, 開口成章, 如人語興仁市, 樵歌永道橋, 白石通宵煮, 靑松盡日看等句, 大有唐人詩調, 又嘗賦天子劍, 有一揮萬方伏, 旁運四時淸, 拄之扶桑樹, 光輝日月明之句, 其他警句膾炙一世. 蔡希菴先生聞而擊節曰; 此唐人詩調也. 當遇府君之再從兄弘慶謂曰; 君家王子安無恙乎, 吾欲一識此兒, 早晚當往君家矣. 菊圃姜公一日來訪, 歸語藥山吳公曰; 吾儕中異日大期待者, 惟此兒也. 異趣之中, 爵秩高顯者, 亦聞名而來訪, 擧世稱之以神童國瑞."
270) 李獻慶,「讀新刊蔡希菴集」,『艮翁先生文集』卷6, "僕十餘歲時, 有詩若干首, 傳播在人口. 希菴嘗對僕之宗人諷誦數句曰; 此當世王子安也."
271) 丁範祖,「艮翁集序」,『艮翁先生文集』, "晚始晉擢, 序遷至上卿. 聖上雅重公文學, 褒之以經術士, 意若惜其未究用也, 而世之所以處公者非上意. 以故文章之用, 出則嶘弄山川雲月於簿牘之暇, 入則杜門草玄而已, 是則公亦無奈乎世道之衰薄也. 可慨也已."
272) 李升鎭,「家庭聞見錄」,『艮翁先生文集』卷24, "府君嘗曰; '六經尙矣. 雖難遽學, 文之龍門昌黎, 詩之老杜盛唐, 皆其盛者也, 餘不足學. 宋明以下文章, 多不留眼, 恐其世近而易染也. 雖歐蘇名篇, 一再覽過而已, 未嘗誦讀, 所讀者秦漢以上之文.'"

문은 가치를 가질 수 없고 문의 가치는 도를 통해 구현된다고 보았다.[273] 그렇기 때문에 그의 문학 경향은 기본적으로 도덕적 효용론을 강조하는 것이 될 수밖에 없었고, 그러한 문학 작품을 창작하기 위해 고도古道와 고학古學을 바탕에 두어야 했다. 따라서 그의 문학 경향 역시 번암 채제공과 같이 형성기 근기 남인계열 문인들이 지니고 있었던 상고적 복고주의와 맥을 같이 할 수밖에 없는 것이었다.[274] 시를 보도록 한다.

山險樵童小	산 험하고 나무꾼 아이 어린데
雪中取濕薪	눈 속에서 젖은 땔감 줍는다.
暮歸石似虎	저물녘 돌아올 때 바윌 범으로 보곤
嶺上急呼人	고개 위에 올라 급히 사람 부르네.[275]

牛勿上山休	소 산 위에서 쉬게 말고
牛勿中澗牧	소 시내 가운데서 치지 말게
中澗有幽蘭	시내 가운데는 고운 난초가 있고
上山多惡木	산 위에는 나쁜 나무가 많다네.[276]

山僧候我白雲端　산 스님 흰 구름 끝에서 나를 기다려서는

---

273) 李升鎭,「家庭聞見錄」,『艮翁先生文集』卷24, "府君嘗曰: '文與道貫, 然後方可謂文. 但務文詞之工, 而不求吾道之正, 則是道自道文自文, 安足以爲文乎. 朱夫子所謂卽文以講道則文與道兩得而一以實之者, 眞格語也.' 是以府君之詩文, 詞理俱暢, 自經術中出來, 後之尙論者, 就其文章而觀之則亦可以知其造詣之淺深也."
274) 간옹 이헌경에 관한 선행 연구 업적으로 다음 두 편의 글이 있어 참고가 된다. 김진홍,「艮翁 李獻慶의 生涯와 詩世界 硏究」(고려대학교 석사학위논문, 2007); 金弘宇,「正祖朝의 天主學 批判 : 安鼎福과 李獻慶을 中心으로」,『한국정치학회보』20(1986).
275) 李獻慶,「駒城僑居雜詠 9首」其5 樵童,『艮翁先生文集』卷1.
276) 李獻慶,「駒城僑居雜詠 9首」其6 牧牛,『艮翁先生文集』卷1.

報道金剛春事闌	금강산 봄소식은 늦다고 알려주네.
凍殺杜鵑花萬樹	두견화 온 나무들 다 얼어 져버렸으니
夜來風雨不勝寒	밤들어 비바람에 추위 못 이겨서겠지.[277]

煙起家家催曉爨	집집마다 연기 피워 새벽밥을 재촉하더니
翁行姑亦抱兒行	영감 나가자 할미도 아기 안고 나가네.
猶留白日能看屋	삽살개만 남아도 한낮 집 잘 지키고
犢過三年始敎耕	송아지 세살 넘어 처음 밭갈이 가르치네.
未鋤憂鋤鋤憂穫	밭 갈기 전에는 밭갈이 근심타가 밭 갈고 나서는 수확을 근심하고
先雨禱雨雨禱晴	비오기 전에는 비오길 빌다가 비오고 나서는 개기를 비네.
雪霜似是民天事	눈 내린 뒤 서리 덮이는 이게 하늘과 사람 일이니
容易田間白髮生	농사짓는 도중에 흰머리 생기기 일쑤네.[278]

春盡濃陰逗半庭	봄 다간 뒤 짙은 그늘 뜰 반을 뒤덮고
藥苗茶葉亦靑靑	약초 싹 찻잎도 푸르디 푸른데
鷗乘遠浪流平野	갈매기 저 멀리 물결 타고 너른 들로 날아들고
鶯舌輕風過絶屛	앵무새 산들바람 타고 절벽을 지나가네.
焉有淸文驚後代	어찌 맑은 글귀로 후세 놀라게 할 수 있겠나
尙垂華髮讀殘經	늘 흰머리로 낡은 경전만 읽는데.
生涯易足營何事	한 평생 쉬 만족하니 다시 무슨 일을 하랴

---

277) 李獻慶,「再入金剛 2首」其1,『艮翁先生文集』卷1. 이 시에는 다음과 같은 서문이 부기되어 있다. "長安寺 僧來候於鐵伊嶺西, 告曰:'數昨風雨大寒, 金剛山中杜鵑花已凍而落矣.' 余前已遊賞金剛, 今再來盖爲花事添得勝 槩, 而花已告盡, 悵然殊甚. 且以憫旱祈雨, 得雨雖爲農者幸, 獨令花神含冤, 更堪好笑."
278) 李獻慶,「田家詞」,『艮翁先生文集』卷4.

數畝蓮塘一草亭   몇 칸 연못에 초가 하나면 되지.[279]

    발전기 근기 남인계열 시맥을 대표하는 또 다른 인물로 해좌 정범조를 들 수 있다. 해좌 정범조는 젊어서부터 문학으로 상당한 명망을 얻은 인물이었지만, 50세를 넘긴 뒤에야 호당湖堂에 선발되는데, 이때부터 해좌 정범조는 영조英祖의 총애를 받았다. 그가 호당에 선발될 수 있었던 것 역시 문학적 명망 때문이었다.[280] 다산 정약용은 해좌 정범조에 대해 일세의 독보적인 존재라고 평가하였으며,[281] 정조正祖는 그의 문장에 대해 순정평담純正平淡하여 성세盛世의 소리가 있다[282]고 하였다. 또 아정雅亭 이덕무李德懋(1741~1793)는 해좌 정범조의 응제시應製詩가 일세一世를 경동시켰으며, 시상詩想이 샘처럼 솟아 영월寧越 신광수申光洙와 나란히 명성을 떨쳤다고 평가하였다.[283]

    해좌 정범조에 대한 이와 같은 평가는 그의 문학관과 창작 경향이 번암 채제공이나 간옹 이헌경과 흡사함을 의미하는 것이다. 해좌 정범조의 문집인 『해좌선생집』의 자서에서 해좌 정범조는 스스로 "시는 한·위의 악부와 고시 19수로부터 성당의 여러 시인에 이르기까지, 문장은 『좌전』, 『장자』, 『전국책』에서부터 『사기』와 『한서』까지를 사법師

---

279) 李獻慶, 「偶成」, 『艮翁先生文集』 卷5.
280) 「行狀」, 『海左先生文集』, 「海左集附錄」, "又移修撰, 被湖堂選. 先生縱釋褐, 聲望日盆盛, 薦紳間滿口爭誦, 故有是薦也. 上問丁某誰也, 右相元仁孫奏曰: 故進善某玄孫也, 諸大臣一辭以善文對, 上曰: 宜入是選矣, 卽命召入."
281) 丁若鏞, 「刑曹判書弘文館提學丁公七十八壽序庚申」, 『與猶堂全書』 卷13, "族父海左公少以文鳴, 名噪薦紳. 在英廟朝, 選入湖堂, 頃刻千言, 風檣陣馬, 獨步一世, 而其文可知矣."
282) 韓致應, 「資憲大夫刑曹判書兼知經筵春秋館事·弘文館提學·藝文館提學·五衛都摠府都摠管·知實錄事·贈諡文憲海左丁先生行狀」, 『海左先生文集』, 「海左集附錄」, "又敎曰: 近世以文名者, 不無好奇之病, 奇則易歸於噍殺, 若丁某文章, 固純正平淡, 眞有盛世之音, 子欲久任國子, 使矯文弊也."
283) 李德懋, 「丁湖堂」, 『靑莊館全書』 卷35, 「淸脾錄」 4, "丁參議範祖, 字法正. 先王末年, 選湖堂, 讀書應製, 洗手作羹湯詩, 驚動一世, 詩思泉湧, 與申寧越光洙, 齊名."

法으로 삼아 그 이하는 논하지 않았다."284)라고 했다. 이와 같은 학습 태도는 해좌 정범조의 문학 수업이 명대 복고파에 의해 추구되었던 기본적인 문학 수업의 방침인 "문필진한文必秦漢 시필성당詩必盛唐"과 같은 것이었음을 말해주는 것이다.

특히 그가 4, 50대가 되어 자신이 이룬 경지에 대해 스스로 비판하면서 "시는 송나라 명나라 사람들의 평범한 격조 일상적인 법도에 그쳤을 뿐이고 문장은 한유·구양수·삼소三蘇의 여파에 그쳤을 뿐이다"285)라고 한 것으로 보아 해좌 정범조의 복고적 문학 경향은 젊은 시절 시문의 창작을 시작하던 시기에 가졌던 일시적인 학습 방법이 아니라 그가 평생을 지켜왔던 것임을 짐작하게 한다. 이와 같은 시문학 창작 방법은 18세기 당대에 유입되어 우리나라의 시문단을 풍미하고 있었던 명말청초明末淸初의 문학관과 유리되는 것이었을 뿐만 아니라 해좌 정범조가 생존했던 시기보다 무려 한 세기 이전 시기였던 형성기 근기 남인계열 시맥의 상고적 복고주의 시문학 경향과 일치하는 것이다.

해좌 정범조의 시문학 경향이 보여주는 복고성은 기괴奇怪·첨신尖新을 통한 개성적 문학의 창조를 추구하던 당대 문단의 풍상과 대척적인 지점에 놓여 있는 것으로, 기奇를 쫓는 당대 문풍을 근심하던 정조에게 문풍의 폐단을 바로잡을 적임자로 해좌 정범조를 거론하게 만들었다고 생각된다.286)

그렇다면 여기서 다시 생각해 보아야 할 것은 해좌 정범조가 시대의

---

284) 丁範祖, 「自叙」, 『海左先生文集序』, "詩自漢魏樂府十九首, 至盛唐諸子, 文自左莊戰國, 至太史公班椽爲師法, 下此則亡論."
285) 丁範祖, 「自叙」, 『海左先生文集序』, "詩止宋明人之平調常法耳, 文止韓歐三蘇之餘波耳."
286) 李明迪, 「海左先生文集序」, 『海左先生文集序』, "正廟病近世以文名者好奇, 若曰: '予欲以丁某久任國子, 使矯文弊.' 夫文章, 關世道盛衰汚隆, 故聖敎如此矣."

풍상을 부정하고 자신과 한 세기 이상 떨어져 있는 과거의 시문학 창작 경향을 자신의 문학 창작 방법으로 선택한 이유이다. "문필진한文必秦漢 시필성당詩必盛唐"의 주장은 "문수세변文隨世變 대불여전대不如前"을 근본으로 하는 것이다. 즉, 고도古道와 고학古學은 그 자체로 완벽한 것이고, 그 완벽한 고도古道와 고학古學의 추구는 도와 문이 일치될 때 이루어진다는 도문일치의 상고적 문학관을 지니고 있을 때 추구할 수 있는 것이다. 이 시기 해좌 정범조의 문학관이 이와 같은 것이라면 그의 의식세계는 한 세기 이전에 자리하여 조금도 움직이지 않은 것이 된다.

해좌 정범조의 문학관은 도문일치를 최상의 경지로 간주하였던 도덕적 효용론에 기초한 상고적 문학관이었다고 보인다. 따라서 그는 본질적으로 고도古道와 고학古學의 추구를 문학 창작의 최고 목표로 보았고, 이를 이루기 위해 "문필진한文必秦漢 시필성당詩必盛唐"의 복고적 창작론을 추구하였다고 생각된다.

이렇게만 바라본다면 해좌 정범조의 문학관은 한 세기 이전에서 단 한 걸음도 앞으로 나가지 못한 것이라고 할 수밖에 없다. 그러나 그는 고도와 고학이 실현된 도문일치의 문학을 최상으로 보고 있었지만, 시대에 따른 문장의 변화를 인정하고 있었다. 세상의 오르내림에 따라 문장이 변한다[文章之變, 隨運世升降]고 본 그의 의식은 그의 문학 세계가 복고에 발을 딛고 현실을 수용하게 만든 기재라고 생각된다.[287] 따라서 그가 추구했던 복고적 문학관은 앞 세대의 복고주의와 같으면서도 다를 수밖에 없는 것이라고 할 수 있다.[288] 시를 보도록 한다.

---

287) 丁範祖,「文粹歷選序」,『海左先生文集』卷19, "文章之變, 隨運世升降, 勢使然也. 醇漓厚薄, 精粗深淺, 所造意設辭, 代異而人殊, 然善爲文者, 皆取而爲吾用, 而不病其爲異也."
288) 해좌 정범조에 관한 선행 연구 업적으로 다음과 같은 연구 결과물들이 있어 참고가 된다. 김태영,「海左

柳外多時望	버들 저 너머 한동안 바라보니
煙中數客來	안개 헤치고 두어 사람 찾아오누나.
小舟春雨濕	작은 배는 봄비에 젖어 있는데
柔櫓碧波開	노 저어니 푸른 물결 갈라지네.
共宿應山寺	같이 산사에서 잠자고
幽期更釣坮	다시 낚시터에서 만나자 했으니
明朝移畫艇	내일 아침에 놀잇배 띄워놓고서
南浦看花回	남포에 가 꽃구경하고 오리라.[289]

欄干碧波上	푸른 물 옆 난간에 오르고 보니
盡日鏡光開	온 종일 좋은 경치 펼쳐져 있네.
鳥淨分煙過	물새는 안개와 나뉘어 날고
僧閑立艇來	스님은 한가롭게 뱃전에 섰네.
身高一怊悵	몸 일으켜 길게 한 번 탄식을 하고
望極暫徘徊	하늘 저 끝 바라보며 잠시 배회하니
夕照添仍好	저녁놀은 갈수록 더욱 더 좋아
苔磯坐不廻	이끼 낀 돌에 앉아 돌아갈 줄 모르네.[290]

丁範祖의 미학적 연구」(成均館大學校 석사학위논문, 1999); 류정민, 「海左 丁範祖의 長篇古詩 硏究」(고려대학교 석사학위논문, 2001); 이규필, 「海左 丁範祖의 文學論과 散文世界」(경북대학교 석사학위논문, 2002); 박무영, 「해좌 정범조의 기수론적 문학관」, 『韓國漢文學硏究』 19(1996); 김희경, 「海左 丁範祖의 시에 나타난 자아의식」, 『泰東古典硏究』 17(2000); 김희경, 「해좌 정범조의 전기시 연구」, 『淵民學志』 8(2000); 류정민, 「조선후기 고시론의 성격과 정범조 장편고시의 수사적 특징」, 『韓國漢詩硏究』 9(2001); 박무영, 「정범조의 여성 관련 작품과 여성인식 - 공적 태도와 가부장적 환타지, 그리고 사적 보상」, 『漢文學報』 8(2003) 김태영, 「海左 丁範祖의 함경도 유배기 漢詩 일고찰」, 『한국어문학연구』 54(2010); 백승호, 해좌 정범조 한시의 尙古性과 機神에 대하여, 『韓國漢詩硏究』 19(2011).

[289] 申光洙, 「蟾江訪法正, 同舟浮下神勒寺 5首」 其5, 『石北先生文集』 卷5 驪江錄 上; 李德懋, 「蟾江」, 『靑莊館全書』 卷35, 「淸脾錄」 4. 「丁湖堂」

[290] 申光洙, 「下船登東臺」, 『石北先生文集』 卷5, 「驪江錄」 上; 李德懋, 「泛湖」, 『靑莊館全書』 卷35, 「淸脾錄」 4. 「丁湖堂」 이 시와 앞의 시는 『청장관전서』에 해좌 정범조의 대표작으로 거론되어 있는 시인데, 모두 석북

踈籬嶽色鳥相呼	산 색 비치는 성긴 울에 새들은 울고
宿醉初醒日欲晡	숙취 막 깨어서 시간을 보네.
數樹亭亭花照野	꼿꼿한 나무 몇 그루 꽃은 들에서 피고
輕陰漠漠雨連湖	뿌옇게 펼쳐진 옅은 그늘 비는 호수 이어지네.
逢人自有農桑話	사람 만나면 제 저절로 농사일 이야기 하니
掩戶誰觀山海圖	문 닫고 그 누가 산해경 보겠나.
萬事浮雲何足歎	모든 일 뜬 구름 같으니 탄식할 게 뭐 있는가
乾坤偃仰此心娛	천지간 살면서 이 마음을 즐길 뿐.[291]

扶病送君發	병든 몸으로 떠나는 그대 이별하나니
津亭楊柳斜	나루 정자 버들도 다 비끼어 있네.
老人難作別	노인은 작별을 어려워하고
春水更無涯	봄물은 끝없이 흘러만 가네.
漠漠舟中雨	어슴푸레 뱃전으로 빗발이 듣고
冥冥峽口花	어둑한 골짜기 어귀 꽃이 피었네.
懸知西到日	서녘 땅 이를 날 잘 알 것이니
詞賦滿京華	서울 소식 가득 담아 글 보내주오.[292]

발전기 근기 남인계열 시맥에서 해좌 정범조와 나란히 거론되는 인물로는 석북 신광수를 들 수 있다. 이전까지 살펴본 대부분의 근기 남인계열 문인들이 그러했던 것처럼, 석북 신광수 역시 정치적으로 상당한

신광수와 주고받은 시로 『해좌선생집』에는 수록되어 있지 않다.
291) 丁範祖, 「幽事」, 『海左先生文集』 卷1.
292) 丁範祖, 「送人之京師」, 『海左先生文集』 卷3.

곤경 속에 있었고 이로 인한 다양한 경제적 궁핍을 경험해야 했었다. 그러나 정치적이고 경제적인 궁핍 속에 놓여 있었기 때문인지는 모르지만 그런 만큼 당대 그의 문학적 역량은 더욱 빛났다.

석북 신광수의 학문은 선대부터 상당한 문학적 명망을 지닌 가학의 전통을 바탕으로 하여 기틀을 이루었고, 여기에 번암 채제공·간옹 이헌경·이동운李東運·홍한보洪翰輔·해좌 정범조·여와 목만중 등과 교유하며 확립되어 갔으며, 하정下亭 이덕주李德冑·국포 강박을 몹시 따랐다. 이로 보아 석북 신광수의 교유 인물들 대부분이 당대 근기 남인계열 시맥의 중심에 서 있었던 인물들이고, 그 역시도 이들과 함께 시맥의 중심에서 당대 근기 남인계열 시맥을 선도해 나갔다고 할 수 있다. 그런데, 개인적으로 또 문학적으로 이와 같은 친밀한 교유관계를 유지하고 있었음에도 불구하고 번암 채제공이 언급한 조선 후기 근기 남인계열 시맥의 흐름에서 석북 신광수가 배제되었다는 것은 상당한 의미를 지닌 것이라고 할 수 있다.

가장 먼저 생각해 볼 수 있는 이유는 석북 신광수의 정치적 성향이다. 조선 후기 당대의 정치 상황에서 석북 신광수의 정치적 노선이 번암 채제공과 달랐기 때문에 근기 남인계열 시맥, 혹은 채당蔡黨의 시맥에서 배제되었다고 유추할 수 있다. 그러나 석북 신광수의 경우 실질적인 정치 활동을 하지는 않았지만, 근기 남인계열의 정치적 성향을 유지하고 있었으며, 또 그로 인해 관직 진출이 어려워 별다른 정치 활동이나 관료 생활을 할 수도 없었다. 그가 관직에 진출하게 된 시기도 50세에 영릉 참봉寧陵參奉에 제수되어 여강驪江으로 나가면서이고, 중앙 관계官界에서 활동하게 된 것도 61세의 나이로 기로과耆老科에 장원하여 돈녕부 도정敦寧府都正이 된 이후라고 할 수 있다. 특히 이때 석북 신광수는 영조의 지우를 입어 집과 노비를 하사받기도 하였다. 이로 보아 석북 신광수가 번암 채제공의 근기 남인계열 시맥에서 배제된 원인을 정치적 경향이나 노선의 차이에서 찾기는 어려워 보인다.

또 다른 원인으로 생각해 볼 수 있는 것이 번암 채제공과 석북 신광수의 문학관과 문학 작품 창작 경향의 차이이다. 앞서 살펴본 것과 같이 번암 채제공의 문학관과 창작 경향은 그가 생존했던 당대 보다 최소한 한 세기 이전 시기의 문학관이나 창작 경향과 훨씬 더 가까울 정도로 극단적인 보수적 색채를 띠고 있다. 그러나 석북 신광수의 문학관과 창작 경향은 그 기본 바탕을 번암 채제공과 같이하고 있었다고 할 수는 있겠지만, 드러난 작품의 실질적인 경향에서는 현격한 차이를 보여준다.

유헌遊軒 장석용張錫龍(1823~1907)이 쓴 문집의 서문에 의하면 석북 신광수도 어려서 두 동생과 함께 힘써 고문을 익혀 늘 좌구명·사마천의 글을 읽었다. 그에 따라 석북 신광수의 문장은 웅사준결雄肆峻潔하여 한유와 구양수에 근접하였으며, 시는 충애굉원忠愛閎遠하여 오로지 두보를 숭상하였다고 했다.293) 하지만, 이와 같은 석북 신광수의 문학적 수련이 평생을 지속한 것이었고, 그 결과 그의 문학 경향이 이와 같은 모습으로 고정되었다고 생각하기는 어렵다.

물론 석북 신광수가 두보를 높였고 두보의 시를 따라 배우기 위해 노력했었던 것은 사실이지만, 그에게 두보가 유일한 전범이었다거나 두보의 시 경향을 추종하여 복고적 경향을 구현해내기 위해 노력했었다

---

293) 張錫龍,「石北集序」,「石北集序」, "弱冠與弟騎鹿·麑澤, 公力攻古文, 晢喜讀左邱明·司馬遷之文, 而文則其雄肆峻潔, 最近於韓·歐. 詩則忠愛閎遠, 專尙少陵, 固可謂近世之宗匠而得其正音者也."

고 보기는 어렵다. 오히려 석북 신광수의 시세계는 마음으로 터득하고 정신을 합하여 참된 성정性情을 드러내고자 하는 개성적인 경향이 강했다.294) 그에 따라 석북 신광수의 시세계는 민요 취향과 구어투口語套가 강한 사실적 창작 경향을 구현해 낸 경우가 많았다. 석북 신광수의 대표작이라고도 할 수 있는 시인 「등악양루탄관산융마登岳陽樓歎關山戎馬」는 창唱으로도 널리 불렸으며, 그는 농촌의 피폐상과 관리의 부정과 횡포, 하층민의 고난을 소재로 하여 사실적인 필치로 당대 사회의 모순을 시 속에 옮겨 놓기 위해 노력하였다. 특히 「관서악부關西樂府」를 통해 당대의 우리나라의 현실과 우리나라의 신화나 민속과 역사를 시 속에 구현하고자 하였다.

이와 같은 시문학 창작 경향의 차이로 인해 석북 신광수의 시세계는 이전까지 근기 남인계열 작가들에게서는 볼 수 없었던 새로운 경지를 개척하였고, 18세기 당대 문단에 새롭게 밀려들어온 명말청초 공안파公安派나 경릉파竟陵派의 문학 경향과 일정 부분 잇닿고 있었다고도 할 수 있다.295) 석북 신광수의 이와 같은 시문학 창작 경향은 18세기 당대의 시대적 조류에 부합하는 것이면서 동시에 노론계열 시단의 젊은 문인들이 보여준 새로운 창작 경향과도 상통하는 부분이 적지 않았다고 보인다. 이와 같은 점으로 보았을 때 번암 채제공의 근기 남인계열 시맥에서 석북 신광수가 배제된 원인이 여기에 있지 않을까 생각되기도 한다.296)

---

294) 申光河, 「行狀」, 『石北先生文集』 卷16, 「附錄」, "盖公之文, 雄肆峻潔, 叙事簡要奇奧. 然其骨格風神, 最近於韓·歐. 詩專尚少陵, 出入王·孟諸家, 得於心而會於神者, 發之以性情之眞, 故洪н憲·睦幼選諸人, 常以爲石北之詩, 其高華豪儁, 淸麗頓挫, 可能也, 其隨物賦形, 各極其妙, 不可能也, 隨物而妙, 尙可能也, 其逸處, 不可能也, 盖知言也."
295) 李起炫은 석북 신광수의 문학관을 王士禎의 神韻說과도 연계시키고 있는데, 이 부분도 충분히 고려해 볼 만한 것이라고 생각된다. 李起炫, 『石北 申光洙 文學 硏究』(寶庫社, 1996), 51~57쪽 참조.
296) 석북 신광수에 관한 선행 연구 업적으로 다음과 같은 결과물들이 있어 참고가 된다. 尹敬洙, 「石北詩硏究」(성균관대학교 박사학위논문, 1983); 이기현, 「申光洙의 關西樂府에 대한 一考察」(漢陽大學校 석사학위논문,

시를 보도록 한다.

青裙女出木花田　푸른 치마 입은 여인 목화밭에서 나와
見客回身立路邊　나그네 보고서는 몸을 돌려 길 가에 서네.
白犬遠隨黃犬去　흰 개 멀리서 가는 누렁이 따라가더니
雙還更走主人前　두 마리 다 돌아서서는 주인 앞으로 되 달려가네.[297]

明月空江雪後臺　밝은 달 텅 빈 강에 눈 내린 뒤 누각
水晶宮殿上元開　수정 궁전이 대보름에 열린 듯.
寒多白塔三更出　찬 기운 서려있는 흰 탑은 삼경에 나오고
霽盡靑山兩岸來　비 개인 뒤 푸른 산은 두 언덕 사이로 오네.
異代文章還寂寞　지난 시대 문장이 도리어 적막하니
幾人天地此徘徊　천지 사이 몇 사람이나 이곳 배회 했는가.
何當皷枻桃花水　어찌하면 복사꽃 흐르는 물에서 노 두드리며
與爾垂竿石上苔　그대와 함께 이끼 낀 돌 위에서 낚싯대 드리울까.[298]

城郭江山過鳥前　성곽과 강산의 일들 새처럼 날아 지나가니
朱蒙開國事茫然　주몽 개국한 일 아득하게만 여겨지네.

1985); 이기현, 「石北文學硏究」(漢陽大學校 박사학위논문, 1996); 이은주, 「申光洙 「關西樂府」의 大衆性과 繼承樣相」(서울대학교 박사학위논문, 2010); 이기현, 「石北 申光洙의 「金馬別歌」 연구」, 『韓國漢文學硏究』 17(1994); 尹敬洙, 「石北 申光洙 詩의 脚韻 硏究 : 시상과의 關係를 中心으로」, 『外大論叢』 14(1996); 부영근, 「石北 申光洙의 「耽羅錄」 考察」, 『영주어문』 8(2004); 이은주, 「申光洙의 「關西樂府」 小考-"風流"를 중심으로」, 『韓國漢詩硏究』 13(2005); 신장섭, 「석북 신광수의 贈詩를 통한 교유층과 인간애의 고찰」, 『인문과학연구』 14(2005); 신장섭, 「石北 申光洙의 端宗 관련 시 연구」, 『語文硏究』 33(2005); 박우훈, 「石北 신광수의 산문세계」, 『인문학연구』 33(2006); 심경호, 「「관산융마」의 형식과 주제사상」, 『어문논집』 59(2009); 권경록, 「18세기 지식인의 공간인식과 심상지리 : 申光洙의 「驪江錄」을 중심으로」, 『동양한문학연구』 32(2011).

297) 申光洙, 「峽口所見」, 『石北先生文集』 卷5, 「驪江錄」 上.
298) 申光洙, 「東臺 3首」 其2, 『石北先生文集』 卷5, 「驪江錄」 上.

土人猶說眞珠墓	이곳 사람들 아직도 진주묘를 말하며
虛葬君王白玉鞭	임금 백옥편을 일 없이 장사 지냈다 하네.299)

靑莎斷礎九梯宮	푸른 잔디에 무너진 주춧돌 만 남은 구제궁이지만
宮女如花昔日紅	꽃 같이 고운 궁녀들 옛날엔 붉게 치장 했겠지.
伊今浿上春遊妓	지금은 대동강 가에서 봄놀이하는 기녀들이
鬪草抽荑輦路中	임금 다니던 길에서 풀싸움하며 싹을 뽑고 있구나.300)

석북 신광수와 함께 번암 채제공의 근기 남인계열 시맥 속에서는 배제되었지만, 발전기 근기 남인계열 시맥에 심대한 영향을 미친 인물로 혜환 이용휴를 들 수 있다. 당대 혜환 이용휴의 문학적 성가에 대해서는 앞에서 이미 언급하였기 때문에 여기서 굳이 반복할 필요는 없으리라고 본다. 당대 근기 남인계열 문인들과 여항문인閭巷文人들에게 문학적으로 지대한 영향을 미친 그가 번암 채제공의 근기 남인계열 시맥에서 배제된 것에는 석북 신광수와는 달리 다양한 이유가 존재한다고 보인다.

우선 생각해 볼 수 있는 것이 혜환 이용휴의 선대부터 내려 온 정치적 문제이다. 경신대출척 시기 귀양지에서 운명한 조부 매산 이하진과 원자元子 보호 상소를 올렸다가 장살당한 숙부 섬계 이잠으로 인해 혜환 이용휴의 관직 진출은 불가능했고, 그는 재야在野를 떠돌 수밖에 없었는

---

299) 申光洙,「關西樂府 21首」,『石北先生文集』卷10. 이 시는 석북 신광수의 대표작으로 꼽히는 「관서악부」의 제21수이다. 李德懋가『靑莊館全書』卷34,「淸脾錄」3의「申石北」조에서 「관서악부」를 석북 신광수의 대표작으로 거론하고 모두 6수를 거론하였는데, 여기서는 거론한 시 중 첫 수와 마지막 수를 인용하였다.
300) 申光洙,「關西樂府 55首」,『石北先生文集』卷10. 李德懋의『靑莊館全書』卷34,「淸脾錄」3,「申石北」조의 시와 비교해보면 글자의 출입이 있다.

데, 혜환 이용휴의 이와 같은 정치적 상황이 시맥의 설정을 통해 근기 남인 청남계열 인사들의 정치적 선명성을 확보하고자 했던 번암 채제공의 의도와 어긋났기 때문이라고 생각된다.

여기에 더하여 혜환 이용휴의 문학관과 창작 경향 역시 번암 채제공을 중심으로 하는 근기 남인계열 문인들의 상고적 복고주의와 방향을 달리하고 있다. 창강滄江 김택영金澤榮(1850~1927)에 의해 "기궤奇詭와 첨신尖新"으로 간주된 그의 시문학관은 18세기 당대 새로운 문학 경향을 추구하고 있었던 우리나라의 젊은 문인들에게는 하나의 좌표를 제시해 주는 것이었지만, 마음으로 터득하고 정신을 합하여 진정을 드러내고자[得於心而會於神者, 發之以性情之眞]했던 석북 신광수의 시문학 경향보다 한 발 더 앞선 것으로 번암 채제공이 받아들이기는 어려웠다고 생각된다.

혜환 이용휴 역시 문학 수업 초기에는 선진・양한先秦兩漢에서부터 송宋・원元・명明에 이르기까지 여러 명가들의 다양한 문학 작품들을 읽고 배우는 습작기를 가졌다고 보인다.[301] 그러나 이 습작기를 거치면서 혜환 이용휴는 근기 남인계열 문인들의 일반적인 경우와 달리 시문학 창작에서의 전범 설정이라는 행위에 대해 강한 회의를 가지게 되었고, 이에 따라 전범의 설정을 뛰어넘어 자득自得을 추구하게 되었다고 보인다.[302] 이로 보아 혜환 이용휴의 학시學詩 과정은 전범의 설정을

---

301) 李用休,「題吉甫文稿」,『惠寰雜著』卷11, "而叔年十七八時, 爲文嗜對儷, 稍長看之, 面赧然不能終篇去之. 師宋諸子, 人頗賞之, 亦自多也. 已復取看, 則曼脆小骨, 不足以言作家, 又去而求先秦兩漢, 下逮皇明之季, 以古文著者, 朝夕諭繹, 則稍解其排按闔張, 汰字鍊句之法, 年蓋已三十矣. 今時出而讀焉, 間似有當人意者. 故曰: '學文如登山, 消盡無限, 仄路過徑, 然後方出山頂.'"

302) 李用休,「題族孫光國詩卷跋」,『欸敖集跋』, "光國性平恕, 獨於詩, 持論甚嚴. 蓋以文章者, 上帝之所最寶惜者, 世之秉銓者, 或誤叙一時之官品, 尙有咎焉, 矧顚倒上帝之權衡宰, 故每見人詩, 未嘗隨衆譽毀, 其所自爲詩, 則字鍊句琢, 必合於古人之法, 然後乃出. 故體裁正音韻諧, 非如世之啼笑妄發, 琴筑雜奏者, 斷其爲作家無疑也. 第者取古爲妙, 今取離古爲神者, 此太上之訣, 以待其人者, 吾以語光國."

통한 고시古詩의 체득에서 전범의 극복을 통한 자득自得으로 나아가게 되었다고 생각할 수 있다.303)

전범을 극복하고자 한 혜환 이용휴는 성당시盛唐詩를 최고의 경지로 추구한 이 시대의 시풍을 극복하기 위해 '진眞'을 강조하였다.304) 시문학 작품의 창작에서 '진眞'을 강조하여 당대의 일가一家를 이룬 인물은 혜환 이용휴였지만, 시문학 작품의 창작에서 '진眞'을 강조하여 혜환 이용휴에게 영향을 미친 인물은 그의 유일한 스승이자 숙부였던 성호 이익이었다.305) 이 말은 혜환 이용휴에게 당대 근기 남인계열 시맥 문인들의 일반적인 시문학 창작 경향을 뛰어넘을 수 있는 방법의 단서를 제공해 준 사람이 성호 이익이었음을 의미하는 것으로 혜환 이용휴에게 미친 가학家學의 영향을 보여주는 것이기도 하다.

혜환 이용휴에게 '진眞'이란 다양한 의미를 지니는 것이었지만, 가장 기본적인 의미가 '있는 그대로'라는 뜻이었고, 이 의미는 결국 개성을 뜻하는 것이었다. 시라는 문학 작품이 그 작품을 창작한 작가를, 또 그 작가의 의식을 있는 그대로 보여줄 수 없다면 그 작품은 '진眞'할 수 없다는 점에서 작가와 작품의 동일화를 추구하게 되었고,306) 이러한

---

303) 李用休,「題橄欖卷」,『惠寰雜著』卷6, "諸果一嘗, 可盡其味. 惟橄欖, 始食甚澁, 咀嚼久之, 回味自甘. 凡學問文章, 皆有此境, 身親歷者知之."
304) 李用休,「松穆館集序」,『松穆館集序』, "詩文有從人起見者, 有從己起見者. 從人起見者, 鄙無論, 卽從己起見者, 毋或雜之固與偏, 乃爲眞見. 又必須眞才而輔之, 然後乃有成焉. 予求之有年, 得松穆館主人李君虞裳, 君於是道, 有邁倫之識, 入玄之思, 惜墨如金, 鍊句如丹, 筆一落紙, 可傳也. 然不求知於世, 以世無能知者, 不求勝於人, 以人無足勝者. 惟聞出薦余, 遷錮之餘而已. 嗟. 積階至一品, 朝收之, 暮易白身, 殖貨至萬金, 暮失之, 朝爲貧人. 若文人才子之所有者, 則一有之後, 雖造物, 無可如何, 是卽眞有也. 君旣得有, 此餘區區者, 悉捴遣之, 勿置胷中可矣."
305) 李瀷,「古今文章」,『星湖僿說』卷30, "古今文章, 以壽木取比, 唐虞三代之文, 如方夏花葉極盛, 無一條枯枿而燦然可觀也. 秦漢之文, 如秋冬以後, 華實摧落而眞形自在也, 後世之文, 如丹靑繪畵, 摸狀雖逼, 而生意颯爾也, 我東之文, 如鄕社畵師, 不見其物, 但憑傳摸 依俙彷彿, 桃身柳葉杏葉棠花, 圓楕違眞, 丹碧無準, 不審其何物也."
李瀷,「論畵形似」,『星湖僿說』卷5, "東坡詩云; 論畵以形似, 見與兒童隣, 賦詩必此物, 定非知詩人. 後世畵家, 得以爲宗旨, 淡墨麤畵, 與眞背馳, 今若曰; 論畵形不似, 賦詩非此物, 其成說乎, 余有家藏東坡墨竹一幅, 一枝一葉, 百分肖似, 乃所謂寫眞也. 神在形中, 形已不似神, 可得以傳耶. 此云者, 謂形似而乏精神, 雖此物而無光彩也. 余則曰; 精神而形不似, 寧似光彩而他物, 寧此物."

의식이 바로 혜환 이용휴에게 '개성의 표출'이라는 개념으로 정의되었다고 보인다.

혜환 이용휴의 시문학 작품이 '진眞의 표출을 통한 개성個性의 강조'에서 그쳤다면 그의 시문학 작품이나 창작 경향이 당대를 뒤흔든 시대의 문제작이 되기는 어려웠을 것이다. 그것은 18세기 중반 이후 유입된 명말청초明末淸初의 문학 사상에 영향을 받아 이와 같은 의식이 이미 시대의 한 조류潮流를 형성하고 있었기 때문이다. 혜환 이용휴의 시문학이 시대의 문제작이 될 수 있었던 것은 이 '진眞'을 '기奇'라는 개념으로 확장할 수 있었기 때문이라고 보인다.307)

'진眞'과 '기奇'를 추구한 혜환 이용휴는 시 창작의 방법으로 '격고格古·기일氣逸·의원意圓·어신語新'이라는 네 가지 방법을 제시하였다.308) 이 방법들을 통해 창조된 혜환 이용휴의 시문학은 당대부터 그 후대까지 문단의 최고봉에 위치할 수 있었다.309)

혜환 이용휴의 시문학관이 지니는 특성은 당대 근기 남인계열 문단뿐만 아니라 노론계 젊은 문인들의 문학관보다도 앞선 것이었다. 따라서 번암 채제공의 입장에서는 이와 같은 문학관을 지닌 혜환 이용휴를

---

306) 李用休,「壯寓集序」,『欸欸集』, "將序人詩文而先問其官位世閥萃顯, 則奉兩漢三唐以献之, 否則等之于蟬鳴虫吟, 此近世集序之絶少佳者也. 余則異於是, 只就其所作而定評, 如鎖院考試, 雖或眼力有所未及, 而無先在方寸中以眩我之鑒者. 今閱此稿, 蓋欲自運自貴者, 不摸擬依附于古昔大家, 而有眞聲眞色眞味, 譬如好茶不雜龍露, 自有眞香也. 噫, 造物之處此人, 蓋費心思矣. 十上春官而不第, 一登天陛而蒙褻, 班中無座而據詞壇一席, 命中無祿而享林泉淸福, 其得失輕重, 當有辨之者矣. 第其爲人, 孤來獨往, 不求知於世, 故世亦不能盡知其所有, 他時若有性氣同者與遇於紙上, 相感相引, 起靈絲而合神契, 則其秘奧必露矣."
307) 李用休,「許烟客汝正 必 挽 8首」其3,『欸欸集』, "其詩似其人, 眞極時露奇. 其書與其畫, 又皆似其詩."
308) 李用休,「題家姪詩稿」,『惠寰雜著』卷4, "詩固以奇爲勝, 然若壹於務奇, 則其弊爲杜默, 默之所爲歌行, 往往如伶評梵呪, 讀者難句, 惡可哉. 惟格古·氣逸·意圓·語新者, 乃詩家射鵰手耳."
309) 이 네 가지 용어의 개념과 성과에 대해 현재로서는 필자가 어떤 평가를 내리기 어렵다. 이 용어에 대한 자세한 설명은 다음 연구 결과를 참조하기 바란다. 심경호,「18세기 중·말엽의 남인 문단」,「국문학연구」(1997); 박준호,「혜환 이용휴 문학 연구」(성균관대학교 박사학위논문, 1999), 93~98쪽; 박용만,「이용휴의 시문학 연구」(한국학대학원 박사학위논문, 2000), 89~95쪽.

자신이 선정한 시맥 속으로 편입시킬 수 없었다고 생각된다. 더욱이 당대 정계 진출이 원천적으로 차단되어 있었던 혜환 이용휴는 교유 인물들에 있어서도 당색을 초월해 있었다. 앞 장에서 이미 언급한 것처럼, 안산 첨성리瞻星里의 성호장星湖莊과 서울의 황화방皇華坊을 근거로 하여 성호 이익의 문하 제자들을 중심으로 다양한 인물들과 교유하였으며, 여항문인閭巷文人들과도 스스럼없는 관계를 형성하고 있었다.[310] 이와 같은 여러 상황들이 복합적으로 작용하여 혜환 이용휴의 문학적 위상과 근기 남인계열 안에서의 위치가 결정되었다고 생각된다.[311] 시를 보도록 한다.

---

[310] 혜환 이용휴에 대한 평가는 당대 당색에 관계없이 대체로 일치하고 있었다고 보인다. 李德懋의『靑莊館全書』卷34,「淸脾錄」3의「李虞裳」조에서 혜환 이용휴에 대해 언급한 아래의 글과『靑莊館全書』卷35,「淸脾錄」4의「惠寰」조를 보면 당대 혜환 이용휴가 받았던 인정을 잘 알 수 있다. "惠寰洞洗凡陋, 別具靈異, 橫竪今昔, 眼珠如月, 幾乎東方無一操觚捫翰者.","李上舍用休, 號惠寰居士. 詩力追中國, 恥作鴨江以東語, 格律嚴苦, 藻采煥曄, 別闢洞天, 峭絕無隣, 博極墳典, 字句有根."

[311] 혜환 이용휴에 대한 선행 연구 업적은 상당히 많다. 필자가 정리하여 모은 것만을 들어보면 다음과 같다. 朴用萬,「李用休의 文學論과 漢詩 硏究」(韓國精神文化硏究院 韓國學大學院 석사학위논문, 1993); 박준호,「혜환 李用休 文學 硏究」(성균관대학교, 1999); 박용만,「李用休의 詩文學 硏究」(韓國精神文化硏究院 韓國學大學院 박사학위논문, 2000); 조지영,「惠寰 李用休의 '傳'문학 연구」(충남대학교 교육대학원 석사학위논문, 2011); 한경애,「朝鮮 後期 藝術論의 心學美學的 硏究: 李匡師, 李用休, 朴趾源을 중심으로」(성균관대학교 박사학위논문, 2012); 정우봉,「李用休의 문학론의 일고찰: 그의 陽明學的 사고와 관련하여」,『韓國漢文學硏究』9(1987); 박용만,「이용휴 시의식의 실천적 의미에 대하여」,『韓國漢詩硏究』5(1997); 박준호,「혜환 이용휴의 문학관」,『大東漢文學』9(1997); 이정숙,「혜환 이용휴의 문학사상 연구」(안동대학교 석사학위논문, 1998); 朴用萬,「惠寰 李用休의 文學論에 대한 考察」,『개신어문연구』16(1999); 박준호,「혜환 이용휴의 전에 대하여」,『漢文學報』1(1999); 안대회,「李用休 小品文의 美學 李用休 小品文의 美學」,『동아시아 문화연구』34(2000); 정민,「18세기 우정론의 맥락에서 본 이용휴의 生誌銘攷」,『동아시아 문화연구』34(2000); 박준호,「만시에 대한 일고찰: 혜환 이용휴의 작품을 위주로」,『東方漢文學』19(2000); 朴浚鎬,「혜환 李用休의 '眞'文學論과 '眞'詩」,『동아시아 문화연구』34(2000); 박준호,「혜환 이용휴의 양명학적 사유양태와 시적 형상화」,『漢文學報』3(2000); 조현덕,「惠寰 李用休의 思惟樣式과 小品體 散文 硏究」(고려대학교 석사학위논문, 2001); 박동욱,「혜환 이용휴 만시고」,『溫知論叢』7(2001); 정은진,「혜환 이용휴의 서화비평 연구」,『漢文學報』7(2002); 김동준,「惠寰 李用休의 五言古絶 運作 硏究」,『국문학연구』7(2002); 박준호,「혜환 이용휴의 영사시에 대하여-「시가점등」및「필동록」소재 한시를 중심으로」,『東方漢文學』23(2002); 金東俊,「李用休 漢詩의 理知的 性向과 새로운 詩的 型式」,『진단학보』95(2003); 박동욱,「혜환 이용휴 열녀전의 입전 의식 논문」,『東方學』10(2004); 김동준,「18세기 한국한시의 실험적 성격에 대한 연구: 李匡師, 李用休, 柳慶種을 중심으로」,『민족문학사연구』27(2005); 박동욱,「惠寰 李用休의 文學 硏究」(성균관대학교 박사학위논문, 2006); 박동욱,「혜환 이용휴 산문 연구」,『溫知論叢』15(2006); 박동욱,「李用休 한시의 파격적 구성과 실험성」,『韓國漢詩硏究』15(2007); 김동준,「李用休 漢詩와 이언진 漢詩의 대비론」,『韓國詩歌硏究』15(2007); 박동욱,「금대 이가환 유배 한시 연구-金化 유배 시기를 중심으로」,『東方學』15(2008); 이경근,「혜환 이용휴의 문예론 연구」(서울대학교 석사학위논문, 2009); 최기숙,「惠寰, 無名子, 沆瀣의 비평적 글쓰기를 통해 본 "人-文"의 경계와 글쓰기의 형이상학」,『동방학지』155(2011); 韓敬愛,「惠寰 李用休의 邊我的 實心美學」,『서예비평』9(2011).

婦坐搯兒頭　며느리 앉아서 아이 머리 땋는데
翁傴掃牛圈　등 굽은 늙은이 외양간 쓰네.
庭堆田螺殼　마당에는 콩깍지 쌓여 있고
廚遺野蒜本　부엌에는 산 마늘 걸려 있네.[312]

五色非常鳥　오색 빛의 상서로운 새가
偶集屋之脊　우연히 지붕 위에 앉았네
衆人爭來看　사람들 다퉈 몰려와 구경을 하니
驚起忽無迹　놀라 날아가 자취 감추었네.

無故得千金　아무런 이유 없이 천금을 얻으면
其家必有灾　그 집안에 반드시 재앙이 있지.
矧此布世寶　더구나 이 세상에 다 덮을 보배를
焉能久假哉　어떻게 오래도록 빌려 둘 수 있겠는가.

眇然一匹夫　하잘 것 없는 필부 하나지만
死覺人數減　죽고 나니 사람 수 줄었음을 알겠으니
苟非關世道　어찌 세상 큰 일에 관계되는 것 아니겠는가
人多如雨點　인간이 빗방울처럼 많다고 하지만

其人膽如瓠　그 사람은 쓸개가 박처럼 컸었고
其人眼如月　그 사람은 눈이 달처럼 밝았으며

---

312) 李用休,「田家」,『㱊㱊集』.

| 其人腕有靈 | 그 사람의 팔꿈치엔 신령이 있었고 |
| 其人筆有舌 | 그 사람의 붓에는 혀가 달렸었네. |

他人以子傳	다른 사람들은 아들 낳아 전하지만
虞裳不以子	우상은 아들 낳아 전하지 않았지.
血氣有時絶	혈기는 끊어질 때가 있지만
聲聞無窮已	명성은 영원하여 끝이 없다네.313)

血肉所成軀	피와 살이 몸을 이루니
誰不畏痛苦	누군들 고통을 두려워 않겠나.
我則病忌針	나 병들면 침 맞기도 꺼리면서
杖人輒增數	남 때릴 땐 곧 그 수를 더하네.314)

玉指尖頭擧示之	옥같은 손 끝으로 들어 보이니
銅錢兩箇貫靑絲	동전 두 개가 푸른 실에 꿰어 있네.
買糖買餠隨兒願	사탕 사고 떡 사고 네 뜻대로 해줄 테니
更勿啼呼惱阿孃	다시는 울부짖어서 어미 속 썩이지 마라.

通寶寧容暫去身	돈을 어찌 잠시라도 내 몸에서 뗄 수 있으랴
回嗔作喜輒如神	성난 아이 잠시 달래는 법 정말 귀신같네.
嫡親母子猶須此	친어미 아들 사이에도 이런 방법 필요한 데

---

313) 李用休, 「李虞裳挽 10首」 其 2·3·4·8·10首, 『欸欸集』. 이 시는 李德懋의 『靑莊館全書』 卷34, 「淸脾錄」 3의 「李虞裳」조에 수록되어 있는 시인데, 원 시와는 글자의 출입이 조금 있다.
314) 李用休, 「送鄭使君 恒齡 之任淵康 8首」 其2, 『欸欸集』.

何況悠悠路上人　하물며 상관없이 길가는 사람이겠는가.[315]

　혜환 이용휴의 문학 경향을 이은 대표적인 문인으로 그의 아들 금대 이가환을 들 수 있는데, 금대 이가환은 혜환 이용휴와 달리 정조正祖의 비호를 받으며 관직 생활에 진출할 수 있었다. 어려서부터 집안 어른들에게 학문을 익힌 금대 이가환은 성호 이익에게 나가 학문을 익힐 당시 성호 이익의 자질子姪 중 그가 가장 어렸기 때문에 가계 내의 모든 학문을 집대성 할 수 있었다.
　금대 이가환이 번암 채제공의 근기 남인 시맥 속에 들지 못한 이유는 혜환 이용휴보다 훨씬 더 직접적이었다고 생각된다. 금대 이가환의 평생을 힘들게 했던 것은 그의 부친 혜환 이용휴대까지 그의 집안을 괴롭혔던 과거의 이력이 아니라 생질인 만천蔓川 이승훈李承薰(1756~1801)의 천주교 신봉 문제였다. 천주교 신봉에 관한 문제에서 벗어나기 위해 금대 이가환은 자신이 할 수 있는 거의 모든 방법을 사용해 보았지만 끝내 무함誣陷을 벗어나지 못하고 순조 1년(1801)의 신유사옥에서 이승훈·권철신 등과 함께 옥사하였다.
　금대 이가환의 문학적 성가는 부친 혜환 이용휴를 그대로 이은 것이었다. "구슬을 꿰는 문예를 쌓고도 스스로 초야를 떠도는 사람으로 여겼다[斲輪而貫珠, 自分爲羈旅草莽]."거나 "화려한 문장은 권세 있는 사람들에게 넘겨주고 「이소離騷」와 「구가九歌」에 의탁하여 스스로 읊었다[絺繡五采, 讓與當陽 離騷九歌, 假以自鳴]."는 다산 정약용의 평가는 당대 금대 이가환의 처지와 그의 문학적 특성을 그대로 보여주는 것이다.

---

315) 李用休,「題美人戱嬰圖 2首」,『欷斅集』.

앞서 살펴본 창강 김택영의 혜환 이용휴에 대한 평가는 혜환 이용휴만을 대상으로 한 것이 아니라 그와 그의 아들 금대 이가환을 동시에 거론하여 내린 것이다. 그렇다면 혜환 이용휴와 함께 금대 이가환의 시도 '기궤奇詭와 첨신尖新'으로 정리가 가능하다고 할 수 있다.

금대 이가환의 문학관이나 시세계에 대한 이해는 '문장세도론文章世道論'316)에서 시작한다고 보인다. 한 시대의 글은 한 시대의 도를 반영하는 것이라는 이 논리는 '도문일치론道文一致論'으로 전환이 가능한 것이지만, 그 반대의 기능 역시 가능하다. 세도世道가 변하면 문장 역시 변할 수밖에 없는 것이라는 논리가 성립하기 때문이다. 이와 같은 논리는 고문古文과 금문今文, 고인古人과 금인今人을 구분한 금대 이가환의 언급317)에서도 확인이 가능하다. 고인이 바로 금인이고 금인이 바로 고인이라는 금대 이가환의 주장은 금문이 바로 고문이라는 논리를 이끌어낸다. 이와 같은 주장은 다음으로 부친 혜환 이용휴가 주장했던 개성적 문학론으로 그 외연을 확장하게 된다.318)

개성적 문학론으로 외연을 확장한 금대 이가환은 시 속에 참된 성정[性情之眞]을 담기 위해 언어를 넘어선 표현과 작가와 독자의 교감을 주장하였다.319) 이와 같은 경지를 정우봉鄭雨峰은 '신리핍사神理逼似'로 규정하

---

316) 李家煥,「文體論」,『錦帶殿策』, "臣伏惟一代之文, 如有一代之體裁, 道隆而文從而隆, 道汚而文從而汚, 則論其文卽論其世也."
317) 李家煥,「雲來亭集序」,『詩文艸』 夏, "今人必忻慕古人, 然自古人視之古人, 亦今人, 未嘗自以爲古也. 今人所以不及古人者無他, 其始後輩視前輩爲陳, 言自以爲勝之. 方其謝華啓秀, 固亦有可觀, 而其後輩又視後輩爲前輩, 遞求其新, 迨積之旣久, 終每下然後始覺其邈然不可及. 小則如漢之東西京, 唐之初盛中晩是也, 大則如商周雅頌, 楚漢騷賦, 唐宋近體皆是也. 求古者, 必知此而後古人可幾也."
318) 李家煥,「風謠續選序」,『錦帶詩文抄』 下, "天下無無性情之人, 則無無詩之人, 故人皆可以爲詩, 惟性情梏而詩亡矣. 梏性情者莫甚於富貴, 性情梏則雖其才調之高, 言語之工, 末而已, 豈復有詩哉. 此所以古今稱詩, 多出於窮而在下者也. 然旣出於窮者, 故例多感憤牢騷之辭, 君子病之, 而是集獨能溫柔敦厚, 不失興觀羣怨之旨, 玆其所以爲昭代之風也. 蓋性情在人, 所以導其性情在上, 季札觀周樂, 衡之人, 未必能皆憂而不困也, 以康叔正公也, 齊之人未必能皆也, 以太公也, 唐之人未必能皆思深憂遠也, 以有陶唐之遺風也. 然則今之人, 亦未必能皆溫柔敦厚也, 以列聖之化也. 使有如季子者觀之, 其必有以知之矣. 故曰: '論其世也, 主其事, 千君壽慶·張君混', 皆深於詩者也."

고, 이와 같은 경지에 이르기 위해 금대 이가환이 주로 사용한 표현 기법으로 '청신淸新'을 들었고, 평가의 기준으로 '무의無意와 유의有意'를 들었다.320) 금대 이가환의 이와 같은 문학론과 창작 방법, 평가 방법은 혜환 이용휴가 사용했던 '진眞·기奇'라는 개념을 한 층 더 발전시킨 것이면서 명말明末 공안파公安派의 대표주자인 원굉도袁宏道(1568~1610)의 문학론과도 이어지는 것이라고 할 수 있다.321) 시를 보도록 한다.

江樓四月已無花　사월 강가 누대 꽃 이미 다졌는데
簾幕薰風燕子斜　장막에는 따뜻한 바람 제비 빗겨 날아드네.
一色碧波連碧艸　푸른 물결 푸른 풀과 한 빛으로 이어지니
不知別恨在誰家　이별의 한 그 뉘 집에 있는지 모르겠네.

仁聖遺祠歲月多　어진 성군 사당에도 세월 많이 흘렀으니
朝天舊石足悲歌　조천석 옛 돌에도 슬픈 노래 넘치네.
大同門外長江水　대동문 바깥의 장강 물은
不見迴波見逝波　돌아오는 물결 보이잖고 가는 물결만 보이네.322)

---

319) 李家煥,「率更詩序」,『詩文艸』 夏,"詩神物也, 積字而句, 積句而章, 非章句, 無所謂詩者, 然所以爲詩者, 常在章句之外, 作者或不自知, 而觀者知之."
320) 鄭雨峰,「李家煥의 文學論과 詩世界」(고려대학교 석사학위논문, 1984), 13~22쪽.
321) 금대 이가환에 관해서는 다음과 같은 선행 연구들이 있어 참고가 된다. 최상천,「貞軒 李家煥 硏究 : 錦帶 殿策의 分析을 中心으로」(高麗大學校 석사학위논문, 1981); 정우봉,「李家煥의 文學論과 詩世界」(高麗大學校 석사학위논문, 1984); 엄미원,「錦帶 李家煥 硏究」(梨花女子大學校 석사학위논문, 1985); 문수영,「錦帶 李家煥의 散文硏 : 人物描寫에 나타난 作家意識을 中心으로」(경상대학교 석사학위논문, 1995); 李美仙,「錦帶 李家煥의 散文 硏究」(영남대학교 석사학위논문, 2006); 하성래,「이가환과 서학과의 관계」,『동아시아 문화연구』 35(2001); 김동준,「이가환 한시 연구」,『동아시아 문화연구』 35(2001); 임형택 외,「李家煥의『정헌쇄록』」,『민족문학사연구』 31(2006); 박동욱,「금대 이가환 유배 한시 연구 - 金化 유배 시기를 중심으로」,『東方學』 15(2008).
322) 李家煥,「練光亭 2首」,『錦帶詩文鈔』 上.

每愁山倒雪	언제나 눈사태 걱정했는데
何意日生林	어인 일로 숲에 해가 다 떴나.
慘黑屯雲色	시커먼 빛은 머문 구름 색이고
微靑小草心	연푸른 색은 막 난 풀 삭의 마음이지.
烏鳶飛不定	까마귀 솔개 정처 없이 날고
豺虎跡全深	승냥이 범은 자취 깊이 숨겼네.
獨有袁安宅	원안의 집들만 남아있으니
高情自古今	고상한 마음은 예나 지금 똑같네.323)

蕭條錦樹落天霜	쓸쓸한 단풍나무 서리 맞으니
爲客江關日月長	강호에 나그네 된 지도 참 오래네.
千佛風雲供坐臥	비바람 맞는 부처처럼 눕고 앉았고
五山冰雪變衣裳	눈서리 덮인 오산처럼 옷 바뀌었네.
衰顔賓對蒼生哭	힘없는 얼굴로 백성들의 곡 대하니
往歲虛隨粉署香	지난 세월 지분 향기 따랐던 것 부질없네.
薄暮柴門扶杖立	저물녘 사립문에 지팡이 집고 서 있으면서
愁看荒艸野茫茫	풀 다 시든 휑한 들녘 근심스레 쳐다보네.324)

　지금까지 살펴본 인물들 이외에도 근기 남인계열 시맥의 마지막 시기인 발전기를 온전하게 이해하기 위해 살펴보아야 할 인물들은 상당히 많다. 그 중 대표적인 인물들을 간단하게만 거론하더라도 우곡 강백·

---

323) 李家煥,「雪晴」,『錦帶詩文鈔』上.
324) 李家煥,「遣悶 2首」其1,『錦帶詩文鈔』上.

당계 김광우·여와 목만중·난사 박도상·진택 신광하·해암 유경종·붕지 유운익·소고 윤지눌·남고 윤지범·반롱재 이병연·강재 이승연·오사 이정운·이치훈·낙하생 이학규·다산 정약용·채홍원·한경선·병산 한치응·홍시제 등을 들 수 있다. 그것은 실질적인 근기 남인계열 시맥의 마지막 시기인 발전기의 시단이 이들을 주축으로 하고 있기 때문이다.

그러나 이들 대부분에 대해서는 아직까지 본격적인 연구가 이루어지지 않고 있는데, 이와 같은 현상은 앞서 언급한 것과 같이 이들의 문학세계를 확인할 수 있는 문집이 존재하지 않고, 존재한다고 하더라도 불완전한 상태인 경우가 대부분이어서 이들의 문학적 특성을 확인하기 어렵기 때문이라고 생각된다. 이 글에서 직접 거론하여 살펴보지 않은 발전기 근기 남인계열 시맥의 중심 인물들 중 문집이 존재하는 문인들만을 추려보면 우곡 강백(『우곡집愚谷集』)·여와 목만중(『여와집餘窩集』)·진택 신광하(『진택문집震澤文集』)·해암 유경종(『해암고海巖稿』)·반롱재 이병연(『반롱재집半聾齋集』)·낙하생 이학규(『낙하생집洛下生集』)·다산 정약용(『여유당전서與猶堂全書』)·백불암 최홍원(『백불암집百弗庵集』)·병산 한치응(『병산집甹山集』) 등을 들 수 있다.

그러나 현재 이들의 문집 대부분이 정리되지 않은 상태로 남아 전하거나, 전체의 일부분에 불과한 경우가 많아 이 문집을 통해 이들의 문학적 특성을 논하기는 쉽지 않다. 또 문집이 정리된 상태로 남아있는 인물의 경우 대부분 하나의 가계家系나 일정한 학통學統과 연계되어 있다. 따라서 이 글에서 계속 논의를 진행할 경우, 편향적인 결론을 도출하여 이 시기에 대한 객관적 실체 파악이 어려울 수 있다.

이와 같은 문제점에 대한 인식을 바탕으로 이 글에서는 더 이상 발전기 근기 남인계열 문인들의 개별적인 문학 경향에 대해 논하지 않고, 다음 절에서 근기 남인계열 시맥의 문학 경향을 종합하고 정리하여 조선 후기 근기 남인계열 시맥의 문학사적 의미를 확인해 보도록 하겠다.

제3부 조선 후기 근기 남인 시맥의 문학 경향과 문학사적 의미

2. 조선朝鮮 후기後期 근기近畿 남인南人 시맥詩脈의 문학사적文學史的 의미意味

지금까지 살펴본 조선 후기 근기 남인계열 시맥의 문학 경향을 종합·정리해보면 다음과 같다. 먼저 형성기 근기 남인계열 시맥의 문학 경향은 세 가지로 정리가 가능하다. 첫 번째는 육경六經을 근본으로 한 고학古學의 추구와 이를 위한 명대明代 전·후칠자前後七子의 문학 경향 수용이다. 두 번째는 '시필성당詩必盛唐 문필진한文必秦漢'을 기치로 하고, 두보杜甫를 전범으로 한 시문학詩文學의 학습이다. 세 번째는 상고적尙古的 복고주의復古主義를 통한 문학의 도덕적道德的·효용론적效用論的 가치의 회복 추구이다. 이와 같은 보편적 문학 경향의 공유로 인해 이 시기 근기 남인계열 시맥의 문인들 대부분이 당풍唐風의 시를 창작하기 위해 노력하였고, 박학博學과 다독多讀을 필수적인 학습 방법이라고 인지하였다고 생각된다.

그러나 이와 같은 보편적 문학 경향 속에서 확인할 수 있는 개인적인 특성 역시 적지 않다. 개인적인 특성이 구체적으로 확인되는 문인들과 그들의 특성을 정리해보면 대체로 다음과 같다. 우선 동주 이민구에게서 가장 먼저 찾아볼 수 있는 특징은 전범典範의 확장이다. 동주 이민구는 진한고문秦漢古文과 함께 당송고문唐宋古文까지도 전범의 범주에 포함하였다. 다음으로는 '고古'·'금今'의 소통을 통한 새로운 문학 작품의 창작이다. 동주 이민구가 배우고자 했던 '고古'는 '고古' 그 자체로 의미를 지니는 것이 아니라 '금今'과의 관계 속에서 의미를 찾을 수 있는 것이었다. 따라서 문학 작품 역시 무조건적인 복고復古나 의고擬古는 동주 이민구에게 어떤 의미도 부여해 주지 못하는 것이었다. 그런 점에서 동주 이민구의 학고學古는 본질적인 것이면서 동시에 방법론적인 것이라는 이중의 속성을 지닌다.

동명 정두경의 경우 고시를 전범으로 삼아 고시의 격조格調를 배우고자 하였고, 시의 창작에 있어서는 무엇보다 의意를 중요하게 보아 설의設意·득의得意·용의用意를 시 창작의 본질적인 요소로 인식하였다. 이에 따라 동명 정두경은 격조가 높고 기세가 큰 시를 창작하고자 하였고, 배워야 할 가장 높은 수준의 시 형식으로 고시古詩를 들었다. 이 점에서 동명 정두경의 시는 의고성擬古性을 기본으로 하고 있다고 볼 수 있다.

낙전당 신익성의 경우 상고적尙古的 복고復古를 지향指向하였던 것은 분명하지만, 학명學明 보다 『시경詩經』 시의 학습을 추구하였고, 송풍宋風의 가치를 인정하였으며, 당풍唐風의 폐단을 개혁하여 시문학 창작 경향의 개신改新을 도모하였다.

그러나 이와 같은 개인적인 차이점이 존재하지만, 이 차이점이 형성기 당대 근기 남인계열 시맥의 보편적 문학 경향을 넘어설 수 있을 정도로 크게 작용하지 않았다는 점에서 형성기 근기 남인계열 시맥의 시문학 창작 경향은 보편성의 범주를 더 크게 지니고 있었다고 할 수 있다.

정정립기 근기 남인계열 시맥의 시문학 창작 경향도 기본적으로 상고적尙古的 복고주의復古主義의 틀 속에 놓여 있었다. 이들 역시 이전 시기인 형성기의 문인들과 같이 육경六經을 근본으로 한 고학古學을 추구하였고, 이를 위해 명대明代 전·후칠자前後七子의 문학 경향을 수용하였다. 그와 함께 '시필성당詩必盛唐 문필진한文必秦漢'을 기본적인 목표로 하여 두보杜甫를 학시學詩의 전범으로 삼았다. 이 때문에 이들 역시 당풍唐風의 시를 창작하기 위해 노력하였다고 보인다.

그러나 이와 같은 정립기 근기 남인계열 시맥의 보편적 속성 속에서 개인적인 변화의 편폭은 점점 커져가고 있었다고 생각된다. 이를 구체적으로 살펴보면 우선 송곡 이서우의 경우 동주 이민구가 그랬던 것처럼 학시學詩의 전범을 확장하고 있음을 알 수 있다. 송곡 이서우가 성당盛唐의 시를 학시學詩의 중심에 둔 것은 분명하지만, 그가 전범으로 삼은 대상은 당대唐代를 넘어 송대宋代의 작가들까지 포괄하고 있었다. 소식蘇軾(1036~1101)이나 황정견黃庭堅(1045~1105), 육유陸游(1125~1210) 등과 같은 송대宋代의 시인들까지 학시學詩의 전범으로 삼았는데, 이는 송곡 이서우가 시 경향의 다양성을 추구하는 과정에서 찾아낸 학습 방법이었다고 생각된다. 이 때문에 송곡 이서우의 시세계는 하나의 경향으로 특정하기 어려운 다양한 모습을 보여주는데, 이와 같은 변화는 연초재 오상렴이나 희암 채팽윤에게서도 확인할 수 있는 것이다.

정립기 근기 남인계열 시맥의 성격 변화는 국포 강박과 약산 오광운을 통해 보다 선명하게 확인할 수 있다. 국포 강박과 약산 오광운 모두 희암 채팽윤을 사사師事하였다는 점에서 이들이 보여주는 성격 변화가 희암 채팽윤에 의해 유도誘導된 것이 아닐까 하는 생각도 가지게 된다. 국포 강박의 경우 고도古道와 고학古學을 힘써 추구하였고 두보를 중심으로 한 성당盛唐의 시를 익히기 위해 노력하였지만, 그가 추구한 것은 복고復古나 의고擬古가 아니라 오히려 창신創新에 해당하는 것이었다. 이전까지 근기 남인계열 시맥에서 보여주었던 상고적尙古的 복고주의復古主義에 대한 부정이나 거부라고까지는 하기 어렵지만, 상고적尙古的 복고주의復古主義 문학관과 국포 강박의 문학관을 같은 관점에서 이야기하기 어려운 것이 사실이다.

이렇게 변화된 문학관을 약산 오광운은 자신의 글 속에서 직접 언급하였다. 약산 오광운은 「시지詩指」를 통해 당唐 뿐만 아니라 송宋·원元·명明대의 작가들에 대해서도 장점은 충분히 배워야 하고 이를 자기 시의 창작 재료로 삼겠다고 했으며, 「문지文指」를 통해서는 지금까지 시문학 작품 창작의 기본 전범이 되었던 명대 전·후칠자를 직접 비판하였다. 약산 오광운은 그 시대의 본색은 가릴 수 없다[其時代本色, 亦不可掩]는 말로 시대 정신과 작가 의식의 상관관계와 표출 양상을 정리하였는데, 이 말에 따르자면 전범의 설정은 학습 이상의 의미를 지니지 않는 것이 된다. 따라서 어떤 작가든 그 당대 자신이 살고 있는 시대의 본색을 자신의 작품 속에 담아내야 하는데, 이러한 논리는 결국 국포 강박이 추구했던 창신創新과 같은 뜻으로 해석이 가능하다.

국포 강박과 약산 오광운이 근기 남인계열 시맥 정립기 문인들의 시문학 창작 경향의 전환을 주도하였고, 이들에 의해 당대 근기 남인계열 시맥의 시문학 창작 경향이 전환되었다고 단언하기는 어렵다. 그렇지만, 최소한 이들에 의해 시문학 창작 경향의 전환 방향이 구체화되었고, 이들이 그 전환을 선도하였다고는 보아도 될 것이라고 생각된다.

발전기 근기 남인계열 시맥의 시문학 창작 경향은 이전 시기와 다른 차원에서 복잡한 양상을 보여준다. 발전기 근기 남인계열 시맥이 보여주는 복잡한 양상들은 문학 자체의 내적인 발전과 함께 다양한 시대적 상황에 의해 야기된 결과라 보인다. 근기 남인계열 시맥의 발전기에 해당하는 18세기 중반에 들어서면서 근기 남인계열 내부에서 일어나게 된 시·벽파時僻派의 정치적 분리 현상이 이 시기 근기 남인계열 시맥의 복잡한 성격을 만드는 하나의 원인이 되었다고도 생각할 수 있고, 동일한 정치적 성향을 지니고 있었다고 하더라도 현실 정치에 뛰어들 수 있었던 이들과 정치적으로 여전히 고폐固閉된 상태에 머물 수밖에 없었던 이들 사이에서 발생한 문학관의 차이가 발전기 근기 남인계열 시맥의 복잡한 성격을 만든 원인이 되었다고도 생각해 볼 수 있다. 이와 함께 한 가계家系 안에서 오랜 시간에 걸쳐 형성된 가문家門 사이에 존재하는 다양한 문학 경향 역시 이 시기 문인들의 문학 경향 형성에 중요한 역할을 했다고도 할 수 있다.

발전기 근기 남인계열 시맥의 문학 경향은 크게 두 부류로 정리가 가능해 보인다. 첫 번째는 이전과 다름없이 미수 허목 이래 이어져 내려온 근기 남인계열의 전통적인 시문학 경향을 유지하는 부류이다. 육경六經과 제자백가諸子百家를 바탕으로 『시경詩經』과 『문선文選』을 중시하며, 두보를 학시學詩의 전범으로 삼아 기상을 중시하는 시를 창작하고자 한 일군의 집단이다. 이들은 고도古道의 문학적 구현을 추구하여 전형적인 상고적尙古 복고주의復古主義 시문학 경향을 유지하였다. 이와 같은 부류에 해당하는 인물로 번암 채제공, 간옹 이헌경, 해좌 정범조 등을 들 수 있다. 근기 남인계열 시맥 중 흔히 말하는 '채당 시맥蔡黨詩脈'에 속하는 인물들로, 근기 남인 시파계열時派系列에 해당하는 출사出仕 관료들이 이 부류의 중심이 되었다.

이들은 근기 남인계열 시맥 형성기 이후 지속되었던 상고적尙古的 복고주의復古主義를 답습하여, 문文과 도道를 동일시하는 전통적인 도문일치道文一致 사상을 지니고 있었다. 이들은 도를 떠난 문은 가치를 가질 수 없고 문의 가치는 도를 통해 구현된다고 보았다. 그렇기 때문에 이들의 문학 경향은 기본적으로 도덕적 효용론을 강조하는 것이었다.

이들은 도덕적 효용을 강조하는 문학 작품을 창작하기 위해 고도古道와 고학古學을 바탕에 두어야 했고, 이에 따라 육경六經을 배우기 위해 사마천과 한유를 중심으로 한 진한고문秦漢古文과 두보를 중심으로 한 성당盛唐의 시를 익히고자 했으며 당대唐代 이후의 문학 경향 학습을 부정하였다. 시 형식의 선택에 있어서도 기상氣像을 중시하여 악부樂府 가행歌行과 고시古詩의 창작을 추구하였다.

반면 이들과 다른 한 편에 서 있었던 또 다른 부류도 존재한다. 대부분 당대 정치적 고폐固閉 속에 놓여 있어서 현실 정치에 참여가 불가능했던 재야在野의 인물이거나 뒤늦게 정계에 진출하여 때 늦은 정치 활동을 이어간 인물이었다. 물론 이 경우에 해당한다고 하여 시문학 작품의 도덕적 효용을 부정했다거나 학시學詩의 전범으로 두보를 부정했다고 보아서는 곤란하다. 이들 역시 도문일치道文一致의 도덕적道德的 효용效用을 문학의 기본적인 목적이라고 인식하고 있었고, 두보를 학시學詩의 기본으로 인정하고 있었다.

그러나 이들에게는 두보가 유일한 전범이 아니었고, 두보의 시 경향을 추종하여 복고적 시세계를 구현하고자 하지도 않았다. 이들에게는 개인이 지닌 개성의 발현이 참된 시를 창작하기 위한 기본적인 조건으로 인식되었다. 이에 따라 학시學詩의 단계를 넘어선 상황에서 이들에게 필요한 것은 자득自得의 경지를 이루어내는 것이었다. 따라서 이들은 시문학 창작의 전범 설정에 대해 강한 회의를 보였다.

자득自得과 개성個性을 추구하는 태도는 개인의 성정性情을 긍정하는 것이고, 이를 위해 이들은 시문학 작품의 창작에서 '진眞'을 강조하였다. '진眞'을 '기奇'로 확장한 혜환 이용휴와 참된 성정[性情之眞]을 강조한 석북 신광수를 이 부류의 대표적인 인물이라고 할 수 있다. 이와 같은 시문학 창작 경향과 문학관은 18세기 중반 이후 유입된 명말청초明末淸初의 공안파公安派나 경릉파竟陵派의 문학 경향과 잇닿고 있다고도 보인다.

이렇게 조선 후기 근기 남인계열 시맥 속의 문인들은 그들 나름의 문학적 속성을 유지하면서 각자가 처해 있는 상황에 따라 접하게 되는 다양한 외부의 상황에 대응하면서 그들의 시문학 경향을 유지하고 또 변화·발전시켜 나갔다. 그에 따라 조선 후기 근기 남인계열 시맥의 작가들은 보편성의 교집합 속에서 개별화된 다양한 성격의 시문학 작품들을 창작하였다. 동일시기 비슷한 환경 속에서 살아갔던 작가들의 다양한 창작 경향은 이 시기 작가들이 지니고 있었던 창작에의 고뇌와 정서적 기반이 이전 시기와는 다른 것이었음을 보여주는 것이다.

조선 후기 근기 남인계열 시맥이 형성되기 이전 시기인 16세기 말, 혹은 17세기 초까지 우리 한시는 대체로 송시풍宋詩風의 시문학 경향을 중심으로 하여, 여유 있는 삶의 구가謳歌나 자연 경물의 감상, 연군戀君의 감정 등을 읊었다. 그렇지만, 조선 후기 근기 남인계열 시맥의 형성기 이후 근기 남인계열 시맥 속의 문인들은 당시풍唐詩風의 시문학 경향을 중심으로, 고폐固閉된 자신들의 삶에 대한 불만과 다양한 삶의 모습을 시 속에 표출하였다.

조선 후기 근기 남인계열 시맥 속의 문인들은 대부분 각기 다른 다양한 현실적 고난과 정치적 위기 속에 위치하고 있으면서 그 자신들의 내적 갈등과 현실적 욕구를 문학 활동을 통해 해소하려고 노력하였다.

그와 함께 선대부터 자신들에게까지 이어져 내려온 문학 전통을 학습하고 전수하면서 그들 나름의 전통과 보편성을 지켜왔다. 이 지점에 조선 후기 근기 남인계열 시맥의 존재 의미가 놓여 있다.

이들은 새로운 시대사조와 문학 경향의 유입, 정치적 환경의 변화로 인해 달라져가는 창작 환경에 대응하여 창작 경향을 변화시켜 나가기도 했지만, 근본적인 문학관을 유지해 나가고자 노력하였다고 보인다. 이들이 유지하고자 했던 근본적인 문학관은 이들의 정체성을 보장해주는 가장 기본적인 요소였다. 그것은 이 근본적인 문학관이 기본적으로 선대부터 당대 그 자신에게 이르기까지 면면히 이어져 온 가학家學의 전통을 기반으로 한 것이었기 때문이다. 이 가학의 전통에 따라 이들은 자신들을 훈련시켰다. 그리고 현실적 상황에 맞춰 창작 경향을 유지·변화·발전시켜 나가면서 당대 문단의 한 부분을 차지하였고, 그 자리에서 자신들의 문학적 역량을 표출하였다.

도문일치道文一致의 효용론效用論에 바탕을 한 상고적尙古的 복고주의復古主義를 기본으로 하면서 각자가 처한 다양한 상황에 따라 복고성을 강조하기도 하고 새로운 문학 경향을 추구하기도 했던 것은 조선후기 근기 남인계열 시맥 속의 문인들이 그들의 전통적 문학관을 바탕으로 각자 다른 다양한 현실적 상황에 대처하고자 했던 것이라고 할 수 있다. 특히 발전기 근기 남인계열 시맥 속의 문인들은 이전 시기와 완전히 달라져버린 시대적 문학 사조와 정치적 상황 아래에서 각자가 처한 위치와 상황에 따라 서로 다른 방향으로 움직여 나갔다. 상고적 복고주의와 기궤奇詭·첨신尖新의 두 방향은 당대 같은 근기 남인계열 시맥 속에 놓여 있었던 문인들 사이의 문학적 전통과 현실적 상황이 그만큼 서로 달랐음을 보여주는 근거라고 할 수 있다.

그러나 문학관의 변화와 시대사조에의 반응이라는 두 측면으로 인해 달라진 창작 경향이 문학 작품에 영향을 미쳤지만, 이들이 지니고 있었던 기본적인 문학관을 바꾸는 것은 아니었다. 기궤奇詭와 첨신尖新을 추구하면서도 그 속에는 시대에 대한 강한 울분과 감당하기 어려운 미래에 대한 우환의식이 담겼다. 발전기 근기 남인계열 시맥 속 문인들의 시문학 작품들은 그 창작의 방향이 어떠한 것이었든 작품 속에 그들의 현실적 처지와 상황을 담고 있었다.

이런 점에서 조선 후기 근기 남인계열 시맥의 시문학 작품들은 이들과 다른 지점에 존재하고 있었던 다양한 문학 집단에 대해 자신들의 존재를 알리고, 또 그들이 자신들의 문학 경향을 유지하고 이끌어 갈 역량이 있음을 보여주는 근거가 된다.

이와 같은 조선 후기 근기 남인계열 시맥의 존재는 문학적 전통의 지속과 발전 및 변화의 양상을 확인할 수 있게 하고, 동일 시대 존재하는 문학 경향의 다양성을 보여준다. 이 다양한 문학 경향의 대립과 경쟁이 조선 후기 새로운 문학 사조와 창작 경향을 이끌어 내는 문학 발전의 동력으로 작용하였으리라 생각된다.

조선 후기 근기 남인계열 시맥의 중심 문인들은 그들 자신만의 영역 속에서 안주하지 않았다. 그들은 문학 외적인 영역에 존재하는 다양한 한계를 문학 속으로 포용하면서 다양한 시사詩社 활동을 전개하여 자신들의 문학 경향을 적극적으로 피력하고, 상대방의 문학 경향을 학습하였다. 이 과정에서 문학적 계보系譜를 초월하여 시대적 보편성을 지니는 문학 작품이 창작되기도 하였지만, 이 보편성 속에도 그들만의 개별적 특성은 언제나 존재하였다.

조선 후기 근기 남인계열 시맥의 발전기 동안 그들과 다른 한 편에서 있었던 노·소론 계열의 시단에서는 이전 시기까지 폭넓게 유행하였던 복고적이고 의고적인 시문학 경향을 부정하는 새로운 창작 경향에 주목하였다. 이 시기 노·소론 계열의 시단에서는 전통을 부정하고 혁신을 추구하여 격식과 규범으로부터의 탈피, 개성의 추구와 변화의 시도, 진실한 표현과 사실적 묘사를 중심으로 하는 새로운 시문학 작품의 창작에 주력하였다.[325] 이와 같은 새로운 시문학 작품의 창작 경향은 근기 남인계열 시맥의 마지막 시기인 발전기 동안에도 여전히 보수적 시문학 작품의 창작 경향을 중심으로 하고 있었던 당대 근기 남인계열 시맥의 문인들을 자극하여 그들의 시문학 작품을 변화시켜 나가도록 유도하였지만, 다른 한편으로는 보수적 경향을 강화시키는 대립의 요인이 되기도 했다.

자극과 대립의 중요한 계기가 되었던 새로운 시문학 경향의 유입은 조선 후기 근기 남인계열 시맥의 외부에서만 존재했던 것이 아니다. 조선 후기 근기 남인계열 시맥이라는 동일한 문학 집단 안에서도 이와 같은 새로운 시문학 경향이 활발하게 움직이고 있었다. 근기 남인계열 시맥의 내부에 존재하고 있었던 새로운 시문학 경향은 시맥 외부의 새로운 문학 경향과 경쟁하면서 점차 발전하였고, 이에 따라 근기 남인계열 시맥의 문학 경향도 이와 같은 새로운 시문학 경향에 적지 않은 영향을 받게 되었다고 보인다.

이와 같이 동일한 문학 집단 안에서 존재하고 있었던 서로 다른 방향의 문학관이 가지는 대립과 조화는 당대 근기 남인계열 시맥의 성장을 촉진시키는 것으로 멈추지 않고 같은 시기에 존재했던 다양한 문학

---

[325] 안대회, 『18세기 한국한시사 연구』(소명, 1999), 37~53쪽.

집단의 공동 발전을 이끌었다고 생각된다. 어쩌면 조선 후기 근기 남인 계열 시맥의 문학사적 의미 중 가장 큰 것이 바로 조선 후기 시단의 발전을 이끈 한 축으로 기능했다는 것이 아닐까 생각되기도 한다.

이와 함께 다른 문학 집단이 갖지 못했던 이들만의 특수한 현실적 상황은 이들에게 시에 대한 다양한 의미를 추구하게 하였고, 이를 바탕으로 조선 후기 근기 남인계열 시맥은 지속적으로 시문학 경향을 발전시켜 나갈 수 있었다고 생각된다. 특히 조선 후기 근기 남인계열 시맥의 문학 경향이 대부분 가계家系 내에서 전해진 가학 전통家學傳統을 기반으로 하여 형성되었다는 점에서 근기 남인계열 시맥 안에 존재하는 개개인의 문학 경향은 개개인의 문학 경향만을 의미하는 것이 아니라 그가 속한 가문의 가학 전통이 형성되고 발전되어 온 과정에 보여주는 것이라고 할 수 있다. 이 전통은 무조건적인 묵수墨守의 대상이 아니라 개인적인 문학 경향 형성의 뿌리로 기능하면서 시대적 변화에 대응할 수 있는 역량을 제공해 왔다고 생각된다. 따라서 조선 후기 근기 남인계열 시맥의 존재는 전통적 문학 경향의 계승繼承과 현재적인 개변改變의 상호 관계를 보여준다는 점에서 문학사적으로 또 다른 의미를 지닌다고 생각된다.

참고문헌

1. 資料

『大東詩選』
『司馬榜目』
『驪江世乘』
『驪州李氏世譜』
『黃驪世稿』 乾・坤,
『承政院日記』
『左溪裒談』
國史編纂委員會 刊, 『朝鮮王朝實錄』 國史編纂委員會, 1981.
成均館大學校 大東文化研究院 刊, 『近畿實學淵源諸賢集』 1~6, 2002. 11.
驪州李氏歷代人物誌 刊行委員會, 『驪州李氏歷代人物誌』, 1997. 2.
姜 樸, 『菊圃集』
姜 栢, 『愚谷集』
姜世晃, 『豹菴遺稿』
姜浚欽, 『三溟詩話』
姜必愼, 『慕軒集』
權 萬, 『江左先生文集』
權 瑍, 『濟南集』
權斗經, 『蒼雪齋先生文集』
權相一, 『淸臺日記』
_____, 『淸臺全集』
權重經, 『靜默堂集』
金得臣, 『終南叢志』
金履萬, 『鶴皐漫言』
金邦杰, 『芝村集』
金海一, 『檀谷集』
金世濂, 『東溟先生集』
金長生, 『沙溪遺稿』
金兌一, 『蘆洲集』
金昌協, 『農巖集』

金澤榮, 『韶護堂文集』	吳尙濂, 『燕超齋遺稿』
南克寬, 『夢囈集』	吳始壽, 『水村集』
南龍萬, 『活山先生文集』	柳慶種, 『破寂』
南龍翼, 『壺谷詩話』	_____, 『海巖稿』
南夏正, 『桐巢遺稿』	柳廣善, 『梅墩遺稿』
南鶴鳴, 『晦隱集』	柳光翼, 『楓菴輯話』
柳夢寅, 『於于集』	柳命天, 『退堂集』
柳馨遠, 『磻溪雜藁』	柳遠聲, 『家庭拾遺錄』
李 沃, 『博泉集』	尹 鑴, 『白湖先生文集』
李東沆, 『遲庵先生文集』	尹善道, 『孤山遺稿』
李萬維, 『恩庵遺稿』	李 澈, 『弘道先生遺稿』
李遂大, 『松厓集』	李 選, 『芝湖集』
李元鎭, 『太湖續稿』	李 植, 『澤堂先生集』
_____, 『太湖詩稿』	李 沃, 『博泉集』
李夏鎭, 『六寓堂遺稿』	李 瀷, 『星湖僿說』
李玄錫, 『游齋先生集』	_____, 『星湖先生全集』
李玄祚, 『景淵堂先生文集』	李 栽, 『密庵集』
睦萬中, 『餘窩集』	李家煥, 『錦帶詩文鈔』
朴齊家, 『貞蕤集』	李乾昌, 『黨議通略』
徐宗泰, 『晚靜堂集』	李景奭, 『白軒先生集』
成 涉, 『筆苑散語』	李敬儒, 『滄海詩眼』
宋成明, 『松石軒集』	李光庭, 『訥隱文集』
宋浚吉, 『同春堂先生文集』	李克誠, 『螢雪記聞』
申 濡, 『竹堂集』	李肯翊, 『燃藜室記述』
申 欽, 『象村稿』	李基讓, 『茯庵遺稿』
申光洙, 『石北先生文集』	李達中, 『遠志軒文集』
申光河, 『震澤文集』	李德懋, 『靑莊館全書』
申星模, 『陶山集』	李德胄, 『嘉林四稿』
申翊聖, 『樂全堂集』	_____, 『芋亭先生文集』
申靖夏, 『恕菴集』	李東標, 『懶隱集』
愼俊彭, 『竹淸集』	李萬敷, 『息山先生文集』
申必淸, 『竹軒先生文集』	李敏求, 『唐律廣選』
愼後聃, 『雙溪夜話』	_____, 『東州先生文集』
_____, 『河濱先生文集』	李秉延, 『半壟齋遺稿』
愼厚載, 『葵亭集』	李秉休, 『貞山詩稿』
沈 縡, 『松泉筆談』	_____, 『貞山雜著』
沈光洙, 『魯淵遺稿』	李尙毅, 『少陵先生文集』
安鼎福, 『順菴集』	李瑞雨, 『松坡集』
吳 竣, 『竹南堂稿』	李錫夏, 『可軒遺稿』
吳光運, 『藥山先生文集』	李睟光, 『芝峯集』

李承延,『剛齋遺稿』　　　　　　　丁若鏞,『與猶堂全書』
李用休,『籔籔集』　　　　　　　　鄭弘溟,『畸庵集』
＿＿＿,『惠寰詩文集』　　　　　　鄭熙普,『退省軒遺稿』
＿＿＿,『惠寰詩集』　　　　　　　趙　綱,『龍洲先生遺稿』
＿＿＿,『惠寰詩草』　　　　　　　曺兢燮,『深齋集』
＿＿＿,『惠寰雜著』　　　　　　　趙德隣,『玉川集』
李元鎭,『太湖續稿』　　　　　　　趙彥林,『二四齋記聞錄』
＿＿＿,『太湖詩藁』　　　　　　　趙顯命,『歸鹿集』
李志定,『聽蟬詩稿』　　　　　　　蔡愚錫,『愚堂先生文集』
李夏鎭,『梅山雜著』　　　　　　　蔡裕後,『湖洲先生集』
＿＿＿,『六寓堂遺稿』　　　　　　蔡濟恭,『樊巖先生集』
李學逵,『洛下生集』　　　　　　　蔡彭胤,『希菴先生文集』
李獻慶,『艮翁先生文集』　　　　　崔成大,『杜機詩集』
李玄錫,『游齋集』　　　　　　　　崔興遠,『百弗庵集』
李玄祚,『景淵堂集』　　　　　　　韓致應,『粤山集』
李衡祥,『瓶窩集』　　　　　　　　許　筠,『惺所覆瓿稿』
李羲師,『醉松詩稿』　　　　　　　許　穆,『記言』
任　璟,『玄湖瑣談』　　　　　　　許　積,『水色集』
任　斑,『扈齋集』　　　　　　　　洪萬朝,『晚退堂集』
任相元,『瑣編』　　　　　　　　　洪萬宗,『小華詩評』
張　維,『谿谷集』　　　　　　　　洪汝河,『木齋集』,
張顯光,『旅軒先生文集』　　　　　洪重聖,『芸窩集』
鄭　逑,『寒岡全書』　　　　　　　洪重寅,『東國詩話彙成』
鄭　晳,『岳南文集』　　　　　　　洪重鉉,『天一齋遺稿』
鄭斗卿,『東溟先生集』　　　　　　洪直弼,『梅山先生文集』
丁範祖,『海左先生文集』　　　　　黃　屎,『漫浪集』
鄭錫儒,『杏隱遺稿』　　　　　　　黃德吉,『下廬集』
丁若鏞,『洌水雜著』　　　　　　　黃胤錫,『頤齋亂藁』
＿＿＿,『與猶堂全書補遺』

2. 單行本

강명관,『조선시대 문학예술의 생성공간』, 소명출판, 1999.
강세구,『성호학통연구』, 혜안, 1999.
＿＿＿,『순암 안정복의 학문과 사상 연구』, 혜안, 1996.
姜周鎭,『李朝黨爭史硏究』, 서울大學校 出版部, 1971.
權泰乙,『息山 李萬敷 文學硏究』, 五成出版社, 1990.
金　泳,『朝鮮後期 漢文學의 社會的 意味』, 집문당, 1993.

금동현, 『조선후기 문학이론 연구』, 보고사, 2002.
金秉坤, 『李朝黨爭史話』, 三中堂, 1967.
金相洪, 『韓國漢詩論과 實學派文學』, 啓明文化社, 1989.
金容傑, 『星湖 李瀷의 哲學思想研究』, 成均館大學校 大東文化研究院, 1989.
琴章泰, 『韓國儒學史의 理解』, 民族文化社, 1994.
金學主, 『中國文學史』, 新雅社, 1989.
金興圭, 『朝鮮後期 詩經論과 詩意識』, 高麗大學校 民族文化研究所, 1982.
박무영, 『정약용의 시와 사유 방식』, 태학사, 2002.
박영민, 『한국 한시와 여성 인식의 구도』, 소명출판, 2003.
백헌 이경석선생 기념사업회, 『白軒 李景奭의 歷史的 再照明』, 2004.
星湖先生記念事業會, 『驪州李氏星湖家門世乘記』, 2002.
宋載卲, 『茶山詩 硏究』, 創作과 批評社, 1986.
송혁기, 『조선 후기 한문 산문의 이론과 비평』, 월인, 2006.
沈慶昊, 『조선시대 漢文學과 詩經論』, 一志社, 1999.
_____, 『한국 한시의 이해』, 태학사, 2000.
안대회, 『18세기 한국한시사 연구』, 소명, 1999.
_____, 『朝鮮後期 詩話史』, 소명, 2000.
驪州李氏歷代人物誌 刊行委員會, 『驪州李氏歷代人物誌』, 1997.
원재린, 『조선후기 星湖學派의 학풍 연구』, 혜안, 2003.
유봉학, 『燕巖一派 北學思想 硏究』, 一志社, 1995.
_____, 『朝鮮後期 學界와 知識人』, 新丘文化社, 1998.
尹載煥, 『매산 이하진의 삶과 문학 그리고 성호학의 형성』, 문예원, 2010.
李起炫, 『石北 申光洙 문학연구』, 도서출판 實庫社, 1996
이성무 외, 『조선후기당쟁의 종합적 검토』, 한국정신문화연구원, 1992.
李樹健, 『嶺南 士林派의 形成』, 영남대학교 출판부, 1984.
_____, 『嶺南學派의 形成과 展開』, 一潮閣, 1995.
李銀順, 『朝鮮後期 黨爭史 硏究』, 一潮閣, 1988.
이종묵, 『한국 한시의 전통과 문예미』, 태학사, 2002.
李鍾殷·鄭珉 共編, 『韓國歷代詩話類編』, 亞細亞文化社, 1988.
李鍾燦 외, 『조선후기 한시 작가론』, 이회문화사, 1998.
李泰鎭, 『編朝鮮時代政治史의 再照明』, 汎潮社, 1985.
이혜순 외, 『우리 한문학사의 새로운 조명』, 집문당, 1999.
李熙煥, 『朝鮮後期黨爭研究』, 國學資料院, 1995.
정 민, 『목릉문단과 석주 권필』, 태학사, 1999.
鄭良婉, 『朝鮮後期 漢詩研究』, 誠信女子大學校出版部, 1983.
鄭玉子, 『朝鮮後期 文學思想史』, 서울大學校出版部, 1990.
_____, 『조선후기 조선중화사상연구』, 일지사, 1998.
정호훈, 『朝鮮後期 政治思想 硏究 : 17세기 北人系 南人을 중심으로』, 혜안, 2004.
陳在敎, 『이조후기 한시의 사회사』, 소명출판, 2001.
韓國精神文化硏究院, 『驪州李氏 星湖家門 典籍』, 韓國學資料叢書 30, 2002.

한국철학사상연구회, 『논쟁으로 보는 한국철학』, 예문서원, 1995.
한국학연구소, 『18세기 조선지식인의 문화의식』, 한양대학교 출판부, 2001.
韓㳓劤, 『星湖李瀷硏究』, 서울대학교 출판부, 1987.

3. 學位論文

姜景勳, 「重菴 姜彝天 文學 硏究 : 18세기 近畿 南人, 小北文壇 展開와 관련하여」, 동국대학교 대학원 박사학위논문, 2001.
權鎭浩, 「眉叟 許穆의 尙古精神과 散文世界」, 성균관대학교 박사학위논문, 2000.
권태을, 「息山 李萬敷의 文學硏究」, 曉星女子大學校 박사학위논문, 1989.
金南馨, 「星湖 李瀷의 文學論과 詩世界」, 고려대학교 석사학위논문, 1983.
_____, 「朝鮮後期 近畿 實學派의 藝術論 硏究」, 高麗大學校 박사학위논문, 1988.
金世仁, 「星湖 李瀷의 詩論 硏究」, 충북대학교 교육대학원 석사학위논문, 1988.
金容蘭, 「星湖 李瀷의 文學 硏究」, 성신여자대학교 석사학위논문, 1989.
金志姸, 「眉叟 許穆의 文學思想 硏究」, 가톨릭대학교 석사학위논문, 1996.
김남형, 「朝鮮後期 近畿實學派의 藝術論 硏究 : 李萬敷, 李瀷, 丁若鏞을 中心으로」, 고려대학교 박사학위논문, 1988.
김덕수, 「澤堂 李植의 漢詩論과 『澤風堂批解』 硏究」, 한국정신문화연구원 박사학위논문, 2006.
金東俊, 「海巖 柳慶種의 詩文學 硏究」, 서울대학교 박사학위논문, 2003.
김동철, 「蔡濟恭의 經濟政策에 관한 硏究 : 특히 辛亥通共發賣論을 중심으로」, 釜山大學校 석사학위논문, 1980.
김명환, 「菊圃 姜樸의 文學論」, 경북대학교 석사학위논문, 2003.
김상일, 「東溟 鄭斗卿의 詩世界」, 東國大學校 석사학위논문, 1991.
김은정, 「樂全堂 申翊聖의 문학 연구」, 서울대학교 박사학위논문, 2005.
김주부, 「息山 李萬敷의 山水紀行文學 硏究 : 「地行錄」과 「陋巷錄」을 중심으로」, 성균관대학교 박사학위논문, 2010.
김진호, 「正祖 15年(1791) '長書事件'과 蔡濟恭」, 西江大學校 석사학위논문, 2001.
김진홍, 「艮翁 李獻慶의 生涯와 詩世界 硏究」, 고려대학교 석사학위논문, 2007.
김태영, 「海左 丁範祖의 미학적 연구」, 成均館大學校 석사학위논문, 1999.
金鶴洙, 「17세기 嶺南學派 연구」, 한국학중앙연구원 박사학위논문, 2007.
_____, 「葛菴 李玄逸 硏究 - 경세론과 학통관계를 중심으로」, 한국학중앙연구원 석사학위논문, 1995.
김현아, 「숙종대 기사·갑술 환국기 남인의 집권과 몰락」, 전남대학교 석사학위 논문, 1999.
김호길, 「東溟金世濂 硏究」, 고려대학교 석사학위논문, 1980.
남은경, 「東溟 鄭斗卿 文學의 硏究」, 梨花女子大學校 박사학위논문, 1997.
南恩暻, 「息庵 金錫冑의 文學硏究」, 이화여자대학교 석사학위논문, 1988.
류정민, 「海左 丁範祖의 長篇古詩 硏究」, 고려대학교 석사학위논문, 2001.
맹영일, 「菊圃 姜樸의 生涯와 漢詩 硏究」, 고려대학교 석사학위논문, 2007.
문수영, 「錦帶 李家煥의 散文硏 : 人物描寫에 나타난 作家意識을 中心으로」, 경상대학교 석사학위논문, 1995.

박경수, 「希菴 蔡彭胤의 輓詩 硏究」, 경북대학교 석사학위논문, 2010.
박광용, 「영·정조대 탕평책의 추이와 성격 : 峻論蕩平으로의 이행과 南人淸論의 대두」, 서울대학교 석사학위논문, 1983.
_____, 「朝鮮後期 「蕩平」 硏究」, 서울대학교 박사학위논문, 1994
박동욱, 「혜환 이용휴의 문학 연구」, 성균관대학교 박사학위논문, 2007.
朴明淑, 「游齋 李玄錫의 生涯와 漢詩 硏究」, 계명대학교 석사학위논문, 2003.
朴茂瑛, 「丁若鏞 詩文學의 硏究」, 이화여대 박사학위논문, 1993.
朴用萬, 「李用休의 文學論과 漢詩 硏究」, 韓國精神文化硏究院 韓國學大學院 석사학위논문, 1993.
박용만, 「李用休의 詩文學 硏究」, 韓國精神文化硏究院 韓國學大學院 박사학위논문, 2000.
朴浚鎬, 「惠寰 李用休 文學 硏究」, 성균관대학교 박사학위논문, 1999.
박찬선, 「息山 李万敷의 生涯와 思想 硏究 : 理氣論을 中心으로」, 嶺南大學校 석사학위논문, 1983.
박태성, 「東溪 鄭斗卿 詩 硏究」, 연세대학교 석사학위논문, 1991.
방위용, 「번암 채제공의 정치사상연구」, 중앙대학교 석사학위논문, 1984.
백승호, 「樊巖 蔡濟恭 文學 硏究」, 서울대학교 석사학위논문, 2006.
白源鐵, 「洛下生 李學逵의 詩 硏究」, 성균관대학교 박사학위논문, 1991.
夫裕燮, 「17~18세기 중반 近畿南人 文壇 硏究」, 韓國學中央硏究院 博士學位論文, 2009.
宋載卲, 「茶山文學硏究 - 詩를 中心으로」, 서울대 박사학위논문, 1984.
申杓燮, 「鶴皐 金履萬 詩의 硏究」, 성균관대 석사학위논문, 1992.
_____, 「鶴皐 金履萬 詩의 硏究」, 성균관大學校 석사학위논문, 1993.
안세현, 「진택 신광하 한시의 연구 : 18세기 중·후반 장편고시 창작의 일단」, 고려대 대학원 석사학위논문, 2001.
嚴美媛, 「錦帶 李家煥 硏究」, 이화여자대학교 석사학위논문, 1985.
吳壽京, 「18세기 서울 文人知識層의 性向」, 成均館大學校 博士學位 論文, 1990.
오호진, 「藥山 吳光運의 詩世界 硏究」, 성신여자대학교 석사학위논문, 2009.
柳姃旼, 「해좌 정범조의 장편고시 연구」, 고려대 석사학위논문, 2001.
尹敬洙, 「石北詩硏究」, 성균관대학교 박사학위논문, 1983.
尹載煥, 「梅山 李夏鎭 詩文學 硏究 - 星湖 家學의 成立과 關聯하여」, 성균관대학교 박사학위논문, 2004.
이 랑, 「18세기 영남문인 李萬敷와 李宗岳의 世居圖 연구」, 高麗大學校 석사학위논문, 2012.
이규필, 「海左 丁範祖의 文學論과 散文世界」, 경북대학교 석사학위논문, 2002.
이기현, 「石北文學硏究」, 漢陽大學校 박사학위논문, 1996.
_____, 「申光洙의 關西樂府에 대한 一考察」, 漢陽大學校 석사학위논문, 1985.
이남면, 「東州 李敏求의 生涯와 詩世界」, 고려대학교 석사학위 논문, 2006.
_____, 「鄭斗卿 漢詩 硏究」, 高麗大學校 박사학위논문, 2012.
李美仙, 「錦帶 李家煥의 散文 硏究」, 영남대학교 석사학위논문, 2006.
李成宰, 「震澤 申光河의 紀行詩 硏究」, 德成女子大學校 碩士學位論文, 1997.
이승복, 「樊巖 蔡濟恭의 '傳' 硏究」, 慶熙大學校 석사학위논문, 1993.
이은주, 「申光洙 「關西樂府」의 大衆性과 繼承樣相」, 서울대학교 박사학위논문, 2010.
이지양, 「江左 權萬과 大山 李象靖의 문학 논쟁」, 성균관대학교 석사학위논문, 1992.
李虎鉉, 「星湖 李瀷의 文學論 硏究」, 계명대학교 석사학위논문, 1987.
임미정, 「松谷 李瑞雨의 詩文學 연구」, 연세대학교 석사학위논문, 2007.

임연지, 「약산 오광운의 시세계 연구」, 한성대학교 석사학위논문, 2012.
장병한, 「藥山 吳光運의 文學論에 관한 硏究 : 心靜 및 神을 中心으로」, 成均館大學校 석사학위논문, 1987.
張源哲, 「朝鮮後期 文學思想의 展開와 天機論」, 한국정신문화연구원 부설 한국학대학원, 석사학위논문, 1991.
장유승, 「17세기 古詩 硏究」, 학국학중앙연구원 석사학위논문, 2002.
전병철, 「창설재 권두경의 생애와 저술에 관한 연구」, 안동대학교 석사학위논문, 1996.
鄭良婉, 「朝鮮朝 後期 漢詩 硏究」, 서울대 박사학위 논문, 1983.
정미숙, 「蔡濟恭과 李鈺의 女性傳 硏究」, 釜山大學校 석사학위논문, 1992.
정영호, 「息山 李萬敷의 「地行錄」 硏究 : 金剛山紀를 中心으로」, 成均館大學校 석사학위논문, 1994.
鄭雨峰, 「19세기 詩論 硏究」, 고려대학교 박사학위 논문, 1992.
____, 「李家煥의 文學論과 詩 世界」, 고려대학교 석사학위논문, 1984.
정호훈, 「17세기 북인계 남인학자의 정치사상」, 연세대학교 박사학위논문, 2001.
조 광, 「번암 채제공의 서학관 연구」, 고려대학교 석사학위논문, 1972.
趙源澤, 「星湖의 文學論과 詩 世界」, 인하대학교 교육대학원 석사학위논문, 1999.
조지영, 「惠寰 李用休의 '傳'문학 연구」, 충남대학교 교육대학원 석사학위논문, 2011.
조혜경, 「蔡彭胤의 遊覽詩 硏究 : 「瀛州錄」과 「楓岳錄」을 중심으로」, 韓國學中央硏究院 韓國學大學院 석사학위논문, 2011.
崔博光, 「星湖 李瀷의 詩論」, 성균관대학교 석사학위논문, 1969.
최상천, 「貞軒 李家煥 硏究 : 錦帶殿策의 分析을 中心으로」, 高麗大學校 석사학위논문, 1981.
허현주, 「東州 李敏求의 『唐律廣選』 硏究」, 경북대학교 교육대학원 석사학위 논문, 2005.

4. 一般論文

姜景勳, 「18세기 안산의 風光과 題詠」, 『한국한문학연구』 제25호, 1999.
____, 「重菴 姜彛天 文學 硏究」, 『古書硏究』 제15號, 한국고서연구회, 1997.
姜明官, 「16세기 말 17세기 초 擬古文派의 수용과 秦漢古文派의 성립」, 『韓國漢文學硏究』 제18輯, 韓國漢文學會, 1995.
강민구, 「『滄海詩眼』을 통해 본 18, 9세기 文學 批評 硏究」, 『한문학보』 18, 2008.
강석중, 「雪峯 姜栢年의 삶과 시세계」, 『한국한시연구』 10, 한국한시학회, 2007.
姜周鎭, 「許眉叟의 삶과 學統」, 『許眉叟의 學·藝·思想 論攷』, 眉叟硏究會, 1998.
강혜선, 「白軒 李景奭의 삶과 시세계」, 『한국한시작가연구』 10, 2006.
고연희, 「17C말 18C초 白岳詞壇의 明淸文學 受容樣相」, 『東方學』 제1輯, 한서대학교 동양고전연구소, 1996.
고영진, 「16세기 후반~17세기 전반 서울 枕流臺學士의 활동과 그 의의」, 『서울학연구』 제3호, 1994.
____, 「17세기 전반 남인학자의 사상」, 『역사와 현실』 8, 역사비평사, 1992.
곽신환, 「樊巖 蔡濟恭의 異端觀」, 『동양철학』 13, 2000.
곽호제, 「朝鮮後期 德山地域 驪州李氏家의 學問의 性格 : 西洋學問에 대한 對應을 중심으로」, 『지방사와 지방문화』 제7권, 2004.
구덕회, 「선조대 후반(1594~1608) 정치체제의 재편과 정국의 동향」, 『한국사론』 20, 서울대학교 국사학과, 1988.
구본현, 「漫浪 황호의 생애와 문학」, 『한국한시작가연구』 10, 2006.

具仕會, 「燕超齋 吳尙濂論」, 『조선후기 한시 작가론』 1, 이회, 1998.
권경록, 「18세기 지식인의 공간인식과 심상지리 : 申光洙의 「驪江錄」을 중심으로」, 『동양한문학연구』 32, 2011.
권내현, 「번암 채제공의 평안도 인식」, 『韓國人物史硏究』 5, 2006.
權泰乙, 「滄海詩眼 考察」, 『嶺南語文學』 16, 1989.
金周富, 「李萬敷의 「南風」에 나타난 嶺南士人의 歷史認識」, 『동양한문학연구』 32, 2011.
金甲起, 「樊巖 蔡濟恭의 尊我的 文化意識 : 「含忍錄」을 中心으로」, 『교육과학연구』 7, 1993.
_____, 「退堂 柳命天攷」, 『교육과학연구』 12, 1998.
_____, 「退堂 柳命天論」, 『조선후기 한시 작가론』 1, 이회, 1998.
_____, 「和詩의 文藝美學 : 白雲・退堂의 「三魔詩」를 中心으로」, 『東國語文論集』 8, 1999.
김기창, 「樊巖 蔡濟恭 설화 연구」, 『새국어교육』 73, 2006.
김남기, 「南坡 洪宇遠의 삶과 시세계」, 『한국한시작가연구』 10, 2006.
김남형, 「「地行錄」에 나타난 息山 李萬敷의 作家意識」, 『韓國漢文學硏究』 21, 1998.
김동준, 「18세기 한국한시의 실험적 성격에 대한 연구 : 李匡師, 李用休, 柳慶種을 중심으로」, 『민족문학사연구』 27, 2005.
_____, 「이가환 한시 연구」, 『동아시아 문화연구』 35, 2001.
_____, 「李用休 漢詩와 이언진 漢詩의 대비론」, 『韓國漢詩硏究』 15, 2007.
_____, 「李用休 漢詩의 理知的 性向과 새로운 詩的 型式」, 『진단학보』 95, 2003.
_____, 「海巖 柳慶種의 論詩詩 硏究」, 『韓國漢詩硏究』 11집, 韓國漢詩學會, 2003.
_____, 「惠寰 李用休의 五言古絶 運作 硏究」, 『국문학연구』 7, 2002.
金東哲, 「蔡濟恭의 經濟政策에 관한 考察 : 特히 辛亥通共發賣論을 中心으로」, 『역사와 세계』 4, 1980.
김명환, 「藥山 吳光運의 시창작론 : 〈詩指〉를 중심으로」, 『泰東古典硏究』 23, 2007.
김문식, 「蔡濟恭家 소장 正祖의 御筆」, 『서지학보』 29, 2005.
김상일, 「동명 정두경의 정치적 불우와 도선에의 경도」, 『한국문학연구』 15, 1992.
김연호, 「허목의 문학사상」, 『어문논집』 26, 고려대학교, 1986.
金榮淑, 「吳光運「海東樂府」의 史話受容樣相과 詩的 形象」, 『東亞人文學』 17, 2010.
김영주, 「東州 李敏求의 文學論 硏究」, 『동방한문학』 제20호, 2001.
김영진, 「例軒 李嘉煥의 생애와 「象山三昧」」, 『민족문학사연구』 제27호, 2005.
_____, 「해암 유경종의 잡록 「破寂」 연구」 – 작자 고증과 內容 提要를 중심으로」, 『한문학논집』 30, 근역한문학회, 2010.
김용덕, 「붕당정치론 비판」, 『정신문화』 29, 한국정신문화연구원, 1986.
김은정, 「東陽尉 申翊聖의 駙馬로서의 삶과 문화활동」, 『열상고전연구』 26, 2007.
_____, 「신익성의 금강산 유람과 문학적 표현」, 『진단학보』 98, 2004.
_____, 「申翊聖의 東淮 別墅」, 『古典文學硏究』 36, 2009.
김종진, 「약산 오광운 시의 문예미학적 특징 – 경이로움과 정취를 중심으로」, 『韓國漢文學硏究』 34, 2004.
_____, 「藥山 吳光運과 月谷 吳瑗의 비교 연구 – 시관과 시세계를 중심으로」, 『한국어문학연구』 38, 2001.
_____, 「藥山 吳光運論」, 『조선후기 한시 작가론』 1, 이회, 1998.
_____, 「吳光運의 시에 있어서 정취와 상상력에 대하여」, 『한국어문학연구』 36, 2000.
김주부, 「息山 李萬敷의 學問形成과 交遊樣相 一考察 – 嶺南 南人係 學人을 中心으로」, 『漢文學報』 19, 2008.
_____, 「息山 李萬敷의 學問形成과 交遊樣相 一考察 – 嶺南 南人係 學人을 中心으로」, 『한문학보』, 2008.

김철범, 「조선 지식인들의 諸子書 독서와 수용양상」, 『한문학보 』, 우리한문학회, 2007.
김태영, 「海左 丁範祖의 함경도 유배기 漢詩 일고찰」, 『한국어문학연구』 54, 2010.
김풍기, 「游齋 李玄錫의 독서 경향과 그 의미」, 『열상고전연구』 22, 2005.
_____, 「游齋 李玄錫의 독서 경향과 그 의미」, 『열상고전연구』 제22집, 2005.
金鶴洙, 「尙州 延安李氏 息山家門의 家系와 所藏 典籍의 현황」, 『藏書閣』 7집, 2001.
_____, 「星湖 李瀷의 學問淵源 : 家學의 淵源과 師友關係를 중심으로」, 『星湖學報』 1호, 2005.
김항수, 「선조 초년의 신구갈등과 정국동향」, 『국사관논총』 34, 국사편찬위원회, 1992.
김혜숙, 「眉叟 許穆 詩의 情懷에 대한 一考 – 上古 希求의 挫折과 自足的 安着」, 『한국한시작가연구』, 10, 2006.
金弘宇, 「正祖朝의 天主學 批判 : 安鼎福과 李獻慶을 中心으로」, 『한국정치학회보』 20, 1986.
김희경, 「海左 丁範祖의 시에 나타난 자아의식」, 『泰東古典硏究』 17, 2000.
_____, 「海左 丁範祖의 前期詩 硏究 」, 『淵民學志』, 제8호, 2000.
_____, 「해좌 정범조의 전기시 연구」, 『淵民學志』 8, 2000.
남은경, 「東溟 鄭斗卿의 〈山君傳〉 硏究」, 『東洋古典硏究』 9, 1997.
_____, 「東溟 鄭斗卿의 도교사상과 문학」, 『道敎文化硏究』 15, 2001.
_____, 「鄭斗卿 漢詩에 나타난 男性形象」, 『이화어문논집』 17, 1999.
_____, 「鄭斗卿 俠客詩의 내용과 의미」, 『韓國漢文學硏究』 15, 1992.
남재철, 「菊圃 姜樸의 詩觀」, 『한국문학연구』 제5호, 2004.
_____, 「菊圃 姜樸의 시세계와 세시기속시」, 『漢文學報』 13, 2005.
_____, 「菊圃 姜樸의 詩에 나타난 조선후기 양반 몰락의 한 실상」, 『漢文學報』 18, 2008.
羅鍾冕, 「18세기 詩壇과 詩論의 새로운 樣相」, 『東方學』 제4輯, 한서대학교 동양고전 연구소, 1998.
류근안, 「정두경 악부시 연구」, 『한국언어문학』 48, 2002.
류정민, 「조선후기 고시론의 성격과 정범조 장편고시의 수사적 특징」, 『韓國漢詩硏究』 9, 2001.
맹영일, 「국포 강박의 애도시 연구」, 『韓國漢詩硏究』 15, 2007.
_____, 「기속시를 통해 본 18C 민간생활상 – 菊圃 姜樸과 慕軒 姜必愼의 기속시를 중심으로」, 『漢文學論集』 31, 2010.
閔丙秀, 「조선후기 詩論硏究」, 『韓國文化』 11, 韓國文化硏究所, 1990.
박광용, 「肅宗代 己巳換局에 대한 검토 – 黨論書 기록에 대한 비교 분석을 중심으로」, 『동양학』 29, 1999.
_____, 「영정시대 남인세력의 정치적 위치와 서학정책」, 『한국교회사논문집』 2, 한국교회사연구소, 1985.
박동욱, 「금대 이가환 유배 한시 연구 – 金化 유배 시기를 중심으로」, 『東方學』 15, 2008.
_____, 「李用休 한시의 파격적 구성과 실험성」, 『韓國漢詩硏究』 15, 2007.
_____, 「혜환 이용휴 만시고」, 『溫知論叢』 7, 2001.
_____, 「혜환 이용휴 산문 연구」, 『溫知論叢』 15, 2006.
_____, 「혜환 이용휴 열녀전의 입전 의식 논문」, 『東方學』 10, 2004.
_____, 「惠寰 李用休의 文學 硏究」, 성균관대학교 박사학위논문, 2006.
朴明澈, 「游齋 李玄錫의 生涯와 漢詩 硏究」, 『漢文學硏究』 제18집, 2004.
朴茂瑛, 「菊圃 姜樸의 詩學 : 18세기 南人系列의 美的 동향에 대한 연구의 일환으로」, 『韓國漢文學硏究』 제29집, 한국한문학회, 2002.
_____, 「丁範祖의 여성 관련 작품과 여성인식 : 공적 태도와 가부장적 환타지, 그리고 사적 보상」, 『漢文學報』 제8집, 2003.

박무영, 「해좌 정범조론」, 『조선후기 한시 작가론 Ⅱ』, 이회출판사, 1998.
_____, 「海左 丁範祖의 氣數論的 文學觀」, 『韓國漢文學研究』 19, 한국한문학회, 1996.
박문열, 「『東溟先生集』 「附錄」의 叛本에 관한 硏究」, 『서지학연구』 44, 2009.
朴守川, 「東州 李敏求의 詩世界」, 『한국한시작가연구』 10, 태학사, 2006.
박영달・신영철, 「식산 李萬敷의 息山精舍 정원 특성」, 『한국전통조경학회지』 19, 2001.
朴用萬, 「18세기 성호 일문의 한시 창작에 관한 일고찰」, 『국제어문』 26, 국제어문학회, 2002.
_____, 「18세기 安山과 驪州李氏家의 文學活動」, 『韓國漢文學研究』 第25輯, 韓國漢文學會, 2000.
_____, 「星湖學派의 文學思想에 대한 일고찰:朝鮮詩의 가능성을 중심으로」, 『성호학연구』, 2003.
_____, 「李用休 詩意識의 실천적 의미에 대하여」, 『韓國漢詩研究』 5, 韓國漢詩學會, 1997.
_____, 「惠寰 李用休의 文學論에 대한 考察」, 『개신어문연구』 16, 1999.
박우훈, 「石北 신광수의 산문세계」, 『인문학연구』 33, 2006.
박준호, 「만시에 대한 일고찰:혜환 이용휴의 작품을 위주로」, 『東方漢文學』 19, 2000.
_____, 「惠寰 李用休 詩世界의 한 局面」, 『漢文學研究』 제14집, 啓明漢文學會, 1999.
_____, 「혜환 이용휴의 문학관」, 『大東漢文學』 9, 1997.
_____, 「혜환 이용휴의 양명학적 사유양태와 시적 형상화」, 『漢文學報』 3, 2000.
_____, 「혜환 이용휴의 영사시에 대하여-「시가점등」 및 「필동록」 소재 한시를 중심으로」, 『東方漢文學』 23, 2002.
_____, 「혜환 이용휴의 전에 대하여」, 『漢文學報』 1, 1999.
_____, 「혜환 李用休의 '眞'文學論과 '眞'詩」, 『동아시아 문화연구』 34, 2000.
박현규, 「허균이 도입한 李贄 저서」, 『중국어문학』, 2005.
배우성, 「이중환의 청년기 생애와 사상-詩社 활동을 중심으로」, 『역사와현실』 제57권, 2005.
백승호, 「18세기 南人 문단의 詩會-蔡濟恭, 睦萬中을 중심으로」, 『冠嶽語文研究』 29, 2004.
_____, 「樊巖 채제공의 문자정치」, 『진단학보』 101, 2006.
_____, 「李弘惠의 문집 『雜覽』에 대하여」, 『문헌과 해석』 통권29호, 2004.
_____, 「蒼雪齋 權斗經의 삶과 시세계」, 『한국한시작가연구』 13, 2009.
_____, 해좌 정범조 한시의 尙古性과 機神에 대하여, 『韓國漢詩研究』 19, 2011.
부영근, 「石北 申光洙의 耽羅錄 考察」, 『영주어문』 8, 2004.
부유섭, 「菊圃 姜樸의 尙古의 시세계」, 『韓國漢詩研究』 18, 2010. 가 있다.
_____, 「東州 李敏求와 南人 詩脈의 전개」, 『韓國漢詩研究』 8, 한국한시학회, 2000.
_____, 「松谷 李瑞雨의 삶과 시」, 『韓國漢詩作家研究』 12, 韓國漢詩學會, 2008
_____, 「燕超齋 吳尙濂의 생애와 시세계」, 『한국한시연구』 9, 한국한시학회, 2001.
송혁기, 「17세기 후반~18세기 초 허목 계열 남인 문단의 산문론」, 『민족문학사연구』 27, 2005.
신두환, 「상주지역 退溪學派의 학문과 사상:息山 李萬敷의 "書畫論" 연구」, 『퇴계학과 유교문화』 50, 2012.
_____, 「息山 李萬敷의 "銘"과 그 일상의 미학」, 『漢文學論集』 25, 2007.
_____, 「식산 이만부의 「金剛山記」에 나타난 문예미학」, 『漢文古典研究』 17, 2008.
_____, 「息山 李萬敷의 敎育思想 硏究」, 『한문교육연구』 29, 2007.
_____, 「息山 李萬敷의 性理學과 文藝美學」, 『東方漢文學』 35, 2008.
_____, 「息山 李萬敷의 性理學과 文藝美學」, 『동방한문학』 35 , 2008.
신병주, 「17세기 전반 북인관료의 사상」, 『역사와 현실』 8, 역사비평사, 1992.

신병주, 「17세기 중·후반 근기 남인 학자의 학풍」, 『한국문화』 19, 서울대 한국문화연구소, 1997.
신승훈, 「전후칠자의 수용과 조선중기 문원의 반향」, 『동양한문학연구』 16집, 2002.
신장섭, 「石北 申光洙의 端宗 관련 시 연구」, 『語文硏究』 33, 2005.
_____, 「석북 신광수의 贈詩를 통한 교유층과 인간애의 고찰」, 『인문과학연구』 14, 2005
심경호, 「「관산융마」의 형식과 주제사상」, 『어문논집』 59, 2009.
_____, 「18세기 중·말엽의 南人 문단」, 『국문학연구』, 태학사, 1997.
_____, 「姜樸과 남인 문단의 형성」, 『한국 한시의 이해』, 태학사, 2000.
_____, 「국포 강박론」, 『조선후기 한시 작가론Ⅰ』, 이회출판사, 1998.
_____, 「성호학파의 계보」, 『성호학보』 2, 성호학회, 2006.
_____, 「조선후기 시사와 동호인 집단의 문화활동」, 『민족문화연구』 제31집, 고려대학교 민족문화연구소, 1999. 12.
_____, 「恒齋李匡臣論」, 『진단학보』 84, 1997.
안대회 교감 표점, 「二四齋記聞錄」, 『문헌과해석』 창간호, 1997.
안대회, 「李用休 小品文의 美學 李用休 小品文의 美學」, 『동아시아 문화연구』 34, 2000.
안순태, 「李玄錫의 生涯와 漢詩」, 『한국한시작가연구』 12, 2008.
안외순, 「西學 수용에 따른 朝鮮實學思想의 전개양상」, 『東方學』 제5輯, 한서대학교 동양고전연구소, 1999.
여운필, 「金履萬의 「扈聖翁傳」 硏究」, 『石堂論叢』 50, 2011.
_____, 「東溪 鄭斗卿의 詩世界」, 『한국한시작가연구』 10, 2006.
_____, 「東溪詩와 三淵詩의 距離」, 『韓國漢詩硏究』 14, 2006.
_____, 「吳光運의 「感遇」 28首 硏究」, 『韓國漢詩硏究』 18, 2010.
_____, 「吳光運의 詩認識에 관한 硏究」, 『고시가연구』 26, 2010.
_____, 「希菴 蔡彭胤의 시세계」, 『韓國漢詩作家硏究』 13, 韓國漢詩學會, 2009.
오강원, 「春川府使 李玄錫과 春川府 社稷壇 祈雨祭文」, 『江原民俗學』 13, 1998.
우인수, 「조선 현종대 정국의 동향과 산림의 역할」, 『국사관논총』 22, 국사편찬위원회, 1992.
우현구, 「내암 정인홍과 광해조 정국 주도세력」, 『교남사학』 4, 영남대학교 국사학회, 1989.
유봉학, 「18세기 남인의 분열과 기호남인학통의 성립」, 『한신대논문집』 1, 한신대학교, 1986.
_____, 「南人 분열과 近畿南人 學統의 성립」, 『조선후기 학계와 지식인』, 신구문화사, 1998.
柳星俊, 「李朝 鄭斗卿詩의 道仙風 考-李白詩와의 比較」, 『中國硏究』 24, 1999.
柳姃玟, 「조선후기 古詩論의 성격과 丁範祖 長篇古詩의 수사적 특징」, 『韓國漢詩硏究』 제9호, 2001.
유지복, 「驪州李氏 星湖家門의 書風」, 『星湖學報』 제2호, 2006.
_____, 「聽蟬 李志定의 書藝」, 『서예학연구』 10, 2007.
유호선, 「번암 채제공의 불교인식」, 『韓國人物史硏究』 5, 2006.
尹敬洙, 「石北 申光洙 詩의 脚韻 硏究:시상과의 關係를 中心으로」, 『外大論叢』 14, 1996.
尹米吉, 「鄭斗卿硏究」, 『論文集』 22, 1988.
윤재환, 「17세기 한시에 수용된 일상적인 것의 의미와 한계-梅山 李夏鎭의 시를 중심으로」, 『한문교육연구』 24, 2005.
_____, 「記文을 통해 본 梅山 李夏鎭의 의식지향과 표현 양상-「卜居梅山記」와 「白碧山記」를 중심으로」, 『우리어문연구』 37, 2010.
_____, 「梅山 李夏鎭의 생애와 문학 세계-驪州李氏 가문의 학문 전통과 관련하여」, 『한국실학연구』 9, 2005.

윤재환, 「梅山 李夏鎭의 시에 드러난 사실적 표현의 의미와 한계 – 燕行 시집 「북정록」을 중심으로」, 『한문학보』 13, 2005.
_____, 「梅山 李夏鎭의 詩에 드러난 寫實的 表現의 意味와 限界」, 『한문학보』 13, 2005.
_____, 「梅山과 玉洞의 금강산 기행시문 비교 연구 – 「金剛途路記」와 「東遊錄」, 「東遊篇」을 중심으로」, 『東洋學』 38, 2005.
_____, 「상소문을 통해 본 17세기 중반 남인 계열의 의식세계 – 梅山 李夏鎭의 庚申辭大諫疏」, 『한국실학연구』 14, 2007.
_____, 「少陵 李尙毅 使行詩 硏究: 「丁酉朝天錄」과 「辛亥朝天錄」의 비교를 중심으로」, 『동방한문학회』 45, 2010.
_____, 「小陵 李尙毅의 「次芝峯咏枯竹韻」 64首 檢討」, 『漢文學報』 22, 2010.
_____, 「少陵家의 使行 經驗과 詩的 形象化: 少陵 李尙毅・太湖 李元鎭・梅山 李夏鎭을 中心으로」, 『동양한문학연구』 31, 2010.
_____, 「新資料 『太湖詩藁』를 통해 본 李元鎭의 詩世界 – 자료 소개와 詩世界의 槪略을 中心으로」, 『漢文學報』 18, 2008.
_____, 「朝鮮 後期 流配 經驗의 詩的 形象化 – 梅山 李夏鎭의 『雲陽錄』을 中心으로」, 『漢文學報』 19, 2008.
_____, 「湖洲 蔡裕後의 詩에 나타난 술의 技能과 限界」, 『韓國漢詩硏究』 17, 2009.
이경근, 「혜환 이용휴의 문예론 연구」, 서울대학교 석사학위논문, 2009.
이경수, 「息山 李萬敷의 청년기 시에 있어서의 隱逸 指向」, 『한국한시작가연구』 13, 2009.
_____, 「申翊聖의 春川 旅行과 詩的 表現 樣相」, 『한국한시작가연구』 10, 2006.
이근호, 「少陵 李尙毅의 학문과 경세론」, 『성호학보』 6, 2009.
_____, 「蔡濟恭의 家系에 대한 檢討」, 『星湖學報』 제2호, 성호학회, 2006.
이기남, 「광해군 정치세력의 구조와 변동」, 『북악사론』 2, 국민대학교, 1990.
이기현, 「石北 申光洙의 「金馬別歌」 연구」, 『韓國漢文學硏究』 17, 1994.
이남면, 「정두경 歌行의 형식미 연구」, 『어문논집』 63, 2011.
_____, 「鄭斗卿 挽詩 연구」, 『大東漢文學』 35, 2011.
_____, 「鄭斗卿의 교유관계와 교유시」, 『고전과 해석』 12, 2012.
李東歡, 「朝鮮後期 漢詩에 있어서 民謠趣向의 擡頭」, 『韓國漢文學硏究』 第3~4輯, 韓國漢文學會, 1978~9.
이문종, 「禮山 古德의 驪州李氏 一門과 實學의 地域化」, 『문화역사지리』 23호, 2004.
李敏弘, 「退溪學派의 文學: 南人文學의 成立과 그 展開」, 『南冥學硏究』 제9집, 1999.
_____, 「퇴당 柳命天 流配文學의 연구: 「鳥川錄」을 중심으로」, 『한문교육연구』 25, 2005.
이선옥, 「息山 李萬敷(1664~1732)와 「陋巷圖」 書畵帖 硏究」, 『美術史學硏究』 227, 2000.
李勝洙, 「17세기말 天機論의 형성과 인식의 기반」, 『韓國漢文學硏究』 第18輯, 韓國漢文學會, 1995.
李時淵, 「實學派의 自主文學論 – 星湖,燕岩,楚亭,茶山을 中心으로」, 『法山 宋順康敎授정년기념 국어국문학논문집』, 1992. 8.
이신복, 「채제공의 「만덕전」 연구」, 『漢文學論集』 12, 1994.
李迎春, 「붕당정치의 전개」, 『한국사』 30, 국사편찬위원회, 1998.
李佑成, 「18世紀 서울의 都市的 樣相」, 『鄕土서울』 제17號, 1963.
_____, 「實學의 社會觀과 漢文學」, 『韓國思想大系』 1, 成均館大學校, 1973.
_____, 「朝鮮後期 近畿學派에 있어서의 正統論의 展開」, 『한국의 역사인식』 下, 창작과 비평사, 1976.
_____, 「한국유학사상 퇴계학파의 형성과 그 전개」, 『퇴계학보』 26, 퇴계학연구원, 1979.

李銀順,「李景奭의 政治的 生涯와 三田渡碑文 是非」,『한국사연구』60, 1988.
이은주,「申光洙의『關西樂府』小考 - "風流"를 중심으로」,『韓國漢詩硏究』13, 2005.
이이화,「조선조 당론의 전개과정과 그 계보」,『한국사학』8, 한국정신문화연구원, 1986.
이재철,「18세기 경상우도의 사림과 정희량난」,『대구사학』31, 대구사학회, 1986.
이정숙,「혜환 이용휴의 문학사상 연구」, 안동대학교 석사학위논문, 1998.
李鍾默,「朝鮮前期 漢詩의 唐風에 대하여」,『韓國漢文學硏究』第18輯, 1995.
李鍾虎,「17~18 세기 갈암학파 제현들의 산문창작」,『퇴계학』제9호, 1997.
_____,「조선 후기 영남 남인의 문학관 연구 : 葛庵학파의 문학관을 중심으로」,『退溪學報』제103호, 1999.
李泰鎭,「朝鮮性理學의 歷史的機能」,『創作과 批評』33, 창작과 비평사, 1974.
이태호,「東淮 申翊聖의 寫生論과 實景圖 - 肖像을 중심으로」,『강좌미술사』31, 2008.
이향배,「艮翁 李獻慶의 古文論 硏究」,『漢文敎育硏究』제19호, 2002.
이현일,「『三溟詩話』로 본 18세기 漢詩史」,『민족문학사연구』제27호, 2005.
李徽敎,「『筆苑散語』解題」,『嶺南語文學』1, 嶺南語文學會, 1980.
_____,「『筆苑散語』解題」,『嶺南語文學』1, 영남중국어문학회, 1980.
임선빈,「조선후기 星湖家學의 內浦地域 확산배경」,『星湖學報』제3호, 2006.
임형택 외,「李家煥의『정헌쇄록』」,『민족문학사연구』31, 2006.
張源哲,「朝鮮後期 文學思想의 展開와 天機論」, 한국정신문화연구원 부설 한국학대학원 석사학위논문, 1982.
장유승,「꿈 속에서 본 문인의 나라 - 李玄錫의「記夢說」」,『문헌과 해석』18, 2002.
_____,「李克誠의『螢雪記聞』연구」,『星湖學報』제4호, 2007.
_____,「『淸臺日記』연구 : 서지 · 어문 기사를 중심으로」,『書誌學報』제30호, 2006.
全松烈,「漫浪 黃㦿論」,『조선후기 한시 작가론』1, 이회, 1998.
전혜영,「藥山 吳光運의「海東樂府」연구」,『韓國漢詩硏究』17, 2009.
鄭珉,「16 · 17세기 學唐風의 性格과 그 風情」,『韓國漢文學硏究』創立二十周年紀念特輯號, 韓國漢文學會, 1996.
_____,「18세기 우정론의 맥락에서 본 이용휴의 生誌銘攷」,『동아시아 문화연구』34, 2000.
_____,「임란시기 문인지식인층의 명군 교유와 그 의미」,『한국한문학연구』, 1996.
鄭敬薰,「龍洲 趙絅의 文學觀에 대한 硏究」,『韓國漢文學硏究』제34집, 2004.
鄭都尙,「東溟 金世濂의『槎上錄』考察 : 澤堂 李植의 批評을 中心으로」,『漢文學論集』제20집, 2002.
정만조,「조선후기 경기북부지역 남인계 가문의 동향」,『한국학논총』23, 2000.
정미숙,「채제공과 이옥의 여성전 연구」,『어문학교육』15, 1993.
정석종,「조선후기 정치사연구의 과제」,『한국근대사회경제사연구』, 정음사, 1985.
_____,「朝鮮後期政治史硏究의 課題 - 黨爭史硏究를 中心으로」,『韓國近代社會經濟史硏究』, 正音文化社, 1985.
鄭良婉,「希菴 蔡彭胤의 作品을 通해서 본 李朝時代의 한 夫婦像」,『硏究論文集』第9輯, 誠信人文科學硏究所, 1976.
鄭玉子,「正祖의 學藝思想」,『韓國學報』11, 일지사, 1979.
정우봉,「李用休의 문학론의 일고찰 : 그의 陽明學的 사고와 관련하여」,『韓國漢文學硏究』9, 1987.
_____,「조선후기 문예이론에 있어 形과 神의 문제」,『민족문학사연구』제4호, 민족문학사연구소, 1993.
정은진,「18세기 書畵題跋 연구(2) - 숙종, 경종시대 : 息山 李萬敷와 東谿 趙龜命을 중심으로」,『韓國漢

　　　　　文學硏究』 44, 2009.
정은진, 「강세황의 안산시절과 문예활동」, 『한국한문학연구』, 1999.
____, 「혜환 이용휴의 서화비평 연구」, 『漢文學報』 7, 2002.
鄭亨愚, 「正祖의 文藝復興政策」, 『동방학지』 11, 연대 동방학연구소, 1970.
조　광, 「樊巖 채제공의 서학관 연구」, 『사총』 17, 1973.
____, 「채제공의 천주교에 대한 인식」, 『사목』 238, 1973.
조도현, 「「萬德傳」에 나타난 여성성의 의미 탐색」, 『인문학연구』 84, 2011.
조병오, 「동명 정두경의 애정한시 연구」, 『동양한문학연구』 11, 1997.
____, 「朝鮮朝 天機論의 詩 意識의 전개 양상」, 『釜山漢文學硏究』 4, 부산한문학회, 1989.
趙成山, 「樊巖 蔡濟恭(1720~1799)의 先代家系와 學問淵源」, 『韓國人物史硏究』 5, 2006.
趙彦林, 안대회 교감 표점, 「二四齋記聞錄」, 『문헌과해석』 창간호, 1997.
조준호, 「18세기 전반 近畿南人의 분포와 戊申亂」, 『星湖學報』 제3호, 2006.
조현덕, 「惠寰 李用休의 思惟樣式과 小品體 散文 硏究」, 고려대학교 석사학위논문, 2001.
차미애, 「近畿南人 書畵家 그룹의 系譜와 藝術 活動 近畿南人 書畵家 그룹의 系譜와 藝術 活動 : 17C 말·18C 초 尹斗緖, 李漵, 李萬敷를 중심으로」, 『人文硏究』 61, 2011.
채지수, 「李景奭의 「楓嶽錄」 삽입시의 두 가지 양상」, 『漢文古典硏究』 23, 2011.
崔康賢, 「梅山 李夏鎭의 문학연구 : 주로 「金剛途路記」를 중심으로」, 『韓國思想과 文化』 9, 2000.
崔敬桓, 「權斗經의 「月樓四絡」 4수 連作詩의 構成原理」, 『牛岩斯黎』 9, 1999.
최기숙, 「惠寰, 無名子, 沈䍩의 비평적 글쓰기를 통해 본 "人-文"의 경계와 글쓰기의 형이상학」, 『동방학지』 155, 2011.
최준하, 「번암 채제공의 전 문학연구」, 『語文硏究』 24, 1993.
하성래, 「이가환과 서학과의 관계」, 『동아시아 문화연구』 35, 2001.
韓敬愛, 「惠寰 李用休의 還我的 實心美學」, 『서예비평』 9, 2011.
許捲洙, 「近畿南人學者들의 南冥에 대한 關心」, 『남명학연구』, 2006.
許善道, 「三嘉縣 蔡濟恭撰幷書 鳳巖大師碑」, 『한국학논총』 9, 1987.
洪以燮, 「實學에 있어 南人學派의 思想的 系譜」, 『人文科學』 제10호, 1963.
황위주, 「서울 京畿地域의 退溪門人과 그 性格」, 『퇴계학과 한국문화』, 2008.

찾아보기

ㄱ

갑술환국甲戌換局 36, 38, 42, 43, 82, 83, 100, 101, 106, 111, 117, 136, 138, 140, 142~144, 276, 303, 307, 309
갑인예송甲寅禮訟 34
강대수姜大遂 315
강박姜樸 34, 79, 81, 85, 101, 105, 113, 115, 117, 119~124, 146, 147, 150, 152, 153, 170, 189, 193, 196, 287, 288, 290, 291, 295, 323, 331, 352, 353
강백姜栢 124, 163, 345, 346
강백년姜栢年 92
강석번姜碩蕃 120
강석훈姜碩勛 120
강세구姜世龜 110, 112
강세황姜世晃 178
강이천姜彝天 178
강인姜 155
강준흠姜浚欽 84, 90, 125, 158,187, 284, 322
강진姜𣰦 120
강침姜忱 154
강필경姜必慶 121, 122
강필신姜必愼 113, 121, 122, 123, 146, 150
강학년姜鶴年 92, 110
강해姜楷 121
강홍중姜弘重 120
겸은재兼隱齋 147
경신대출척庚申大黜陟[경신환국庚申換局] 35, 42, 107, 143, 152, 273, 274, 306, 335
경신환국 98, 106
고령신씨高靈申氏 126, 166, 188, 191
곽재우郭再祐 27
곽종석郭鍾錫 45

구봉령具鳳齡 45
구봉서具鳳瑞 271
구성具宬 27
권경權顗 114
권경權儆 89
권규權珪 144
권근중權謹中 93, 138
권기언權基彦 114, 122
권대운權大運 98, 151
권두경權斗經 112, 122, 150, 296, 299
권두굉權斗紘 296
권두인權斗寅 299
권만權萬 112, 122, 150, 296~298
권부權扶 119
권서경權敍經 151
권세성權世聖 114
권신權賮 111, 114, 146
권암權巖 179
권유權濡 296
권유權愈 98, 101, 104, 112, 150, 275, 276, 302
권적權𥛚 91, 95, 137, 150
권중경權重經 98, 99, 101, 110, 150~152, 262
권지權贄 114
권천득權天得 114
권철신權哲身 71, 72, 79, 160, 180, 181, 342
권침權琛 111, 114, 146
권필權韠 85
권호權護 119
권환權瑍 91, 95, 98, 137, 150
금응협琴應夾 44
금회숙琴和叔 107
기대승奇大升 45

기묘사화己卯士禍 44
기사환국己巳換局 36, 42, 98, 106, 110, 112,
            143, 152, 274, 306
기정진奇正鎭 45
기축옥사己丑獄事 28, 38, 42, 43
기해예송己亥禮訟 33
길재吉再 43
김계휘金繼輝 27
김광우金光遇 124, 164, 346
김광욱金光煜 89, 93, 137
김굉필金宏弼 43
김구주金龜柱 37
김덕원金德遠 98
김덕유金德裕 107
김만중金萬重 85
김명원金命元 29
김문하金文夏 110
김봉지金鳳至 107
김부륜金富倫 45
김상우金商雨 155
김상헌金尙憲 33, 89, 137, 221
김성일金誠一 26, 44
김성탁金聖鐸 299
김세렴金世濂 86, 93, 138, 142, 216, 265, 266
김수항金壽恒 100, 230
김숙金潚 179
김숙자金叔滋 43
김신국金藎國 30
김안국金安國 44
김우옹金宇顒 27
김유金楺 32
김이만金履萬 99, 101, 106, 107, 109, 121,
            150, 302, 304
김인후金麟厚 44
김자점金自點 33
김장생金長生 87
김정린金廷隣 154
김정윤金廷潤 121
김정하金正夏 101
김제남金悌男 31

김종직金宗直 43
김주우金柱宇 93, 138
김창집金昌集 37
김창협金昌協 110, 233, 284
김창흡 284
김택영金澤榮 158, 172, 336, 343
김해일金海一 107
김홍도金弘道 179
김화경 152
김화윤金華潤 151
김효건金孝健 89, 137
김효원金孝元 25~27

나

나만갑羅萬甲 32
나주정씨羅州丁氏 166, 184
남구만南九萬 36
남근명南近明 121
남용익南龍翼 85, 230, 232
남이공南以恭 30
남태보南泰普 121
남태응南泰膺 121
남하정南夏正 118, 153
노하적盧夏績 101, 106

다

동벽단東壁壇 111, 146
동벽단東壁壇 시사詩社 117
동복오씨同福吳氏 88, 274

마

매화사梅花社 147
매화시사梅花詩社 120
목래선睦來善 98

목만중睦萬中 124~126, 154, 155, 159, 163,
　　　　　165, 179, 186~189, 192, 195, 196,
　　　　　206, 331, 346
목성겸睦聖謙 114
목성관睦聖觀 114
목시경睦時敬 121
목조수睦祖洙 154
목조우睦祖禹 187
목행선睦行善 93, 138
목행연睦行衍 187
목호룡睦虎龍 118
민백효閔百孝 107
민암閔黯 98, 107, 151, 273, 275
민영閔詠 305
민은회閔應恢 91
민응협閔應協 273, 305
민점閔點 91, 95, 137, 275
민종도閔宗道 98
민진형閔震炯 98
민창도閔昌道 99, 101, 110, 150, 262, 302,
　　　　　305, 306
민희閔熙 273, 305

바

박도맹朴道孟 178
박도상朴道翔 155, 164, 346
박도인朴道仁 155
박동열朴東說 270
박미朴瀰 89, 137
박성서朴聖瑞 107
박세채朴世采 35, 46
박순朴淳 26, 27
박정朴炡 98
박정설朴廷薛 98
박제가朴齊家 172
박광훈白光勳 84
백련사白蓮社 122, 146
백사白社 122, 155, 196

번리시사樊里詩社 155
변삼근卞三近 89, 137

사

사천목씨泗川睦氏 126, 152, 165, 185, 188
서경덕徐敬德 26, 27
서명선徐命善 159, 186
서명응徐命應 195
서원시사西園詩社 155
서천매화시사西泉梅花詩社 147
서천매화사西泉梅花社 123
서천시사西泉詩社 120
성섭成涉 84
성혼成渾 26, 27, 64, 112
송성명宋成明 119, 150
송시열宋時烈 33~36, 100, 232, 274
송영宋榮 155
송익필宋翼弼 27
송정명宋正明 112
송준길宋浚吉 33, 232
송징규宋徵奎 112
신광수申光洙 79, 109, 124, 126, 155, 158,
　　　　　163, 166, 178, 187~189, 190, 191,
　　　　　195, 206, 326, 330~333, 335, 356
신광연申光淵 188
신광하申光河 155, 163, 179, 188, 190, 191,
　　　　　195, 206, 346
신귀중愼龜重 122
신성모申星模 156, 163
신승申昇 88
신연申緽 121
신위申緯 185
신유申濡 89, 93, 121, 137, 138
신유박해辛酉迫害 160
신유사옥辛酉邪獄 38, 39, 180, 183, 184, 186,
　　　　　342
신유한 199
신익성申翊聖 88, 89, 137, 142, 216, 221,

223, 240~244, 271, 351
신임사화辛壬士禍 37, 144, 306
신천익愼天翊 89, 137
신최申最 89, 137
신치근申致謹 112
신택권申宅權 178
신필인申弼仁 107
신필청申必淸 99, 101, 150
신후담愼後聃 71, 84, 97, 101, 123~125, 147, 163
신후은愼後恩 101
신후재申厚載 98, 99, 101, 163
신후팽愼後彭 101, 123
신흠申欽 32, 87~89, 219, 240, 242, 243
심경석沈景錫 154
심규沈逵 154
심규로沈奎魯 155, 156
심단沈檀 144, 151, 152
심동구沈東龜 89, 93, 137, 138
심락수沈樂洙 195
심복沈墣 154, 155
심연沈演 93, 138
심염조沈念祖 195
심의겸沈義謙 25~27
심재沈梓 98
심지청沈之淸 264
심집沈諿 155
심충겸沈忠謙 26, 29
심희수沈喜壽 45

아

안방준安邦俊 27
안재악安載岳 119
안정복安鼎福 71, 72, 178, 195
안후열安後說 230
약하시사藥下詩社 153, 154, 196
엄경응嚴慶膺 178
여주이씨驪州李氏 126, 166, 171, 184~186,
191, 248
여흥민씨驪興閔氏 152, 165
연성음사蓮城吟社 178
연안이씨延安李氏 197, 202
오건吳健 25, 45
오광운吳光運 34, 37, 59, 60, 79, 81, 85, 89, 103, 111, 113, 115~119, 121, 123, 125, 146, 147, 150~153, 170, 194, 257, 287, 291~295, 323, 352, 353
오굉吳竑 89, 117
오단吳端 93, 138
오대익吳大益 154, 155, 195
오상렴吳尙濂 89, 99, 101, 106~109, 111, 113, 114, 117, 145, 150, 280, 282, 283, 287, 352
오상유吳尙游 107
오상후吳尙厚 107
오시겸吳始謙 121
오시복吳始復 98
오시수吳始壽 107
오시유吳始有 101, 106
오시적吳始績 106
오은梧隱 99
오정위吳挺緯 91, 93, 95, 137, 138, 274
오준吳竣 86, 88, 93, 116, 138, 142, 216, 258, 263
우경모禹景謨 154, 155
우석모禹錫謨 154, 155
우성전禹性傳 26, 29, 44
원경하元景夏 115, 118
유경종柳慶種 84, 85, 109, 114, 125, 126, 163, 165, 166, 178, 202, 346
유녀柳女 201
유득공 172
유명견柳命堅 270
유명전柳命全 270
유명천柳命天 98, 101, 104, 150, 270, 302, 306, 307, 309
유명현柳命賢 99, 270, 302, 309
유몽인柳夢寅 27, 84

유석柳碩 86, 93, 138, 270
유성룡柳成龍 26, 28~30, 32, 44, 201
유세명柳世鳴 110
유세철柳世哲 34
유승현柳升鉉 296
유운익柳雲翼 154, 164, 346
유원명柳遠鳴 156
유원지柳元之 198, 201
유의량柳義養 195
유정량柳廷亮 89, 137
유정무柳鼎茂 194
유중교柳重教 45
유중임柳重臨 178
유집柳潗 264
유집柳㴿 155
유치명柳致明 45
유하겸俞夏謙 98
유하원柳河源 154
유하익俞夏益 98
유항주俞恒柱 154, 155, 195
유헌장柳憲章 179
유형원柳馨遠 45, 62~64, 69, 248, 291
유효립柳孝立 옥사 사건 32
유희경劉希慶 89
윤광조尹光朝 121
윤근수尹根壽 27
윤동규尹東奎 71
윤동승尹東昇 195
윤두수尹斗壽 26, 27, 29
윤매尹梅 106
윤붕거尹鵬擧 194
윤선도尹善道 34, 93, 98, 138, 142, 151
윤송尹松 121
윤원형尹元衡 24, 25
윤유尹游 115
윤이제尹以濟 91, 95, 98, 137
윤증尹拯 35
윤지눌尹持訥 156, 164, 346
윤지범尹持範 155, 158, 164, 346
윤지승尹持昇 154

윤지완尹趾完 227
윤필동尹弼東 155
윤필병 164
윤휘정尹彙貞 119
윤휴尹鑴 33, 34, 53, 62, 69, 79, 86, 91, 95, 98, 137, 142, 152, 261
윤희면尹希勉 155
은사隱社 122
이가환李家煥 38, 79, 126, 155, 158, 160, 163, 164, 172, 175, 177, 179~184, 195, 206, 342, 343
이건명李健命 37
이경李燝 154, 155
이경석李景奭 32, 89, 137, 142, 216, 259
이경여李敬輿 271
이경유李敬儒 84, 193, 200
이경의李景義 87, 93, 138, 142, 216, 275
이경직李景稷 120, 47
이경항李慶恒 99, 278
이계李烓 86, 91, 93, 95, 137, 138, 271
이계손李繼孫 252
이공익李公益 89, 137
이관징李觀徵 98, 197, 201
이괄李适 241
이괄李适의 난亂 32
이광민李匡敏 123
이광신李匡臣 120, 123, 147
이광연李匡彦 123
이광정李光庭 32, 199, 296
이광찬李匡贊 120, 123, 147
이광현李匡顯 123
이광환李匡煥 178
이광휴李廣休 173, 175
이구휴李龜休 101, 106
이귀李貴 27, 32
이규채李奎采 118
이극성李克誠 65, 84, 88, 109
이기양李基讓 71, 124, 163, 179
이길李吉 28
이남규李南珪 261

찾아보기 379

이단상李端相 230
이단전李亶佃 179
이달李達 84
이덕무李德懋 172, 271, 326
이덕수李德壽 113
이덕주李德胄 123, 150, 187, 189, 302, 331
이덕형李德馨 29
이덕홍李德弘 45
이동완李棟完 122
이동우李東遇 155
이동욱李東郁 154, 155, 164, 179, 195
이동운李東運 189, 331
이동표李東標 110
이동항 164
이동환李東煥 121
이란수李鸞壽 92
이만부李萬敷 49, 65, 66, 69, 99, 101, 112, 150, 197~200, 202, 302, 309, 310
이만선李萬選 121
이만수李萬秀 99, 101, 112
이만유李萬維 99, 101, 112, 152
이맹휴李孟休 113, 174, 178
이명시李命蓍 193
이명웅李命雄 93, 138
이명진李明鎭 173
이명한李明漢 89, 93, 137, 138, 228, 230, 271
이명환李鳴煥 175
이민구李敏求 81~95, 98, 104, 105, 114, 116, 125, 136~138, 142, 198, 201, 218~227, 230, 232, 240, 264, 275, 350, 351
이발李潑 26, 28, 29
이병연李秉延 124, 164, 195, 346
이병휴李秉休 61, 68, 71, 72, 173~175, 180
이복희李福喜 114
이봉조李鳳朝 258
이봉징李鳳徵 299
이사조李思胙 155
이산해李山海 26, 28~30, 44
이삼환李森煥 175, 184

이상규李尙揆 315
이상의李尙毅 65, 142, 244~246, 248, 251
이상정李象靖 45
이상현李象賢 101
이서李漵 55~58, 65, 101, 177, 199
이서구李書九 172
이서우李瑞雨 34, 81, 95~105, 108, 112, 113, 120, 123, 145, 150, 246, 264, 275, 276, 278, 279, 283, 352
이석하李錫夏 156, 164
이성구李聖求 32, 88, 224, 315
이성중李聖中 179
이세익李世翼 119
이소한李昭漢 89, 137, 221
이수경李壽慶 100, 101
이수광李晬光 34, 65, 82, 84, 87~89, 201, 218, 219, 245, 315
이수대李遂大 101, 106, 150, 302, 311
이수발李秀發 154
이수봉李壽鳳 178
이수일李秀逸 154, 195
이승연李承延 124, 164, 195, 346
이승훈李承薰 160, 180, 181, 183, 184, 342
이시매李時楳 93, 138, 270
이시수李是鏞 154, 155
이식李埴 44,
이식李植 85, 89, 137, 228, 230, 291
이심李梣 197, 201
이안눌李安訥 85, 230
이언적李彦迪 31, 61
이언진李彦瑱 179
이여화李汝華 155
이옥李沃 91, 95, 98, 104, 112, 137, 142, 197, 198, 201, 216, 261, 262
이용서李龍舒 155
이용휴李用休 79, 124, 126, 155, 158, 160, 164, 166, 171~180, 182~184, 192, 206, 335~338, 342, 343, 356
이우李堣 44
이우정李宇鼎 98

이원규李元揆 88, 116
이원익李元翼 30~32, 82, 88, 151
이원진李元鎭 93, 138, 142, 216, 230, 244, 248, 249~252
이원환李元煥 119
이원휴李元休 123
이유경李儒慶 154
이유수李儒修 155
이은상李殷相 230
이은진李殷鎭 55
이응훈李應薰 179, 184
이의징李義徵 98
이이李珥 26, 27, 62~64, 69, 112, 307
이이첨李爾瞻 30, 31, 99
이익李瀷 43, 45, 52~59, 61~72, 79, 85, 88, 100, 102, 103, 109, 113, 125, 151, 172, 174, 175, 177, 179, 199, 202, 248, 263, 337, 342
이익운李益運 154
이익정李益炡 119
이인거 작변李仁居作變 32
이인대李仁大 179
이인복李仁復 121, 123, 146, 147, 151, 152
이인좌 152
이인좌李麟佐의 난亂[무신란戊申亂] 100, 107, 115, 116, 117, 119, 121, 123, 147, 151, 296
이일상李一相 93, 138
이잠李潛 55~58, 65, 101, 173, 174, 177, 182, 199, 335
이재李栽 45, 296, 299, 300
이재춘李再春 98
이재후李載厚 121
이적李𥳑 264
이정구李廷龜 89, 225
이정李楨 44
이정신李正臣 119
이정운李鼎運 154, 155, 164, 195, 196, 346
이정제李廷濟 119
이제화李齊華 192

이종섭李宗燮 154, 164
이종영李宗榮 154
이종화李宗和 179
이주명李柱溟 154
이주석李周奭 156
이주진李周鎭 56, 57
이준李埈 32, 89
이중규李重揆 88
이중연李重蓮 156
이중환李重煥 122, 123, 125, 146, 151, 152, 206
이지안 52
이지정李志定 89, 137, 142, 216, 263, 264
이진李溍 55, 57, 58, 177
이진급李眞伋 120, 123, 147
이진상李慶相 45
이진영李晉英 89, 137, 271
이진휴李慶休 99, 101, 112
이창정李昌庭 197, 201
이춘영李春英 270
이치훈李致薰 155, 164, 346
이침李沈 172, 173
이하진李夏鎭 52~54, 57~60, 66, 67, 98, 100~102, 142, 151, 173, 177, 182, 216, 244, 248, 251~254, 256, 257, 335
이학규李學逵 164, 184, 185, 346
이항로李恒老 45
이항복李恒福 29
이해李瀣 55, 173
이헌경李獻慶 124, 154, 155, 164, 187, 189, 192~196, 322, 323, 326, 331, 354
이헌길李獻吉 179
이현기李玄紀 98
이현석李玄錫 99, 101, 104, 150, 302, 315
이현일李玄逸 34, 45, 299
이현조李玄祚 99, 101, 110, 150
이형상李衡祥 112, 199
이혜조李惠祚 155
이호민李好閔 87
이홍덕李弘悳 99, 101

이황李滉　26~28, 31, 43~46, 50, 52, 61~63,
　　　　69, 70, 104, 151, 193, 201, 307
이휘李徽　189
이희사李羲師　155, 164
이희채李熙采　101
인조반정仁祖反正　31, 82, 209
임경任璟　232
임방任埅　120
임상원任相元　84, 110
임숙영任叔英　89, 99, 247
임오사건壬午事件[사도세자사건思悼世子事件]　37, 39
임오의리壬午義理　159
임의백任義伯　120
임인옥안壬寅獄案　118
임재성任在聖　178
임정任珽　115, 119, 150, 178, 302, 313
임좌任座　120
임징하任徵夏　117
임희성任希聖　178

자

장석용張錫龍　332
장유張維　85, 291
장지연張志淵　46
장현광張顯光　32, 45, 47, 48, 50
장희재張希載　309
전주이씨　192
정개청鄭介淸　27, 28
정경세鄭經世　32, 45, 82, 94
정괄鄭适　47
정구鄭逑　27, 43~53, 69, 72, 193
정규상鄭奎祥　107
정두경鄭斗卿　85, 93, 138, 142, 216, 232~
　　　　236, 237, 239, 240, 258, 351
정란鄭瀾　179
정몽주鄭夢周　43
정미 반회사건丁未洋會事件　159
정백창鄭百昌　89

정범조丁範祖　34, 79, 109, 124, 154, 155,
　　　　164, 166, 179, 187, 189, 195, 196,
　　　　206, 290, 297, 326~328, 330, 331,
　　　　354
정사현鄭思玄　179
정석문鄭錫文　271
정석유鄭錫儒　124, 150
정세구鄭世矩　305
정수현鄭宷賢　101
정시한丁時翰　45, 199
정심鄭杺　264
정약용丁若鏞　34, 38, 45, 60, 61, 71, 77~81,
　　　　85, 86, 97, 114, 125, 155, 158, 164,
　　　　172, 175~177, 181~185, 326, 342,
　　　　346
정언옹鄭彥邕　52, 264
정언황丁彥璜　93, 138
정여립鄭汝立　27, 28
정엽鄭曄　27
정온鄭蘊　32
정우량鄭羽良　115, 150, 302, 314
정운주鄭雲柱　119
정원시鄭元始　195
정유일鄭惟一　45
정윤희丁胤禧　45
정인홍鄭仁弘　27, 28, 29, 30, 31
정재원丁載遠　155, 164, 179
정조鄭祚　155
정철鄭澈　26~29
정탁鄭琢　26, 45
정항령鄭恒齡　194, 195
정홍명鄭弘溟　89, 137, 142
정홍유鄭弘儒　109
정홍조鄭弘祖　109
정휘량鄭翬良　314
정희보鄭熙普　118
조경趙絅　86, 89, 91, 92, 94, 98, 137, 142
조경진趙景禛　89, 137
조계윤趙啓崙　296
조광조趙光祖　43

조긍섭曺兢燮 291
조덕보趙德普 107
조도빈趙道彬 117
조명경曺命敬 119
조명채曺命采 123, 195
조목趙穆 44
조석윤趙錫胤 231
조성기 291
조속趙涑 91, 93, 138, 228, 230
조시겸趙時謙 154
조식曺植 26~28, 31, 45, 46
조언림趙彦林 84
조위수趙渭叟 101
조윤덕曺潤德 121, 123
조중보趙重普 178
조지석趙祉錫 101
조하망曺夏望 119, 120, 121, 147
조한영曺漢英 120
조헌趙憲 27
조현명趙顯命 227, 229, 230, 291
조형상趙亨相 179
조호익曺好益 45
조흡趙潝 27
종남사終南社 154
주문모周文謨 180
죽란시사竹欄詩社 155
진산사건珍山事件[신해사옥辛亥邪獄] 159
진주유씨晉州柳氏 126, 152, 165, 166, 202

ㅊ

차천로車天輅 89
채동술蔡東述 34
채명윤蔡明胤 110
채서공蔡叙恭 154
채성윤蔡成胤 110
채우공蔡友恭 154
채유후蔡裕後 81~83, 86, 87, 90, 92~95, 98, 104, 105, 110, 114, 126, 136, 138, 142, 216, 227~229, 231, 232, 240, 275
채응동蔡膺소 114
채응만蔡膺萬 113
채응일蔡膺ㅡ 114
채제공蔡濟恭 34, 37, 43, 46, 50~52, 59~61, 69, 70, 73, 77~81, 85, 86, 94, 95, 99, 104, 105, 109, 113, 114, 116, 119, 124~126, 153, 154, 159, 160, 164, 166, 170, 178, 181, 186, 187, 189, 194~196, 206, 208, 209, 230, 275, 283, 319, 322, 326, 331, 333, 335, 336, 338, 342, 354
채진후蔡振後 92
채충연蔡忠衍 90, 92
채팽윤蔡彭胤 92, 94, 99, 101, 103, 105, 109, 110, 112~114, 116, 117, 124, 126, 145~147, 150, 170, 193, 228, 229, 283, 284, 286, 287, 322, 352
채홍리蔡弘履 154, 155, 159, 186
채홍원蔡弘遠 156, 164, 346
최경창崔慶昌 84
최도명崔道鳴 121
최립崔岦 84, 258
최명길崔鳴吉 32, 271
최성대崔成大 112, 119, 178
최영경崔永慶 27~29
최위崔瑋 155
최인우崔仁祐 178
최주악崔柱岳 113
최진운崔振雲 264
최홍원 164, 346
최훤崔烜 154

ㅍ

평강채씨 166
풍단시회楓壇詩會 153, 154

ㅎ

한경선韓景善 155, 164, 346
한광전韓光傳 154, 155
한덕현韓德玄 114
한덕후韓德厚 155
한명련韓明璉 241
한명욱韓明勗 88
한백원韓百源 156
한숙도韓叔道 107
한술韓述 87
한영韓溪 101
한윤겸韓允謙 264
한종석韓宗奭 101, 106
한지원韓智源 88
한치응韓致應 155, 164, 346
한형길韓亨吉 89, 137
한회일韓會一 89, 137
함이완咸以完 고변사건告變事件 36
허거許㯳 121
허견許堅 35
허규許奎 107
허만許晩 178
허목許穆 33~35, 43, 45~53, 59~62, 69, 72, 85, 86, 90, 91, 94, 95, 98, 100, 104, 105, 119, 124, 151, 198, 201, 263, 278, 290, 320
허부許缶 89, 137
허엽許曄 26, 27
허욱許煜 119, 150
허적許積 35, 48, 53, 107, 121, 151, 152, 273
허전許傳 71, 72
허중강許仲綱 107
허채許采 119, 121, 150, 302, 317
허필許佖 178
허후許厚 92, 193
허훈許薰 45, 72
허휘許彙 179
홍검洪檢 155
홍경보洪景輔 152
홍국영洪國榮 159, 195
홍도洪觀 91, 95, 137, 150
홍돈洪敦 99, 101
홍락명洪樂命 195
홍락현洪樂玄 155
홍량호洪良浩 195, 196
홍만우洪萬愚 99
홍만조洪萬朝 34, 99, 101, 144
홍만종洪萬宗 89, 137, 233
홍명한洪名漢 195
홍봉한洪鳳漢 37
홍상인洪尙寅 122, 147
홍서봉洪瑞鳳 227~230
홍성洪晟 121, 179
홍수보洪秀輔 155, 159, 160, 164, 186
홍숙洪塾 110
홍시제洪時濟 155, 164, 346
홍여순洪汝諄 30
홍우원洪宇遠 34, 98
홍우희洪宇熙 93, 138
홍위洪葳 230
홍유한洪儒漢 179
홍인호洪仁浩 159
홍주원洪柱元 225, 231
홍중성洪重聖 113, 120, 147
홍중인洪重寅 84, 109
홍중징洪重徵 121
홍중현洪重鉉 99
홍중효洪重孝 195
홍직필洪直弼 47
홍한보洪翰輔 179, 189, 331
홍헌洪憲 264
황경원黃景源 195
황덕길黃德吉 71
황사술黃思述 119, 154, 196
황사영黃嗣永 185
황신黃愼 27
황윤석黃胤錫 49, 158, 322
황준량黃俊良 44
황호黃㦿 86, 93, 138, 142, 216, 267, 268